判例で学ぶ
行政法
Administrative Law

宇賀克也
Katsuya UGA

第一法規

はしがき

　本書は、自治実務セミナーに連載した判例評釈の一部を選び出し、体系的に再構成したうえで、加筆修正を加えたものである。

　本書で取り上げた事件は、いずれも最高裁の判決または決定が出されたものであるが、最高裁判例を理解するためには、事実関係、1審判決、控訴審判決を理解することが前提になり、また、補足意見、意見、反対意見が付されている場合には、法廷意見の理解を深めるために、それらの意見も十分に検討することが必要になる。しかし、一般の判例評釈では、紙幅の関係で、事実関係、1審判決、控訴審判決、補足意見等については、ごく簡単に解説するにとどめざるを得ないことが多い。自治実務セミナーでは、幸い、同一の事件について連載で解説することができたので、事実関係、1審判決、控訴審判決について、かなり詳細に説明することが可能であった。本書で取り上げた事件の中には、控訴審判決と最高裁判決が対照的な思考を示している事件、1審判決、控訴審判決、最高裁判決のいずれもが異なる解釈を採っている事件も稀でない。それらを比較対照することにより、行政法解釈論の理解を深化させることができると思われる。また、補足意見、意見、反対意見が付されている場合には、それらについても詳しく解説したので、法廷意見と読み比べることによって、判例をより深く理解することが可能になると思われる。

　判例は法的論点が凝縮されたかたちで現れるため、実定法の解釈論にとって、極めて効率のよい不可欠の研究素材といえる。判例を素材にした本書が、行政法の研究教育になにがしかの寄与ができれば幸いである。

　本書の刊行に当たっては、第一法規出版編集局編集第二部の木村文男氏、小川優子氏に大変お世話になった。ここに記して厚くお礼申し上げたい。

2015年6月

宇 賀 克 也

判例で学ぶ行政法

目　次

はしがき

第1章　行政法総論 ─────────────────────── 1

第1節　行政法の時間的限界（租税法規の遡及適用） ─────── 2
　　1　事案の概要　2
　　2　1審判決　4
　　3　控訴審判決　9
　　4　最高裁判決　12
　　5　評　釈　15

第2節　行政手続（不利益処分の理由提示） ─────────── 21
　　1　事案の概要　21
　　2　1審判決および控訴審判決　23
　　3　最高裁判決　24
　　4　田原睦夫裁判官の補足意見　25
　　5　那須弘平裁判官の反対意見　29
　　6　評　釈　30

第3節　情報公開 ─────────────────────── 34
第1款　情報公開請求（省エネ法に基づき提出された定期報告書の開示の適法性） ─────────────────────── 34
　　1　事案の概要　34
　　2　1審判決　35
　　3　控訴審判決　38
　　4　最高裁判決　41
　　5　評　釈　44

第2款　刑事確定訴訟記録の閲覧（刑事確定訴訟記録法に基づく閲覧不許可処分の適法性） ─────────────────── 50
　　1　事案の概要　50
　　2　準抗告　51

3　特別抗告　53
         4　評　釈　55
    第4節　個人情報保護　68
      第1款　訂正請求（レセプトの個人情報保護条例に基づく訂正請求）　68
         1　事案の概要　68
         2　1審判決　69
         3　控訴審判決　72
         4　最高裁判決　75
         5　滝井繁男裁判官の補足意見　77
         6　評　釈　78
      第2款　住基ネット制度の合憲性　89
         1　事案の概要　89
         2　1審判決　89
         3　控訴審判決　94
         4　最高裁判決　97
         5　評　釈　100

第2章　行政訴訟　115

    第1節　行政訴訟と刑事訴訟（起訴議決の執行停止申立て）　116
         1　事案の概要　116
         2　1審決定　117
         3　抗告審決定　121
         4　最高裁決定　124
         5　評　釈　125
    第2節　処分性（受託事業者不選定通知の処分性）　136
         1　事案の概要　136
         2　1審判決　137
         3　控訴審判決　138
         4　最高裁判決　141
         5　評　釈　143
    第3節　原告適格　151
      第1款　競業者の原告適格（病院開設許可処分取消訴訟の原告適格）　151
         1　事案の概要　151

2　1審判決　151
   3　控訴審判決　155
   4　最高裁判決　156
   5　評　釈　157
  第2款　生活環境上の不利益と原告適格（場外車券発売施設設置許
　　　　可取消訴訟の原告適格）……………………………………………162
   1　事案の概要　162
   2　1審判決　162
   3　控訴審判決　165
   4　最高裁判決　166
   5　評　釈　170
 第4節　出訴期間（収用委員会の裁決について審査請求がされ
　　　　た場合における原処分取消訴訟の出訴期間）………………179
   1　事案の概要　179
   2　1審判決　180
   3　控訴審判決　182
   4　最高裁判決　184
   5　評　釈　186
 第5節　基幹統計調査に係る文書提出命令………………………………191
   1　事案の概要　191
   2　高裁決定　193
   3　最高裁決定　194
   4　田原睦夫裁判官の補足意見　198
   5　大橋正春裁判官の補足意見　206
   6　評　釈　208
 第6節　確認訴訟と差止訴訟（国歌斉唱義務不存在確認等請求）………218
   1　事案の概要　218
   2　1審判決　219
   3　控訴審判決　219
   4　最高裁判決　220
   5　評　釈　228
 第7節　住民訴訟………………………………………………………………251
  第1款　補助金交付（市営と畜場廃止に伴う支援金支出の適法性）……251
   1　事案の概要　251

目　次

　　　2　1審判決　252
　　　3　差戻前控訴審判決　256
　　　4　最高裁判決　259
　　　5　評　釈　261
　第2款　損失補償契約（地方公共団体が金融機関と締結した損失補
　　　　償契約の適法性）────────────────────272
　　　1　事案の概要　272
　　　2　1審判決　273
　　　3　控訴審判決　273
　　　4　最高裁判決　279
　　　5　宮川光治裁判官の補足意見　280
　　　6　評　釈　282
　第3款　旅費等の支出（県議会議員野球大会旅費返還請求）────294
　　　1　事案の概要　294
　　　2　1審判決　295
　　　3　控訴審判決　298
　　　4　最高裁判決　303
　　　5　評　釈　307

第3章　国家賠償────────────────────────319

第1節　違法性（更正処分の違法と国家賠償）────────────320
　　　1　事案の概要　320
　　　2　1審判決　321
　　　3　控訴審判決　321
　　　4　最高裁判決　322
　　　5　評　釈　323
第2節　取消訴訟の排他的管轄（課税処分と国家賠償）────────330
　　　1　事案の概要　330
　　　2　1審判決　332
　　　3　控訴審判決　333
　　　4　最高裁判決　334
　　　5　宮川光治裁判官の補足意見　336
　　　6　金築誠志裁判官の補足意見　337

7　評　釈　338

第4章　公務員法（国家公務員の政治的行為の制限）———349

1　事案の概要　350
2　1審判決　351
3　控訴審判決　352
4　最高裁判決　354
5　千葉勝美裁判官の補足意見　357
6　須藤正彦裁判官の意見　363
7　評　釈　368

事項索引..379
判例索引..384

◆装丁——篠　隆二

第1章

行政法総論

行政法の時間的限界

行政手続

情報公開

個人情報保護

第1節　行政法の時間的限界（租税法規の遡及適用）

1　事案の概要

（1）損益通算規定の廃止

　本節では、行政法規の遡及に関する問題を考えるに当たり参考になる最判平成23・9・22民集65巻6号2756頁（以下「本判決」という）[1]を取り上げることとする。

　初めに、事案の概要について説明する。

　原告は、平成5年4月4日、本件土地を4300万円で買い受け、これを平成16年1月30日、1750万円で譲渡する旨の契約を締結し、同年3月1日、本件土地を買受人に引き渡した（以下、この譲渡行為を「本件譲渡」という）。その結果、2500万円余の譲渡損失（以下「本件譲渡損失」という）が生じた。この時点において施行されていた改正前の租税特別措置法31条においては、個人がその有する土地等または建物等でその年の1月1日において所有期間が5年を超えるものの譲渡（以下「長期譲渡」という）をした場合には、これによる譲渡所得について他の所得と区分し、その年中の長期譲渡所得の金額から同条4項に定める特別控除額を控除した金額に対して所得税を課する分離課税を行うこととされ（同条1項）、長期譲渡が平成10年1月1日から同15年12月31日までの間にされた場合の長期譲渡所得に係る税率は20パーセントとされていた（同条2項）。他方、長期譲渡所得の金額の計算上生じた

（1）　中里実・ジュリ1444号132頁、渋谷雅弘・平成23年度重判解（ジュリ臨増1440号）221頁、大石和彦・判評642（判時2151）号148頁、髙橋祐介・民商147巻4・5号43頁、片桐直人・憲法判例百選Ⅱ（第6版）434頁、田中良弘・自治研究90巻7号117頁、図子善信・久留米大学法学67号1頁、弘中聡浩・ジュリ1436号8頁、小林宏司・最高裁　時の判例〔平成21年～平成23年〕〔7〕（ジュリ増刊）52頁、同・曹時66巻6号225頁、同・ジュリ1441号110頁、林仲宣・ひろば65巻1号60頁、林仲宣＝谷口智紀・税務弘報60巻1号112頁、増田英敏・公法の諸問題〔8〕（専修大学法学研究所紀要38号）63頁、藤井茂男・Monthly Report34号25頁、嶋村幸夫・Accord Tax Review 6号33頁参照。

損失の金額がある場合には、当該金額を他の各種所得の金額から控除する損益通算が認められていた（同条5項2号、所得税法69条1項）。

　ところが、平成12年以降、政府税制調査会や国土交通省の「今後の土地税制のあり方に関する研究会」等において、投機性の高い投資活動等から生じた損失と事業活動等から生じた所得との損益通算の制限、地価下落等の土地をめぐる環境の変化を踏まえた税制および他の資産との均衡を失しない市場中立的な税体系の構築等について検討の必要性が指摘され、平成15年12月17日に取りまとめられた与党税制改正大綱で、平成16年分以降の所得税につき長期譲渡所得に係る損益通算の廃止（以下「本件損益通算廃止」という）の方針が決定され、平成16年1月16日には前記大綱の方針に沿った政府の平成16年度税制改正要綱が閣議決定され、これに基づいて、本件損益通算廃止を改正事項に含む法案として立案された所得税法等の一部を改正する法律案が、同年2月3日に国会に提出された後、同年3月26日に成立して同月31日に平成16年法律第14号（以下「改正法」という）として公布され、同年4月1日に施行された。改正法による租税特別措置法31条の改正により、長期譲渡所得に係る所得税の税率が15パーセントに軽減される一方で、前記特別控除額の控除が廃止され、それまで認められていた土地建物等の譲渡損失を他の所得から控除する損益通算を認めないこととされた（31条1項後段）。そして、改正法附則27条1項において、本件損益通算廃止規定は、同年1月1日以後に行われた不動産の譲渡に適用されると規定されていた（改正法附則のうち、本件損益通算廃止に係る部分を、以下「本件改正附則」という）。そのため、本件譲渡損失について損益通算が認められないことになった。

（2）遡及適用の合憲性を争う訴訟

　原告は、平成17年9月15日、給与所得、雑所得および株式等に係る譲渡所得を平成16年分の所得と記載した同年分の所得税の確定申告書を所轄税務署長に提出した。そして、同年11月16日、本件譲渡損失の金額は他の所得と損益通算すべきであり、還付されるべき税金136万9400円が存在するとして、更正の請求書を提出した。所轄税務署長は、原告に対し、平成18年2月22日

付けで、更正すべき理由がない旨の通知処分（以下「本件通知処分」という）をした。原告は、平成18年2月22日、所轄税務署長に対し、本件通知処分を不服として異議申立てをしたが、所轄税務署長は、同年4月21日付けで、これを棄却する決定をした。原告は、これを受けて、同月26日、国税不服審判所長に対し、審査請求をしたが、同所長は、同年9月19日付けで、これを棄却する裁決を行った。本件通知処分、前記異議申立決定および前記裁決は、いずれも、本件譲渡には、改正租税特別措置法31条の規定の適用があり、本件譲渡損失は、その他の所得の金額の計算上、生じなかったものとみなされることを理由とするものであった。そこで、原告は、平成16年4月1日に施行された改正後の租税特別措置法31条1項後段の規定（それまで認められていた土地建物等の譲渡損失を他の所得から控除することを廃止する規定）を同年1月1日以後に行う同条1項に規定する土地等または建物等の譲渡について適用する旨の本件改正附則が遡及立法に当たり、憲法84条に違反するので、本件通知処分は違法であるとして、その取消訴訟を提起した。

2　1審判決

（1）遡及立法該当性の否定

1審の千葉地判平成20・5・16民集65巻6号2869頁（以下「1審判決」という）[2]は、実質的に考えて、本件譲渡がされた時点においては、その譲渡による損失を他の各種所得の計算上において損益通算できるとする改正前の租税特別措置法が効力を有していたのであり、一般納税者としては、その損益通算による利益をも予め考慮して譲渡に及ぶことが通常予想されること、とりわけ、本件譲渡を行った者が租税の専門家とはいえない一般納税者の場合には、譲渡が行われた年度内に譲渡による損失の損益通算が廃止されることを予想して、その危険を回避する措置を期待することは必ずしも容易

（2）　石村耕治「損益通算制限立法の遡及適用の憲法適合性」白鴎大学法科大学院紀要2号213頁以下は、1審判決に加え、本件改正附則の憲法84条適合性が争われた事案における他の2つの地裁判決を分析している。また、脇谷英夫・LIBRA 8巻12号38頁も参照。

でなく、原告の場合、本件改正附則が本件譲渡にも適用されることによる不利益は決して少なくはないことを認めている。

しかし、1審判決は、本件譲渡に本件改正附則を適用することは、厳密には、遡及立法に当たらないと解している。その理由は、租税分野における遡及立法とは、過去の事実や取引を課税要件とする新たな租税を創設し、あるいは過去の事実や取引から生じる納税義務の内容を納税者の不利益に変更する行為であるところ、所得税は期間税であり、これを納付する義務は、国税通則法15条2項1号の規定により暦年の終了の時に成立し、その年分の納付すべき税額は、原則として所得税法120条の規定により確定申告の手続により確定するものであり、また、損益通算については、所得税法の関係規定によれば、所得税の納税義務が成立し、納付すべき税額を確定する段階において、その年間における総所得金額等を計算する際に、譲渡所得等の金額の計算上損失が生じている場合には、その金額を他の各種所得の金額から控除するという制度であり、個々の譲渡の段階において適用されるものではなく、対象となる譲渡所得の計算も個々の譲渡の都度されるものではなく、1暦年を単位とした期間で把握される（所得税法33条3項）ものであるからと述べている。そして、このことは、本件改正附則と同様に、暦年の途中で施行されながら、その適用を暦年の開始時からする旨を定めた立法例が少数ながら存在することからも窺われるとする。また、改正租税特別措置法の施行日前に納税者の死亡等によって、既に所得税の納税義務が成立し、または確定している場合には、既に成立した納税義務の内容を変更することがないよう、改正租税特別措置法附則27条2項および3項において手当がされていることからも、本件譲渡への本件改正附則の規定の適用は、かかる場合に当たらず、課税義務が未だ成立していないので、遡及立法に当たらないことを前提としているものと解されるとする。

(2) 総合判断

もっとも、1審判決は、前記の理由のみで、本件譲渡への本件改正附則の規定の適用が、違憲となる余地がないと述べているわけではない。すなわち、

期間税であっても、納税者は、通常、その当時存在する租税法規に従って課税が行われることを信頼して各種の取引行為を行うものであるといえるので、その取引によって直ちに納税義務が発生するものではないとしても、そのような納税者の信頼を保護し、租税法律主義の趣旨である国民生活の法的安定性や予見可能性の維持を図る必要があることは認めている。他方、期間税について、年度の途中において納税者に不利益な変更がされ、年度当初に遡って適用される場合といっても、立法過程に多少の時間差があるにすぎない場合、納税者の不利益が比較的軽微な場合、年度当初に遡って適用しなければならない必要性が立法目的に照らし特に高い場合等、種々の場合が考えられるから、一律に租税法規の遡及適用であり、原則として許されず、特段の事情がある場合のみ許容されると解するのは相当ではないとする。すなわち、1審判決は、本件のような場合には、立法裁量の逸脱・濫用の有無を総合的見地から判断する中で、当該立法によって被る納税者の不利益をも斟酌するのが相当であるとしている。

（3）「明白の原則」の採用

1審判決は、以上のような前提の下に、本件改正附則が立法裁量を逸脱・濫用したものかを審理している。そして、一般論として、租税法規に係る広範な立法裁量を肯定している。その理由は、国民の課税負担を定めるについては、財政・経済・社会政策等の国政全般からの総合的な政策判断を必要とするのみならず、きわめて専門技術的な判断を必要とすることに求められている。そのため、納税義務者に不利益に租税法規を変更する場合は、その立法目的が正当なものであり、かつ、当該立法において具体的に採用された措置が同目的との関連で著しく不合理であることが明らかでない以上、違憲とはならないと解するのが相当であるとし、「明白の原則」による違憲審査基準が採用されている。

（4）立法目的の正当性

改正法の立法目的は、本件譲渡との関係では、税率引下げによる土地取引の活性化を促すことが低迷するわが国経済の現状に鑑みて急務とされたこと

第1節　行政法の時間的限界（租税法規の遡及適用）

に加えて、株式に対する課税との不均衡是正の見地（ただし、納税者の生活に大きな影響を与える居住用財産の譲渡のような場合は、政策的見地から譲渡損失の損益通算等の特別の配慮が施されている）から、土地建物等の長期譲渡所得に係る損益通算をできる限り早期に廃止することであった。そして、本件改正附則を設けたのも、租税特別措置法の改正において、本件損益通算廃止は、長期譲渡所得税率の引下げと一体の措置として実施することを予定していたところ、仮に本件損益通算廃止のみ施行時期を遅らせれば、駆け込み目的の安売りによる資産デフレの助長が懸念されたことから、改正租税特別措置法31条の規定を平成16年分の所得の課税開始時期以後に行う土地等の譲渡について適用する必要性が高かったためであるとし、本件改正附則を含む改正措置の立法目的は正当なものと認定している。

（5）改正の合理性
① 損益通算廃止の合理性

次に、立法目的との関連における本件改正附則の合理性が審査されている。具体的には、（ⅰ）本件損益通算廃止、（ⅱ）それを改正法施行前の年度開始時以後の譲渡に適用する本件改正附則の措置が著しく合理性を欠くかの審査である。

（ⅰ）については、本件損益通算廃止は、長期譲渡所得の税率引下げの措置と相俟って、使用収益に応じた適切な価格による土地取引を促進し、収益性の高い土地の流動性を高め、もって、土地市場を活性化させ、これにより土地価格の下落に歯止めがかかることを期待したものであり、その目的に照らし、合理性を有するとしている。もっとも、土地建物等の譲渡の場合は、株式等の資産の譲渡の場合と異なり、居住用不動産の買換え等の必要から譲渡が行われる場合の損失について一定の政策的配慮が必要であるとしているが、この点について、改正法において、前記のとおり手当がされているので、合理性は確保されているとしている。

② 遡及適用の合理性
(ア) 駆け込み土地売却の防止
　(ⅱ)の措置の合理性については、原告が特に問題としていた。1審判決は、(ⅱ)の措置の公益性と原告等の納税者にもたらされる不利益とを比較衡量することにより、その合理性を審査している。本件改正附則が成立時にそれまで認められていた損益通算の制度を、既に課税期間が開始した平成16年1月1日にまで遡って適用しなければならないとするまでの合理性または必要性があるかについては、以下の2点により、これを肯定している。第1は、従来認められていた合理的とはいえない損益通算制度の廃止等と長期譲渡所得税率引下げをパッケージとして、できる限り早期に実施する必要があったことである。第2は、これらの実施を翌年まで遅らせれば、少なくとも、改正法施行後9か月間は実施できないことになり、その間に節税を狙いにした不当な廉価による土地取引が横行しかねず、これが資産デフレをもたらす懸念があることである。この第2の点がより重視されたと思われるが、それは、与党の平成16年度税制改正大綱が新聞報道された直後から、年内の駆込土地売却を勧める税理士等の提案がインターネットのホームページに掲載される等の動きがみられたことからも、駆込売却が、単なる懸念にとどまらず現実性を帯びていたと認定されたからであろう。

(イ) 予測可能性
　他方において、原告は、現に、多額の税金還付が受けられないという予期しない不利益を受けており、1審判決は、既存の損益通算制度を廃止する租税法規は、その施行前に納税者による予測可能性をもたらすものである必要があるとする。しかし、本件の場合、納税者にとって、予測可能性がまったくなかったとはいえないと認定されている。その理由は、以下の2点である。
　第1に、不動産譲渡による損失を他の所得の金額の計算上、損益通算する制度の問題点については、平成16年税制改正の数年前ころから政府税制調査会において既に度々指摘されており、与党の決定した平成16年度税制改正大綱に本件損益通算廃止が盛り込まれ、この大綱の内容は、平成15年12月18日

にいくつかの全国紙で報じられた。対象となる譲渡の時期が平成16年1月1日以後であることまで報じたのは日本経済新聞のみであり、また、平成16年1月1日から適用するには周知期間が短く、その周知の程度は完全なものとはいえないまでも、平成16年分所得税から長期譲渡所得について損益通算制度が適用されなくなることを納税者において予測可能な状態になったと認定された。

第2の理由は、所得税は期間税であり、暦年の終了時に納税義務が生じるのであり、その前においては、たとえ当該年分の所得税の課税期間が開始していたとしても、従前の租税法規の内容が改正されて年度開始時に遡って適用される可能性がないとはいえず、特に本件の場合のように、税制大綱が年度前に発表され、年度開始後1か月程度で改正法案が国会に提出されて可決成立している場合、改正法が年度開始時に遡って適用される可能性は否定できず、現に従前もかかる事例が稀でなかったことをも勘案すると、年度開始後は年度開始時に遡って租税法規が納税者に不利益に変更される可能性があり得ることを納税者として全く予測できないとはいえないと考えられることである。

このように、本件改正附則を平成16年1月1日に遡って適用する合理性・必要性が肯定され、他方において、平成16年分所得税から長期譲渡所得について損益通算制度が適用されなくなることを、平成15年12月18日以降、納税者において予測することをまったく期待し得なかったとはいえないと認定されたため、「明白の原則」による違憲審査基準の下で、本件改正附則の内容が立法目的に照らして著しく不合理とはいえず憲法84条に違反しないと判示された。

3 控訴審判決

(1) 遡及適用の合理性

控訴審の東京高判平成20・12・4民集65巻6号2891頁（以下「原判決」という）[3]は、租税分野における遡及立法は、憲法84条の定める租税法律主

義に反するとするが、遡及立法とは、納税義務が成立した時点では存在しなかった法規を遡って適用して、過去の事実や取引を課税要件とする新たな租税を創設し、または、既に成立した納税義務の内容を納税者に不利益に変更する立法であると解している。そして、所得税は、期間税であり、暦年の終了時に納税義務が成立するので、暦年の途中においては納税義務は未成立であるから、暦年の途中において納税者に不利益な内容の租税法規の改正がなされ、その改正規定が暦年の開始時（1月1日）に遡って適用されるとしても、かかる立法は、厳密な意味での遡及立法ではないとする。しかし、厳密な意味での遡及立法とはいえないとしても、本件のように暦年当初への遡及適用によって納税者に不利益を与える場合には、憲法84条の趣旨からして、その暦年当初への遡及適用について合理的な理由のあることが必要であると解するのが相当であるとする。そこで、暦年当初への遡及適用の合理性が審査されることになるが、原判決は、最大判昭和60・3・27民集39巻2号247頁を引用し、租税法の定立については、国家財政、社会経済、国民所得、国民生活等の実態についての正確な資料を基礎とする立法府の政策的、技術的な判断に委ねるほかなく、裁判所は、基本的にはその裁量的判断を尊重せざるを得ないと判示している。

（2）立法裁量の合理性審査

そして、以下の7点を指摘して、本件における暦年当初への遡及適用は、立法府の合理的裁量の範囲を超えないとしている。すなわち、（ⅰ）そもそも分離課税の対象となる土地建物等の長期譲渡所得に対する課税については、他の所得と損益通算するなどした後の利益が生じた場合には税率20％の分離課税とされながら、損失が生じた場合には総合課税の対象となる事業所

（3） 木村弘之亮・会計と監査61巻1号40頁以下が、1審判決と併せて、原判決について検討している。また、戸松秀典「租税法規の不利益遡及立法に関する憲法問題」税務事例42巻1号42頁以下は、1審判決・原判決のほか、本件改正附則の憲法84条適合性が争われた事案における他の2つの訴訟の下級審判決も含めて検討している。脇谷英夫・LIBRA 9巻3号40頁も参照。

得や給与所得等の他の所得と損益通算して他の所得の額を減額することができること（改正前租税特別措置法31条１項、所得税法69条）については、かねてから不均衡であるとの批判が強く、長期譲渡所得についての損益通算制度を廃止すべきことが指摘されていたこと、(ⅱ) 与党の平成16年度税制改正大綱に本件損益通算廃止が盛り込まれ、この大綱の内容は、平成15年12月18日の日本経済新聞に掲載され、納税者においても、平成16年１月１日以降の土地建物等の譲渡について損益通算が廃止されることを事前に予測することはできたこと、(ⅲ) 改正租税特別措置法31条１項と同様に暦年の途中から施行されながら、その適用が１月１日に遡るものとされた改正規定は少なからず存在し、本件の暦年当初への遡及適用についても、納税者において、暦年の途中から改正規定が施行されてもその適用が１月１日に遡るものとされることは予め十分に認識し得たといえること、(ⅳ) もし、本件改正附則を設けないものとして、改正租税特別措置法31条１項を１月１日に遡及適用せず、１月１日から３月31日までの長期譲渡と４月１日から12月31日までの長期譲渡とに区分し、前者については改正前租税特別措置法31条１項を、後者については改正租税特別措置法31条１項を適用して、別異に取り扱うものとすると、仮に前者の譲渡について損失が生じた場合、その損失をどのように損益通算するのか（例えば、他の所得が事業所得のみである場合に、その所得の１月１日から３月31日までの間の利益と通算するのか、それとも１月１日から12月31日までの間の利益と通算するのか）、仮に前者の譲渡について利益が生じた場合、その利益をどのように損益通算するのか（例えば、他の所得が事業所得のみである場合に、その所得の１月１日から３月31日までの間の損失と通算するのか、それとも１月１日から12月31日までの間の損失と通算するのか）、また、特別控除額100万円はその全額を１月１日から３月31日までの間の譲渡所得から控除していいのか、等の問題を生ずるのであり、さらに、１月１日から３月31日までの譲渡と４月１日から12月31日までの譲渡に区分すると、納税者においても所得税確定申告の手続がそれだけ煩雑となり、申告を受けた課税庁においても正しく区分されているか等を調べるた

めに付加的な労力を要することとなること、(ⅴ) 1月1日から3月31日までの譲渡についてその損失を他の各種所得と通算できるものとすると、その間に譲渡損失を出すことのみを目的とした駆込み的な不当に廉価な土地建物等の売却を許すことになり、現に、前記記事が日本経済新聞に掲載された直後から、平成15年中の駆込みの土地売却を勧める資産運用コンサルタント、不動産会社、税理士等の提案がインターネットのホームページに掲載されるなどしており、公正な取引を行う他の納税者との間に不平等が生じ、不動産市場にも悪影響を及ぼしかねないこと、(ⅵ) 本件において、暦年当初への遡及適用の期間は1月1日から3月31日までの3か月にとどまるものであること、(ⅶ) 居住用不動産を譲渡した場合の譲渡損失の一部については、なお一定の要件の下に損益通算が認められていること（改正租税特別措置法41条の5第1項）である。

4　最高裁判決
(1) 納税者の租税法規上の地位に対する制約の合理性

　上告審の本判決も、所得税の納税義務は、暦年の終了時に成立するものであり、租税特別措置法31条の改正等を内容とする改正法が施行された平成16年4月1日の時点においては同年分の所得税の納税義務は未成立であるから、本件損益通算廃止に係る前記改正後の同条の規定を同年1月1日から同年3月31日までの間にされた長期譲渡所得に適用しても、所得税の納税義務自体が事後的に変更されることにはならないことを、まず確認している。しかし、長期譲渡は既存の租税法規の内容を前提としてされるのが通常と考えられ、また、所得税が1暦年に累積する個々の所得を基礎として課税されるものであることに鑑みると、改正法施行前にされた本件譲渡について暦年途中の改正法施行により変更された前記規定を適用することは、課税関係における法的安定に影響が及び得るものというべきであると述べている。

　本判決は、憲法84条は、課税要件および租税の賦課徴収の手続が法律で明確に定められるべきことを規定するものであるが、これにより課税関係にお

ける法的安定が保たれるべき趣旨を含むものと解するのが相当であるとして、旭川市国民健康保険条例に係る最大判平成18・3・1民集60巻2号587頁を引用している。そして、法律で一旦定められた財産権の内容が事後の法律により変更されることによって法的安定に影響が及び得る場合における当該変更の憲法適合性については、当該財産権の性質、その内容を変更する程度およびこれを変更することによって保護される公益の性質などの諸事情を総合的に勘案し、その変更が当該財産権に対する合理的な制約として容認されるべきものであるかどうかによって判断すべきとして、最大判昭和53・7・12民集32巻5号946頁を引用している。そして、暦年途中の租税法規の変更およびその暦年当初からの適用によって納税者の租税法規上の地位が変更され、課税関係における法的安定に影響が及び得る場合においても、これと同様に解すべきであるとする。その理由は、かかる暦年途中の租税法規の変更にあっても、その暦年当初からの適用がこれを通じて経済活動等に与える影響は、当該変更の具体的な内容、程度等によって様々に異なり得るものであるところ、前記のような租税法規の変更および適用も、最終的には国民の財産上の利害に帰着するものであって、その合理性は前記の諸事情を総合的に勘案して判断されるべきものであるという点において、財産権の内容の事後の法律による変更の場合と同様であるからとする。

したがって、暦年途中で施行された改正法による本件損益通算廃止に係る改正法の規定の暦年当初からの適用を定めた本件改正附則が憲法84条の趣旨に反するか否かについては、前記の諸事情を総合的に勘案した上で、かかる暦年途中の租税法規の変更およびその暦年当初からの適用による課税関係における法的安定への影響が納税者の租税法規上の地位に対する合理的な制約として容認されるべきものであるか否かという観点から判断するのが相当と解すべきとする。

（2）遡及適用により保護される公益

以上の前提の下に、本件における前記諸事情について検討が行われている。まず、本件遡及適用により保護される公益については、（ⅰ）長期譲渡所得

の金額の計算において所得が生じた場合には分離課税がされる一方で、損失が生じた場合には損益通算がされることによる不均衡を解消し、適正な租税負担の要請に応え得るようにするとともに、長期譲渡所得に係る所得税の税率の引下げ等と相俟って、使用収益に応じた適切な価格による土地取引を促進し、土地市場を活性化させて、わが国の経済に深刻な影響を及ぼしていた長期間にわたる不動産価格の下落（資産デフレ）の進行に歯止めをかけることを立法目的として立案され、これらを一体として早急に実施することが予定されたものであったと解されること、（ⅱ）本件改正附則において本件損益通算廃止に係る改正法の規定を平成16年の暦年当初から適用することとされたのは、その適用の始期を遅らせた場合、損益通算による租税負担の軽減を目的として土地等または建物等を安価で売却する駆込売却が多数行われ、前記立法目的を阻害するおそれがあったため、これを阻止する目的によるものであったと解されるところ、平成16年分以降の所得税に係る本件損益通算廃止の方針を決定した与党の平成16年度税制改正大綱の内容が新聞で報道された直後から、資産運用コンサルタント、不動産会社、税理士事務所等によって平成15年中の不動産の売却の勧奨が行われるなどしていたことも考慮すると、前記のおそれは具体的なものであったというべきであることに鑑み、本件改正附則が本件損益通算廃止に係る改正法の規定を暦年当初から適用することとしたことは、具体的な公益上の要請に基づくものであったということができるとする。

（3）遡及適用により影響を受ける納税者の利益の性質

本判決は、次いで、本件遡及適用により影響を受ける納税者の利益の性質について検討し、それは、納税義務それ自体ではなく、特定の譲渡に係る損失により暦年終了時に損益通算をして租税負担の軽減を図ることを納税者が期待し得る地位にとどまることを指摘している。納税者にこの地位に基づく前記期待に沿った結果が実際に生ずるか否かは、当該譲渡後の暦年終了時までの所得等のいかんによるものであって、当該譲渡が暦年当初に近い時期のものであるほどその地位は不確定な性格を帯びるものといわざるを得ないと

述べている。また、租税法規は、財政・経済・社会政策等の国政全般からの総合的な政策判断および極めて専門技術的な判断を踏まえた立法府の裁量的判断に基づき定立されるものであり、納税者の前記地位も、かかる政策的、技術的な判断を踏まえた裁量的判断に基づき設けられた性格を有するところ、本件損益通算廃止を内容とする改正法の法案が立案された当時には、長期譲渡所得の金額の計算において損失が生じた場合にのみ損益通算を認めることは不均衡であり、これを解消することが適正な租税負担の要請に応えることになるとされるなど、前記地位について政策的見地からの否定的評価がされるに至っていたことも指摘している。

(4) 遡及適用により納税者が受ける影響の程度

それに続いて、本判決は、本件改正附則の適用により納税者が受ける影響の程度について検討し、遡及適用されるのが暦年当初の3か月間に限られ、損益通算による租税負担の軽減に係る期待に沿った結果を得ることができなくなるものの、それ以上に一旦成立した納税義務を加重されるなどの不利益を受けるものではないと述べている。

(5) 結　論

本判決は、以上の諸事情を総合的に勘案し、本件改正附則が、本件損益通算廃止に係る改正法の規定を平成16年1月1日以後にされた長期譲渡に適用するものとしたことは、前記のような納税者の租税法規上の地位に対する合理的な制約として容認されるべきものと解するのが相当であり、憲法84条の趣旨に反するものということはできないと判示している。また、以上に述べたところは、法律の定めるところによる納税の義務を定めた憲法30条との関係についても等しくいえることであって、本件改正附則が、同条の趣旨に反するものということもできないと判示している。

5　評　釈

(1) 本判決の要点

本判決の要点は、以下のようにまとめられると考えられる。

第1に、譲渡所得に対する納税義務の成立時点は、暦年終了時点ではなく譲渡時点であるとする説(4)は採用せず、従前の下級審裁判例と同様、譲渡所得に対する納税義務の成立時点は、暦年終了時としたことである。したがって、本件の改正法は、納税義務自体を変更するものではないことになり、いわゆる不真正遡及効(5)の問題と位置付けられる。

　第2に、憲法84条は、課税関係における法的安定が確保されるべき趣旨を含むが、真正遡及効の場合のみならず、不真正遡及効の場合にも、納税者の租税法規上の地位が変更され、課税関係における法的安定に影響が及び得るのであれば、憲法84条の趣旨との抵触の問題が生じ得ることを認めたことである。この第2の部分の判示については、大方の支持が得られるであろう。

　第3に、納税義務自体を変更する場合も、期間税に係る租税法規を暦年途中で改正し、暦年当初に遡及適用する場合にも、その合憲性の判断については、最大判昭和53・7・12民集32巻5号946頁の射程が及ぶとしたことである。

　第4に、憲法84条のみならず、憲法30条(6)との関係についても、以上に述べたことが等しく妥当するとしたことである。

　第5に、最大判昭和53・7・12民集32巻5号946頁の判断基準に従い、本件遡及適用により影響を受ける納税者の利益の性質について検討する中で、納税義務自体の変更ではなく、暦年終了時に損益通算により租税負担の軽減を図ることを期待し得る地位にとどまることを立法の合理性を肯定する考慮事項の1つとしていることである。すなわち、第2、第3においては、真正

---

(4) 増田英敏「不利益な税法改正の遡及適用と租税法律不遡及の原則─土地・建物等の譲渡損の損益通算廃止立法の遡及適用の可否を争点とした福岡・東京地判の検討を中心に」税務弘報56巻7号87頁参照。
(5) 真正遡及効と不真正遡及効の区別については、首藤重幸「法律規定における遡及効の2つの類型と憲法原則─所得税法事件」ドイツ憲法判例研究会編『ドイツの憲法判例[第2版]』(信山社、2003年)377頁以下、とりわけ381頁、古野豊秋「家賃制限法の遡及的経過規定の合憲性」ドイツ憲法判例研究会編『ドイツの憲法判例Ⅲ』(信山社、2008年)327頁以下、とりわけ330頁参照。
(6) 租税法規不遡及の根拠を特に憲法30条に求めるべきとする見解として、森稔樹・速報判例解説(法セ増刊)3号288頁参照。

遡及効と不真正遡及効の区別をしていないが、第5においては、この区別に意味が持たされているのである。そして、暦年終了時に損益通算により租税負担の軽減を図ることを期待し得る地位は、当該譲渡が暦年当初に近い時期のものであるほど、その地位は不安定な性格を帯びるとしているから、暦年終了に近い時期に期間税に係る租税法規を納税者の不利益に改正し、暦年当初に遡及適用する改正法の場合、違憲と判断される可能性は高まることになると思われる。

第6に、租税負担の軽減を図ることを納税者が期待し得る地位は、立法裁量に基づき設けられた性格を有するとし、本件の場合、長期譲渡所得の金額の計算において損失が生じた場合に損益通算を期待し得る地位について政策的見地から否定的評価がされたことを指摘しているので、租税優遇措置を廃止すべきという政策的判断に基づく法改正の合憲性の司法審査においては、納税者の期待は、強く保障されないという立場を採っていると思われる。

第7に、本判決は、1審判決、原判決が言及していた予測可能性の問題に、少なくとも明示的には言及していない。本件訴訟のみならず、福岡地裁、東京地裁に提起された本件改正附則の合憲性を争う訴訟においても、予測可能性の問題が大きな争点になり、福岡地判平成20・1・29判時2003号43頁[7]が、平成15年12月31日の時点において、本件改正の内容が国民に周知されている状況にはなかったと認定したことが、適用違憲の結論を導く上で大きな比重を占め、他方、1審判決、原判決、福岡高判平成20・10・21判時2035号20頁[8]（確定）、東京地判平成20・2・14判タ1301号210頁[9]は、平成16年1月1日前である平成15年12月18日以後、本件損益通算廃止を納税者において予測で

---

(7) 注（2）〜（4）に掲げた文献のほか、山田二郎・税法学559号55頁、三木義一・税理51巻6号71頁、田中孝男・速報判例解説（法セ増刊）3号53頁、森稔樹・速報判例解説（法セ増刊）3号287頁、品川芳宣・TKC税研情報17巻3号70頁、増田英敏＝河野忠敏・TKC税研情報17巻5号1頁、弓削忠史・税務事例42巻7号33頁、浅妻章如・税務事例40巻7号1頁、岸田貞夫・ジュリ1383号200頁、今本啓介・自治研究85巻11号140頁、渕圭吾・判例セレクト2008（法教342号別冊付録）13頁、永山茂樹・法セ644号130頁、中村有希・平成20年度主要民判解（別冊判タ25号）252頁、関野和宏・税務事例42巻4号78頁、増田・前掲注（4）79頁、佐藤謙一・税大ジャーナル9号67頁、脇谷英夫・LIBRA 8巻10号30頁参照。

きる可能性がなかったとまではいえないと認定し、このことが、本件改正附則の合憲性を肯定する1要素になっていた。そして、与党の税制改正大綱が一部の新聞で報道されたり、インターネットで閲覧できるようになったことをもって予測可能性を肯定することには、多くの批判が寄せられていた。これに対し、東京高判平成21・3・11訟月56巻2号176頁[10]は、「納税者個人の予測可能性に反することのみをもって直ちに不利益遡及立法に該当するものと解し、租税効果に対する予測可能性を保障しようとすると、およそ不利益な内容を含む租税法規の改正はできないこととなる。また、納税者の予測が各個人によってまちまちで、どのような場合に予測可能性があるかを判定することが困難であることからすると、納税者個人の予測を完全に保護することが、かえって法的安定性を害する結果となることも否定できないところである。そうすると、租税法規の改正に当たっては、納税者個人の予測可能性を完全に充足することまでは要求されていないものと解される」と述べ、納税者個人の予測可能性を重視しない姿勢を明確にしていた。学説においても、予測可能性の観点から租税法規の遡及適用の問題にアプローチすることへの懐疑的な見解が存在した[11]。本判決が、予測可能性の問題に正面から言及しなかった理由は明らかでなく、この点について議論を呼びそうである。

（2）最判平成23・9・30集民237号519頁

① 須藤正彦裁判官の補足意見

なお、東京高判平成21・3・11訟月56巻2号176頁の上告審判決である最

---

(8) 太田幸夫・平成21年度主要民判解（別冊判タ29号）286頁、山田二郎＝大塚一郎編・租税法判例実務解説（信山社、2011年）2頁、弓削・前掲注（7）33頁、吉村典久・税研JTRI25号3号17頁、太郎良留美・法学（東北大学）73巻5号152頁、宮本卓・専修法研論集45号147頁、林仲宣・税64巻10号60頁、赤谷圭介・平成20年行政関係判例解説151頁以下、橋本守次・税務弘報57巻2号46頁・57巻3号164頁、坂口知子・税務弘報57巻3号164頁、木村吉成・税経新報567号52頁、井川源太郎・税法学567号241頁、朝倉洋子・税理52巻5号184頁、同・旬刊速報税理27巻36号17頁、福井智子・月刊税務事例42巻7号67頁参照。

(9) 山田・前掲注（7）55頁、三木・前掲注（7）71頁、浅妻・前掲注（7）1頁、谷口智紀・税務弘報56巻10号139頁、脇谷英夫・LIBRA8巻11号28頁参照。

(10) 藤曲武美・税理52巻6号70頁参照。

(11) 弓削・前掲注（7）39頁参照。

判平成23・9・30民集237号519頁が出されているが、その内容は本判決と同じである。ただし、補足意見が付されており、そこで予測可能性の問題について言及されている。須藤正彦裁判官の補足意見は、改正法案の国会提出日（平成16年2月3日）以降は、本件損益通算廃止の暦年当初からの適用の旨が客観的に明らかにされているといえるから、同法案が根本的な修正を受け、あるいは廃案となるであろうことが確実に予想されるなどの特段の事情が認められない限り、納税者は、その日以降は損益通算廃止を前提として行動し、不測の不利益が生じないで済むということが可能になり、しかも、改正法案の国会提出日までの時点で予測されている暦年末日までの各種所得の累積結果に従った所得税額はいまだ不確定的で、それについての信頼を保護しなければならない程度は必ずしも大きくはないといい得るとする。

② 千葉勝美裁判官の補足意見

また、千葉勝美裁判官の補足意見では、本件損益通算廃止については、平成15年12月18日の新聞による与党の平成16年度税制改正大綱に関する新聞記事の一部で紹介され、そのうちの1紙が、本件損益通算廃止に係る定めは平成16年分以後の所得税等について適用する趣旨が小さく報じられたのが最初であり、その内容等からして、事前の周知としては甚だ不完全なものであるとする。そして、法改正が行われる蓋然性を踏まえて長期譲渡を行うべきか否かを検討するための十分な機会を与えたといえるのは、早くとも平成16年2月3日の法案提出によってであり、そうすると、1月1日から2月2日までの間の長期譲渡は、本件損益通算がされることを想定したもので、駆込売却には当たらない可能性があり得るので、そのような場合にまで本件損益通算廃止を適用することには合理性、必要性に疑義が生じないではないと述べられている点が非常に注目される。しかし、租税法規の適用は、客観的、形式的、画一的に行うことが基本的に要請されるところであり、事案ごとに駆込売却かどうかを個別に判断して適用の有無を決めるといった判断が求められるような事態が生ずるのは避けるべきであり、また、所得税が期間税としての性格を有し、暦年全体の公平を図る要請もあることを考えると、暦年当

初から本件損益通算廃止を適用したことに合理性、必要性がないとはいえないとして、結局、法廷意見に賛成している。しかし、千葉補足意見で一層注目されるのは、当該訴訟の原告のように、売買契約自体は前年の12月26日に締結され、代金等の授受と登記移転・土地の引渡し等が当該年度(平成16年2月26日)になったようなケースについてまで、年度途中の本件損益通算廃止を年度当初に遡って適用させることは、不測の不利益を与えることになり、また、必ずしも駆込売却を防止する効果も期待しがたいとし、本件改正附則は、このようにいわば既得の利益を事後的に奪うに等しい税制改正の性格を帯びるものであるから、憲法84条の趣旨を尊重する観点からは、かかるケースを類型的に適用除外とするなど、附則上の手当てをする配慮が望まれるところであったと付言している点である(12)。

---

(12) 本章で解説したのは、国税に係る法規の遡及適用についての判例であるが、地方税に係る法規の遡及適用についても、同様の法律問題があり、自治体職員にとっても参考になるものと思われる。租税法規の遡及適用については、租税法学において多くの研究が蓄積されている。既に掲げたもののほか、吉良実「税法上における不遡及効の原則」税法学100号98頁、山田二郎「『不利益遡及立法と租税法律主義』再論」税法学563号401頁、碓井光明「租税法律の改正と経過措置・遡及禁止」ジュリ946号120頁、三木義一「租税法における不遡及原則と期間税の法理」山田二郎先生喜寿記念『納税者保護と法の支配』(信山社、2007年)273頁、岩崎政明「租税法規・条例の遡及立法の許容範囲」税57巻3号4頁、波多野弘「租税法律不遡及の原則(1)〜(23)」税法学147号5頁、148号6頁、150号18頁、151号5頁、152号4頁、155号5頁、156号23頁、157号15頁、158号5頁、159号4頁、160号3頁、162号8頁、163号4頁、165号4頁、166号1頁、168号20頁、169号10頁、170号6頁、171号11頁、173号7頁、174号6頁、175号4頁、179号6頁、石島弘「租税回避への立法措置と不利益遡及の原則」税理32巻2号90頁、田中治「土地の譲渡と租税特別措置法の適用をめぐる問題」税務事例研究107号23頁、榊原竜三「租税法における遡及立法の合憲性—土地建物等の譲渡損失の損益通算制限立法をめぐる事件を素材として」立命館法政論集8号39頁、浦東久男「地方税における遡及立法禁止の問題」総合税制研究11号76頁、首藤重幸「租税法における遡及立法の検討」税理47巻8号2頁、高野幸大「不動産譲渡損益通算廃止の立法過程にみる税制の不利益遡及の原則」税務弘報52巻7号154頁、林眞義「税法の予測可能性について—租税法不遡及の原則」税法学536号263頁、図子善信「税務行政における遡及適用の課題—租税法理論上の問題点を中心として」税63巻6号4頁等を参照。また、憲法学からの研究については宮原均「税法における遡及立法と憲法—合衆国最高裁の判例を中心に」法学新報104巻2＝3号95頁等、行政法規一般の遡及立法については阿部泰隆「遡及立法・駆け込み対策(1)(2)」自治研究68巻7号3頁、67巻8号16頁、加藤幸嗣「行政法規の遡及適用」行政法の争点[新版](有斐閣、1990年)44頁、林修三「行政法規の遡及適用はどの範囲で許容されるか」行政法の争点[初版]56頁等を参照。

第2節　行政手続（不利益処分の理由提示）

1　事案の概要
（1）一級建築士免許取消処分および建築士事務所登録取消処分

　本節では、不利益処分の理由提示の程度についての最近の注目すべき最高裁判例を取り上げる。最判平成23・6・7民集65巻4号2081頁（以下「本判決」という）[1]がそれである。本件は、昭和56年に一級建築士の免許を取得してX2が開設する建築士事務所の管理建築士を務めていたX1が、平成18年6月22日の聴聞、同年9月1日の中央建築士審査会による同意を経て、同日付けで、国土交通大臣から、建築士法（平成18年法律第92号による改正前のもの。以下同じ）10条1項2号（「この法律若しくは建築物の建築に関する他の法律又はこれらに基づく命令若しくは条例の規定に違反したとき」）および3号（「業務に関して不誠実な行為をしたとき」）の規定に基づく一級建築士免許取消処分（以下「本件免許取消処分」という）を受け、これに伴い、平成18年9月14日の聴聞、同月25日の北海道建築審査会の同意を経て、同月26日付けで、X2が、北海道知事から、同法26条2項4号の規定（管理建築士が建築士法10条1項の規定による処分を受けたとき、都道府県知事が建築士事務所に対して監督処分を行うことができるとしている）に基づく建築士事務所登録取消処分（以下「本件登録取消処分」という）を受けたため、X1、X2が、本件免許取消処分は公にされている処分基準の適用関係が示されておらず、行政手続法14条1項本文の定める理由提示の要件を欠いた違

---

[1]　平岡久・民商148巻3号44頁、高木光・判評639（判時2142）号148頁、藤原静雄・論究ジュリ3号67頁、大貫裕之・判例セレクト2011―2（法教378号別冊付録）3頁、前田雅子・法教372号152頁、本多滝夫・平成23年度重判解〔ジュリ臨増1440号〕34頁、野口貴公美・法セ681号129頁、原田大樹・法政研究（九州大学）78巻4号57頁、北島周作・法教373号49頁、同・行政判例百選Ⅰ（第6版）258頁、友岡史仁・速報判例解説（法セ増刊）10号39頁、板垣勝彦・法協130巻8号1916頁、古田孝夫・ジュリ1436号97頁、同・曹時66巻3号179頁、同・最高裁　時の判例〔平成21年～平成23年〕〔7〕〔ジュリ増刊〕62頁、北薗信孝・平成23年行政関係判例解説201頁、羽根一成・地方自治職員研修44巻10号70頁月参照。

法な処分であり、これを前提とする本件登録取消処分も違法であるなどの主張をして、これらの各処分の取消しを求めた事案である。

（2）理由の提示

本件免許取消処分の通知書においては、「あなたは、〇〇（複数の敷地が記載されている——著者注）を敷地とする建築物の設計者として、建築基準法令に定める構造基準に適合しない設計を行い、それにより耐震性等の不足する構造上危険な建築物を現出させた。また、△△（複数の敷地が記載されている——著者注）を敷地とする建築物の設計者として、構造計算書に偽装が見られる不適切な設計を行った。このことは、建築士法第10条第1項第2号及び第3号に該当し、一級建築士に対し社会が期待している品位及び信用を著しく傷つけるものである。」という処分理由が記載されていた。建築士法10条1項は、免許を付与された国土交通大臣または都道府県知事は、当該建築士に対する懲戒処分として、「戒告を与え、1年以内の期間を定めて業務の停止を命じ、又は免許を取り消すことができる」と定めており、懲戒処分の選択裁量[2]を認めている。そのため、本件免許取消処分がされた当時、建築士に対する上記懲戒処分については、意見公募の手続を経た上で、「建築士の処分等について」と題する通知（平成11年12月28日建設省住指発第784号都道府県知事宛て建設省住宅局長通知。平成19年6月20日廃止前のもの）において処分基準（以下「本件処分基準」という）が定められ、これが公にされていた。

（3）処分基準

本件処分基準によれば、その別表第1に従い、処分内容の決定を行うこととされており、上記別表第1の（2）は、建築士が建築士法10条1項2号または3号に該当するときは、「表2の懲戒事由に記載した行為に対応する処分ランクを基本に、表3に規定する情状に応じた加減を行ってランクを決定し、表4に従い処分内容を決定する。ただし、当該行為が故意によるもので

---

[2] 宇賀克也・行政法概説Ⅰ（第5版）（有斐閣、2013年）321頁参照。

あり、それにより、建築物の倒壊・破損等が生じたとき又は人の死傷が生じたとき（以下「結果が重大なとき」という）は、業務停止6月以上又は免許処分の取消とし、当該行為が過失によるものであり、結果が重大なときは、業務停止3月以上又は免許取消の処分とする」と定めていた。そして、上記別表第1の表2は、「違反設計」に対応する処分ランクを「6」とし、「不適当設計」に対応する処分ランクを「2〜4」とし、「その他の不誠実行為」に対応する処分ランクを「1〜4」にする等、懲戒事由の類型ごとに処分ランクを定め、表3は、その処分ランクから、「過失に基づく行為であり、情状をくむべき場合」には1〜3を減じ、「法違反の状態が長期にわたる場合」や「常習的に行っている場合」には3を加える等、情状等による処分ランクの加減方法を定め、表4は、このようにして決定された処分ランクが「2」の場合は「戒告」とし、「3」ないし「15」の場合はそれぞれ「業務停止1月未満」ないし「業務停止1年」とし、「16」の場合は「免許取消」とする等、処分ランクに対応する処分等（文書注意を含む）の内容を定めるとともに、複数の処分事由に該当する場合の処理について、「2以上の処分等をすべき行為について併せて処分等を行うときは、最も処分等の重い行為のランクに適宜加重したランクとする。ただし、同一の処分事由に該当する複数の行為については、時間的、場所的接着性や行為態様の類似性等から、全体として一の行為と見うる場合は、単一の行為と見なしてランキングすることができる」などと規定していた。

X1、X2は、本件訴訟の提起の段階で、本件免許取消処分の根拠は、本件処分基準の別表第1の（2）本文であると理解していたが、国は、本件訴訟において、本件免許取消処分の根拠を、主位的に、同（2）ただし書であると主張し、予備的に、同（2）本文であると主張しており、両者の認識には差異があった。

2　1審判決および控訴審判決

1審判決である札幌地判平成20・2・29民集65巻4号2118頁[3]（以下「1

審判決」という）は、原告の請求を棄却したが、理由提示については、処分基準との関係まで示す必要はないとする。控訴審判決である札幌高判平成20・11・13民集65巻4号2138頁（以下「原判決」という）も、本件免許取消処分に行政手続法14条1項本文の定める理由提示の要件を欠いた違法はなく、その余の違法事由も認められず、本件登録取消処分にも違法はないとして、Ｘ１、Ｘ２の請求をいずれも棄却すべきものとした。その理由として、原判決は、行政手続法14条1項本文が、不利益処分をする場合に当該不利益処分の理由を示さなければならないとしている趣旨は、一級建築士に対する懲戒処分の場合、当該処分の根拠法条（建築士法10条1項各号）およびその法条の要件に該当する具体的な事実関係が明らかにされることで十分に達成でき、さらに進んで、処分基準の内容および適用関係についてまで明らかにすることを要するものではないと述べている。そして、国土交通大臣は、本件免許取消処分の通知書の中で具体的な根拠法条およびその要件に該当する具体的な事実関係を明らかにしているから、十分な理由が提示されていたと判示した。

3 最高裁判決

これに対して、本判決は、原判決の上記判断は是認できないとする。本判決は、行政手続法14条1項本文が定める理由提示の機能として、（ⅰ）行政庁の判断の慎重と合理性を担保してその恣意を抑制すること、（ⅱ）処分の理由を名あて人に知らせて不服の申立てに便宜を与えることを挙げている。そして、同項本文に基づいてどの程度の理由を提示すべきかは、上記のような同項本文の趣旨に照らし、当該処分の根拠法令の規定内容、当該処分に係る処分基準の存否および内容ならびに公表の有無、当該処分の性質および内容、当該処分の原因となる事実関係の内容等を総合考慮して決定すべきという一般論を述べている。次に、この一般論に照らして、建築士法10条1項2

（3）石井昇・法セ665号117頁参照。

号または3号による建築士に対する懲戒処分について検討している。そこでは、①同項2号および3号の定める処分要件が抽象的であり、要件裁量が存在すること、②処分要件に該当する場合の処分の選択に関する裁量が認められること、③処分の選択裁量に係る処分基準が意見公募の手続を経るなどして定められ公にされていること、④処分基準の内容が多様な事例に対応すべくかなり複雑なものとなっていることを指摘している。以上の検討を踏まえて、本判決は、建築士に上記懲戒処分に際して同時に示されるべき理由としては、処分の原因となる事実および処分の根拠法条に加えて、本件処分基準の適用関係が示されなければ、処分の名あて人において、上記事実および根拠法条の提示によって処分要件の該当性に係る理由は知り得るとしても、いかなる理由に基づいてどのような処分基準の適用によって当該処分が選択されたのかを知ることは困難であるのが通例であると考えられるとする。本件でも、X1において、処分基準が具体的にどのように適用されて免許取消処分が選択されたかを知ることはできず、このような本件の事情の下においては、行政手続法14条1項本文の趣旨に照らし、同項本文の要求する理由提示としては十分でないといわなければならず、本件免許取消処分は、同項本文の定める理由提示の要件を欠いた違法な処分であり、取消しを免れないと判示している。そして、そうである以上、これを前提とする本件登録取消処分もまた違法な処分として取消しを免れないとする。

4　田原睦夫裁判官の補足意見

（1）処分基準との関係における理由提示義務

本判決には、田原睦夫裁判官の詳細な補足意見が付いている。田原補足意見は、行政庁が行政手続法12条に則って処分基準を定めそれを公にしたときは、行政庁は、同基準に覊束されてその裁量権を行使することを対外的に表明したものということができるとする（「行政の自己拘束」）。ただし、当該基準は行政庁自らが定めるものであることからして、当該処分をなすに当たり同基準によることが相当でない場合にまで、行政庁が同基準に覊束される

と解することは相当でないとする。すなわち、処分基準適用に当たっての個別事情考慮義務について述べている。しかし、個別事情を考慮して処分基準を適用しない場合には、同基準によることができない合理的理由が必要であり、また、その理由についても、処分理由の提示において具体的に示さなければならないとする。このように、田原補足意見においては、処分基準を適用する場合も適用しない場合も、処分基準との関係について理由提示義務があるとする。

（２）処分対象行為の特定

田原補足意見は、本件免許取消処分理由の提示には、以下の３点で瑕疵があるとする。第１は、本件処分理由の提示において、Ｘ１の処分対象行為の特定が十分になされていないことである。すなわち、処分通知書の記載からは、構造基準不適合設計がされた７件の建築物の種類、規模、構造等は全く不明であり、また、その設計時期、Ｘ１の行った構造基準不適合設計のいかなる点が具体的に問題となるのか、「耐震性等の不足する構造上危険な建築物」とあるが、どの程度耐震性に影響が存在するのか（取壊しまで必要なのか、相当規模の耐震補強工事を必要とするのか、軽微な補強工事で足りるのか等）について何ら記載されていないことを指摘している。構造計算偽装に係る５件の建築物についても、その種類、規模、構造は全く不明であり、その設計時期やその偽装とＸ１との関わり合いの内容（Ｘ１は、構造計算は下請業者に外注していたので、その偽装を見抜くことは困難であったと主張している）、その偽装により、実際に各建物にどのような問題が生じたのか（取壊しが必要なのか、補強工事が必要なのか、その場合、どの程度の工事が必要なのか等）について何ら記載されていないことも指摘している。

また、Ｘ１は、本件免許取消処分の対象である12件の建築物の設計に関わっているから、その建築物の内容や設計時期は当然に認識しているところではあるとしながら、理由付記は相手方に処分の理由を示すにとどまらず公正さを担保するものであって、第三者においても、その記載自体からその処分理由が明らかとなるものでなければならないことからすれば、本件処分通知書

における建築物の特定は極めて不十分であり、また、設計が行われた時期が特定されていない点は、理由付記の基礎となる事実の特定を欠くものといわざるを得ないと述べている。

なお、設計時期の点については、本件処分基準において、法違反の状態が長期にわたる場合や常習的に行っている場合には、違反点数の加算事由とされ、他方、「同一の処分事由に該当する複数の行為については、時間的、場所的接着性や行為態様の類似性等から、全体として一の行為と見うる場合は、単一の行為と見なしてランキングすることができる」とされていることからして、違反行為を評価する上でも重要な要素をなすものであることが付言されている。

（3）免許取消処分の重大性

田原補足意見においては、本件免許取消処分の理由提示の第2の瑕疵として、本件処分基準との関連性の点を除いても、本件免許取消処分の重大性と対比して、理由の提示として極めて不十分であることが挙げられている。すなわち、本件免許取消処分は、X1の建築士免許を取り消すというX1にとって極めて重大な処分であり、また、それに伴いX1が管理建築士を務めるX2の登録が取り消されることにつながるという重大な処分であることからすれば、本件処分基準が定められていない場合であっても、その処分理由として違反行為の内容を具体的に摘示し、その違反行為が建築士免許取消処分に該当するだけの重大なものであることを、X1として十分に認識させるものでなければならないとする。殊に、X1は、本件免許取消処分に係る聴聞手続の段階から、構造基準不適合設計および構造計算偽装の本件処分基準との適用関係を問題とするなど違反行為の性質や程度を争っていたことからすれば、なおさらであると述べている。また、本件免許取消処分の重大性に鑑みて、その処分理由は、その理由書を一読した第三者においても、その処分が適正なものであることを容易に理解できるものでなければならないとも指摘している。ところが、本件処分通知書に記載された処分理由は、本件免許取消処分の重大性からして当然に求められる処分理由の詳細な提示を欠く

と批判している。

（4）処分基準との関係

田原補足意見において、本件免許取消処分の理由提示の第3の瑕疵として指摘されているのが、本件処分基準との関係に係るものである。この点に関して原判決は、構造基準不適合設計に係る7件の建築物と構造計算偽装に係る5件の建築物につき、それぞれ本件処分基準を当てはめると免許取消処分の要件を満たしていると判示したが、田原補足意見では、X1の行った違反行為の具体的内容が特定されていないのにかかわらず、その特定されていない行為を対象として、判決理由中で本件処分基準の適用関係につき論じることは相当とはいえないと述べられている。また、那須弘平裁判官の反対意見で、処分基準を公にすることが努力義務とされていることから、その適用関係を理由中に表示しないことも裁量権の範囲内と解する余地も十分にあると述べられたことに対しては、行政手続の透明性に背馳し、行政手続法の立法趣旨に相反するものであって、到底賛同できないとしている。

（5）特　色

本判決の多数意見が、以上の第3の点のみを理由提示の瑕疵として挙げているのに対し、田原補足意見は、第1、第2の点においても、本件免許取消処分は取り消されるべきとしている点に特色がある。

（6）訴訟経済との関係

理由提示の瑕疵を理由として本件免許取消処分を取り消しても、再度同様の免許取消処分がされることもあり得るとする那須裁判官の指摘に対しては、適正手続の遂行の確立の前には、訴訟経済は譲歩を求められてしかるべきと反論している。

（7）聴聞手続との関係

X1は、聴聞手続において処分理由を知り得たはずであるとする那須裁判官の意見に対しても、田原補足意見では、不利益処分に理由付記を要求する判例法理は、相手方がその理由を推知できるか否かにかかわらないと述べられている。それに加えて本件の聴聞手続では、国土交通大臣は、X1に対し、

第2節　行政手続（不利益処分の理由提示）

本件処分通知書記載の理由と同旨の事項を告知したことが認められるにすぎず、X1の主張によれば、X1が本件処分基準の適用関係について質問したのに対し、なんら具体的な応答がなされなかったというのであって、那須裁判官の反対意見の前提が本件聴聞手続において満たされなかったことも指摘されている。

5　那須弘平裁判官の反対意見

　田原補足意見と対照的な那須裁判官の反対意見（岡部喜代子裁判官が同調）についても見ておくこととする。那須弘平裁判官は、構造基準に達しない設計や構造計算書における偽装が存在したことを前提とすれば、建築士の職責の本質的部分に関わる重大な違法行為および不適切な行為があったことは明らかであり、本件免許取消処分通知書には、これらの違法行為および不適切な行為の具体的事実が摘示され、また処分の根拠となった法令の条項も示されているのであり、その違法・不適切な行為の重大性とこれによって生じた深刻な結果とを直視することにより、本件懲戒規定の定める3種類の処分の中から最も重い免許取消処分が選択されたことがやむを得ないものであることは、専門家のみならずとも一般人の判断力をもってすれば容易に理解できるとする。そして、本件処分基準の適用関係を示す作業は、情状による加減の根拠となる具体的事実も含むことになり、時間と労力を要するので、その必要性と合理性の存否については疑問があると述べている。また、原判決が、処分基準を作成し公にすることが努力義務とされていることを重視し、処分基準の適用関係の表示の要否について柔軟に考えている点を評価している。さらに、処分基準には多様なものが想定でき、その中には適用関係まで明示しなければ理由の体をなさないものから、全くその必要性のないものまで存在し得るので、一律にその適用関係を理由の中で示すべきとまではいえないとする。それに加えて、一級建築士は、遅くとも聴聞の審理が始まるまでには自らがどのような基準に基づきどのような不利益処分を受けるかを予測できる状態に達しているはずであり、聴聞の審理の中で、さらに詳しい情報を

入手することもできるから、一律に処分基準の適用関係を明示しなければ処分自体が違法となるとの原則を維持しなければならないかは疑問であるとする。さらに、那須反対意見では、「処分理由は、その記載自体から明らかでなければならない」、「理由付記は、相手方がその理由を推知できるか否かにかかわらず、第三者においてもその記載自体から処分理由が明らかとなるものでなければならない」とする判例法理が、行政手続法12条1項および14条1項の下で、税法分野以外の不利益処分に関してそのまま妥当するものと解することには慎重であるべきとの指摘もされている。

6　評　釈
（1）学説等

　行政手続法が制定される前は、理由提示の程度として、処分の根拠法条と当該法条に該当する事実を具体的に示すことが求められていた。しかし、行政手続法が制定され、審査基準、処分基準が法律上の制度となり原則として公にされることとなったことから、理由提示に当たっては、これらの基準との関係も示すべきことが学説でも主張されたし[4]、地方公共団体の中には、早期にかかる運用方針を示したところもある[5]。

---

(4)　阿部泰隆「行政裁量と行政法学の方向」日本行政学会編・日本の行政裁量：構造と機能（ぎょうせい、1984年）は、裁量基準との関係について具体的に述べているわけではないが、裁量処分について根拠となった考慮を理由中で示す必要があることを早くから指摘していた。この考え方からすれば、裁量基準が公になっている場合には、それとの関係も示すべきことになると思われる。また、審査基準・処分基準と理由提示の関係については、宇賀克也・自治体行政手続の改革（ぎょうせい、1996年）52頁以下、塩野宏＝高木光・条解行政手続法（弘文堂、2000年）217頁、常岡孝好「裁量権行使に係る行政手続の意義—統合過程論的考察」磯部力＝小早川光郎＝芝池義一編・行政法の新構想Ⅱ（有斐閣、2008年）262頁、石井・前掲注（3）117頁参照。小早川光郎・行政法講義下Ⅰ（弘文堂、2002年）66頁は、審査基準、処分基準があらかじめ作成され公にされていたにもかかわらず、行政庁がその基準によらないで処分をした場合には、なぜ、その基準によらなかったかも示す必要があることを指摘している。この点については、盛岡地判平成18・2・24判例自治295号82頁も参照。

(5)　東京都総務局・行政手続関係規程集（平成7年4月）12頁、神奈川県総務部行政管理課・神奈川県行政手続条例運用の手引き（平成7年3月）15頁参照。

(2) 裁判例

　裁判例においても、審査基準との関係でも理由を提示すべきことを明言するものがあった（東京高判平成13・6・14判時1757号51頁[6]）。那覇地判平成20・3・11判時2056号56頁は、理由提示を欠く処分は取消しを免れず、理由提示の前提となる審査基準を設定し公にしておく義務を懈怠した処分も取消しを免れないと述べており、理由提示において、審査基準の適用についても示すべきという立場をとっているようにみえる。

　また、処分基準についても、それに依拠して不利益処分を行う場合には、いかなる事実関係に基づき、いかなる処分基準を適用して当該処分を行ったのかを名あて人においてその記載から了知しうる程度に記載することを要すると解すべきとした大阪地判平成19・2・13判夕1253号122頁がある（盛岡地判平成18・2・24判例自治295号82頁も同旨）。

(3) 事例判決

　田原補足意見も、前掲大阪地判平成19・2・13と同様の立場をとるものと思われる。これに対して、本判決の多数意見は、行政手続法14条1項本文に基づく理由提示の程度として、「当該処分の根拠法令の規定内容、当該処分に係る処分基準の存否および内容ならびに公表の有無、当該処分の性質および内容、当該処分の原因となる事実関係の内容等を総合考慮して決定すべき」と述べており、「本件の事情の下においては」、処分基準との関係を示さない理由提示には瑕疵があると判示している。したがって、常に処分基準との関係を示すべきとまでは述べておらず、本件では、選択裁量に係る処分基準との関係で理由を示さなければ、なぜ免許取消処分がなされたのか名あて人も正確には認識し得ないことが重視されたものと思われる。

(4) 努力義務との関係

　処分基準は審査基準と異なり、それを作成し、公にしておくことは努力義

---

(6) 岡本博志・北九州市立大学法政論集31巻2＝3＝4号313頁、山岸敬子・自治研究78巻12号138頁、宇賀克也・平成13年度主要民判解（判夕1096号）256頁参照。

務にとどめられている。しかし、処分基準の作成が努力義務にとどめられたのは、不利益処分の発動の実績が乏しいものが稀でなく、事前に処分基準を作成することが困難なことが少ない等の主張に配慮したためである。また、処分基準を公にしておくことが努力義務にとどめられたのは、監督措置の発動の基準を示すことが脱法行為を助長する弊害をもたらす場合もありうることに配慮したからである(7)。しかし、実際に処分基準が作成され、それが公にされている場合には、それがどのように適用されたかを理由として示すことのマイナス面は、行政コスト以外に考えがたいように思われる。そして、この行政コストも、通常は、軽微なものにとどまると考えられる。

(5) 理由提示の機能の拡充

他方、処分基準との関係を含めて理由を提示することのプラス面は、理由提示の機能の拡充であり、こちらが重視されるべきと思われる。したがって、処分基準が公にされている場合には、それとの関係も含めて理由提示を行わなければ、理由提示に瑕疵があると解すべきであろう。行政手続法により審査基準、処分基準が法定されたことが、理由提示の程度を深化させたといえると思われる。また、本件で、被告は、聴聞手続が行われたことを理由提示の程度を引き下げ得る根拠として主張したが、行政庁の判断の慎重・合理性を担保して恣意を抑制するという理由提示の重要な機能に照らせば、聴聞の過程で当事者が処分理由を知り得たとしても、理由提示の程度を緩和することが当然に認められるべきではないと思われる(8)。そして、理由提示という重要な行政手続に瑕疵がある場合には、そのことを理由として処分を取り消すべきと考えられる(9)。本判決は、事例判決ではあるが、処分基準との関係を含めて理由提示義務を認めた最初の最高裁判決として、大きな意義を有している。国、地方公共団体等における理由提示の実務において

---

(7) 宇賀克也・行政手続3法の解説（第1次改訂版）（学陽書房、2015年）111頁参照。
(8) 小早川・前掲注（4）67頁参照。
(9) 塩野宏・行政法Ⅰ［第5版補訂版］（有斐閣、2013年）320頁、宇賀克也・行政法（有斐閣、2012年）227頁参照。

も、審査基準、処分基準との関係を含めた理由提示を励行する必要があると思われる。

第3節　情報公開

第1款　情報公開請求（省エネ法に基づき提出された定期報告書の開示の適法性）

1　事案の概要

　本款では、エネルギーの使用の合理化に関する法律（平成17年法律第93号による改正前のもの。以下「省エネ法」という）11条（現・15条1項）の規定に基づく定期報告書等の一部不開示決定の取消しと開示決定の義務付けが訴求された事案における最判平成23・10・14裁判集民238号57頁[1]（以下「本判決」という）を取り上げる。

　原告は、平成16年8月9日、行政機関の保有する情報の公開に関する法律（以下「行政機関情報公開法」という）4条1項の規定に基づき、中部経済産業局長に対し、省エネ法11条（現・15条1項）の規定に基づく平成15年度の定期報告書等の開示を請求したところ、中部経済産業局長は、同年9月7日付けで、行政機関情報公開法13条1項の規定に基づき事業者から意見聴取を行い、開示に反対しなかった事業者（意見書を提出しなかった事業者を含む）の定期報告書については、作成責任者等の情報を除き開示し、開示に反対した事業者の定期報告書については前記作成責任者等の情報を不開示にしたほか、「燃料等の使用量、電気の使用量」等の部分に記録されている情報（以下「本件数値情報」という）を行政機関情報公開法5条2号イの「公にすることにより、当該法人等…の権利、競争上の地位その他正当な利益を害する

（1）　藤原淳一郎・自治研究89巻11号128頁、高橋滋・平成23年度重判解（ジュリ臨増1440号）40頁、佐伯彰洋・民商146巻3号87頁、同・同志社法学64号7号309頁、北村喜宣・速報判例解説〔11〕〔法セ増刊〕293頁、橋本博之・慶応法学24号112頁、山田健吾・速報判例解説（法セ増刊）11号61頁、友岡史仁・法セ57巻1号127頁、同・判評652（判時2181）号1640頁、上拂耕生・季報情報公開・個人情報保護45号35頁、片野正樹・平成23年行政関係判例解説126頁、黒坂則子・ポスト京都議定書の法政策〔2〕（環境法研究37号）203頁参照。

おそれがあるもの」に該当することを理由として不開示とする決定をした。

そこで、原告は、平成17年1月31日、不開示決定を不服として、（平成26年法律第68号による改正前の）行政不服審査法5条1項1号の規定に基づき、中部経済産業局長の上級行政庁である経済産業大臣に対して審査請求をしたが、同年7月29日に至っても応答がなかったため、同日、行政機関情報公開法5条2号イに係る不開示決定の取消訴訟を提起し、さらに、同年8月9日、当該部分の開示決定の義務付け訴訟を併合提起した。中部経済産業局長は、本件訴訟係属中の平成18年3月から、本件開示請求の対象である定期報告書を提出した各事業者に対して順次改めて意見聴取を行い、その結果を踏まえて、同年5月19日、開示に反対しなかった事業者については、本件数値情報も開示した。

2　1審判決
（1）製造原価の推計

1審の名古屋地判平成18・10・5判タ1266号207頁[2]（以下「1審判決」という）は、本件訴訟提起後に開示がなされた部分については訴えの利益が消滅したが、不開示決定が維持された部分については、本件数値情報が公にされたとしても、本件数値情報を利用することによる製造原価の推計の結果は、さほど精度の高いものとなるとは解されないから、競業他社が本件数値情報を知ることによって、より低価格の営業を展開するので競争上の不利益が生ずるとか、本件数値情報を知った販売先顧客から値下げの要求がなされて不利益が生ずるなどという可能性は少ないものと解されると判示した。

（2）製品当たりのエネルギーコスト

競業他社が当該事業者の工場に関する本件数値情報を入手した場合、当該事業者における製品当たりのエネルギーコストをある程度推計することができ、このことはエネルギー効率化技術に関する水準や進展状況の推知にもつ

---

[2]　佐伯彰洋・季報情報公開・個人情報保護25号29頁参照。

ながり、競業他社の技術革新や投資状況等を推し量るための情報となりうることも否定できないが、一般的には、製品当たりのエネルギーコストの推計精度には限界があること、そして製造業におけるエネルギーコストの製造原価に占める割合が必ずしも大きくないことから、本件数値情報が公にされたとしても、エネルギー効率化技術の水準や進展状況を知られることにより不利益が生ずる可能性は相当小さいものといわざるをえないと述べている。

（3）燃料等の種類別の年間使用量

本件数値情報が公にされると、当該事業者の燃料等の調達先は、当該事業者の燃料等の種類別の年間使用量を知ることができ、当該事業者の燃料等の調達の際の価格交渉等に影響が生ずることが全くないとはいえないが、現実に燃料等の調達に支障が生ずるかどうかは、当該工場で用いている燃料等の種別・量、従来の調達に関する経緯その他の諸要因によって左右されるものと解されるから、本件数値情報が公にされたとしても、一般的に燃料等の調達に関する不利益が発生する蓋然性があるとまではいえないとする。

（4）秘密保持条項を含む技術ライセンス契約等

当該事業者が、その製品の製造に関し、他社と秘密保持条項を含む技術ライセンス契約等を締結する場合において、当該製造方法では競業他社が通常使用することのない燃料等を使用するときには、ライセンスの供与者が当該事業者に対し、燃料等の種類について秘密保持を求めることもあり得ないことではないが、法令の定めにより行政庁への報告が義務付けられている情報について、これを行政庁に対しても報告をしてはならない義務が秘密保持条項等に定められているとすれば、そのような約定の効力それ自体が問題とされるべきであり、法令に従って行政庁に報告した情報が、行政機関情報公開法に基づく開示請求に基づいて、同法所定の不開示情報に当たらない情報であるとして開示された場合、当該事業者に何らかの契約上の債務不履行責任が生じることは一般的には想定されないから、本件数値情報が公にされたとしても、当該事業者がこれによって契約違反として不測の損害を被る余地は少ないと解されると指摘している。

（5）製造技術

本件数値情報が公にされることによって製造技術が推知されるリスクはなお限定的な事例に関する抽象的なものに止まり、一般的に、本件数値情報が開示されることによって製造技術が推知される可能性があるとまでは解されないとする。

（6）競争上の不利益が発生する蓋然性の否定

1審判決は、以上のような検討に基づき、本件数値情報が公にされたとしても、一般的に、競争上の不利益が発生する蓋然性があるとは認められないと判示した。

（7）立法経緯

省エネ法の平成10年改正法をめぐる国会審議の際には、本件数値情報を含む定期報告書の内容は公開を予定しないことを前提とする係官説明がなされた経緯があるが、1審判決は、定期報告書の記載事項は、本件数値情報のほか多岐に渡るものであるところ、これらが公開されることにより一般に予想される事業者の利益への影響の程度、内容は、その情報ごとに様々であり、本件数値情報のように、公にしても法人等の正当な利益を害さないと解されるものが混在しているから、前記の改正法の立法経緯は、本件数値情報を不開示とすべき根拠とすることはできないと述べている。

（8）定期報告書の提出への影響

国は、定期報告書中の情報が開示されると、事業者が正確な報告をしなくなるとか、定期報告書の提出それ自体を拒否するなどの懸念が生じると主張したが、1審判決は、そのような事態が正当な根拠に基づくものとはいえないことは明らかであるから、それらの懸念があるとすれば、主務大臣またはその委任を受けた者は、事業者に対して適切な行政指導を行うなどして、そのような事態の発生を防止するよう対処すべきものであり、国の主張は採用できないと判示した。

3 控訴審判決

(1) 行政機関情報公開法5条2号イにいう「おそれ」

　名古屋高判平成19・11・15判例集不登載[3]（以下「原判決」という）は、1審判決の判断を支持し、国の主張を退けている。すなわち、不開示とされた情報から一定の有意な情報を引き出すことが可能であり、かつ、それにより当該事業者がその情報が開示されなかった場合と比べて、より不利な立場に置かれる蓋然性があれば、行政機関情報公開法5条2号イにいう「おそれ」があると認めるべきであるという国の主張を検討し、同法5条2号イにいう「おそれ」があるとするためには、同法が国民主権の理念から行政文書について公開を原則としている（1条、5条柱書）ことからすれば、当該法人や処分庁の主観的な危惧感だけでは足りず、競争上の地位その他の正当な利益が害される蓋然性があると客観的に認められることを要すると述べられている。

(2) 製造原価等の推計

　そして、本件数値情報は、製造原価等を推計する手掛りとなり、また、一般論として、本件数値情報が開示されることにより、前記推計の精度は、その開示がなかったときと比べて、その程度はともかく、相対的には高まる場合が多いと考えられるが、本件数値情報が公表されても、これにより、本件の各事業者に不利益が生ずる可能性は、一般的に見ても、また、本件各事業者の個別事情を踏まえて検討しても、さほど大きいものではなく、未だ、抽象的な危惧感の域を出るものではないと評価すべきであるから、直ちに同法5条2号イにいう正当な利益が害される蓋然性があると客観的に認めることはできないと判示した。

(3) 競業他社との競争や価格交渉等

　国は、本件数値情報が公表されると、国内外（特に国外）の競業他社との競争や価格交渉等において、不利な立場に置かれる蓋然性があると主張した

---

　[3]　佐伯彰洋・環境法判例百選（第2版）236頁参照。

が、原判決は、国内外（特に国外）の競業他社との競争や価格交渉その他の点において、本件数値情報が公表されることによって本件各事業者が不利益を被るおそれが他と比べて格別に高いとまで評価することはできないと述べている。

(4) 推計の精度

さらに、国は、不開示とされた情報に基づく推計の精度や、それによる不利益がどの程度の確率をもって生ずるかというような具体的、数量的な主張、立証を要求することは、結局、当該情報を開示するのと同様の結果となり、行政機関情報公開訴訟の特質上、不可能を強いることになり、相当でないと主張したが、原判決は、行政機関情報公開法5条2号イにいう「おそれ」があるとするためには、当該法人や処分庁の主観的な危惧感だけでは足りず、競争上の地位その他の正当な利益が害される蓋然性があると客観的に認められることが必要であり、そのように解さなければ、客観的な裏付けを伴わない当該法人や処分庁の主観的な危惧感に基づいて上記「おそれ」の存在が肯定され、ひいては、開示の可否が専ら当該法人の意向によって決せられることになりかねず、行政文書について原則的な開示を義務付け、不開示情報を例外的なものとして位置付けた同法の趣旨が没却されることになるとする。

そして、本件における不開示理由として、本件数値情報が公表されると、製品当たりの製造コストの推計が可能になることが挙げられているが、これが単なる主観的な危惧感にすぎないのか、それとも、正当な利益が害される蓋然性があることが客観的に裏付けられているのかを峻別する必要があり、その際の考慮要素の一つとして、推計の精度を検討することには、十分な合理性があるといえるので、情報公開訴訟の審理において、推計の精度を考慮することは許されるとする。

なお、国は、同種の技術、知識を有する競業他社であれば、正確な（誤差の程度が最小で1パーセント以内、多くは5パーセント以内、最大でも10パーセント以内の）推計をすることが可能であると主張したが、原判決は、本件数値情報から製品の製造原価を推計する方法とその過程は、製造コストが、

材料費、労務費、経費（減価償却費等）およびエネルギー費から構成されていることを前提に、一般に公表されている資料（各種統計資料、有価証券報告書その他）と本件数値情報を用いて、（ⅰ）本件数値情報とその他の情報から工場全体のエネルギーコストを推計し、（ⅱ）前記（ⅰ）で推計した工場全体のエネルギーコストとその他の情報から製品当たりのエネルギーコストを推計し、（ⅲ）前記（ⅱ）で推計した製品当たりのエネルギーコストとその他の情報から製造原価を推計するというものであるが、外部の者が前記推計に必要な情報のすべてを入手できるわけではなく、その一部については、前記資料から別途に推測した結果を用いるよりほかないため、さらに推計の過程を重ねることになり、全体として推計の精度は、さほど高いものになるとはいえないとして、国の前記主張をたやすく採用することはできないと判示した。

（5）開示に応じた事業者数と最終的には開示に反対しなかった事業者数

原判決は、本件開示請求につき、対象事業所総数5033のうち、当初から開示に応じた事業者数は4280であり、当初開示に反対したが最終的には開示に反対しなかった事業者数は340であり、結局、4620の事業所（約92パーセント）が開示に反対しないとの態度を表明したことを指摘した。この点につき、国は、開示に反対しない事業者において、競争上の不利益の有無だけで開示に応ずるか否かを判断したわけではなく、それぞれの置かれている個別の競争環境等を踏まえて検討した結果、開示により不利益を被っても、環境に配慮しているという企業イメージを損なわないことをより重視して開示に反対しなかった場合があると主張し、その裏付けとして、3事業者からの事情聴取結果の報告書を提出したが、原判決は、前記報告書を提出したのはわずかに3事業所にすぎず、その他の圧倒的多数の事業者の意向は明らかではなく、むしろ、本件数値情報の開示が自らの競争上の地位その他正当な利益に悪影響を及ぼす可能性が大きくないと判断したものと解するのが相当であるし、前記の3事業者にしても、少なくとも、開示に伴う競争上の不利益がさほど深刻なものではないと判断したものと認められるので、本件数値情報が公表

されることにより、当該事業者の競争上の地位その他の正当な利益が害されるおそれが一般的にあるとみることには疑問が残るとして、その行政機関情報公開法律5条2号イ該当性を否定した。

4　最高裁判決
（1）温室効果ガス算定排出量の公表および開示に係る制度

本判決は、本件数値情報は、本件各工場において特定の年度に使用された各種エネルギーの種別および使用量ならびに前年度比等の各数値を示す情報であり、本件各事業者の内部において管理される情報としての性質を有するものであって、製造業者としての事業活動に係る技術上または営業上の事項等と密接に関係すると述べている。そして、平成17年法律第61号による地球温暖化対策推進法の改正によって定められた温室効果ガス算定排出量の公表および開示に係る制度においては、事業所単位のエネルギー起源二酸化炭素の温室効果ガス算定排出量を算定する基となる本件数値情報に相当する情報が報告および開示の対象から除外されており、かつ、この情報が行政機関情報公開法5条2号イと同様の要件を満たす場合には、各事業者の権利、競争上の地位その他正当な利益（以下「権利利益」という）に配慮して、事業所単位各物質排出量に代えてこれを一定の方法で合計した量をもって環境大臣および経済産業大臣に通知し、公表および開示の対象とする制度が併せて定められていることを指摘し、前記の関係法令の制度においては、本件数値情報に相当する情報よりも抽象度の高い事業所単位のエネルギー起源二酸化炭素の温室効果ガス算定排出量についてさえ、事業者の権利利益に配慮して開示の範囲を制限することが特に定められているのであって、このことからも、本件数値情報が事業者の権利利益と密接に関係する情報であることが窺われると述べている。

（2）省エネ法の報告制度の趣旨

そして、省エネ法において所定の数値に関する情報を記載した定期報告書の提出が義務付けられた趣旨は、各事業者において自らエネルギーの使用の

状況等を詳細に把握して整理分析することを促すとともに、国が適切な指示等（平成17年改正前の12条。現・16条）を行うために各事業者におけるエネルギーの使用状況等について各年度ごとに具体的な数値を含めて詳細に把握することにあるものと解され、このような省エネ法の報告制度の趣旨に鑑みると、行政機関情報公開法による定期報告書の開示の範囲を検討するに当たっては、前記のような当該情報の性質や当該制度との整合性を考慮した判断が求められるとする。

(3) 精度の高い推計を可能にする情報

具体的には、本件数値情報は、事業者単位ではなく工場単位の情報であるという点で個別性が高く、その内容も法令で定められた事項および細目について個々の数値に何らの加工も施されない詳細な基礎データを示すものであり、本件各工場における省エネルギーの技術の実績としての性質も有し、しかも、定期報告書は毎年定期的に提出されるもので、前年度比の数値もその記載事項に含まれているから、これを総合的に分析することによって、本件各工場におけるエネルギーコスト、製造原価および省エネルギーの技術水準ならびにこれらの経年的推移等についてより精度の高い推計を行うことが可能となると判示している。

(4) 競業者による利用

そして、競業者にとっては、本件数値情報が開示された場合、前記のような総合的な分析に自らの同種の数値に関する情報等との比較検討を加味することによって、前記の点についてのさらに精度の高い推計を行うことができることになり、本件各工場におけるエネルギーコスト、製造原価および省エネルギーの技術水準ならびにこれらの経年的推移等についての各種の分析に資する情報として、これを自らの設備や技術の改善計画等に用いることが可能となるとする。

(5) 需要者による利用

需要者にとっても、本件数値情報が開示された場合、前記のような総合的な分析によってエネルギーコストおよび製造原価ならびにこれらの経年的推

移等の推計を行うことにより、本件各工場におけるエネルギーコストの減少の度合い等を把握することができるので、本件各事業者との製品の価格交渉等において、この点についての客観的な裏付けのある情報としてこれを交渉の材料等に用いることが可能となるとする。

(6) 供給者による利用

供給者にとっても、本件数値情報が開示された場合、本件各工場における燃料等の使用量と本件各工場への自らの供給量とを比較することにより、その供給量が本件各工場における燃料等の全使用量に占める割合等を正確に把握することができるので、本件各事業者との燃料等の価格交渉等において、この点についての客観的な裏付けのある情報としてこれを交渉の材料等に用いることが可能となると述べている。

(7) 定期報告書の提出義務

そして、本件数値情報は、その内容が法令で事項および細目を定められているため、本件各事業者としては、定期報告書を提出する際にこれが将来開示され得る可能性を考慮して表現に配慮するなどの余地がなく、報告についても罰則をもって強制されていることから、仮に本件数値情報が開示されるとすれば、前記のような不利な状況に置かれることを回避することは極めて困難であることを指摘している。

(8) 行政機関情報公開法5条2号イ所定の不開示情報該当性

本判決は、以上のような本件数値情報の内容、性質およびその法制度上の位置付け、本件数値情報をめぐる競業者、需要者および供給者と本件各事業者との利害の状況等の諸事情を総合勘案すれば、本件数値情報は、競業者にとって本件各事業者の工場単位のエネルギーに係るコストや技術水準等に関する各種の分析およびこれに基づく設備や技術の改善計画等に資する有益な情報であり、また、需要者や供給者にとっても本件各事業者との製品や燃料等の価格交渉等において有意な事項に関する客観的な裏付けのある交渉の材料等となる有益な情報であるということができ、本件数値情報が開示された場合には、これが開示されない場合と比べて、これらの者は事業上の競争や

価格交渉等においてより有利な地位に立つことができる反面、本件各事業者はより不利な条件の下での事業上の競争や価格交渉等を強いられ、このような不利な状況に置かれることによって本件各事業者の競争上の地位その他正当な利益が害される蓋然性が客観的に認められるとする。そして、原判決が、本件数値情報による推計の精度を主な理由として、本件数値情報は行政機関情報公開法5条2号イ所定の不開示情報に当たらないとしたことに対して、前記の諸事情に照らせば、その精度等をもって、本件数値情報の開示によって本件各事業者が前記のように事業上の競争や価格交渉等において不利な状況に置かれる蓋然性の有無の判断が左右されるものではないとして、本件数値情報は、これが公にされることにより本件各事業者の競争上の地位その他正当な利益を害するおそれがあるものとして、行政機関情報公開法5条2号イ所定の不開示情報に当たると判示した。

(9) 公益上の義務的開示

また、本件数値情報は、その内容、性質に鑑み、人の生命、健康、生活または財産を保護するために公にすることが必要であるとは認められず、行政機関情報公開法5条2号ただし書所定の開示すべき情報に当たるものでないことは明らかであるとし、公益上の義務的開示も否定している。

5 評 釈

(1) 同種の裁判例

省エネ法に基づく定期報告書の開示請求に対する一部不開示決定の取消訴訟、開示決定の義務付け訴訟は、東京地裁、大阪地裁にも提起され（以下それぞれ「東京訴訟」、「大阪訴訟」という）、本判決前に、東京地判平成19・9・28判例集不登載、東京高判平成21・9・30判例集不登載[4]、大阪地判平成19・1・30判例集不登載[5]、大阪高判平成19・10・19判例集不登載[6]が出

---

(4) 上拂耕生・季報情報公開・個人情報保護36号29頁参照。
(5) 上拂耕生・季報情報公開・個人情報保護26号34頁参照。
(6) 石森久広・季報情報公開・個人情報保護29号28頁参照。

されていた。東京訴訟、大阪訴訟についても、最高裁は、本判決が出された日と同日に、同様の理由で本件数値情報の行政機関情報公開法5条2号イ該当性を否定する判決を出した。

本判決前の下級審裁判例のうち、大阪高判平成19・10・19のみが、本件数値情報の行政機関情報公開法5条2号イ該当性を肯定し、他はすべて、これを否定していた。このように、下級審判決の大勢が当該情報の行政機関情報公開法5条2号イ該当性を否定していたのは、当該情報の開示により、関係事業者が不利益を被る可能性を全面的に否定していたからではない。行政機関情報公開法5条2号イ該当性を否定した前記裁判例は、同号イ該当性が肯定されるためには、法人等の正当な利益が害される抽象的な可能性が存在するのみでは足りず、被告国は、かかる利益侵害の発生について法的保護に値する蓋然性が存在することを立証しなければならないという立場をとり、法的保護に値する蓋然性が立証されていないという理由で不開示決定を違法としたのであった。

(2) 推計の精度

原判決も、行政機関情報公開法5条2号イにいう「おそれ」があるとするためには、当該法人や処分庁の主観的な危惧感だけでは足りず、競争上の地位その他の正当な利益が害される蓋然性があると客観的に認められることを要すると述べていた。これは、通説の立場でもあり、本判決も、「本件各事業者の競争上の地位その他正当な利益が害される蓋然性が客観的に認められる」と判示していることに照らすと、行政機関情報公開法5条2号イ該当性についての一般論のレベルでは、原判決と異ならないように思われる[7]。しかし、原判決が、本件数値情報による推計の精度を主な理由として、本件

---

(7) 情報公開条例についての事案であるが、最判平成13・11・27判時1771号67頁は、法人から提出された情報の開示の是非につき、単に当該情報が通常他人に知られたくないというだけでは足りず、当該情報が開示されることによって当該法人等または当該個人の競争上の地位その他正当な利益が害されることが客観的に明らかでなければならないと判示している。アメリカの連邦情報公開法における法人等情報の取扱いについては、宇賀克也・情報公開法（日本評論社、2004年）201頁参照。

数値情報は行政機関情報公開法5条2号イ所定の不開示情報に当たらないとしたことに対して、本判決は、その精度等をもって、本件数値情報の開示によって本件各事業者が事業上の競争や価格交渉等において不利な状況に置かれる蓋然性の有無の判断が左右されるものではないと判示しており、たとえ推計の精度は高くなくても、本件数値情報の開示により、本件各事業者が不利な状況に置かれる蓋然性が客観的に認められる以上、行政機関情報公開法5条2号イ該当性は肯定されるべきとの立場をとっていると思われる（もっとも、本判決は、他方において、本件数値情報の開示により精度の高い推計を行うことが可能となるとも述べている）。

（3）地球温暖化対策推進法における関連情報の取扱い

本判決の特色の一つは、地球温暖化対策推進法という省エネ法とは別の法律における関連情報の取扱いを参考としていることにある。すなわち、地球温暖化対策推進法において、本件数値情報に相当する情報よりも抽象度の高い情報であっても、事業者の権利利益に配慮して開示の範囲を制限することが特に定められていることを、本件数値情報の行政機関情報公開法5条2号イ該当性を肯定する根拠の一つとしているのである。行政事件訴訟法9条2項が、当該法令の趣旨および目的を考慮するに当たって、当該法令と目的を共通にする関係法令があるときはその趣旨および目的をも参酌するものとすると定めているが、本判決は、省エネ法と地球温暖化対策推進法を関係法令ととらえて[8]、後者において本件数値情報よりも抽象度の高い情報についてすら事業者の権利利益に配慮されていることから、省エネ法における本件数値情報については一層、事業者の権利利益への配慮が必要であるという論理を展開し、そのような法制度上の位置付けが、本件数値情報の行政機関情報公開法5条2号イ該当性を肯定する論拠の一つとされている。この点について、前掲東京高判平成21・9・30は、本件数値情報を開示するか否かは、

---

[8] 省エネ法は主としてエネルギーを対象とし、地球温暖化対策推進法は温室効果ガスを扱うという役割分担がされている。大塚直・環境法（第3版）（有斐閣、2010年）160頁参照。

あくまで行政機関情報公開法5条2号イに定める例外事由に該当するか否かによって判断するものであり、当該文書の作成根拠となった法律による当該情報の位置付けや取扱い等によって左右されるものではないと判示しているのと対照的である。

(4) 大多数の事業者が開示に反対しなかったこと

原判決は、大多数の事業者が開示に反対しなかったことを、本件数値情報の開示により本件各事業者の正当な利益が侵害されないことを推認する事実として援用しており、前掲大阪地判平成19・1・30も、多くの事業者が本件数値情報の開示に反対しなかったのは、その開示により自社の正当な利益が害されるおそれが大きくないと判断した結果であると評価することが可能であり、本件数値情報の開示により当該事業者の正当な利益が害されるおそれが一般的に存在することの推認を妨げる事情と解すべきと判示した。他方、前掲大阪高判平成19・10・19は、開示に反対することによる企業イメージへの影響を懸念して開示に反対しなかった事業者も存在することを指摘し、開示に反対しなかった事業者の存在から、当該事業者が本件数値情報を利益侵害情報でないと自認したとはいえないとする対照的な判示をしていた。

本判決は、この問題について触れていないが、前掲大阪高判平成19・10・19と同様の立場を前提とするものと思われる。開示に反対しなかった事業者の中には、開示による支障がないと判断した者も、支障はあるが企業イメージを重視すべきと判断した者も含まれている可能性がある。また、同種の情報であっても、業種、規模、競争環境等は多様であろうから、開示による影響にも差異はあると思われる。したがって、大多数の事業者が開示に反対しなかったことのみをもって、開示に反対している事業者についても権利利益侵害がないとはいえないと考えられる。

(5) 事業者の個別事情

実際、1審判決、前掲東京地判平成19・9・28、前掲東京高判平成21・9・30、前掲大阪地判平成19・1・30は、本件数値情報の行政機関情報公開法5条2号イ該当性を類型的に否定した後、開示に反対している事業者の個別事

情に照らして、同号イ該当性が認められないかも審査している。逆に、前掲大阪高判平成19・10・19は、本件数値情報の行政機関情報公開法5条2号イ該当性を類型的に肯定した後に、省エネ事例大会に応募し数値を開示した事業者の個別事情により、同号イ該当性が否定されないかについても検討している。他方、本判決は、本件数値情報の同号イ該当性を肯定した後、個別事情の審査については言及していない。1審判決、原判決の事実認定を前提とすれば、この点についてさらに審理を尽くさせる必要はなく、同号イ該当性を否定するような個別事情は存在せず、この点について言及するまでもないと考えたのかもしれない。

（6）公益上の義務的開示

本判決は、「前記事実関係等によれば、本件数値情報は、その内容、性質に鑑み」、行政機関情報公開法5条2号ただし書所定の情報（公益上の義務的開示が必要な情報）に当たらないことは明らかと述べている。公益上の義務的開示の是非は、開示のもたらす利益と不利益を比較衡量して判断されることになるが、開示に伴う本件各事業者に対する不利益についての判断は、かなり詳細に述べられているのに対し、開示に伴う利益についての判断は、明確には述べられていない。

下級審裁判例で、この点について判示しているのは、本件数値情報の行政機関情報公開法5条2号イ該当性を肯定した前掲大阪高判平成19・10・19のみであるが、そこでは、（ⅰ）本件数値情報が、その性質上、直ちに人の生命、健康、生活または財産に直接、具体的な危険を及ぼす情報とはいえない上、（ⅱ）二酸化炭素を中核とする温室効果ガスの排出規制については、国自身がその規制・防止対策に乗り出し、また、本件各事業者も自主的に二酸化炭素の排出量を公表しているのであるから、二酸化炭素の排出量に関する情報については、地球温暖化対策推進法に規定する前記の公表制度のほか、同法に基づき提出された資料について、行政機関情報公開法によってその公開を求めればよく（この場合には、当該情報が、行政機関情報公開法5条2号イの利益侵害情報に該当しないと判断される場合もあり得るとする）、し

たがって、省エネ法に基づき提出された情報である本件数値情報は、行政機関情報公開法５条２号ただし書にいう「人の生命、健康、生活または財産を保護するため、公にすることが必要であると認められる情報」には該当しないと判示されている。すなわち、（ｉ）人の生命、健康、生活または財産の保護に直結しない情報であるという本件数値情報自体の性質、（ⅱ）地球温暖化対策推進法に規定する公表制度等の代替的な情報入手ルートの存在が、開示に伴う利益についての消極的判断の根拠とされていた（代替的ルートでは不十分という主張も上記判断を左右するものではないとされた）。本判決が、開示に伴う利益について同様の判断をしたのかは定かでないが、「本件数値情報は、その内容、性質に鑑み」という表現に照らすと、（ｉ）を所与とし、開示により本件各事業者の権利利益が害される蓋然性が客観的に認められる以上、公益上の義務的開示が必要な場合に該当しないことは明確という思考過程をたどったようにも思われる。

第2款　刑事確定訴訟記録の閲覧（刑事確定訴訟記録法に基づく閲覧不許可処分の適法性）

1　事案の概要

本款では、刑事確定訴訟記録法に基づく裁判書の閲覧不許可処分を違法とした最決平成24・6・28刑集66巻7号686頁（以下「本決定」という）[1]を取り上げることとする。初めに、事実の概要を説明する。

Xの代理人である弁護士Aは、平成23年11月11日、被告人Bおよび被告人Cに対する組織的な犯罪の処罰及び犯罪収益の規制等に関する法律違反被告事件に係る刑事確定記録のうち裁判書（以下「本件裁判書」という）の閲覧を、プライバシーに係る部分は除外する範囲で、岡山地方検察庁検察官に請求したところ、同検察官は、同年12月5日、刑事確定訴訟記録法4条2項4号（「保管記録を閲覧させることが犯人の改善及び更生を著しく妨げることとなるおそれがあると認められるとき」）および5号（「保管記録を閲覧させることが関係人の名誉又は生活の平穏を著しく害することとなるおそれがあると認められるとき」）に該当することを理由として、不許可処分を行った。Xが本件裁判書の閲覧を申請したのは訴訟準備のためであった。この点について敷衍すると、被告人Bおよび被告人Cがそれぞれ代表取締役、専務取締役を務める株式会社D（以下「D社」という）の前代表取締役であるEは、Xが代理人を務める株式会社F（以下「F社」という）の株主であるところ、被告人Bおよび被告人CがD社の活動として行った本件被告事件の本件裁判書を閲覧して、D社が従前から組織的犯罪行為に携わっていたことを明らかにし、それによって、EがF社の株主として行う諸々の請求（株主の地位に基づく株主総会の招集等の請求）が権利濫用であるとの主張を補強することをXは意

---

(1)　福島至・刑事法ジャーナル36号131頁、岡田悦典・判評657（判時2196）号174頁、笹倉香奈・法セ57巻9号132頁参照。

第 3 節　情報公開

図したのである。

　Xは、本件不許可処分に不服があったため、刑事確定訴訟記録法 8 条 1 項の規定に基づき準抗告の申立てを行い[2]、D社が組織的犯罪行為に携わった経緯等を明らかにすることにより、EがF社代表取締役に対して提起するであろう名誉毀損を理由とする損害賠償請求訴訟等の準備および防御を行うことを閲覧目的として追加した。

2　準抗告
（1）犯人の改善および更生を著しく妨げることとなるおそれ

　岡山地決平成24・1・10刑集66巻 7 号704頁（以下「原決定」という）は、Xの準抗告を棄却した。原決定は、Xがプライバシーに係る部分を除外した上で本件裁判書のみの閲覧を請求しているものの、D社における組織的犯罪行為を明らかにしてEを相手方とする民事訴訟の準備をする目的で本件裁判書の閲覧を請求していることに鑑みると、本件裁判書の閲覧を許可すれば、被告人Bおよび被告人C以外の者を相手方とする民事裁判において本件裁判書の内容が明らかにされて、被告人Bおよび被告人Cの前科の存在およびその内容が不特定多数の者の知るところとなるおそれがあると述べている。そして、前科の存在およびその内容が不特定多数の者の知るところとなれば、被告人Bおよび被告人Cが就業したり、安定した社会的地位に就いたりすることに支障を与え、社会復帰を大きく妨げるおそれがあるので、Xに本件裁

（2）　準抗告の申立ては、保管検察官が所属する検察庁の対応する裁判所に行うことになる。刑事確定訴訟記録法 8 条 1 項、刑事訴訟法430条 1 項。刑事確定訴訟記録法 8 条 2 項、刑事訴訟法430条 3 項により、行政事件訴訟法に基づく抗告訴訟は提起できない（刑事確定訴訟記録法制定前、東京地判昭和61・2・26行集37巻 1 = 2 号245頁［江橋崇・法セ387号108頁、田中舘照橘・判評333［判時1206］号22頁、川上宏二郎・西南学院大学法学論集19巻 4 号149頁、小島浩・昭和61年行政関係判例解説424頁、古田佑紀・研修455号51頁］、東京高判昭和62・2・26行集38巻 2 = 3 号163頁は、閲覧拒否処分の取消訴訟を提起することを認めていた）。また、適用除外を定める行政不服審査法 7 条 1 項 6 号（「刑事事件に関する法令に基づいて検察官、検察事務官又は司法警察職員がする処分」）により、行政不服審査法に基づく審査請求もできない。

判書を閲覧させることが被告人Bおよび被告人Cの改善および更生を著しく妨げることとなるおそれがあると認められ、刑事確定訴訟記録法4条2項4号に該当する事由があると判示した。

（2）名誉または生活の平穏を著しく害することとなるおそれ

また、Xによる本件裁判書の閲覧によって、被告人Bおよび被告人Cの前科の存在およびその内容が不特定多数の者の知るところとなるおそれがあるところ、前科の有無およびその内容は高度に保護されるべきプライバシー情報であることに鑑みれば、被告人Bおよび被告人Cの名誉または生活の平穏を著しく害することとなるおそれがあると認められると指摘している。さらに、本件裁判書中には、D社関係者が犯行に関与した事実が記載されているところ、Xの閲覧請求の目的にも鑑みると、本件裁判書の閲覧を許せば、民事裁判において本件裁判書の内容が明らかにされて、D社関係者がD社の犯罪行為に関与したという事実が不特定多数の者の知るところとなるおそれがあり、犯罪行為に関与したという事実もプライバシーとして保護されるべき情報であることを考慮すれば、Xに本件裁判書を閲覧させることがD社関係者の名誉または生活の平穏を著しく害することとなるおそれがあると認められるので、刑事確定訴訟記録法4条2項5号に該当する事由があるとも判示した。

（3）閲覧につき正当な理由があると認められる者

刑事確定訴訟記録法4条2項本文は、保管検察官は、保管記録が刑事訴訟法53条3項に規定する事件（政治犯罪、出版に関する犯罪または日本国憲法3章で保障する国民の権利が問題となっている事件）である場合を除き、同項1号から6号までに掲げる場合には、保管記録（2号の場合にあっては、終局裁判の裁判書を除く）を閲覧させないものとすると定める一方、同項ただし書において、訴訟関係人または閲覧につき正当な理由があると認められる者から閲覧の請求があった場合については、この限りでないとしているので、原決定は、同項ただし書該当性についても検討している。

そして、本件裁判書の閲覧を許可することによって、被告人Bおよび被告

第 3 節　情報公開

人CやD社関係者の利益を侵害するおそれがある一方、Xは、D社の組織的犯罪行為を明らかにして、F社の株主の地位に基づくEの諸々の請求が権利濫用であるとの主張を本件裁判書によって根拠付けることを閲覧請求の目的として掲げるが、本件裁判書に記載された事実は、EがD社の代表取締役を退任した後にD社において実行された事実であり、本件裁判書とEとの関連性は低い上、F社の株主としてのEの諸々の請求が権利濫用であるとの主張を根拠付けるためにD社における犯罪行為を明らかにする必要性が高いとは認められないと述べている。

　また、Xは、F社の代表取締役に対するEからの損害賠償請求等の準備および防御も閲覧請求の目的として追加したが、本件裁判書とEの関連性が低いことに加え、現段階ではXの主張するEからの損害賠償請求等がなされていないことをも考慮すれば、Eからの損害賠償請求等に対する準備および防御のためにXが本件裁判書を閲覧する必要性は低いといわざるを得ないし、その他の事情を検討しても、Xが本件裁判書を閲覧する必要性が高いと認められるような事情はないので、本件裁判書を閲覧させることによって生ずる弊害の内容および程度と比較して、閲覧する必要性は低いといわざるを得ず、Xによる本件裁判書の閲覧につき正当な理由があると認めることはできないと判示した。

3　特別抗告

（1）抗告理由該当性の否定

　そこで、Xが刑事訴訟法433条の規定に基づき最高裁判所に特別抗告を行ったところ、本決定は、本件抗告の趣意は、憲法違反をいう点を含め、実質は単なる法令違反の主張であって、刑事確定訴訟記録法8条2項、刑事訴訟法433条の抗告理由[3]に当たらないとした。

（2）職権による判断

　最高裁判所は、所論に鑑み、職権で判断するとして、以下のように判示した。本決定は、本件で申立人が閲覧請求をしている刑事確定訴訟記録である本

件裁判書は、国家刑罰権の行使に関して裁判所の判断を示した重要な記録として、裁判の公正担保の目的との関係においても一般の閲覧に供する必要性が高いとされている記録であるとする。そして、その全部の閲覧を申立人に許可した場合には、Eらとの間の民事裁判において、その内容が明らかにされるおそれがあり、刑事確定訴訟記録法4条2項4号および5号の閲覧制限事由に当たる可能性がないではないが、そのような場合であっても、裁判書を一般の閲覧に供する必要性の高さに鑑みると、その全部の閲覧を不許可とすべきではないと述べている。そして、本件では、Xが『プライバシー部分を除く』範囲での本件裁判書の閲覧請求をしていたのであるから、保管検察官において、Xに対して釈明を求めてその限定の趣旨を確認した上、閲覧の範囲を検討していたとすれば、同法4条2項4号および5号の閲覧制限事由には当たらない方法を講じつつ、閲覧を許可することができたはずであり、保管検察官において、そのような検討をし、できる限り閲覧を許可することが、同法の趣旨に適うものと解されることを指摘している。

　そして、本件裁判書の閲覧請求について、『プライバシー部分を除く』として請求がされていたにもかかわらず、その趣旨をXに確認することなく、閲覧の範囲を検討しないまま、民事裁判においてその内容が明らかにされるおそれがあるというだけの理由で同法4条2項4号および5号の閲覧制限事由に該当するとして本件裁判書全部の閲覧を不許可とした保管検察官の処分には、同条項の解釈適用を誤った違法があるといわざるを得ないと本決定は述べている。さらに、これをそのまま是認して準抗告を棄却した原決定にも、決定に影響を及ぼすべき法令違反があり、これらを取り消さなければ著しく正義に反するものと認められるので、本件については、保管検察官において、『プライバシー部分を除く』との趣旨につきXに確認した上、同法4条2項

（3）　刑事訴訟法433条1項の規定に基づく特別抗告ができる事由は、（ⅰ）憲法の違反があること、または憲法の解釈に誤りがあること、（ⅱ）最高裁判所の判例と相反する判断をしたこと、（ⅲ）最高裁判所の判例がない場合に、大審院もしくは上告裁判所たる高等裁判所の判例または同法施行後の控訴裁判所たる高等裁判所の判例と相反する判断をしたことである。

4号および5号の閲覧制限事由に当たらない範囲での閲覧について改めて検討すべきであると判示した。

4　評　釈
（1）刑事裁判および刑事訴訟記録の公開についての法制
① 戦　前

本決定の評釈を行う前に、刑事裁判および刑事訴訟記録の公開についての法制を説明しておくこととする。

明治時代、当初は、裁判記録に特化した保存法制はなく、行政記録と同様の保存法制に服しており、明治5年の司法省職制並ニ事務章程（司法職務定制・明治5年8月太政官達無号）にも確定訴訟記録についての規定は設けられず、各府県裁判所が確定訴訟記録を網羅的に保存していたわけではなかった。ようやく治罪法（明治13年7月太政官布告第37号）320条において「裁判官言渡書及ヒ公判始末書」の正本をその裁判所の書記局に保存することが明記されたが、保存期間についての定めはなかった。そして、裁判所の収容能力の限界が意識される中で、大審院並裁判所書類保存規程（明治18年10月司法省達第21号）により、裁判所が保存すべき訴訟記録および保存期間が明確にされることになった。さらに刑事訴訟法（明治23年10月法律第96号）211条により、判決および公判始末書の原本は訴訟記録に添付して第1審裁判所で保存することとされたが、間もなく裁判所に付置されている検事局で保存されるようになった。また、大正7年に大審院並裁判所書類保存規程（明治18年10月司法省達第21号）を全面的に改めた民刑訴訟記録保存規程24条以下も刑事記録の保存について定めていた。しかし、戦前の刑事訴訟法には、訴訟記録の公開についての規定はなかった[4]。

（4）　浅古弘「序説・裁判記録保存法制の歴史」早稲田法学69巻2号76頁、寺崎嘉博「刑事手続における情報の管理と公開－訴訟記録保存の過去・現在・未来」ジュリ1148号232頁参照。

② 戦　後
(ア) 憲　法
　憲法82条は、「裁判の対審及び判決は、公開法廷でこれを行ふ」（1項）と規定しているので、刑事裁判についても、刑事訴訟における公判手続および判決の言渡しは、公開法廷で行うことが原則になる。ただし、裁判所が、裁判官の全員一致で、公の秩序または善良な風俗を害するおそれがあると決した場合には、対審は、公開しないで行うことができるが、政治犯罪、出版に関する犯罪または憲法3章で保障する国民の権利が問題となっている事件の対審は、常に公開しなければならないとされている（憲法82条2項）。
　しかし、訴訟記録の公開については、憲法は明文の定めを置いていない。この点は、憲法57条2項が、「両議院は、各々その会議の記録を保存し、秘密会の記録の中で特に秘密を要すると認められるもの以外は、これを公表し、且つ一般に頒布しなければならない」と定めていることと対照的である。
(イ) 刑事訴訟法
　他方、戦後、GHQからの要請を受けて、現行刑事訴訟法53条は、「何人も、被告事件の終結後、訴訟記録を閲覧することができる。但し、訴訟記録の保存又は裁判所若しくは検察庁の事務に支障のあるときは、この限りでない」と定め、訴訟記録公開原則を明確にしている。そして、「弁論の公開を禁止した事件の訴訟記録又は一般の閲覧に適しないものとしてその閲覧が禁止された訴訟記録は、前項の規定にかかわらず、訴訟関係人又は閲覧につき正当な理由があつて特に訴訟記録の保管者の許可を受けた者でなければ、これを閲覧することができない」（2項）、「日本国憲法第82条第2項但書に掲げる事件については、閲覧を禁止することはできない」（3項）、「訴訟記録の保管及びその閲覧の手数料については、別に法律でこれを定める」（4項）と規定している。
(ウ) 刑事確定訴訟記録法
(a) 制定の経緯
　しかし、刑事訴訟記録を裁判所と検察庁のいずれが保管すべきかについて

調整が必要であったこと、閲覧の運用実績をみる必要があったことのため、1949（昭和24）年の第5回国会に法案を提出する動きはあったものの実現せず、法務省刑事局長通達「検務関係文書等保存事務暫定要領」および法務省検務局長通達「訴訟記録閲覧事務取扱要領」による運用がなされてきたところ、ようやく昭和62年に刑事確定訴訟記録法が成立することになった[5]。

(b) 保管機関

刑事確定訴訟記録法は、その名称が示すように、刑事被告事件に係る訴訟記録の訴訟終結後における保管、保存および閲覧に関し必要な事項を定めたものである[6]。刑事被告事件に係る訴訟の記録（犯罪被害者等の権利利益の保護を図るための刑事手続に付随する措置に関する法律14条1項に規定する和解記録については、その謄本）は、訴訟終結後は、当該被告事件について第1審の裁判をした裁判所に対応する検察庁の検察官（保管検察官）が保管するものとしている（刑事確定訴訟記録法2条1項）[7]。保管検察官が保管する記録（保管記録）の保管期間は、別表に定められている（同条2項）[8]。

(c) 保管期間

保管検察官は、必要があると認めるときは、保管期間を延長することができる（同条3項）。保管期間の延長に係る措置は、準抗告の申立ての対象外と一般に解されている。

(d) 再審保存記録

保管検察官は、保管記録について、再審の手続のため保存の必要があると認めるときは、保存すべき期間を定めて、その保管期間満了後も、これを再

---

[5] 刑事確定訴訟記録法制定の経緯について、福島至編・コンメンタール刑事確定訴訟記録法（現代人文社、1999年）17頁以下（梅田豊執筆）、中村泰次＝弘中惇一郎＝飯田正剛＝坂井眞＝山田健太・刑事裁判と知る権利（三省堂、1994年）73頁以下、石川才顯「確定訴訟記録の公開とプライバシー」高田卓爾博士古稀祝賀『刑事訴訟の現代的動向』（三省堂、1991年）256頁以下、勝丸充啓「刑事確定訴訟記録法の運用状況等について」刑法雑誌38巻3号56頁参照。

[6] 一般人による閲覧の対象が確定訴訟記録に限定され、訴訟係属中は、一般的には訴訟記録の閲覧が認められないことには憲法上疑義があるという指摘がある。松井茂記「裁判記録の公開」堀部政男編『情報公開・個人情報保護』（有斐閣、1994年）68頁参照。

審保存記録として保存するものとされている（同法3条1項）。再審の請求をしようとする者、再審の請求をした者または刑事訴訟法440条1項の規定により選任された弁護人は、保管検察官に対し、保管記録を再審保存記録として保存することを請求することができる（刑事確定訴訟記録法3条2項）。この請求があったときは、保管検察官は、請求に係る保管記録を再審保存記録として保存するかどうかを決定し、請求をした者にその旨を通知しなければならない。ただし、請求に係る保管記録が再審保存記録として保存することとされているものであるときは、その旨の通知をすれば足りる（同条3項）。再審保存記録の保存期間は、延長することができる（同条4項）。

(e) 保管記録の閲覧

　保管検察官は、請求があったときは、保管記録（刑事訴訟法53条1項の訴訟記録に限る）を閲覧させなければならないとして公開原則が明記されてい

（7）　権力分立の観点から、訴訟記録は裁判所で保管すべきとする主張として、松井・前掲注（6）68頁、福島編・前掲注（5）62頁（福島至＝山上博信執筆）参照。竹澤哲夫「訴訟記録保存法制の現状と問題点」早稲田法学69巻2号94頁は、訴訟記録を作成、編綴、構成する主体である裁判所こそが保存機関であるべきと述べている。国立公文書館のような施設で保存すべきとするものとして、中村ほか・前掲注（5）101頁参照。「公文書等の管理に関する法律」附則7条後段により、刑事訴訟に関する書類については、同法8条ではなく、同法14条により国立公文書館に移管することとされた。すなわち、刑事訴訟に関する書類は、検察庁で保管されており形式的には行政文書であるが、実質的には司法文書であるので、裁判所が管理している民事判決原本等と同じ扱いをすべきとされたのである。宇賀克也・逐条解説　公文書等の管理に関する法律（第3版）（第一法規、2015年）271頁参照。したがって、刑事確定訴訟記録の国立公文書館への移管の前提として、法務大臣と内閣総理大臣が協議して移管のための定めを設ける必要がある。法務大臣が保管している刑事事件に係る判決書等の訴訟に関する書類については、平成26年8月25日に内閣総理大臣と法務大臣の間で「歴史公文書等の適切な保存のために必要な措置について」（平成26年8月25日内閣総理大臣・法務大臣申合せ）の申合せがなされた。歴史公文書等として法務大臣から内閣総理大臣に移管する訴訟に関する書類は、刑事確定訴訟記録法2条2項に規定する保管期間または記録事務規程25条に規定する保存期間が満了した訴訟に関する書類のうち、いわゆる軍法会議に係るものとして、記録事務規程11条に規定する相当の処分により検察庁から法務大臣に移管されたものとすることとされた（平成26年8月25日内閣府官房長・法務省刑事局長申合せ）。

（8）　死刑または無期の懲役もしくは禁錮に処する確定裁判の裁判書の保存期間は100年、有期の懲役または禁錮に処する確定裁判の裁判書の保存期間は50年、罰金、拘留もしくは科料に処する確定裁判または刑を免除する確定裁判の裁判書の保存期間は20年（法務省令で定めるものについては、法務省令で定める期間）とされている。

るが、同条1項ただし書に規定する事由がある場合（訴訟記録の保存または裁判所もしくは検察庁の事務に支障のあるとき）は、閲覧させる義務はない（刑事確定訴訟記録法4条1項）。裁判所または検察庁の事務に支障がある場合とは、裁判の執行、証拠品の処分等裁判所の事務または検察官の事務を遂行するために訴訟記録を使用している場合のほか、訴訟記録を閲覧させることが、関連事件の捜査、公判に不当な影響を与える場合等である[9]。一般的に、将来において事件関係者から捜査・公判に協力が得にくくなることは、刑事確定訴訟記録法4条1項ただし書に該当しないとされている[10]。

さらに、保管記録が対審の絶対的公開義務が課された事件のものである場合を除き、保管記録を閲覧させない場合について同条2項で六つの事由が定められている。すなわち、（ⅰ）保管記録が弁論の公開を禁止した事件のものであるとき、（ⅱ）保管記録に係る被告事件が終結した後3年を経過したとき（終局裁判の裁判書を除く）、（ⅲ）保管記録を閲覧させることが公の秩序または善良の風俗を害することとなるおそれがあると認められるとき、（ⅳ）保管記録を閲覧させることが犯人の改善および更生を著しく妨げることとなるおそれがあると認められるとき、（ⅴ）保管記録を閲覧させることが関係人の名誉または生活の平穏を著しく害することとなるおそれがあると認められるとき、（ⅵ）保管記録を閲覧させることが裁判員、補充裁判員、選任予定裁判員または裁判員候補者の個人を特定させることとなるおそれがあると認められるときには、閲覧請求は原則として不許可となる（（ⅳ）（ⅴ）においては、「著しく」という文言により、閲覧を不許可としうる場合を制

---

[9]　名古屋地決平成2・6・30判時1452号19頁参照。
[10]　東京地決平成15・2・14判時1816号166頁（確定）参照。同決定について、渕野貴生・法セ586号112頁参照。検察庁の事務に支障があると認められたものとして、水戸地土浦支判平成元・4・27判タ707号272頁（馬場義宣・警察学論集42巻7号154頁）がある。なお、刑事訴訟法53条2項（「弁論の公開を禁止した事件の訴訟記録又は一般の閲覧に適しないものとしてその閲覧が禁止された訴訟記録は、前項の規定にかかわらず、訴訟関係人又は閲覧につき正当な理由があつて特に訴訟記録の保管者の許可を受けた者でなければ、これを閲覧することができない」）の「正当な理由」について、前掲東京地判昭和61・2・26は、社会勉強のためであることは「正当な理由」に当たらないとしている。

限していることに留意が必要である）。

　ただし、訴訟関係人または閲覧につき正当な理由があると認められる者[11]から閲覧の請求があった場合については、この限りではない（同条2項）[12]。刑事訴訟法53条1項の訴訟記録以外の保管記録（被告事件終結後の訴訟の記録）については、訴訟関係人または閲覧につき正当な理由があると認められる者から請求があった場合に、記録の保存または裁判所もしくは検察庁の事務に支障があるときを除き閲覧させなければならない（同条3項）。閲覧についての正当な理由とは、民事事件の証拠・保険の認定・懲戒処分の資料にするため、学術研究のため等であり、単に好奇心を満足させることは該当しないと解される[13]。

(f) 再審保存記録の閲覧

　保管検察官は、再審の請求をしようとする者、再審の請求をした者または刑事訴訟法440条1項の規定により選任された弁護人から請求があったときは、再審保存記録を閲覧させなければならないが（刑事確定訴訟記録法5条1項）、再審保存記録の保存または裁判所もしくは検察庁の事務に支障のあるときは、閲覧させる義務はない（同条2項）。保管検察官は、学術研究のため必要があると認める場合その他法務省令で定める場合には、申出により、再審保存記録を閲覧させることができる（同条3項）。学術研究目的の再審保存記録の閲覧は、閲覧請求権を付与する趣旨ではなく、閲覧が認められな

---

(11)　最決平成21・9・29刑集63巻7号919頁（福島至・速報判例解説（法セ増刊）6号217頁、西野吾一・ジュリ1401号37頁、石塚伸一・平成21年度重判解（ジュリ臨増1398号）228頁、笹倉香奈・法セ662号132頁、水谷規男・刑事法ジャーナル24号111頁）は、再審請求人により選任された弁護人が、再審請求のための記録確認を目的として、当該再審請求がされた刑事被告事件に係る保管記録の閲覧を請求した場合には、同弁護人は、刑事確定訴訟記録法4条2項ただし書にいう「閲覧につき正当な理由があると認められる者」に該当すると判示している。
(12)　訴訟関係人であっても、関係者の名誉または生活の平穏を害する行為をする目的でされたと認められる相当の理由があるときは権利の濫用として許されないとしたものとして、最決平成20・6・24刑集62巻6号1842頁（福島至・平成20年度重判解（ジュリ臨増1376号）224頁、入江猛・曹時62巻10号225頁、同・ジュリ1413号102頁、辻本典央・季刊刑事弁護57号184頁、滝沢誠・刑事法ジャーナル15号119頁）参照。
(13)　寺崎・前掲注（4）233頁参照。

くても準抗告の申立てはできないと一般に解されている。

　保管記録または再審保存記録を閲覧した者は、閲覧により知り得た事項をみだりに用いて、公の秩序もしくは善良の風俗を害し、犯人の改善および更生を妨げ、または関係人の名誉もしくは生活の平穏を害する行為をしてはならない（同法6条）。

(g) 刑事参考記録の閲覧

　法務大臣[14]は、保管記録または再審保存記録について、刑事法制およびその運用ならびに犯罪に関する調査研究の重要な参考資料であると思料するときは、その保管期間または保存期間の満了後、これを刑事参考記録として保存するものとされ（同法9条1項）、学術研究のため必要があると認める場合その他法務省令で定める場合には、申出により、刑事参考記録を閲覧させることができる（同条2項）[15]。この場合において、閲覧した者は、同法6条で定める義務を負う。刑事参考記録について再審の手続のため保存の必要があると認められる場合におけるその保存および閲覧については、再審保存記録の保存および閲覧の例による（同条3項）。刑事参考記録の保存・閲覧に係る措置については、請求権を付与する趣旨ではなく、保存・閲覧が認められなくても準抗告の申立てはできないと一般に解されている。

(エ) 情報公開・個人情報保護法制

　行政機関の保有する情報の公開に関する法律、独立行政法人等の保有する情報の公開に関する法律、行政機関の保有する個人情報の保護に関する法律、独立行政法人等の保有する個人情報の保護に関する法律の規定は、刑事訴訟

---

(14) 刑事参考記録の保存および閲覧に関する法務大臣の権限（刑事参考記録として保存する旨の決定に関する権限を除く）は、刑事参考記録に係る被告事件について第1審の裁判をした裁判所に対応する検察庁の長（区検察庁にあっては、その所在地を管轄する地方裁判所に対応する検察庁の検事正）に委任されている（同法9条4項、刑事確定訴訟記録法施行規則15条）。刑事参考記録として保存する決定については、国民、有識者の意見を反映する仕組みの導入が望まれる。竹澤・前掲注（7）96頁参照。
(15) 刑事参考記録の選択の基準、刑事参考記録のリストの公開の必要性を主張する声は少なくない。中村ほか・前掲注（5）71頁、浅古・前掲注（4）79頁、竹澤・前掲注（7）96頁参照。

記録には適用されない（刑事訴訟法53条の2第1項・2項）。その結果、検察庁内部での目的外利用の法規制がなく、自由に閲覧可能になっていることの問題が指摘されている[16]。

(オ)　犯罪被害者等の権利利益の保護を図るための刑事手続に付随する措置に関する法律

　平成12年に制定された「犯罪被害者等の保護を図るための刑事手続に付随する措置に関する法律」（現・犯罪被害者等の権利利益の保護を図るための刑事手続に付随する措置に関する法律）3条は、刑事被告事件の係属する裁判所は、第1回の公判期日後当該被告事件の終結までの間において、当該被告事件の被害者等もしくは当該被害者の法定代理人またはこれらの者から委託を受けた弁護士から、当該被告事件の訴訟記録の閲覧または謄写の申出があるときは、検察官および被告人または弁護人の意見を聴き、閲覧または謄写を求める理由が正当でないと認める場合および犯罪の性質、審理の状況その他の事情を考慮して閲覧または謄写をさせることが相当でないと認める場合を除き、申出をした者にその閲覧または謄写をさせるものとすること（1項）、裁判所は、謄写をさせる場合において、謄写した訴訟記録の使用目的を制限し、その他適当と認める条件を付することができること（2項）、訴訟記録を閲覧し、または謄写した者は、閲覧または謄写により知り得た事項を用いるに当たり、不当に関係人の名誉もしくは生活の平穏を害し、または捜査もしくは公判に支障を生じさせることのないよう注意しなければならないこと（3項）を定めている。

　さらに、同法4条は、刑事被告事件の係属する裁判所は、第1回の公判期日後当該被告事件の終結までの間において、(ⅰ)被告人または共犯により被告事件に係る犯罪行為と同様の態様で継続的に、または反復して行われたこれと同一または同種の罪の犯罪行為の被害者、(ⅱ)前記(ⅰ)に掲げる

---

(16)　福島・前掲注（1）133頁、同「刑事確定訴訟記録法を中心として―研究者の立場から」刑法雑誌38巻3号79頁参照。

者が死亡した場合またはその心身に重大な故障がある場合におけるその配偶者、直系の親族または兄弟姉妹、(ⅲ) 前記 (ⅰ) に掲げる者の法定代理人から、当該被告事件の訴訟記録の閲覧または謄写の申出があるときは、被告人または弁護人の意見を聴き、前記 (ⅰ) または (ⅱ) に掲げる者の損害賠償請求権の行使のために必要があると認める場合であって、犯罪の性質、審理の状況その他の事情を考慮して相当と認めるときは、申出をした者にその閲覧または謄写をさせることができることとしている (1項)。

この申出は、検察官を経由してしなければならず、この場合においては、その申出をする者は、前記 (ⅰ) から (ⅲ) までのいずれかに該当する者であることを疎明する資料を提出しなければならない (2項)。検察官は、この申出があったときは、裁判所に対し、意見を付してこれを通知するとともに、申出人より提出を受けた資料があるときは、これを送付するものとされている (3項)。裁判所は、謄写をさせる場合において、謄写した訴訟記録の使用目的を制限し、その他適当と認める条件を付することができること、訴訟記録を閲覧し、または謄写した者は、閲覧または謄写により知り得た事項を用いるに当たり、不当に関係人の名誉もしくは生活の平穏を害し、または捜査もしくは公判に支障を生じさせることのないよう注意しなければならないことは、同法3条の規定に基づく閲覧または謄写の場合と同じである。

(2) 憲法上の権利性

以上を踏まえて、本決定について検討することとする。刑事確定訴訟記録の閲覧については、憲法21条もしくは82条または両者の組合せにより、憲法上の権利として保障されているとする学説もある[17]。しかし、最決平成2・2・16判時1340号145頁[18]は、憲法の前記諸規定が刑事確定訴訟記録の閲覧を権

---

(17) 憲法21条を根拠とするものとして、浦部法穂「訴訟記録の公開と憲法」福島至編・コンメンタール刑事確定訴訟記録法（現代人文社、1999年）208頁、憲法82条を根拠とするものとして、内野正幸「裁判を受ける権利と裁判公開原則」法時66巻1号66頁、両条の組み合わせを根拠とするものとして、奥平康弘・なぜ「表現の自由」か（東京大学出版会、1988年）293頁以下、松井茂記・マスメディア法入門（第5版）（日本評論社、2013年）257頁参照。

利として要求できることまで認めたものではないと判示している[18]。本決定も、本件特別抗告には刑事訴訟法433条の抗告理由はないと述べていることからして、刑事確定訴訟記録の閲覧が憲法上の権利ではないという従前の立場を前提としているものと思われる。

　もっとも、憲法82条１項は、裁判の公正担保を目的として、判決は例外なく公開の法廷で行わなければならないと定めているから、本決定が、「判決書は、国家刑罰権の行使に関して裁判所の判断を示した重要な記録として、裁判の公正担保の目的との関係においても一般の閲覧に供する必要性が高いとされている」と述べているのは、憲法82条の趣旨を踏まえたものと思われる[20]。刑事確定訴訟記録法においても、一般的には保管記録に係る事件が終結した後３年を経過したものは閲覧を認めないこととしながら（４条２項２号）[21]、終局裁判の裁判書については、この閲覧制限事由を適用しないこととしている（同項柱書本文）。同法の立案関係者によれば、その理由は、終局裁判の裁判書の閲覧が、その性質に照らし、それ以外の訴訟記録の閲覧に比較して、同項３号から５号までに列挙する制限事由に該当する場合が類型的にみて少ないと考えられること、終局裁判の裁判書は、国家刑罰権の行使に関して裁判所の判断を示した重要な記録であり、裁判の公正担保の目的との関係においてもこれを一般の閲覧に供する必要性が高いと認められるこ

---

(18)　中村ほか・前掲注（５）49頁以下、稲田伸夫・ひろば43巻６号43頁、石川才顯・判評380（判時1355）号238頁、小林武・法セ35巻11号129頁、福島至・平成２年度重判解（ジュリ臨増980号）179頁、小木曽綾・法学新報（中央大学）98巻３・４号355頁、日野田浩行・憲法判例百選Ⅱ（第３版）422頁、同・憲法判例百選Ⅱ（第４版）412頁、同・憲法判例百選Ⅱ（第５版）424頁参照。
(19)　本決定は、このことは先例に照らし明らかとして、最大判昭和33・２・17刑集12巻２号253頁（北海タイムス事件）、最大判平成元・３・８民集43巻２号89頁（レペタ事件）を引用しているが、両事件は、訴訟記録の閲覧と直接関係するわけではない。
(20)　刑事確定訴訟記録法は、保管記録が弁論の公開を禁止した事件のものであるときは、一般の閲覧を認めていないが、会議の非公開が当然に会議録の非公開を意味するものではないのと同様、裁判の非公開は一般人に対する訴訟記録の非公開を絶対的に要請するものといえるかについては、議論がある。松井茂記・「マスメディアと法」入門（弘文堂、1988年）264頁、日野田浩之・憲法判例百選Ⅱ（第４版）413頁参照。
(21)　３年という期間の合理性については疑問が提起されている。福島・前掲注（16）刑法雑誌38巻３号78頁、寺崎・前掲注（４）234頁参照。

第3節　情報公開

とによるとされている⁽²²⁾。本決定は、前記理由のうち、後者を重視しているものと考えられる。本決定は、裁判書とそれ以外の訴訟記録では、公開の必要性が異なるという前提に立っており、その射程は、裁判書に限定されるものと思われる。

（3）部分開示

本決定は、本件閲覧を許可した場合、Eらとの間の民事裁判において、その内容が明らかにされるおそれがあり、刑事確定訴訟記録法4条2項4号および5号の閲覧制限事由⁽²³⁾に当たる可能性がないではないとする。しかし、裁判書を閲覧に供する必要性の高さに鑑みると、その全部の閲覧を不許可とすべきではなく、Xが『プライバシー部分を除く』範囲での本件裁判書の閲覧請求をしていた以上、Xに対して釈明を求めてその限定の趣旨を確認した上、閲覧の範囲を検討していたとすれば、同法4条2項4号および5号の閲覧制限事由には当たらない方法を講じつつ、閲覧を許可することができたはずであると述べている⁽²⁴⁾。

本決定は、Xがプライバシーに係る情報については閲覧を求めない意思を明示していた点を重視しているようにも読めるが、かかる明示の意思表示が

---

(22) 押切謙徳＝古江頼隆＝皆川正文・注釈刑事確定訴訟記録法（ぎょうせい、1988年）135～136頁、中村ほか・前掲注（5）101頁参照。

(23) 刑事確定訴訟記録について、仮に行政機関の保有する情報の公開に関する法律、行政不服審査法、行政事件訴訟法の規定が適用されることとされていれば（刑事確定訴訟記録法制定前、前掲東京地判昭和61・2・26、前掲東京高判昭和62・2・26は、閲覧拒否処分の取消訴訟を提起することを認めていた）、第三者のプライバシーに該当する情報を含む部分について閲覧を認める開示決定を行おうとする場合には、事前に当該第三者の意見を聴取する手続があり（行政機関の保有する情報の公開に関する法律13条1項・2項）、また、開示に反対の意見書を提出したにもかかわらず開示決定が行われた場合には、当該第三者が開示の実施前に開示決定の取消しを求める訴訟または審査請求を行い、執行停止の申立てをすることにより、開示の実施を差し止める道が設けられていることになる（同条3項）。これに対して、刑事確定訴訟記録法には、そのような仕組みは設けられていない。同法については、4条2項2号のように、保管記録に係る被告事件が終結した後3年を経過すると裁判書以外一般の閲覧を認めないとする等、一般の閲覧者の利益の観点から見直しが必要と思われる部分があると同時に、閲覧により不利益を受ける第三者の利益の保護の観点からも改善が必要なように思われる。

(24) 刑事確定訴訟記録の部分開示の可能性について、平川宗信「刑事司法情報の保存と公開の法的枠組み―民主社会における刑事司法情報のあり方」刑法雑誌38巻3号49頁参照。

ない場合であっても、閲覧請求のあった記録に、刑事確定訴訟記録法が定める閲覧制限事由のある箇所が一部でも含まれていれば全体の閲覧を不許可にできると解すべきではなく、閲覧制限事由の存する部分と存しない部分を容易に区分して前者を除くことができる場合には、後者の閲覧は許可する義務があると解すべきであろう。すなわち、刑事訴訟法、刑事確定訴訟記録法には、行政機関の保有する情報の公開に関する法律6条、独立行政法人等の保有する情報の公開に関する法律6条、公文書等の管理に関する法律16条3項のような部分開示規定は存在しないが、刑事確定訴訟記録についても、公開が原則であり、法定された支障がある場合に限り例外的に閲覧を拒否しうる以上、閲覧請求者から閲覧制限事由を除き閲覧を請求する旨の意思が明示されると否とにかかわらず、閲覧制限事由のある箇所を容易に区分して除くことができるときには、閲覧制限事由に該当しない部分は閲覧を許可すべきであり、本決定の最大の意義は、かかる部分開示の可否を検討する義務が保管検察官にあることを示した点にあるといえるであろう[25]。

なお、刑事確定訴訟記録法制定前に刑事訴訟法53条1項の規定に基づく刑事確定訴訟記録の閲覧申請がなされた事案においてであるが、前掲東京地判昭和61・2・26は、「個人の秘密やプライバシーに関する内容が不可分的に含まれていることが明らかであるから、右禁止の措置（閲覧禁止の措置──

---

(25) 立案者も部分開示義務があることを前提としており（押切ほか・前掲注（22）135頁参照）、実務上も、かかる部分閲覧は行われている場合があり、静岡地沼津支決平成元・12・7判時1334号239頁、前掲最決平成2・2・16判時1340号145頁の事案においては、準抗告申立後にではあるが、被害者等の検察官面前調書等の一部の書類を除き閲覧が許可されている。また、横浜地川崎支決平成15・8・14判タ1151号316頁は、申立人が準抗告の対象としているのは、第1審および控訴審の裁判書の閲覧についてのみであることを重視し、終局裁判の裁判書については、特に閲覧を認める必要性が高いことを指摘した後、申立てが裁判書の閲覧に際し、被告人の身上や被害者の人定に関する部分は除くことを前提にしていることを踏まえると、被告人、被害者の氏名等固有名詞や犯罪地などの住所地番を仮名処理等することによって、本件申立てに係る裁判書中の犯罪事実等の記載内容をある程度一般化、抽象化することは可能であるから、かかる配慮をした上でこれらの閲覧を許可したとしても、検察官の主張するような事態が生じるとは認められず、刑事確定訴訟記録法4条2項3号ないし5号に該当する事由があるとは認められないと判示しており、個人識別情報を仮名処理する等の方法により、可能な限り閲覧を許可すべきという立場を示している。

著者注）に何らの違法もない」と判示しており、閲覧可能な部分を分離できる場合には、当該部分の閲覧は許可すべきという判断を前提としていたと思われる[26]。

（4）閲覧につき正当な理由があると認められる者

本決定は、プライバシーに係る部分を除いた部分開示許可を行うべきという立場をとったため、刑事確定訴訟記録法4条2項ただし書（「訴訟関係人又は閲覧につき正当な理由があると認められる者から閲覧の請求があつた場合」）に該当するかについての判断は示されなかったが、この要件を満たすと解する余地はあったように思われる。なぜならば、Eは組織的犯罪行為を行っていたD社の前代表取締役であり、かつF社の株主として種々の請求を行っており、Xには訴訟準備を行う必要が十分に認められたのではないかと思われるからである。また、実際に閲覧請求を行ったAは弁護士であり、罰則により担保された守秘義務を負っているため、予想される訴訟準備以外の目的で閲覧により知り得た秘密が利用・提供される可能性はほとんどないと判断してよいと考えられるからである[27]。

---

[26] 刑事訴訟法53条1項の規定に基づく閲覧についても、閲覧禁止事由に該当しない部分を分離できる場合に部分閲覧を認めるべきことは、一般に肯定されていた。川上・前掲注（23）163頁、古田・前掲注（23）60頁参照。

[27] 福島・前掲注（1）135頁参照。

第4節　個人情報保護

第1款　訂正請求（レセプトの個人情報保護条例に基づく訂正請求）

1　事案の概要

　本款では、個人情報保護条例に基づく訂正請求に係る最判平成18・3・10判時1932号71頁（以下「本判決」という）[1]を取り上げることとする。Xは、京都市個人情報保護条例（平成16年京都市条例第24号による改正前のもの。以下「本件条例」という）に基づき、京都市長が取得した国民健康保険診療明細書（Xが歯科治療を受けた医療機関が作成した分）（以下「本件レセプト」という）の開示請求を行い、開示決定を得て、その写しを取得した後、平成9年4月30日、本件レセプトに19件の事実の誤りがあるとして記載の訂正請求をしたが、京都市長は平成9年5月30日付けで、京都市は国民健康保険診療明細書（以下「レセプト」という）に基づき療養の給付に関する費用について審査し、それを支払う事務を国民健康保険団体連合会（以下「連合会」という）に委託しているため、レセプトの内容を審査する権限も委託しており、京都市には本件レセプトを訂正する権限はなく、また、市長は国民健康保険法89条1項（「審査委員会は、診療報酬請求書の審査を行うため必要があると認めるときは、都道府県知事の承認を得て、当該保険医療機関等若しくは指定訪問看護の事業を行う事業所に対して、報告若しくは診療録その他の帳簿書類の提出若しくは提示を求め、又は当該保険医療機関等の開設者若

（1）　皆川治廣・行政判例百選Ⅰ（第6版）94頁、下井康史・季報情報公開・個人情報保護22号31頁、大橋真由美・民商136巻1号42頁、同・法セ53巻8号131頁、同・21世紀における法学と政治学の諸相——成城学園創立90周年記念　成城大学法学部創設30周年記念29頁、高橋信行・平成18年度重判解（ジュリ臨増1332号）41頁、原田一明・法令解説資料総覧298号64頁、越智敏裕・Lexis判例速報8号88頁、太田幸夫・平成18年度主要民判解（別冊判タ1245号）268頁参照。

しくは管理者、指定訪問看護事業者若しくは当該保険医療機関等において療養を担当する保険医若しくは保険薬剤師に対して、出頭若しくは説明を求めることができる」）等のように、保険医療機関に対して診療録等の提示を求めたり、質問をしたりすることなどにより、訂正請求を調査するための権限も有しないことを理由に訂正しない旨の処分を行った。そこで、Xは当該処分の取消訴訟を提起した。

2　1審判決
（1）連合会や国民健康保険診療審査委員会のレセプト審査権限

1審の京都地判平成12・12・15判例集不登載（以下「1審判決」という）は、レセプトは、その性質上、個々の医療機関が作成するものではあるが、審査を経た後に保険者が支払う国民健康保険の療養の給付に関する費用（診療報酬）の基礎となるものであり、そうである以上、審査権限を有する者によって訂正されることが当然に予定されたものであり、その意味で、少なくとも、京都市から委託を受けてこれを実際に審査する連合会や国民健康保険診療審査委員会（以下「審査委員会」という）がその訂正権限（いわば第2次的な作成権限ともいい得る）を有することは明らかであるとする。

（2）京都市長のレセプト審査権限
① 審査および支払の事務委託の性質

次に国民健康保険法45条5項（「保険者は、前項の規定による審査及び支払に関する事務を都道府県の区域を区域とする国民健康保険団体連合会…又は…社会保険診療報酬支払基金に委託することができる」）によって、保険者である京都市が連合会に審査および支払の事務を委託する関係は、公法上の委託関係と解すべきではあるけれども、それは審査事務の専門性や事務量が膨大であることに基づくもので、保険者である市町村が、少なくとも委託によってその審査権限まで喪失すると解することはできないと述べている。そして、国民健康保険法においては、保険者はあくまでも市町村であるとされており、市町村が加入者である住民から徴収した保険料等の公金で保険給

付をする関係になっており、レセプトに基づく診療報酬が適正にされているかどうか、不当不正な請求がないかどうかを審査することは、一部負担金の額とも関係する点で被保険者の個人的な利益に関係するのみならず、保険者の利害に最も強く関係することであり、国民健康保険法においても当然にその責務とされていると考えられるから、前記委託は、地方自治法153条1項および2項の委任や同法252条の14の委託とは必ずしも同義とは解されないとする。

② 不正に保険給付がされたときの保険者による納付命令

また、国民健康保険法においては、例えば、保険医が保険者に提出されるべき診断書に虚偽の記載をして不正に保険給付がされたときなどは、保険者が、当該保険医に対し、保険給付を受けた者に連帯してその給付の価格の全部または一部を納付すべきことを命ずることができるとされており（65条1項、2項）、これは、審査および支払の事務が連合会に委託された場合においても、レセプトの審査権限が依然として保険者にあることが前提とされているとも解されるし、国民健康保険法施行規則30条（「前条の規定による審査［レセプトの審査——著者注］につき苦情がある者は、再度の考案を求めることができる」）によっても、保険者である市町村が連合会に再度の考案を求めることができると解されると述べている。

③ 連合会から提出されたレセプトの点検

さらに、実際の取扱いとしても、京都市において、連合会から1か月毎に提出されたレセプトについて、任意に抽出したレセプトの記載についての診療内容や点数に誤りがないかどうかの点検作業をし、疑義のあるレセプトは連合会に再度の審査をさせるべく返還する、いわゆる経常点検、ならびに、患者毎の複数の月分のレセプトについて全面的な点検作業をし、疑義のあるレセプトは連合会に再度の審査をさせるために返還する、いわゆる縦覧点検が従来から行われており、しかも、それらの点検の結果、少なからず不当不正請求が疑われるとして連合会に審査をやり直すようにレセプトが返還されていること、他の市町村においても、連合会から審査された後に提出された

レセプトを再度審査してその内容の適正を図っている例が報道されていることが認められる点をも考慮すると、京都市にはレセプトの審査権限がおよそないとする京都市長の主張は、採用できないと判示した。

④ 連合会に置かれる審査委員会に対する調査命令

それに加えて、健康保険法（平成11年法律第87号による改正前のもの）43条の10第1項（厚生労働大臣または都道府県知事の保険医療機関または保険薬局に対する監督権限を定めたもの）所定の内容の調査権限を保険者自身に認める明文の規定は見当たらないが、国民健康保険法の解釈として、保険者である市町村は、連合会との間の委託関係の性質上、必要があると認めるときは、いつでも、連合会に置かれる審査委員会に対し、知事の承認を得て国民健康保険法89条1項の調査権を行使することを命ずることができると解すべきであって、市町村に前記調査権限を認める条文が見当たらないことをもって、保険者である市町村自体がレセプトの審査権限がないとまで解することはできないと判示している。

京都市長は、当該調査権限は、都道府県知事のみがこれを有するもので、そうである以上、保険医療機関における実際の診療と診療報酬請求との内容の審査権限も都道府県知事のみがこれを有すると主張したが、1審判決は、個別の診療報酬請求について特に利害関係を有さない厚生大臣または都道府県知事が実際の診療と診療報酬請求の不一致とを逐一調査するというのは不合理であり、むしろ、都道府県知事は、保険医療機関の指定、取消し（保険医の登録、取消し）の権限を有し、その判断の前提となる事実調査を要するための監督的権限として上記の調査権限を有するのであり、厚生大臣の権限もこれを全国的にある程度平準化するための監督的権限として上記の調査権限を有するのであって、いずれも、個々の診療報酬請求の額が適正であるかどうかを逐一審査するものではないと解されるとする。

（3）京都市長の訂正権限

以上の点を踏まえて、1審判決は、保険者である市町村は、国民健康保険法の解釈としてもレセプトの審査権限を有するのであり、それを前提として、

保険者としての訂正権限も有すると解するのが相当であり、ただ、同法は、市町村が自ら直接にその審査権限を行使しないで、委託先の連合会や審査委員会にこれをさせることも予定しているものというべきであるとする。

そして、本件条例においては、他の者が作成して実施機関が取得して保管する公文書について、21条においてその訂正請求権を認める規定があるだけで、訂正権限との関係についての明確な規定は存在しないが、少なくとも、法律上実施機関またはその属する地方公共団体においてその文書の訂正権限を有する文書については、実施機関は、申立てどおりに訂正すべきものか否かを審査し、それに従って決定をすべきであると解されると述べている。

結論として、1審判決は、京都市長は、Xの本件レセプトの訂正請求について、自らまたは連合会に命ずるなどして、審査して訂正の可否について判断すべきであったのであり、訂正権限がないことを理由としてされた本件処分は違法といわざるを得ないと判示した。

3　控訴審判決
（1）訂正請求の対象

控訴審の大阪高判平成13・7・13判タ1101号92頁（以下「原判決」という）は、本件条例は、基本的人権を擁護するうえで個人情報の保護が重要であることに鑑み、個人情報の適正な取扱いの確保に関し必要な事項を定めるとともに、京都市が保有する個人情報の開示、訂正および削除を請求する権利を保障することにより、個人の権利利益の保護および市政の公正かつ適正な運営に資することを目的として制定されたものであり（1条）、第3章において、実施機関に対する個人情報の開示、訂正および削除を求める具体的請求権を創設的に認めたものであるから、個人情報を開示、訂正するか否かの要件は、本件条例の文言に即し、その制定趣旨に基づいて解釈すべきであり、本件条例の文言から離れて本件条例を解釈すべきではないとする。そして、本件条例21条1項は、訂正請求の対象を定めるに当たって第三者文書を排除していないこと、自己の個人情報の内容に事実についての誤りがある場合に、訂正

の必要があることは、自己文書でも第三者文書でも変わりがないことからすれば、第三者文書も、訂正請求の対象になると解すべきであると述べている。

（2）個人情報保護条例に基づく訂正の措置

原判決は、一般的に、文書の作成名義人以外の者は、訂正権限が付与されていない限り、当該文書そのものを訂正することはできないと述べている。また、本件条例は、文書の訂正権限と本件条例の定める訂正請求との関係についての明確な規定を置いていないが、本件条例は、自己の個人情報の内容たる事実に誤りがある場合において、誤りの部分を明らかにする必要があるため、自己の個人情報の開示を受け、その内容に事実についての誤りがあると認める者に対し、その訂正を請求することができる旨の具体的権利を付与したものであり、そのように解さないと、第三者文書について個人情報の内容たる事実に誤りがあっても実施機関に訂正権限が付与されていない限り、当該文書による誤った情報が訂正されないまま、実施機関に保有し続けられることになり、本件条例の目的を達成することができなくなり不合理であると指摘している。

そして、本件条例が規定する訂正請求の目的は、個人情報の内容たる事実の誤り部分を明らかにすることにあり、実施機関は、個人情報の内容に事実についての誤りがある場合、当該文書そのものの訂正権限の有無にかかわらず、当該文書の誤り部分を明らかにするため、本件条例に基づき、訂正の措置をとることができるし、とらなければならないと解すべきであり、本件条例は、訂正権限が付与されている者による当該文書そのものの訂正を想定しているのではなく、前記のような訂正の措置を請求できる権利を付与したものと解するのが相当であると述べている。

（3）立証責任

以上の一般論を踏まえて、原判決は、レセプトは、保険医療機関等がどのような内容の診療報酬請求をしているかを表象している記録であるが、その部分には、被保険者が受けたとされる医療内容が個人情報として記載されているから、その開示を受け、その内容に事実についての誤りがあると認める

者は、その訂正を請求することができると判示した。そして、本件条例23条1項は、実施機関は、訂正請求があったときは、必要な調査をした上、当該請求に係る個人情報の訂正をする旨またはしない旨の決定をしなければならないと規定しているところ、本件条例は、個人情報の開示、訂正および削除を求める具体的請求権を創設的に認めたものであるから、この規定により、前記決定を行うに当たって、実施機関に訂正請求に関する必要な調査権および調査義務を認めたものと解され、本件条例22条2項は、訂正請求者は、請求書に、請求する訂正の内容が事実に合致することを証する資料を添付しなければならない旨規定しているから、個人情報の内容に事実についての誤りがあることの立証責任を訂正請求者に負わせたものと認められると述べている。

（4）受託者に対する指揮監督権

さらに、保険者である京都市は、国民健康保険の療養の給付に関する費用の審査および支払いに関する事務を連合会に委託しており、そのため、連合会において、提出されたレセプトについて審査が行われる扱いになっており、また、個々の保険医療機関等に対し、診療録等の提出または提示を求めたり、出頭や説明を求めるなどの調査権限は、都道府県知事および審査委員会のみに認められ、保険者である市町村にこれを認める法の規定は見当たらないが、およそ行政官庁の権限は、その行政官庁自身が行使し、最終的な責任を負うのが原則であるから、国民健康保険法に基づき、保険者である京都市が前記事務を連合会に委託したとしても、保険者である京都市は、そのすべての権限ないし責任を失うのではなく、受託者に対する指揮監督権を留保していると解すべきであるとも指摘している。

（5）訂正請求に係る調査義務

そして、前記訂正請求権は、本件条例に根拠を置くものであるところ、本件条例は、訂正請求に係る決定を行うに当たり、実施機関に訂正請求に関する必要な調査権および調査義務を認めていると解されるから、実施機関は、国民健康保険法に基づくレセプトの審査権限、調査権限および訂正権限の有

無と関係なく、前記調査権を行使して、Xが求める訂正内容について訂正されるべきか否かの判断を行うべきであり、同法において保険者である京都市に審査権限および調査権限が認められていないからとの理由だけで、当該請求に係る個人情報の訂正をしない旨の決定をすることは許されないとする。さらに、本件条例の予定する前記調査に当たっては、前記指揮監督権も含めた実施機関の有するすべての権限を適正かつ誠実に行使すべきであり、そのようにして行われた調査の内容ならびに訂正請求者が請求書に添付した（請求する訂正の内容が事実に合致することを証する）資料を総合的に検討し、その結果、当該個人情報の内容たる事実について誤りが存在すると認めたときは、訂正をする旨の決定をし、存在しないと認めたときは、訂正をしない旨の決定をすることとなるとする。そして、検討の結果、なお個人情報の内容たる事実について誤りの有無が不明であれば、個人情報の内容たる事実について誤りが存在することの立証責任は訂正請求者にあるのであるから、当該請求に係る個人情報について訂正をしない旨の決定をせざるを得ないことになるのであって、同法に基づくレセプトの審査権限および調査権限を有しないことを理由に、本件条例の予定する調査を行わないまま当該請求に係る個人情報について訂正をしない旨の決定をすることはできないと判示した。

4　最高裁判決

（1）対外的な調査権の限界

　上告受理の申立てを受けて、本判決は、原判決を破棄しXの請求を棄却した。本判決は、まず、本件条例が、訂正請求があったときは実施機関が必要な調査をした上、当該請求に係る個人情報の訂正をする旨またはしない旨の決定をしなければならないとしているものの、実施機関に対してそのために必要な調査権限を付与する特段の規定を置いておらず、実施機関の有する対外的な調査権限におのずから限界があることは明らかであると指摘する。

（2）レセプトの文書としての性格

　そして、（ⅰ）本件レセプトは、国民健康保険法に基づく療養の給付に関

する費用を請求するために、レセプトに添付される明細書として、保険医療機関が自ら行ったとする診療の内容を記載して作成し、連合会に提出したものであること、(ⅱ)連合会による審査の後に本件レセプトを取得した市は、これに基づき、連合会を通して保険医療機関に対して診療報酬の支払をしていること、(ⅲ)市においては、その支払の明細に係る歳入歳出の証拠書類として本件レセプトを保管しているものであることが認められ、かかる事情を踏まえると、保険医療機関が自ら行った診療として本件レセプトに記載した内容が実際のものと異なることを理由として、実施機関が本件レセプトに記録された者の診療に関する情報を誤りのある個人情報であるとして訂正することは、保険医療機関が請求した療養の給付に関する費用の内容等を明らかにするという本件レセプトの文書としての性格に適さないと述べている。

(3) レセプトの保管目的

また、市において、実施機関の収集した個人情報が、当該実施機関内で個人情報を取り扱う事務の目的を達成するために必要な範囲内で利用されるものとして管理されることは、本件条例8条1項の規定に照らして明らかであるところ、本件レセプトについての前記保管目的からすると、本件レセプトに記録された者の診療に関する情報は、本件訂正請求がされた当時、市においてその者の実際に受けた診療内容を直接明らかにするために管理されていたものとは認められず、その者の権利利益に直接係るものということは困難であると考えられるし、実施機関が有する個人情報の訂正を行うための対外的な調査権限の内容にも鑑みれば、本件条例は、このような場合にまで、患者の実際に受けた診療内容について必要な調査を遂げた上で本件レセプトにおけるその者の診療に関する情報を訂正することを要請しているとはいい難いとする。

(4) 訂正請求制度の対象性の否定

そして、以上の諸点に照らすと、本件レセプトのXに係る診療に関する記載を訂正することは、本件条例の定める訂正請求の制度において予定されていないから、京都市長が本件処分をしたことが違法であるということはでき

ないと判示した。

5　滝井繁男裁判官の補足意見
（1）レセプトの持つ情報の直接的な意味
　本判決には、滝井繁男裁判官の補足意見が付されている。滝井補足意見は、本件レセプトの持つ情報の直接的な意味は保険医療機関が記載どおりの医療行為をしたことを理由にして診療報酬の請求をしたという事実であり、診療内容の存否およびその内容を証するものではないのであって、その意味において本件レセプトの記載内容に誤りはないということができるとする一方、この情報にはレセプトに記載された個人がそこに記載された内容の医療行為を受けたとの強い推測を生むものがあり、その面では誤った情報となり得る一面をもっていることも指摘している。続けて、本件レセプトは保険者から審査等の委託を受けた連合会において所要の確認を行いこれを点検し、記載漏れや誤記を発見したときは審査委員会の確認を経て返戻および増減点通知書に所要事項を記入した後、当該保険医療機関に送付するものとされているにとどまり、保険者は連合会に再度の考案を求め得るものの、その診療内容の記載自体に誤りがあることを理由に当該記載に追加もしくは削除することは予定されていないと述べている。また、このようなレセプトの性格に照らせば、その文書に記載された情報に個人について誤った事実を推認させる内容が記載されていることを理由に、実施機関において文書自体の当該部分を訂正できることを窺わせる根拠を本件条例に見出すことはできないと指摘している。

（2）付記による訂正の可否
　もっとも、滝井補足意見は、ある文書に個人に関する誤った情報が記載されている場合に、これに付記をするなど文書自体の訂正をすることなく、それ以外の方法で補正することも考えられないではないとも述べている。しかし、本件文書のように、その記載自体誤りがあるとはいえない文書について、それに含まれている個人情報に誤りを含んでいることを理由に実施機関にそ

の補正を求めるには格別の根拠を要すると解すべきところ、本件条例にはこれができることを窺わせる根拠も見出し得ないので、本件レセプトに記載されたXの診療に関する記載を訂正することを本件条例によって請求することはできず、京都市長が本件処分をしたことは違法ということはできないと述べている。

（3）注記方式

以上のように、滝井補足意見は、法廷意見を敷衍しているが、注目されるのは、このような法解釈がもたらす問題点を指摘し、それへの対応策にも言及している点である。すなわち、瀧井補足意見は、Xがレセプトに記載された医療行為を受けていないとすれば、実施機関は個人に関し誤った事実を強く推認させる情報を保有していることになり、そのような個人に関する情報が存在し、またそれが利用される可能性がないとはいえない以上、個人の権利利益の保護および市政の公平かつ適正な運営という観点からも実施機関はそのことがもたらす弊害をできるだけ除去すべきであると述べている。そして、実施機関は、個人情報の保護に関し必要な措置を講ずる責務を負っている（本件条例3条1項）ことに照らせば、このような情報についてXに係る診療に関する部分の情報の誤りがあることを理由にその訂正を求める請求のあったときは、そのことを当該保有個人情報が記録されている文書に注記するなどして、その後においてその情報が利用されることがあるときには、そのことが分かるように適切な措置をとるなどの運用がなされることが求められると付言している。

6　評　釈

（1）人格権に基づく削除請求

国または地方公共団体が保有する個人情報に事実に係る誤りがある場合、個人情報保護法制に基づく訂正請求権制度が整備される前に、人格権に基づく削除請求がなされた例がある。厚生省援護局（当時）が、終戦直後、所定の手続を踏まずに離隊した旧海軍台湾籍軍属の在日台湾人の身上調査票に

「逃亡」と記載したところ、事実に反する記載であるとして、その抹消ないし訂正が請求された事案において、東京地判昭和59・10・30判時1137号29頁[2]は、個人の極めて重大な事項に関する情報が明らかに事実に反し、その誤った情報により当該個人が社会生活上不利益ないし損害を被る高度の蓋然性が認められる場合には、当該個人は、その情報保有者に対し、人格権に基づき、その誤った情報の抹消ないし訂正を請求することができるが、本件においては、「逃亡」に該当するものと認定されてもやむを得ないとし、原告の請求を棄却した。その控訴審の東京高判昭和63・3・24判時1268号15頁[3]も、他人が保有する個人情報が、不真実・不当であって、そのため個人が社会的受忍限度を超えて損害を蒙るときには、名誉権ないし人格権に基づき、当該他人に対し不真実、不当な情報の訂正・抹消を請求し得る場合があるとしつつ、本件では訂正・抹消請求は認められないとした。

養護学校長が生徒の受検先学校長宛てに作成した公立高等学校受検に係る事前協議に関する文書の一部に、社会的相当性を超える誤った記載があるとして、その抹消が人格権に基づき認められたのが、浦和地判平成11・3・1判タ1021号136頁[4]である。

(2) 個人情報保護条例に基づく訂正請求

個人情報保護条例が整備されるに伴い、個人情報保護条例に基づく訂正請求に係る裁判例もみられるようになり、東京地判平成16・6・25判タ1203号122頁[5]は、小金井市の職員が個人情報保護条例に基づき自己の勤務状況に関する苦情等の内容が誤りであるとして訂正請求をしたのに対し、「誤り」があるか否かは、苦情等の内容が誤りか（苦情等どおりの原告の不行状が存

---

[2] 堀部政男・判評318（判時1154）号16頁、中村睦男・法セ31巻3号36頁、阪本昌成・ジュリ829号47頁、竹中勲・昭和59年度重判解（ジュリ臨増838号）11頁、戸波江二・法セ382号107頁参照。

[3] 多賀谷一照・昭和63年度重判解（ジュリ臨増935号）55頁、小林武・法セ33巻10号111頁、猪股弘貴・判例教室憲法（新版）161頁、飯塚和之・判タ671号85頁、「現代警察」判例研究グループ・季刊現代警察15巻3号115頁参照。

[4] 大井法子・法時73巻3号94頁参照。

在するか）という観点からではなく、かかる苦情等があったのかという観点から判断されるべきとし、そのような苦情等があったという記載については「誤り」は認められないから、訂正請求には理由がないとした。また原告の職務遂行に関する不行状を指摘した者について個人名を黒塗りしたり記号で表記したりしても、客観的事実に誤りがあるわけではないから、訂正請求には理由がないとも判示した。しかし、開示請求に係る多数の裁判例[6]と比較すると、訂正請求に係る裁判例は、きわめて少数にとどまっている。

そして、本判決は、訂正請求に係る初の最高裁判決として注目されるものである。本件では、1審判決、原判決がXの請求を認容し、本判決がこれを棄却したが、1審判決と原判決も認容の理由は異なり、1審から上告審まで異なる考え方がとられたため、訂正請求に係る理論的問題を考えるに当たり好個の素材といえる。

（3）個別法に基づく訂正権限

1審判決は、保険者である京都市が国民健康保険法の解釈として本件レセプトの審査権限を有し、それを前提として、保険者としての訂正権限も有すると解しており[7]、このように法律上の訂正権限を有する実施機関またはその属する地方公共団体は、個人情報保護条例に基づく訂正請求を受けた場合、調査を行い、決定する義務があるとしている。すなわち、個人情報保護条例上の訂正権限、その前提となる調査権限の根拠を、個別の法律上の訂正権限の有無により判断する立場を採っている。もっとも、個別の法律におい

（5）　宇賀克也・個人情報保護の理論と実務（有斐閣、2009年）342頁、皆川治廣「自治体保有個人情報の訂正請求・利用停止等請求及び措置決定に関する法的問題点考察」Chukyo Lawyer 15号19頁参照。皆川論文は、訂正請求と利用停止請求の双方について、手続・実体の両面から法的論点を多角的に考察しており、参考になる。
（6）　個人情報保護条例に関する裁判例については、宇賀・前掲注（5）290頁以下、個人情報保護研究会編（宇賀克也編集代表）・個人情報保護の実務（第2巻）（判例編・審査会答申編）参照。
（7）　連合会の審査結果を保険者が独自に再審査する権限を肯定するものとして、加藤智章＝菊池馨実＝倉田聡＝前田雅子・社会保障法［第5版］（有斐閣、2013年）173頁（倉田聡執筆）参照。

て実施機関が訂正権限を付与されていなければ、本件条例に基づく訂正を実施機関が行えないかについて、1審判決は明示しているわけではない。すなわち、「少なくとも、法律上実施機関またはその属する地方公共団体においてその文書の訂正権限を有する文書については、実施機関は、申立てどおりに訂正すべきものか否かを審査し、それに従って決定をすべきである」という判示部分の「少なくとも」という表現から、法律上の訂正権限が実施機関にない場合に本件条例上の訂正権限を否定すべきかについては判断を留保したとみるべきと思われる。

（4）個人情報保護条例における訂正権限

個人情報保護条例の中には、訂正権限について明確にしている例もある。例えば、遠軽町個人情報保護条例17条2項は、同項2号（「実施機関に訂正の権限がないとき」）の場合には、実施機関は訂正義務を負わないとしているが、これは、個別の法律・条例で実施機関に訂正権限が認められている場合に限り、個人情報保護条例上の訂正義務を課す趣旨と解される（同様の例として、岩手町個人情報保護条例24条の2、加美町個人情報保護条例20条1項、長和町個人情報保護条例21条2項、本巣市個人情報保護条例23条、三重県個人情報保護条例32条、大阪府個人情報保護条例23条2項、熊本県個人情報保護条例23条3項等参照）[8]。

しかし、本件条例には、このような明文の規定がないために[9]、本件訴訟で大きな争点になった。明文の規定がなくても、個人情報保護条例上の訂

---

(8) 尾鷲市個人情報保護条例には、個別の法律・条例上の訂正権限がないときには、個人情報保護条例に基づく訂正権限がない旨の明文の規定はないが、尾鷲市個人情報保護事務取扱要綱12条2号において、所管課は、訂正請求があった場合は、当該個人情報について訂正する権限があるかどうか慎重に検討するものとされているので、個別の法律・条例上の訂正権限がない場合には、個人情報保護条例上の訂正権限を否定する趣旨と思われる。

(9) 東京都個人情報の保護に関する条例19条の2、神奈川県個人情報保護条例29条、川崎市個人情報保護条例22条、埼玉県個人情報保護条例31条等も、個別の法律・条例上の訂正権限がある場合に個人情報保護条例上の訂正権限を限定する明文の規定を置いていない。ただし、東京都個人情報保護審査会平成8年7月15日答申は、個別の法律・条例における訂正権限の存在が個人情報保護条例に基づく訂正の前提と考えているようにも読める。

正権限は、個別の法律・条例により実施機関に訂正権限が付与されている場合に限り認められるという解釈は成立しうるが⁽¹⁰⁾、かかる立場に立つとしても、1審判決のように、国民健康保険法上、京都市の訂正権限を肯定するならば、京都市長が本件条例に基づく訂正を行うことが可能になるので、1審判決は、個別の法律・条例上の訂正権限と本件条例の訂正権限の関係についての判断を留保することができたのである。

(5) 個人情報保護条例に基づく「訂正の措置」

原判決は、1審判決の結論を支持して控訴を棄却したが、その理由付けは大きく異なる。すなわち、原判決は、本件条例上、訂正の措置をとる実施機関の権限を本件条例自体から導いており、したがって、国民健康保険法上、京都市に本件レセプトの訂正権限があるか否かについて判断する必要はないことになる。そうすると、当該文書そのものの訂正権限を実施機関が個別の法律・条例により付与されていないにもかかわらず、実施機関が個人情報保護条例に基づく訂正請求を受けて訂正することを認めてよいのかという疑問に答える必要が生ずる。原判決は、一般論として、文書の作成名義人以外の者は、訂正権限が付与されていない限り、当該文書そのものを訂正することはできないと述べ、本件条例は、「当該文書そのものの訂正権限の有無にかかわらず、当該文書の誤り部分を明らかにするため、本件条例に基づき、訂正の措置をとることができる」とし、「本件条例は、訂正権限が付与されている者による当該文書そのものの訂正を想定しているのではなく、上記のような訂正の措置を請求できる権利を付与したものと解するのが相当である」と判示している。したがって、「訂正の措置」は、「当該文書そのものの訂正」ではなく、当該文書に誤りを訂正した内容の付箋を付けるというような措置を念頭に置いているものと思われる。確かに、このような「訂正の措置」であれば、文書自体を訂正するわけではないから、個別の法律・条例上、実施

---

(10) 兼子仁＝佐藤徳光＝武藤仙令・情報公開・個人情報条例運用事典（悠々社、1991年）256頁参照。

第 4 節　個人情報保護

機関に当該文書の訂正権限が付与されているかにかかわらず、個人情報保護条例に基づく訂正請求に応じて、「誤り」を訂正することが可能になる。

(6) 調査権限

このように、当該文書そのものの訂正権限の有無にかかわらず、訂正請求に応じた「訂正の措置」を講ずるべきか否かを判断しなければならないとすると、その判断のために必要な調査権限が必要になる。この点について原判決は、本件条例上、訂正請求についての判断に必要な調査権限および調査義務が認められていると解している。法文上の手掛りとしては、本件条例において、訂正請求があったときは「必要な調査をしたうえ」と規定されており、これにより、本件条例独自の調査権限が付与されたものと解したと考えられる。したがって、仮に、国民健康保険法上、本件レセプト自体の訂正権限が京都市長になく、訂正権限から京都市長の調査権限を基礎付けることができないとしても、本件条例に基づく独自の調査権限に基づき、「訂正の措置」を講ずるべきか否かを判断するために必要な調査を京都市長は行うことができるし、行わなければならないことになる。なお、原判決は、これに加え、京都市は受託者である連合会に対する指揮監督権を留保しており、指揮監督権も含めた実施機関のすべての権限を行使して、「訂正の措置」を講ずるべきか否かの判断のための調査をすべきとしている。

(7) 文書の性質・目的と「事実」の関係

本判決は、原判決を破棄し、Xの請求を棄却したが、その理由として、(ⅰ)本件条例は、実施機関に対して訂正の是非を判断するために必要な調査権限を付与する特段の規定を置いておらず、実施機関の有する対外的な調査権限にはおのずから限界があること、(ⅱ)京都市はその診療報酬支払の明細に係る歳入歳出の証拠書類として本件レセプトを保管しており、保険医療機関が自ら行った診療として本件レセプトに記載した内容が実際のものと異なることを理由として訂正することは、保険医療機関が請求した療養の給付に関する費用の内容等を明らかにするという本件レセプトの文書としての性格に適さないこと、(ⅲ)本件レセプトに記録されたXの診療に関する情報は、

本件訂正請求がされた当時、京都市においてXの実際に受けた診療内容を直接明らかにするために管理されていたものとは認められず、Xの権利利益に直接係るものであるということは困難であることを挙げている。

　このうち、最重要視されたのは（ⅱ）と思われる。なぜならば、本件レセプトの目的が、保険医療機関が請求した療養の給付に関する費用の内容等を明らかにすることであり、患者の受けた診療内容を明らかにすることではないとすれば、仮に、Xが受けた診療内容と異なる事実が記載されていたとしても、当該保険医療機関がかかる診療を行ったとして診療報酬を請求したという事実は、本件レセプトに記載されており、瀧井補足意見が端的に述べているように、その事実には誤りはないことになるからである。前掲東京地判平成16・6・25が、小金井市の職員の勤務状況に関する苦情等の内容の訂正請求について、当該文書の目的がいかなる苦情等があったかを記録することにあり、苦情等の内容を正しいものとして記録することにあるわけではない以上、苦情等の内容に誤りがあることを理由とする訂正請求は認められないとしたのと、共通の論理を看取することができる。公立学校における体罰事故報告書において、加害者として糾弾されている教師からの聴取内容が事実に反するとして、被害を受けたとする生徒が訂正請求をする例があるが、この場合も、体罰事故報告書の性格をどのように理解するかによって、訂正請求が認容され得るかが左右されることになる。体罰事故報告書の目的が、体罰の有無・態様についての真実を記載することにあるのであれば、前記のような訂正請求を受けて、当該教師が虚偽を述べていないかを確認すべきことになるであろう。これに対し、体罰事故報告書の目的が、加害者として糾弾されている教師および被害を受けたと訴えている生徒ならびに目撃者のそれぞれの証言を正確に記録し、それを基に、当該教師に対する処分等の要否・内容を任命権者が判断することにあるのであれば、たとえ当該教師が虚偽の供述をしたとしても、当該教師の供述をそのまま記録した内容には「誤り」はないことになり、当該生徒の訂正請求は認められないことになる[11]。他方、供述と異なる内容が記録されていれば、当該教師の訂正請求が認められるこ

とになる。このように、当該文書の性質・目的をどのように理解するかによって、訂正請求の成否が左右されることになる。本件レセプトの性質・目的を本判決のように理解すれば、当該保険医療機関の請求内容通りの記載には「誤り」はないことになり、そのことのみで訂正請求の拒否が正当化されるので、（ⅰ）（ⅲ）の理由は不要といえると思われる。

（8）レセプトを訂正請求できる場合

本判決の考え方によれば、レセプトは診療を行った医師の個人情報ともいえるから（厚生労働省「国民健康保険組合における個人情報の適切な取扱いのためのガイドライン」（平成17年4月1日）Ⅱ1）、実際に行った診療について記載漏れがあった場合に訂正請求を行うことは認められることになると思われる。なお、個人情報取扱事業者に当たる連合会においてレセプトを審査中に、「個人情報の保護に関する法律」26条1項の規定に基づき、連合会に対して本件と同様に水増し診療を理由とする訂正の求めが行われた場合には、連合会は事実と異なる請求がなされていないかを審査する目的でレセプトを保有しているので、訂正の求めを受けて調査した結果、減点査定すべき場合に当たると認められる場合には、訂正すべきではないかと思われる。

（9）目的達成に必要な範囲での訂正義務

（ⅲ）は（ⅱ）と密接に関連しており、京都市が保有する本件レセプトが、Ｘの実際に受けた診療内容を直接明らかにするために管理されていたものとは認められない以上、実際に受けた診療内容と異なるという理由で訂正を行うことは、本件レセプトの保管目的を超えると考えられたものと思われる。「行政機関の保有する個人情報の保護に関する法律」29条は、保有個人情報の訂正義務は、「保有個人情報の利用目的の達成に必要な範囲内で」生ずる

---

(11) 新美育文教授は、「Ａの回答『ＢはＣについて〇〇と言っていた』」という例でいえば、『ＢはＣについて〇〇と言っていた』ということが事実と異なっていたとしても、Ａはそうした回答をしたということは事実である。そうすると、Ａの回答を訂正せよという訂正請求を認めることは、逆に真実を曲げることになってしまう」と述べられており（「第7回情報公開・個人情報保護審査会等委員交流フォーラム概要」季報情報公開・個人情報保護35号13頁）、同じ問題を指摘されている。

旨を明記しており⁽¹²⁾、同様の制限を明示する個人情報保護条例も少なくないが、本件条例には、訂正義務に係る規定において、このような制限は明示されていなかった（現在は改正され、「当該訂正請求に係る個人情報の利用目的の達成に必要な範囲内で」訂正義務が生ずることが明記されている）。しかし、本件条例8条1項柱書本文において、「実施機関は、個人情報取扱事務の目的を超えて、個人情報を当該実施機関内で利用し、又は当該実施機関以外のものに提供してはならない」と定められており、本判決は、この規定に言及しているから、保険医療機関が請求した療養の給付に関する費用の内容等を明らかにするという目的を超える訂正を行うことは、目的の範囲を超えた個人情報の利用になり得ると考えたのではないかと推測される⁽¹³⁾。

(10) 実施機関の調査権限

（ⅰ）は訂正請求に係る実施機関の調査権限に関するものであり、原判決が、本件条例により訂正請求に係る独自の調査権限と調査義務が定められていると解したのに対し、本判決は、訂正の是非を判断するために必要な調査権限を付与する特段の規定が本件条例に置かれていないと述べている。そうすると、国民健康保険法に基づく訂正権限に付随する調査権限の存否が問題になるが、本判決は、国民健康保険法に基づく訂正権限の有無について直接的には触れていない。しかし、本件訂正請求に係る調査権限を全面的に否定する表現をしているわけではなく、「実施機関の有する対外的な調査権限にはおのずから限界がある」と述べているから、限定的ではあれ、調査権限を肯定しているようにも読める。滝井補足意見においては、保険者は連合会に再度の考案を求め得ることが指摘されているので、法廷意見においても、再度の考案を求める前提としての限定的な調査権限の存在を肯定し、そのため

---

(12) 宇賀克也・個人情報保護法の逐条解説［第4版］（有斐閣、2013年）359頁参照。
(13) 個人情報保護法制における訂正請求に関して、利用目的の範囲をいかに解するかについては、解釈は分かれている。この点について、田村均「個人情報保護法制における訂正請求と『利用目的』の関係についての覚書」季報情報公開・個人情報保護45号79頁以下が詳しく検討している。

第 4 節　個人情報保護

に、「調査権限にはおのずから限界がある」と述べられたのかもしれない。もっとも、本判決の（ⅱ）（ⅲ）を前提とすれば、たとえ、本件訂正請求に係る調査権限が十全なものであったとしても、本件訂正請求が認容され得ないという結論は左右されないと考えられるので、（ⅰ）を理由として掲げる必要はなかったようにも思われる。

(11) 訂正請求に応じてとられる措置

　本件訴訟は、訂正請求に応じてとられる措置についても考える素材を提供した。原判決が、本件条例に基づく訂正の措置として、対象文書を直接訂正するのではなく、付箋を付する等の方法による対応を念頭に置いていると思われることは前述したが、実際に、大阪府においては、「別紙により個人情報が誤っていた旨及び事実に合致した内容を記載して添付する」方法による訂正を認めており[14]、三重県においても、「保有個人情報が誤っていた事実及び正確な内容を別紙に記載し、添付する方法」による訂正を認めている[15]。

　本判決は、そもそも訂正拒否処分は違法とはいえないとしたので、訂正の方法について論じていないが、滝井補足意見においては、それ自体誤りがあるとはいえない文書について、それに含まれている個人情報に誤りがあることを理由に実施機関にその補正を求めるには格別の根拠を要するものの、本件条例には、これができることを窺わせる根拠はないと述べられている。滝井補足意見は、本件レセプトの作成・保管目的に照らし、訂正すべき誤りはないという前提に立った上でのものであるから、訂正すべき誤りがある場合に、訂正の方法として付箋を貼付する方法を否定しているわけではない。訂正決定の実施方法として、このような方法を否定する必要はないように思われる。また、当該文書の作成・保管目的に照らして訂正すべき誤りがあるとはいえない場合であっても、そこに記載された個人情報が事実と異なり、そのことにより当該個人が不利益を受ける可能性がある以上、誰から、いつ、

---

(14)　「大阪府個人情報保護事務取扱要領」第 7（訂正請求に係る事務）4（訂正の実施）(2)（訂正の方法）ウ参照。
(15)　「三重県個人情報保護条例の解釈及び運用」33条（訂正請求に対する措置）1 項の 2 参照。

いかなる訂正請求があったかを付箋で注記する運用をとることが望ましいと思われる。

第4節　個人情報保護

第2款　住基ネット制度の合憲性

1　事案の概要

　本款では、泉佐野市、大阪市、吹田市、豊中市、八尾市、東大阪市、箕面市、守口市の住民らが、住民基本台帳法（以下「住基法」という）に基づく住民基本台帳ネットワークシステム（以下「住基ネット」という）により、行政機関が住民の個人情報を本人の同意なしに収集、管理または利用することは、憲法13条により保障されたプライバシー権その他の人格権を違法に侵害するとして、（ⅰ）人格権に基づく妨害排除請求として、住民基本台帳からの原告らの住民票コードの削除および大阪府知事への本人確認情報の送付の差止め、（ⅱ）国家賠償法1条1項の規定に基づく精神的損害の賠償、を求めたいわゆる住基ネット訴訟最高裁判決を取り上げることとする。

2　1審判決
（1）住民票コードの性質

　第1審の大阪地判平成16・2・27民集62巻3号760頁[1]（以下「1審判決」という）は、住民票コード自体は、無作為に作成された数字であるから、住民票コードの数字そのものからは、氏名、住所、男女の別、生年月日等の個人情報が推知されるものではなく、また、住民票コードは、市町村長に対する変更請求により、いつでも何度でも変更できるものであり、いったん市町村長から振り当てられると、振り当てられた者が、一生、固定的に、その住民票コードを使用し続けなければならないものでもないし、さらに、行政機関からの住民に対する呼称に、氏名等ではなく、住民票コードの数字が用いられるというものでもないから、原告らが、住民票コードを割り振られたこ

---

[1]　中島徹・平成16年度重判解（ジュリ臨増1291号）11頁、松田浩・法セ49巻12号114頁、酒井克彦・自治研究81巻8号120頁、新田和憲・平成16年行政関係判例解説36頁、岡村久道・NBL814号12頁、牧田潤一朗・法時78巻8号96頁参照。

とにより、原告らの人格権、あるいは何らかの人格的利益が侵害されたとは認められないと判示した。

(2) 本人確認情報の性質

また、住基ネットにおいて、市町村に設置された電子計算機等に保存される本人確認情報は、住民票記載事項のすべてではなく、このうち、氏名、出生の年月日、男女の別、住所および住民票コードならびにその変更に関する情報に限定されているが（住基法30条の5第1項）、これら限定された個人情報であっても、みだりにこれを開示されたくないと考えるのは自然なことであり、そのことへの期待は保護されるべきであるから、原告ら主張のごとき権利性を認めるか否かはともかく、原告らのプライバシーに係る情報として法的保護の対象にはなると述べている。しかしながら、住民票の記載事項のうち、氏名、出生の年月日、男女の別および住所は、1審判決当時は、請求事由を明らかにすれば、不当な目的によることが明らかな場合等でない限り、何人でも閲覧しうる事項であり（平成18年法律第74号による改正前の住基法11条）、また、これらの事項を記載した住民票の写しは、同様の手続で、何人でも交付を請求できた（平成19年法律第75号による改正前の住基法12条）[2]ことに照らし、これらの個人情報は、住民票の他の記載事項に比べて秘匿されるべき必要性が必ずしも高いものということはできないと指摘している。

(3) 住基ネット

他方、住基ネットは、地方公共団体の共同のシステムとして、住民基本台帳のネットワーク化を図り、特定の情報の共有により、全国的に特定の個人情報の確認ができる仕組みを構築し、市町村の区域を越えて住民基本台帳に関する事務処理を行うものであり、当該住民の住民票を備える市町村以外の行政機関等が、その事務処理の範囲内において、本人であるか否かを確認す

---

[2] これらの改正については、宇賀克也・個人情報保護の理論と実務（有斐閣、2009年）353頁以下、371頁以下参照。

るため、氏名、出生の年月日、男女の別、住所および住民票コードを利用する必要性は、相当程度に認められるとする。

（4）プライバシー侵害の否定

そして、このような住基ネットにおいて市町村に設置された電子計算機等に保存される本人確認情報の内容・性質と、公益の必要性とを照らし合わせてみると、住基法30条の5第1項に規定された本人確認情報が、被告らの市長によって住基ネットに接続され、大阪府知事の使用に係る電子計算機に送信され、保存されたことをもって、原告らのプライバシーに係る法的利益が直ちに侵害されたとみることはできないと判示した。

（5）目的外利用・提供の事実の不存在

ただし、1審判決は、このような本人確認情報であっても、本人の確認という目的以外に利用される場合には、原告らのプライバシーに係る法的利益を侵害することも考えられると述べている。しかし、原告らの氏名、出生の年月日、男女の別、住所および住民票コードが、被告らの各市長およびその他の執行機関によって、目的以外に使用されたり、被告らの各市長が、他の者に目的以外で使用させた事実を窺わせる証拠はないと指摘している。

（6）セキュリティ対策の不整備の否定

① 秘密保持義務と罰則

さらに、原告らが、住基ネットには、ハッカー等により外部から侵入される危険性、運用関係者による情報漏えい等の危険性、セキュリティ対策の不整備などの問題があり、本人確認情報の流出の危険性があると主張したことに対しても、住基ネットが、原告らのプライバシーに係る法的利益に対する侵害を容易に引き起こすような危険なシステムであるとは認められないとして、その理由として以下のことを指摘している。

第1に、住基ネットにおいては、住基ネットに係る事務に従事する市町村、都道府県および指定情報処理機関ならびに本人確認情報の提供を受けた市町村、都道府県および国の機関等の役員、職員またはこれらの職にあった者に対し、本人確認情報処理事務等に関して知り得た本人確認情報に関する秘密

または本人確認情報の電子計算機処理等に関する秘密の保持義務を課し（住基法30条の17第1項、30条の31第1項、30条の35第1項および第2項）、これに違反した者は、2年以下の懲役または100万円以下の罰金に処され（住基法42条）、さらに、市町村、都道府県および指定情報処理機関ならびに本人確認情報の提供を受けた市町村、都道府県および国の機関等から、本人確認情報の電子計算機処理等の委託を受けた者、その役員もしくは職員またはこれらの者であった者に対しても、本人確認情報処理事務等に関して知り得た本人確認情報に関する秘密または本人確認情報の電子計算機処理等に関する秘密の保持義務を課し（住基法30条の17第2項、30条の31第2項、30条の35第3項）、これに違反した者は、2年以下の懲役または100万円以下の罰金に処されることである（住基法42条）。

② 監　督

第2に、指定情報処理機関は、総務大臣による役員の選任等の認可、解任命令（住基法30条の16）、本人確認情報管理規程の認可（住基法30条の18）、事業計画等の認可（住基法30条の19）、監督命令（住基法30条の22第1項）、報告および立入検査（住基法30条の23第1項）、指定の取消し（住基法30条の25）等による監督に服するほか、委任都道府県知事による指示（住基法30条の22第2項）、立入検査（住基法30条の23第2項）等の監督も可能であり、本人確認情報の保護に関する事項等を調査審議するため、指定情報処理機関には、本人確認情報保護委員会が設置され（住基法30条の15）、都道府県には、本人確認情報の保護に関する審議会が設置されていることである（住基法30条の9）。

③ 目的外利用・提供の禁止

第3に、本人確認情報の提供を受ける行政機関の範囲や利用目的を法律で規定し、これを限定しており（住基法30条の6、30条の7第3項ないし第6項、30条の8及び別表）、さらに、法律に基づき本人確認情報の提供を受ける受領者に対し、目的外の利用または提供を禁止する（住基法30条の34）とともに、都道府県知事および指定情報処理機関に対し、法律の規定によらない本

第4節　個人情報保護

人確認情報の利用および提供を禁止していることである（住基法30条の30）。

④　民間利用の禁止、告知要求制限

　第4に、行政機関以外の者が住民票コードを利用することを禁止し、契約に際し住民票コードの告知を要求したり、住民票コードの記録されたデータベースであって、当該住民票コードの記録されたデータベースに記録された情報が他に提供されることが予定されているものを構成した場合、都道府県知事は中止勧告や中止命令を行うことができ、都道府県知事の中止命令に違反した者には、1年以下の懲役または50万円以下の罰金が科せられることになっており（住基法30条の43、44条）、行政機関が住民票コードを利用する場合も、目的外利用の禁止、告知要求制限等の規定により利用が制限（30条の42、30条の43）されていることである。

⑤　セキュリティ対策

　第5に、総務大臣は、平成14年6月10日付総務省告示第334号、平成15年5月27日付同告示第391号および同年9月29日付同告示第601号等により、住基ネットにおける電気通信回線を通じた送信、磁気ディスク記録およびその保存方法に関し、電子計算機等のハードウェア、住基ネットにおけるソフトウェア、住基ネットを運用する職員の事務処理体制、電子計算機等のハードウェアが設置される施設の環境、市町村の既存の住民基本台帳システムとの接続条件および本人確認情報の保存期間経過による消去等種々の定めをしていることである。

　1審判決は、以上のような検討の結果、住基ネットの施行に伴い、本人確認情報保護のため種々の措置が講じられており、住基ネットが、本人確認という目的以外に使用されたり個人のプライバシーに係る法的利益に対する侵害を容易に引き起こすような危険なシステムとは認められないという結論に至ったのである。

（7）訂正、削除

　1審判決は、住基ネットに接続されることにより、原告らの本人確認情報がコントロールできなくなり、訂正、削除が困難になる旨の主張も退けてい

る。

　その理由として、住基法は、何人も、都道府県知事または指定情報処理機関に対し、住基法30条の5第3項、30条の11第3項により磁気ディスクに記載されている自己の本人確認情報について、その開示（自己に係る本人確認情報が存在しないときにその旨を知らせることを含む）を請求することができ、都道府県知事または指定情報処理機関は、上記請求に対し、本人確認情報を開示しなければならない（住基法30条の37）し、開示を受けた者から、本人確認情報につき、その内容の全部または一部の訂正、追加または削除の申出があったときは、都道府県知事または指定情報処理機関は、遅滞なく調査を行い、その結果を通知しなければならない（住基法30条の40）と規定しており、住民からの本人確認情報の開示請求、訂正の申出を認めていることを挙げている。

（8）国家賠償請求の棄却

　1審判決は、結論として、被告らが、住民票コードを割り振り、住民票コードを住民票に記載し、平成14年8月5日、住基ネットに接続したことにより、原告らの権利、法的利益が侵害がされたとは認められないので、原告らの請求は、その余の点について判断するまでもなく、理由がないとして、原告らの国家賠償請求を棄却したのである。

（9）人格権に基づく妨害排除請求

　なお、原告らのうち4名は、各居住地の吹田市、箕面市、守口市に対し、プライバシーの権利等の人格権に基づく妨害排除請求として、住基ネットを使用して本人確認情報を大阪府知事に送付することの差止め等を求める訴えの追加的変更を申し立てたが、1審裁判所は、従前の慰謝料請求と請求の基礎に同一性がないとして訴えの変更を認めなかった。

3　控訴審判決

（1）差止め等を求める訴えの追加的変更

　控訴審の大阪高裁は、控訴人らのうち4名による住基ネットを使用して本

人確認情報を大阪府知事に送付することの差止め等を求める訴えの追加的変更は、本件国家賠償請求と請求の基礎に同一性があり、これを認めるべきであり、相手方の同意は要しないとした。

（2）自己情報コントロール権

大阪高判平成18・11・30民集62巻3号777頁[3]（以下「原判決」という）は、まず、自己情報コントロール権が憲法上保障されており、住基ネットの本人確認情報も、自己情報コントロール権の対象となるとする。そして、本人確認情報の収集、保有、利用等については、（ⅰ）それを行う正当な行政目的があり、それらが当該行政目的実現のために必要であり、かつ、（ⅱ）その実現手段として合理的なものである場合には、本人確認情報の性質に基づく自己情報コントロール権の内在的制約により（あるいは、公共の福祉による制約により）、原則として自己情報コントロール権を侵害するものではないが、本人確認情報の漏えいや目的外利用などにより、住民のプライバシーないし私生活上の平穏が侵害される具体的危険がある場合には、前記（ⅱ）の実現手段として合理性がないものとして、自己情報コントロール権を侵害することになり、住基ネットによる当該本人確認情報の利用の差止めをすべき場合も生ずると判示し、以上の前提に立って検討を行っている。

（3）住基ネットの行政目的の正当性および必要性

まず、（ⅰ）については、住基ネットの導入による住民サービスの向上や行政事務の効率化（経費削減）がどの程度実現できるかについては不透明なところがあり、特に市町村に求められる効率化以上の負担を課すところも無きにしもあらずという実態が窺えるとしながらも、住民サービスの向上および行政事務の効率化に役立つことも否定できず、住基ネットの行政目的の正当性および必要性は、これを是認することができると判示した。

---

[3] 内野正幸・判評587（判時1984）号164頁、佐伯彰洋・平成19年度重判解（ジュリ臨増1354号）44頁、田村達久・法セ52巻4号114頁、鈴木秀美・法セ52巻3号4頁、島田茂・甲南法学48巻1号69頁、坂本団・甲南法務研究3号17頁、羽渕雅裕・帝塚山法学15号1頁、高本光藏・法学研究科論集（北海学園大学大学院）9号125頁参照。

（4）漏えいの危険性

次いで、（ⅱ）の漏えいの危険性について検討し、技術的側面では、住基ネットシステムの構成機器その他いわゆるハードウェアの面について相当厳重なセキュリティ対策が講じられるなどし、また、人的側面でも、人事管理、研修・教育等種々の制度や運用基準が定められて実施されてきており、一定の個人情報保護措置が講じられているものと評価でき、現時点において、住基ネットのセキュリティが不備で、本人確認情報に不当にアクセスされたりして、同情報が漏えいする具体的危険があるとまで認めることはできないと判示した。

（5）目的外利用の可能性

ところが、（ⅱ）の目的外利用の可能性については、行政機関の裁量によって行われる目的変更による利用、提供について適切な監視機関は置かれていないとし、住基ネット制度には個人情報保護対策の点で無視できない欠陥があるといわざるを得ず、行政機関において、住民個々人の個人情報が住民票コードを付されて集積され、それがデータマッチングや名寄せされ、住民個々人の多くのプライバシー情報が、本人の予期しない時に予期しない範囲で行政機関に保有され、利用される危険が相当あるものと認められると指摘している。そして、その危険を生じさせている原因は、主として住基ネット制度自体の欠陥にあるものということができ、そうである以上、前記の危険は、抽象的な域を超えて具体的な域に達していると評価することができ、住民がそのような事態が生ずる具体的な危険があるとの懸念を抱くことも無理もない状況が発生していると述べている。

（6）住民票コードの削除請求の認容

原判決は、以上の前提に基づき、住基ネットは、その行政目的実現手段として合理性を有しないものといわざるを得ず、その運用に同意しない控訴人らに対して住基ネットの運用をすることは、その控訴人らの人格的自律を著しく脅かすものであり、住基ネットの行政目的の正当性やその必要性が認められることを考慮しても、控訴人らのプライバシー権（自己情報コントロー

ル権)を著しく侵害すると判示した。そして、控訴人らは、住基ネット全体の運用停止を求めているのではなく、住基ネットからの離脱を求めているにすぎないところ、住基ネットは全住民を対象として構想、構築されていることから、一部の者の離脱を認める場合には、住基ネットの目的の完全な達成が阻害されることになり、また、離脱者の把握のためのコストが必要となることを指摘する。しかし、住基ネットの運用により、住民票コードをもって行政機関に保有されている多くの個人情報がデータマッチングや名寄せされて利用される具体的危険がある状態は、住基ネットを利用する住民の人格的自律を著しく脅かす危険をもたらしており、個人の人格的自律の尊重の要請は、個人にとってだけでなく、社会全体にとっても重要であることも合わせ考慮すれば、控訴人らが住基ネットから離脱することにより生ずる前記不利益が、控訴人らの自己情報コントロール権により保護される人格的利益に優先するものとは考え難いとする。したがって、明示的に住基ネットの運用を拒否している控訴人らについて住基ネットを運用することは、控訴人らに保障されている自己情報コントロール権を侵害するものであり、憲法13条に違反すると判示した。そして、差止請求のうち、住民票コードの削除が最も実効性があるとして、その請求を認容し、大阪府知事に対する本人確認情報の通知差止請求は棄却した。また、国家賠償請求については、被控訴人らの各市長において、住基ネットを導入した改正住基法の控訴人らに対する適用が憲法に違反する無効のものであることを認識し得たとは認められないから、被控訴人らの各市長の行為が国家賠償法上違法であるとは認められないとして、請求を棄却した。

4 最高裁判決

(1) 憲法13条

これに対し、吹田市および守口市が上告および上告受理の申立てをしたところ、上告審の最判平成20・3・6民集62巻3号665頁[4](以下「本判決」という)は、破棄自判した(上告審で弁論が分離されたが、判決内容は同じ

である)。

　本判決は、憲法13条は、国民の私生活上の自由が公権力の行使に対しても保護されるべきことを規定しているものであり、個人の私生活上の自由の一つとして、何人も、個人に関する情報をみだりに第三者に開示または公表されない自由を有するものと解されると述べ、京都府学連事件大法廷判決（最大判昭和44・12・24刑集23巻12号1625頁）を引用し、住基ネットが被上告人らの前記の自由を侵害するか否かについて検討している。

（2）本人確認情報の性質

　本判決は、住基ネットによって管理、利用等される本人確認情報は、氏名、生年月日、性別および住所からなる4情報に、住民票コードおよび変更情報を加えたものにすぎず、このうち4情報は、人が社会生活を営む上で一定の範囲の他者には当然開示されることが予定されている個人識別情報であり、変更情報も、転入、転出等の異動事由、異動年月日および異動前の本人確認情報にとどまるもので、これらはいずれも、個人の内面に関わるような秘匿性の高い情報とはいえないこと、これらの情報は、住基ネットが導入される以前から、住民票の記載事項として、住民基本台帳を保管する各市町村において管理、利用等されるとともに、法令に基づき必要に応じて他の行政機関等に提供され、その事務処理に利用されてきたものであることを指摘する。そして、住民票コードは、住基ネットによる本人確認情報の管理、利用等を目的として、都道府県知事が無作為に指定した数列の中から市町村長が一を

（4）　平松毅・民商139巻4・5号84頁、田島泰彦・法時80巻6号1頁、榎透・法セ53巻11号123頁、小山剛・論究ジュリ1号118頁、福島力洋・法セ53巻6号4頁、松本和彦・判例セレクト2008（法教342号別冊付録）4頁、山本龍彦・法教397号49頁、同・憲法判例百選Ⅰ（第6版）46頁、山崎友也・平成20年度重判解（ジュリ臨増1376号）11頁、門田孝・速報判例解説（法セ増刊）3号27頁、高橋信行・地方自治判例百選（第4版）36頁、中岡小名都・自治研究87巻9号131頁、渡辺千古・法と民主主義433号25頁、中村誠・岡山大学法学会雑誌60巻1号179頁、森本直子・ジュリスコンサルタス（関東学院大学）19号135頁、増森珠美・ジュリ1407号153頁、同・曹時62巻11号147頁、同・最高裁　時の判例〔平成18年〜平成20年〕〔6〕（ジュリ増刊）2頁、同・最高裁判所判例解説民事篇＜平成20年度＞141頁、工藤敏隆・ひろば61巻8号57頁、同・平成20年行政関係判例解説207頁、西邑亨・地方自治職員研修41巻6号54頁参照。

選んで各人に割り当てたものであるから、前記目的に利用される限りにおいては、その秘匿性の程度は本人確認情報と異なるものではないと述べている。

(3) 目的の正当性

また、住基ネットによる本人確認情報の管理、利用等は、法令等の根拠に基づき、住民サービスの向上および行政事務の効率化という正当な行政目的の範囲内で行われているとし、住基ネットの目的の正当性を肯定している。

(4) システム技術上または法制度上の対策

さらに、住基ネットのシステム上の欠陥等により外部から不当にアクセスされるなどして本人確認情報が容易に漏えいする具体的な危険はないこと、受領者による本人確認情報の目的外利用または本人確認情報に関する秘密の漏えい等は、懲戒処分または刑罰をもって禁止されていること、住基法は、都道府県に本人確認情報の保護に関する審議会を、指定情報処理機関に本人確認情報保護委員会を設置することとして、本人確認情報の適切な取扱いを担保するための制度的措置を講じていることなどに照らせば、住基ネットにシステム技術上または法制度上の不備があり、そのために本人確認情報が法令等の根拠に基づかずにまたは正当な行政目的の範囲を逸脱して第三者に開示または公表される具体的な危険が生じているということもできないと判示した。

(5) プライバシー侵害の否定

そして、本判決は、結論として、行政機関が住基ネットにより住民である被上告人らの本人確認情報を管理、利用等する行為は、個人に関する情報をみだりに第三者に開示または公表するものということはできず、当該個人がこれに同意していないとしても、憲法13条により保障された前記の自由を侵害するものではないと解するのが相当であり、住基ネットにより被上告人らの本人確認情報が管理、利用等されることによって、自己のプライバシーに関わる情報の取扱いについて自己決定する権利ないし利益が違法に侵害されたとする被上告人らの主張にも理由がないと判示した。

5 評 釈

(1) 自己情報コントロール権

　原判決と本判決は住基ネット制度の合憲性について対照的な判示をしたが、その理由は何かについて、以下、両判決を比較しながら検討してみたい。

　第1に、原判決は、自己情報コントロール権が憲法上保障されており、本人確認情報も自己情報コントロール権の対象になることを明言している。これに対し、本判決は、自己情報コントロール権が憲法上保障されているかについては明言していない。しかし、最高裁が審理したのは、被上告人らの住民票コードの削除が認められるべきかであり、住民票コードの削除という作為を求める請求ではあるものの、自分の本人確認情報を本人同意なしに住基ネットを使用して法定された事務で使用することがプライバシー侵害になるという主張に基づくものである。これは防御権に基づく請求といえるので、自己情報コントロール権という理論構成は必ずしも必要ではなかった[5]。本判決は、個人に関する情報[6]をみだりに第三者に開示または公表されない自由が憲法13条によって保障されていることを明示して京都府学連事件大法廷判決のみを先例として引用しており、本件を古典的なプライバシー[7]の問題として取り扱えば足り、請求権の側面も有する自己情報コントロール権の問題に立ち入る必要はないと考えたように思われる。

　本判決が「住基ネットにより被上告人らの本人確認情報が管理、利用等さ

---

(5) 樋口陽一＝中島徹「〈対談〉あらためて憲法13条裁判を考える—住基ネット訴訟に関連して」法時79巻11号78頁（樋口発言）、佐伯彰洋「住基ネット訴訟の論点」同志社法学60巻3号270頁、森本・前掲注（4）139頁参照。

(6) 本判決が個人情報ではなく、「個人に関する情報」という文言を用いた理由は定かではない（両者の相違については、宇賀克也・個人情報保護法の逐条解説［第4版］（有斐閣、2013年）26頁以下、215頁以下参照）。本人確認情報に含まれる住民票コードは、唯一無二性を有し、検索キーとして高度の個人識別機能を有するが、それ自体は、無作為に指定された数列であり、生年月日等を含むものではなく、また、住民票コードにアクセスできる者がきわめて限定されており、住民票コードのみが漏えいしたとしても、それが誰の者かは、他の情報と照合することによっても一般の人には明らかにならないことから、それ自体を個人情報とみてよいかには疑問があり得るので、個人識別性を要件としない「個人に関する情報」という文言を用いたのかもしれない。

れることによって、自己のプライバシーに関わる情報の取扱いについて自己決定する権利ないし利益が違法に侵害されたとする被上告人らの主張にも理由がない」と判示した部分のみに着目すると、自己情報コントロール権説を一般的に否定しているかのようにもみえるが、その直前に「以上に述べたところからすれば」と記載されているように、住基ネット制度が個人に関する情報をみだりに第三者に開示または公表されない自由を侵害するものではないという説示を前提としたものであり、自己情報コントロール権説を一般的に否定するものとみるべきではないと思われる。したがって、原判決と本判決の結論の差異は、自己情報コントロール権説の採否の有無によるものではないと考えられる[8][9]。

（2）本人確認情報

原判決は、本人確認情報も自己情報コントロール権の対象となるとしたが、本判決も、本人確認情報が憲法13条による保障の対象になり得ることを前提としていると解される。なぜならば、本人確認情報が、一般的にそもそも憲法13条の保護の対象外であるならば、住基ネットが、個人に関する情報

---

(7) 最高裁は、プライバシーが私人間において法的保護に値する人格的利益であることは明言しているが（最判平成7・9・5集民176号563頁、最判平成14・9・24判夕1106号72頁）、行政主体との関係では、プライバシーという文言は使用していない（最判昭和56・4・14民集35巻3号620頁の伊藤正己補足意見においては、プライバシーという言葉が使用されている）。しかし、最高裁は、憲法13条によって国民の私生活上の自由が公権力に対しても保護されるべきことは認めており（最大判昭和44・12・24刑集23巻12号1625頁、最判平成7・12・15刑集49巻10号842頁）、実質的には、判例法上、憲法13条によりプライバシー権が保障されていると解する見解が有力である。佐藤幸治・日本国憲法論（成文堂、2011年）183頁参照。

(8) 住基ネット制度に関する民事上の差止訴訟は本件以外でも多数提起されたが（下級審の裁判例について、岡村久道「住基ネット関連判例の研究（上）（下）」NBL814号12頁以下、816号26頁以下、右崎正博「住基ネット関連判例の総合的研究」法時79巻12号85頁以下、佐伯・前掲注（5）265頁以下、羽渕・前掲注（3）1頁以下、島田・前掲注（3）77頁以下参照）、他の訴訟においても、自己情報コントロール権説の採否が、結論に決定的な影響を与えたわけではないのは（岡村・前掲NBL816号33頁、右崎・前掲法時79巻12号89頁参照）、同様の理由によるものと思われる。

(9) なお、住基ネット訴訟については、自己情報コントロール権よりも、ドイツの自己情報決定権を根拠とすべきという主張もなされている。平松毅「住基ネットと個人情報保護」法時79巻12号80頁、小山・前掲注（4）119頁参照。

をみだりに第三者に開示または公表されないという憲法13条により保障された自由を侵害するかについての具体的検討は不要になるはずであるが、本判決は、この点についての検討を行っているからである。本判決では引用されなかったが、最判平成15・9・12民集57巻8号973頁（江沢民国家主席講演会参加者名簿事件最高裁判決）は、学籍、氏名、住所および電話番号は個人識別等を行うための単純な情報であって、その限りにおいて秘匿されるべき必要性が必ずしも高いものではなく、江沢民国家主席（当時）の講演会に参加を申し込んだ学生であることも同断であるとしつつ、このような個人情報についても、本人が、自己が欲しない他者にはみだりにこれを開示されたくないと考えることは自然なことであり、そのことへの期待は保護されるべきであるから、本件個人情報は、プライバシーに係る情報として法的保護の対象になると判示していた。この事案では、学籍、氏名、住所および電話番号のみならず、江沢民国家主席（当時）の講演会に参加を申し込んだ学生であるという情報も問題となり、後者は思想信条と関係する可能性もあるので、前者の情報も後者の情報と組み合わさって機微性を帯びるとすれば、このような文脈を離れて、学籍、氏名、住所および電話番号という個人情報が当然にプライバシーに係る情報と認められたわけではないという見方もあるかもしれない。しかし、同判決は、学籍、氏名、住所および電話番号を秘匿する必要性は必ずしも高くないと述べた後、本件講演会に参加を申し込んだ学生であることも同断であるとしており、後者についても機微性の高い情報とはとらえていないようである。そうすると、同判決は、前者の個人識別等を行うための単純な情報のみであっても、プライバシーに係る情報として保護されるという立場をとったと解される（他方、再々委託先の職員による住民基本台帳データ漏えい事件における大阪高判平成13・12・25判例自治265号11頁は、基本4情報単独ではなく、それが世帯主名および世帯主との続柄等[10]

---

(10) 住民基本台帳は個人ごとに作成されるべきとして、世帯主に関する情報を表示することを違憲とする説もある。松井茂記「住民基本台帳法の改正とその問題点」ジュリ1168号93頁参照。

も含む一体としてのデータであることに着目して不法行為の成立を認めており、基本4情報の漏えいのみでも損害賠償が認められたかは定かではない)。そのことを前提とすると、住基ネット訴訟で問題になった本人確認情報についても、みだりに第三者に開示または公表されない自由は法的保護に値するという本判決の立場は、江沢民国家主席講演会参加者名簿事件最高裁判決の延長上に位置付けられる。情報の種類・性質の面では、京都府学連事件よりも、江沢民国家主席講演会参加者名簿事件のほうが、本判決の事案と類似するにもかかわらず、本判決が前者を引用しながら後者を引用しなかったのは(逆に、原判決は、江沢民国家主席講演会参加者名簿事件最高裁判決を引用し、京都府学連事件大法廷判決は引用していない)、京都府学連事件と異なり、江沢民国家主席講演会参加者名簿事件は私人間における不法行為訴訟であり、また、本判決の事案と異なり、法律の根拠を有しない提供であることが考慮されたのではないかと推測される。

(3) センシティブ情報

以上述べたように、原判決も本判決も、本人確認情報であっても、その他者への提供について、憲法13条による保護の対象になり得るとする点では共通するものの、原判決が本人確認情報も場合によっては機微性の高い情報になり得ることを指摘して、一律に機微性の低い情報とみるべきではないとしているのに対し、本判決は、本人確認情報が一般的に機微性の低い情報であることを合憲判決の根拠の一つとしている点が異なる。すなわち、原判決も、一般論として、基本4情報については秘匿性の低い情報であるとしながら、ストーカー被害に遭っている人にとっては氏名、年齢、住所等について、性同一性障害の人にとっては性別について秘匿性の高い情報といえるとする。また、原判決は、変更情報について、氏の変更は身分関係(婚姻、離婚、養子縁組、離縁等)に変動があったことを推知させることにもなるから、秘匿の必要性も軽視できないとし、住民票コードについても、それが記載されたデータベースが作られた場合には、検索、名寄せのマスターキーとして利用できるから、その秘匿の必要性は高度であるとしているのに対し、本判決は、

変更情報と住民票コードについても、秘匿性の高い情報とはいえないとしている。

　基本4情報が一般的には機微性が高くないこと、しかし、ストーカー行為の被害者にとって住所情報が時に生命に関わる秘匿性の極めて高い情報であるように、基本4情報も状況によっては機微性が高くなり得ることは、今日では、広く認識されている。本判決も、このことを否定するわけではないと思われる。にもかかわらず、なぜ、本判決が原判決と異なり、基本4情報といえども、一概に秘匿性の低い情報とは言い難いことに言及しなかったのかという疑問が提起されるかもしれない。一つの可能性として、本件被上告人らは、自分の住民票コードの削除を請求していたので、例外的に自分の基本4情報がセンシティブ情報であるということの主張立証責任[11]は被上告人らが負うが、かかる主張立証がなされていない以上、例外的事情はないものとして、一般論で処理すれば足りると解したことが考えられる。もっとも、たとえば、性同一性障害であることを公にしていない者が、本件のような訴訟において、そのことを主張立証しない限り、例外的な秘匿性がないものとして扱うということになれば、性同一性障害であることを法廷で公にせよという不合理な要求をすることになってしまう。したがって、この可能性は低いと思われる。むしろ、一般的にいって秘匿性の高くない個人に関する情報であれば、正当な行政目的の下で合理的な安全確保措置を講じた上で利用することは、憲法13条に違反するとはいえず、住基ネット制度の合憲性審査に当たっても、当該情報の一般的な秘匿性の程度を基準に判断すれば足りるという立場を前提とした可能性が高いように思われる。

---

(11)　住基ネット訴訟において、さいたま地判平成19・2・16判例集不登載は、原告らの本人確認情報に係る人格的利益が侵害される具体的な危険の存すること、および、差止めが認められなければ原告らが回復困難な損害を被るおそれがあることの主張立証責任は原告らが負うと判示した。また、横浜地判平成18・10・26判例集不登載は、本人確認情報の提供等の目的の必要性、合理性、提供手段の相当性の主張立証責任は被告が負うと判示した。

(4) 住基法改正による閲覧、写しの交付の制限

なお、1審判決当時は、基本4情報は、何人でも閲覧を請求でき、またこれらを記載した住民票の写しも何人でも交付請求ができ、不当な目的によることが明らかなとき等、例外的に請求を拒否し得るとされていたため、1審判決は、このことを基本4情報の秘匿性が高くないことの根拠として挙げていた[12]。しかし、原判決当時は、平成18年法律第74号による住基法改正により、閲覧請求権者、閲覧請求事由は大幅に限定されたし、本判決当時は、さらに、平成19年法律第75号による住基法改正により、住民票の写しの交付についても、交付請求権者、交付請求事由は大幅に限定され、もはや基本4情報は原則として公にされるべき情報であるという前提は失われていた。そのため、本判決も、基本4情報が、原則として一般に公開されるべき情報であるとまでは言っておらず、人が社会生活を営む上で一定の範囲の他者には当然開示されることが予定されている個人識別情報であると述べるにとどめている。

(5) 住民票コード、変更情報

本人確認情報のうち、基本4情報と住民票コード、変更情報に係る秘匿性の程度を同一視してよいかについては議論があり、住民基本台帳の閲覧制度の対象が基本4情報に限られていること（住基法11条1項、11条の2第1項）等に照らし、両者の秘匿性の程度を同一視することに対しては疑問も提起されている[13]。住民票コードの秘匿性の程度について原判決と本判決は評価を異にしているが、それは、原判決が、住民票コードが記載されたデータベースが作成され、検索、名寄せのマスターキーとして利用される可能性を念頭に置いて評価しているのに対し、本判決は、そのようなことが行われる具体的危険はないという前提の下に、住民票コードが本人確認情報の管理、利用等という法定の目的に利用される場合を念頭に置いて評価しており、そ

---

(12) この点への批判として、牧田・前掲注（1）97頁、酒井・前掲注（1）125頁参照。
(13) 田島・前掲注（4）3頁、山崎・前掲注（4）12頁、岡村・前掲注（8）NBL816号33頁、牧田・前掲注（1）97頁参照。金沢地判平成17・5・30判時1934号3頁は、両者の秘匿性の程度を区別している。

もそも評価の基準が異なるからである。したがって、住民票コードの秘匿性の程度に関する本判決の射程は、検索キーとしてデータマッチングに使用されることが予定されている個人番号（行政手続における特定の個人の識別をするための番号の利用等に関する法律2条5項）には及ばないと思われる[14]。変更情報についても、原判決が身分関係の変動による氏の変更を重視して秘匿性の程度を評価しているのに対し、本判決は住所の異動を中心に秘匿性の程度を評価しているように見え、評価の基準が必ずしも一致していないという印象を受ける。

（6）行政目的の正当性

① 住民サービスの向上および行政事務の効率化

住基ネット制度の行政目的の正当性が違憲審査の考慮要素になることについては、原判決も本判決も共通している。すなわち、原判決は、その効果については不透明なところがあることを指摘しつつも、住民サービスの向上および行政事務の効率化に役立つことも否定できず、住基ネット制度の行政目的の正当性および必要性は是認できるとしている。本判決も、住民サービスの向上および行政事務の効率化を正当な行政目的であるとし、住基ネットは、この目的の範囲内で使用されているとする（金沢地判平成17・5・30判時1934号3頁は、行政事務の効率化のみが目的の正当性を基礎付けるとする）。

② 費用対効果の検討

原判決が費用対効果についても検討していたのに対し、本判決においては、その点についての言及はない。住基ネット制度の費用分析について、大阪地

---

(14) 実際には、データマッチングは、個人番号自体ではなく、個人番号と紐づけられた符号（リンクコード）を用いて行われる。宇賀克也・番号法の逐条解説（有斐閣、2014年）93頁参照。個人番号は、「見える番号」として「民－民－官」で流通し、通知カードや個人番号カードにも記載されるという点においては、住民票コードよりも秘匿性が低いということはいえるが、決して公開が予定されている番号ではなく、法目的に必要な限りにおいて「見える番号」として流通するにとどまる。そして、社会保障、税、災害対策の分野で個人番号と紐づけられた符号を用いてデータマッチングが行われるのであるから、漏えいした場合の危険は、住民票コードよりもはるかに大きいといえ、その意味で秘匿性の程度は、住民票コードを上回るといえる。

判平成18・2・9判時1952号127頁は、住基ネット制度の必要性は、電子政府、電子自治体等、将来に向けた発展を視野に入れるべきで、現時点における便益と経費を単純に比較して費用対効果の観点からその必要性を判断するのは相当でないとし、前掲さいたま地判平成19・2・26も、住基ネット制度の費用対効果については、全国的かつ長期的観点から評価する必要があると判示し、名古屋高金沢支判平成18・12・11判時1962号40頁は、住基ネット制度の導入は、国または地方公共団体における行政事務の処理に関する立法政策または行政上の施策の当否の問題として、立法府または行政府が広範な裁量権を有する事項であるから、行政事務の効率化が導入に伴うコストに及ばないとしても、そのことから直ちに住基ネット制度を導入する必要性がないとは断定できないと判示している。本判決が、費用対効果の検討を行ったようにみえないのは、住基ネット制度を導入するか否かについては、長期的観点からの費用便益分析が必要になり、それについて広範な立法裁量、行政裁量が認められるので、費用対効果の観点から必要性を否定する司法判断を行う余地がないと考えたのかもしれない。

(7) 実現手段の合理性

原判決は、住基ネット制度の目的の正当性を肯定したのち、その実現手段の合理性を審査しているが、住基ネットシステムのセキュリティについては、本人確認情報漏えいの具体的危険があるとまでは認められないとし、本判決も、この点について同様の判断をしている。住基ネットが平成14年8月5日に第1次稼働（平成15年8月25日に本格稼働）して以来、この間、ハッキングによる被害は確認されていない。もっとも、住基ネット稼働後、住民票コードを含む本人確認情報の漏えいが皆無であったわけではない。一例を挙げると、愛媛県愛南町の合併時のデータ統合に係る情報処理業務の再委託を受けた会社の従業員が契約に反して無断でデータを自宅に持ち帰り自宅のパソコンで作業したところ、ファイル交換ソフトを通じて住民情報等がインターネット上に大量流出してしまった。この事件が発覚したのは、原判決後、本判決前であるが、原判決前にも、北海道斜里町で同様の漏えい事故が発生

していた[15]。原判決も本判決も、これらの漏えい事故の発生を住基ネットのセキュリティの判断に際し考慮していないようであるが、それは、これらの事故が住基ネットのセキュリティと直接に関連するものではないと判断されたからであろうと思われる。すなわち、住民基本台帳の電算化自体は、市区町村で住基ネット制度導入のかなり前から行われており、電算処理の委託、再委託等を受けた者の従業者の故意過失による漏えい事故は、住基ネット制度導入の有無にかかわらず、起こりうるのである。実際、住基ネット制度導入前に宇治市住民基本台帳データ大量漏えい事件[16]が発生したが、これは再々委託先のアルバイトの大学院生による故意の漏えいが原因であった。このように、住基ネット自体のセキュリティと無関係に、電算処理された住民基本台帳データが流出する事件を防止しようとするならば、住民基本台帳データの電算化処理自体を廃止する必要があり、それは、住基ネットのセキュリティとは直接関係しない問題であるとして、原判決も本判決も、前記のような漏えい事件に言及しなかったのではないかと考えられる。内部者等による情報漏えいの危険についても、名古屋地判平成17・5・31判時1934号33頁は、かかる危険性は、あらゆる制度に内在するものであるから、差止めおよび損害賠償を求めるためには、単に抽象的に情報漏えいの危険があるというのみでは足りず、具体的な危険ないし実際の損害の発生が必要であると判示している（前掲名古屋高金沢支判平成18・12・11も参照）。もっとも、住基ネット制度の導入により、前記のような漏えい事件が発生した場合に、住民票コードも流出しうる点は、この制度導入前との相違といえる。そして、もし流出した住民票コードが、不正なデータマッチングの検索キーとして使用されるならば、それは住基ネットのハードウェアのセキュリティとは関係しなくても、住基ネット制度導入に伴い発生した危険であるといえる。しかし、仮に住民票コードが他の本人確認情報と一緒にインターネット上に流出したとし

---

(15) その他の例について、森本・前掲注（4）141頁参照。
(16) 宇賀克也編・プライバシーの保護とセキュリティ―その制度・システムと実効性（地域科学研究会、2004年）217頁以下（木村修二執筆）参照。

第 4 節　個人情報保護

ても、住民票コードの変更が可能であること、住民票コードのみで本人確認が行われるわけではないので、直ちになりすましを可能にするわけではないこと、住民票コードの民間での利用が禁止されているので民間で住民票コードが不正使用される可能性はほとんど考えにくいこと、住民票コードを用いたデータマッチングが禁止されていることに照らすと、住民票コードが漏えいすることが、直ちにプライバシー侵害を惹起する具体的危険[17]をもたらすものではないという判断の下に、前記のような事件に言及する必要はないと、原判決も本判決も考えたのかもしれない。

(8) 目的外利用の具体的危険性の有無

　原判決と本判決で結論が大きく分かれたのが、目的外利用の具体的危険性の有無である。原判決は、(ⅰ)住基法30条の34では、本人確認情報の受領者は、当該本人確認情報の提供を受けることが認められた事務の処理以外の目的のために、受領した本人確認情報の利用または提供をしてはならないとされていること、他方、(ⅱ)「行政機関の保有する個人情報の保護に関する法律」(以下「行政機関個人情報保護法」という)によれば、行政機関の長は、利用目的以外の目的のために保有個人情報を自ら利用し、または提供してはならないこと、(ⅲ)同法8条2項2号・3号は、一定の要件のもと、利用目的以外の目的のために保有個人情報を自ら利用し、または提供することを許容する規定であるが、同条3項は、「前項の規定は、保有個人情報の利用又は提供を制限する他の法令の規定の適用を妨げるものではない」と規定していることを確認する。そして、住基法30条の34は、行政機関個人情報保護法8条3項に定める「他の法令の規定」に該当するから、同条2項の規定に優先して適用されることとなり、本人確認情報についての目的外利用は禁止されているとする。

---

[17]　本判決が、構造的脆弱性により将来漏えい等が発生する具体的危険があれば、未だ実害が発生していない段階においても、差止め請求を認容する余地を認めた点に着目し、本判決をシステム・コントロールを重視する第3期プライバシー権論に架橋する重要判例と位置付けるものとして、山本龍彦「プライバシーの権利」ジュリ1412号87頁参照。

しかし、行政機関個人情報保護法は、変更前の利用目的と相当の関連を有すると合理的に認められる範囲内で個人情報の利用目的を変更することを許容しており（3条3項）、この利用目的の変更は一種の目的外利用といえるが、変更された目的による利用や提供については、同法8条3項のような規定は置かれていないから、住基法30条の34の違反にはならないと判示し、法制度上、目的外利用による歯止めが不十分であるとする。

　この法解釈は、本判決により、正面から否定されることになる。すなわち、本判決は、行政機関個人情報保護法は行政機関の保有する個人情報一般についてその取扱いに関する基本的事項を定めるものであるのに対し、住基法30条の34等の本人確認情報の保護規定は、個人情報のうち住基ネットにより管理、利用等される本人確認情報につきその保護措置を講ずるために特に設けられた規定であるから、本人確認情報については、住基法中の保護規定が行政機関個人情報保護法の規定に優先して適用されると解すべきであって、住基法による目的外利用の禁止に実効性がないとの原判決の判断は、その前提を誤るものであると判示したのである。原判決が、行政機関個人情報保護法8条3項に相当する規定が同法3条に置かれていないことから反対解釈をしたのに対し、本判決は、住基法の本人確認情報に関する規定は、行政機関個人情報保護法の特別法として位置付けられるから、明文の規定がなくても、特別法が一般法に優先して適用されるのは当然であるとしたのである。この立場からすれば、行政機関個人情報保護法8条3項は確認的規定にすぎないことになる。実際、恒久的な目的外利用といえる目的の変更が、行政機関の裁量で可能ならば、住基法30条の34による規制は形骸化してしまうことになる。立法者が住基ネットにおける本人確認情報の利用は、法律または条例で定める場合に厳格に限定する方針をとっていたことからすれば、本判決の解釈が立法者意思に合致すると思われる。

（9）住民基本台帳カード

　原判決と本判決は、住民基本台帳カード（以下「住基カード」という）に関しても、対照的な判示をしている。すなわち、原判決は、住民が住基カー

ドを用いて行政サービスを受けた場合、行政機関のコンピュータに残った記録を住民票コードで名寄せすることが可能であると判示したが、本判決は、システム上、住基カード内に記録された住民票コード等の本人確認情報が行政サービスを提供した行政機関のコンピュータに残る仕組みになっているというような事情は窺われないとしている。

(10) 制度の実効性

① 都道府県審議会

原判決も本判決も、住基ネット制度の違憲審査基準として合理性の基準を用いているようである[18]。両判決の差異としては、原判決においては制度の実効性の消極的評価が違憲判断に傾く一因になったのに対し、本判決は、禁止規定に違反した場合に懲戒処分や刑罰による制裁が行われることになり、審議会による監視が行われること等により、具体的危険性が発生しない程度までの実効性は確保されていると考えていると思われる点も挙げられる。すなわち、原判決は、住基法30条の9第1項に基づく都道府県審議会は部内機関であって第三者機関ではないし、行政機関個人情報保護法では、その存在さえ知らされない個人情報ファイルが多数予定されている（同法10条2項、11条1項）ことを考えると、利用目的変更についての適切な監視機能を都道府県審議会に期待することは困難であろうとし、さらに、都道府県審議会は、国の行政機関等の本人確認情報の利用について調査権限はないことからすると、利用目的変更の適切な運用が厳格になされる制度的な担保は存在しないといわざるを得ず、利用目的明示の原則（行政機関個人情報保護法4条）が形骸化する危険性が高いと判示している。これに対し、本判決は、都道府県審議会の存在を肯定的にとらえ、その実効性についての評価を加えていない。

---

(18) 下級審裁判例の多くもそうであるが、前掲金沢地判平成17・5・30は、住基ネットが住民のプライバシーの権利を犠牲にしてまで達成すべき高度の必要性が認められなければならないとして、厳格な違憲審査基準を採用した。同様の基準を採用するものとして、松井・注（10）87頁参照。

② 法令等による利用目的の限定

本判決が、本人確認情報の管理、利用等が法令の根拠に基づいていることを指摘しているのは、民主的統制が行われることが本人同意に代替する機能を果たすとともに、透明性の確保にもつながるという判断の下に、肯定的要素として挙げたものと思われるが、原判決は、本人確認情報の提供を受ける機関が拡大してきたことを指摘し、住民は法令の定める利用範囲の拡大を知ろうと思えば知ることはできるであろうが、実際上利用対象事務を把握することは困難であり、本人の同意や利用をめぐる異議申立ての機会は保障されないに等しいと述べ、法令等による利用目的の限定の効果にも懐疑的である。

③ 住民票コードの不必要な収集禁止

住基法30条の42第1項から第4項が住民票コードの不必要な収集禁止を定めていることについても、原判決は、法律や条例によって、利用できる事務の範囲を将来的に無制限に拡大できる以上、これも実質を伴わない禁止に堕する危険も小さくないと述べている。

④ 住民票コードの民間における利用禁止

原判決は、住民票コードの民間における利用は禁止されているが（同法30条の43第3項）、法の規制にかかわらず、個人情報そのものが商品価値を持ち、大量の個人情報の収集や流出が少なからず行われている社会の現状を考えると、違法な利用がたまたま発覚することを期待する以外に、実際に前記の禁止を担保する制度は存在しないといわざるを得ず、その意味では、民間利用禁止の実効性は、現実には非常に疑わしいと述べている。

⑤ 住基カードに関する技術的基準

原判決は、住基カードに関する技術的基準では、条例利用アプリケーションに係るシステムへアクセスするための利用者番号に住民票コードを使用しないことが定められていることについても、総務省は告示の改正によっていつでもこれを改めることができるとし、この制限も重視していない。

⑥ 住基ネットの具体的危険性に関する評価

本判決も原判決が懸念するような事態が発生する可能性が皆無と考えてい

るわけではないと思われるが、それは抽象的な可能性にとどまり[19]、過去の運用実績に照らしても、具体的危険があるとはいえないと考えたものと思われる。住基ネットの具体的危険性に関する原判決と本判決の認識の相違の根底には、政府に対する信頼の程度の差異があるように思われる。

(11) アクセス・ログ

原判決は、本人確認情報についての開示請求権（住基法30条の37第1項）の対象は本人確認情報の記録された磁気ディスクに限定されており、本人確認情報がいかなる機関に提供されたか、それ以外の情報を都道府県や国、指定情報処理機関が保有していないかどうかといった重要な点について、本人において確認することが事実上不可能な状態にあると述べている。住基法上の本人確認情報の開示請求権制度がアクセス・ログの開示まで可能にするものでないことはその通りであるが、アクセス・ログを一定期間保存し、都道府県の個人情報保護条例に基づく開示請求を可能にする運用が開始されている。もっとも、実際には、アクセス・ログの開示請求はほとんど行われていない[20]。かかる請求が可能なこと自体の認識が広まっていないこと、アクセスがあったか否かが定かでない状況の下でアクセス・ログの確認のためにあえて開示請求するコストをかける気になれないこと等が原因ではないかと思われる。前者については、制度の周知を図る広報が必要になるが、後者に関しては、戸籍謄抄本や住民票の写しの交付請求について増加しつつある本人通知制度（事前登録者に交付請求があった事実を通知する制度）と同様の本人通知制度が採用できれば望ましいであろう。しかし、通知が必要な件数が膨大になると思われるので[21]、行政コストの面で困難かもしれない。他方、

---

(19) プライバシー侵害の抽象的なおそれがあるのみでは違憲でも違法でもないとするものとして、内野正幸「プライバシー権論と住民基本台帳番号制」ジュリ1092号31頁参照。他方、自己情報コントロールを重視する立場から、同意なしの本人確認情報の利用、提供自体を自己情報コントロール権の侵害とみるべきとする説も唱えられている。右崎・前掲注（8）90頁参照。

(20) 統計について、森本・前掲注（4）152頁参照。神奈川県では、本人確認情報のアクセス・ログの個人情報保護条例による開示請求は累計で16件あるが、平成23年度以降は皆無である。

マイナンバー制度では、マイナポータルによるアクセス・ログの確認ができるようにすることを予定している[22]。住基ネットによる本人確認情報の提供についても、マイナポータルでアクセス・ログの確認ができるようになれば、大変望ましいと思われる。

---

(21) 平成23年度における本人確認情報の提供は約4億3000万件であった。
(22) 宇賀克也＝水町雅子＝梅田健史・施行令完全対応自治体職員のための番号法解説（制度編）（第一法規、2014年）107頁、同・施行令完全対応自治体職員のための番号法解説（実務編）（第一法規、2014年）367頁以下、宇賀・前掲注（14）273頁以下参照。

第2章

行政訴訟

行政訴訟と刑事訴訟
処分性
原告適格
出訴期間
基幹統計調査に係る文書提出命令
確認訴訟と差止訴訟
住民訴訟

第1節　行政訴訟と刑事訴訟（起訴議決の執行停止申立て）

1　事案の概要
（1）起訴議決の仕組み

　本節では、検察審査会が行った起訴議決の取消訴訟が提起され執行停止の申立てがなされた事件についての最決平成22・11・25民集64巻8号1951頁（以下「本決定」という）[1]を素材にして、行政訴訟と刑事訴訟の関係について考えることとする。事案の概要は以下のとおりである。

　衆議院議員である申立人を被疑者として告発された政治資金規正法違反の被疑事実について、東京地方検察庁検察官は公訴を提起しない処分をしたが、東京第5検察審査会は当該処分の当否に関し起訴を相当とする議決（検察審査会法39条の5第1項1号）をした。しかし、同検察官は再び公訴を提起しない処分を行ったので（同法41条1項）、当該検察審査会は、当該処分の当否に関し審査を行い（同法41条の2第1項本文）、起訴をすべき旨の議決（以下「本件起訴議決」という）をした（同法41条の6第1項前段）。そのため、検察審査会から議決書の謄本が当該検察審査会の所在地を管轄する地方裁判所に送付されれば（同法41条の7第3項前段）、裁判所は、本件起訴議決に係る事件について公訴の提起およびその維持に当たる者を弁護士の中から指定しなければならず（同法41条の9第1項）、指定弁護士[2]は、速やかに、

（1）　横山信二・判評640（判時2145）号148頁、高橋滋・法セ56巻4号147頁、興津征雄・判例セレクト2011―2（法教378号別冊付録）5頁、長谷川佳彦・平成23年度重判解（ジュリ臨増1440号）42頁、西田幸介・速報判例解説（法セ増刊）9号45頁、波多江真史「検察審査会の起訴議決と行政事件訴訟提訴の適法性に関する一考察」植村立郎判事退官記念論文集『現代刑事法の諸問題第2巻第2編実践編』（立花書房、2011年）439頁、西理香・平成22年行政関係判例解説164頁、中山雅之・曹時65巻10号173頁、同・ジュリ1463号84頁、同・最高裁判所判例解説民事篇＜平成22年度＞〔下〕〔7月～12月分〕711頁、同・最高裁　時の判例〔平成21年～平成23年〕〔7〕（ジュリ増刊）79頁、長尾英彦・中京法学47巻3・4号197頁、羽根一成・地方自治職員研修44巻2号68頁参照。

起訴議決に係る事件について、公訴を提起しなければならないことになる（同法41条の10第1項柱書本文）。

（2）申立人の主張

申立人は、本件起訴議決は検察審査会法に定める検察審査会の権限を逸脱してされたものであって[3]、同法および適正手続を定める憲法31条等に違反し、捜査活動および応訴対応等により政治活動の自由が侵害され重大な損害を被るなどと主張し、本件起訴議決の取消訴訟および本件起訴議決に基づき裁判所が行う指定弁護士の指定の差止訴訟を提起し、本件起訴議決の取消訴訟を本案として、本件起訴議決の執行停止申立てを行った（指定弁護士の指定の差止訴訟を本案として指定の仮の差止めも求められた）。

2　1審決定

（1）公訴の提起の刑事司法作用の一翼としての位置付け

1審の東京地決平成22・10・18民集64巻8号1965頁（以下「原々決定」という）は、公訴の提起をする権限は、刑事訴訟（公判）手続を開始させるかどうかを判断する権限であり、刑事司法作用の一翼を担うものであって、誰がどのように公訴提起を行うかに関する制度は、刑事訴訟手続と一体をなすものとして構築され、立法されるものであるとする。

（2）起訴独占主義

そして、我が国の刑事訴訟法247条において検察官による起訴独占主義が採られ、同法338条において、同条1号ないし3号所定の場合のほか、「公訴提起の手続がその規定に違反したため無効であるとき」（同条4号）は、判決で公訴を棄却しなければならないと規定するなどしており、こうした点等

---

(2) 起訴議決に基づき指定される指定弁護士の役割、権限については、伊藤栄二「検察審査会制度における指定弁護士の役割・権限等について」植村立郎判事退官記念『現代刑事法の諸問題第2巻第2編実践編』（立花書房、2011年）343頁以下で詳しく検討されている。

(3) 告発人が審査申立てをした事実と起訴議決の対象となった犯罪事実の関係については、川崎英明「検察審査会の審査対象と若干の論点」村井敏邦先生古稀記念論文集『人権の刑事法学』（日本評論社、2011年）431頁以下の分析が参考になる。

に照らせば、検察官がした公訴の提起に瑕疵があるか否かの判断は、専ら公訴の提起を受けてその公判の審理を行う裁判所においてすることが予定されているものと解されると述べている。したがって、検察官がした公訴提起に対し、刑事訴訟法が定めた公判手続における審理判断と別に、行政事件訴訟または民事訴訟を提起して、その適否ないし当否を争うことは許されないと判示している。

（3）起訴独占主義の例外
① 付審判請求制度

原々決定は、次いで、検察官による起訴独占主義についての現行法上の二つの例外について検討している。例外の第1が、付審判請求制度である。これは、公務員職権濫用罪等の一定の罪につき、告訴または告発をした者の請求により（刑事訴訟法262条1項）、裁判所が管轄地方裁判所の審判に付する旨の決定をした場合に（同法266条2号）、その事件について公訴の提起があったものとみなす制度である（同法267条）。原々決定は、付審判決定の適否ないし当否も刑事訴訟法が用意した手続である審判に付された被告事件の公判手続によって審査されるべきことが予定されており（最決昭和52・8・25刑集31巻4号803頁[4]参照）、その適否ないし当否の審査を求めて別途行政事件訴訟ないし民事訴訟を提起することは許されないと判示した。

② 起訴強制制度

検察官による起訴独占主義のいま一つの例外が、本件で問題とされている検察審査会による起訴議決に基づく公訴提起の制度（いわゆる起訴強制制度）であり、これは、公訴権行使により直截に民意を反映させ、公訴権を行使する検察官が独善に陥ることを防ぎ、公訴権行使の適正を図り、刑事司法に対する国民の理解と信頼を深めることを目的とするものである（検察審査会法1条）[5]。指定弁護士は、起訴議決に係る事件について公訴を提起しお

---

(4) 堀籠幸男・ジュリ653号89頁、同・曹時30巻1号159頁、同・最高裁判所判例解説刑事篇（昭和52年度）273頁、吉利用宣・同志社法学32巻2号170頁、光藤景皎・法セ281号152頁、伊藤榮樹・警察学論集30巻11号176頁参照。

よび維持をするために検察官の職務を行うこととされ（同法41条の9第3項本文）、みなし公務員とされている（同条5項）。原々決定は、以上のように、起訴議決に基づき選任される指定弁護士について付審判請求事件における指定弁護士（刑事訴訟法268条2項、3項等）と同様の規定が置かれていること、刑事訴訟法および検察審査会法において、裁判所による付審判決定と検察審査会による起訴議決との双方が行われる場合の調整の規定が置かれていること（刑事訴訟法267条の2、検察審査会法41条の10第1項2号、41条の12等）、起訴議決に係る事件につき、付審判請求制度のような公訴提起のみなし規定（刑事訴訟法267条）はないものの、指定弁護士は、速やかに、当該事件について公訴を提起しなければならず、この点に裁量の余地はないと解されるから、起訴議決がされれば、例外規定（検察審査会法41条の10第1項ただし書）に当たらない限り公訴提起がされることが想定されていると解されることを指摘し、そうであるとすると、検察審査会は準司法的機関[6]として公訴提起という刑事司法作用にかかわるものであり、その起訴議決も刑事司法手続上の行為であると述べている。

そして、検察審査会法上、その起訴議決から起訴に至る手続に関して不服申立て等の定めがないことにも鑑みれば、付審判請求制度と同様、起訴議決の適否ないし当否については、刑事訴訟法が規定する公訴提起後の公判手続により争われることが予定されているものと解されると判示した。

（4）裁判を受ける権利

申立人は、本案の訴状の中で、検察審査会の権限を超えてされた本件起訴議決の効力を、公判手続以前において抗告訴訟等において争うことが認められなければ、裁判を受ける権利が害される旨主張したが、起訴議決に瑕疵が

（5） 検察審査会による起訴議決制度が導入された経緯については、片山直之「検察審査会の議決に対する法的拘束力について」龍谷大学大学院法学研究8号51頁参照。検察審査会を民意の反映として正当化しうるかについては、様々な見解がある。批判的見解として、今関源成「検察審査会による強制起訴─『統治主体』としての『国民』」法時83巻4号1頁以下参照。起訴議決制度の刑事司法への影響については、三井誠「検察審査会制度の今後」現代刑事法7巻1号85頁参照。

ある場合、公訴提起の手続に関する瑕疵の一環として、その公判手続においてその瑕疵を主張し救済を得ることが可能と解され（刑事訴訟法338条4号等）、起訴相当議決および検察官の再度の不起訴処分の対象となった事実と本件起訴議決の対象となった事実とが同一性を欠くか否かといった申立人主張の点を含め、起訴議決の適否ないし当否については、刑事訴訟手続においてこれを争う途が開かれているのであり、本件起訴議決自体に対する不服申立てができないからといって裁判を受ける権利を定めた憲法32条に違反するものではないとして前記主張を退けている。

そして、原々決定は、検察官による起訴および付審判請求制度における付審判決定と同様に、検察審査会の起訴議決について、行政訴訟や民事訴訟で争うことは許されないものと解すべきであり、換言すれば、起訴議決は準司

（6） 検察審査会は、GHQと協議してアメリカの大陪審制度等を参考にして導入されたものである（越田崇夫「検察審査会制度の概要と課題」レファレンス62巻2号102頁参照）。検察審査会は、政令で定める地方裁判所および地方裁判所支部の所在地に置くこととされ（検察審査会法1条）、実際に裁判所の庁舎内に置かれている。検察審査会は、当該検察審査会の管轄区域内の衆議院議員の選挙権を有する者の中から、くじで選定した11人の検察審査員をもって組織する（同法4条）。地方裁判所または地方裁判所支部に勤務する裁判官は、着任に当たり、検察審査員および補充員に対し、検察審査員および補充員の権限、義務その他必要な事項を説明し、宣誓させなければならない（同法16条1項）。検察審査会の事務をつかさどる検察審査会事務官の員数を定めるのは最高裁判所であり（同法20条1項）、裁判所事務官の中から最高裁判所が検察審査会事務官を命じ、検察審査会事務官の勤務する検察審査会は、最高裁判所の定めるところにより各地方裁判所が定めることとされ（同条2項）、検察審査会の事務局の人事権を有するのは裁判所となっている。また、検察審査会に要する経費は、これを裁判所の経費の一部として国の予算に計上しなければならないこととされている（同法46条）。第19回国会参議院法務委員会における江里口清雄説明員の答弁では、検察審査会は1つの行政機関であり、純然たる司法の裁判事務とは別個とされ、第176回国会参議院予算委員会における仙石由人法務大臣の答弁では、検察審査会は、「独立した行政機関」であり、国家行政組織法の中に位置付けられないとしているが、上記に鑑み、検察審査会は、司法機関の一部と解すべきであろう。実際、検察審査会は、内閣人事局による機構・定員審査の対象にはなっておらず、行政手続法、行政機関の保有する情報の公開に関する法律、行政機関の保有する個人情報の保護に関する法律、統計法、国家公務員倫理法の「行政機関」として運用された例はない。また、人事院は、検察審査員を裁判所の非常勤職員であり、特別職の国家公務員として位置付けている。内閣人事局HP掲載の「わが国の統治機構」図においても、検察審査会は、地方裁判所の組織として位置付けられている。行政管理研究センター編・行政機構図（平成26年版）209頁でも、検察審査会は、裁判所の組織として位置付けられている。

法機関による刑事訴訟に結びつく刑事司法手続上の行為であり、行政事件訴訟法にいう「行政庁」の処分に当たらないとする。

(5) 行政不服審査法の適用の有無

申立人は、検察審査会による起訴議決は、(平成26年法律第68号による改正前の)行政不服審査法の適用除外として同法4条1項ただし書に定められている除外事由にないから、同法に基づく不服申立ての対象となり、ひいては行政訴訟の対象ともなり得るものとして予定されているという主張も行ったが、原々決定は、同法4条1項2号は「裁判所若しくは裁判官の裁判により又は裁判の執行として行われる処分」を掲げているが、司法権の行使にかかわるものは同号の有無にかかわらず当然に行政不服審査法の適用対象とはならないと解され、同項が6号で「刑事事件に関する法令に基づき、検察官…が行う処分」を掲げたのも、刑事訴訟法に定める(準)抗告等による不服申立手続が用意されているような処分を除外したものというべきで、公訴提起にかかわる検察官による起訴や検察審査会の起訴議決は、同項ただし書の除外事由に掲げるまでもなく、そもそもその性質上当然に行政不服審査法の対象とならないものと解されるとし、検察審査会の起訴議決が同項各号に掲げられていないことを理由として、これが同法および行政訴訟の対象に当たるとする申立人の主張には理由がないとして、この主張も退けている。

(6) 抗告訴訟の対象性の否定

結論として、原々決定は、申立人が本案である取消訴訟において取消しを求めている本件起訴議決の適否は刑事訴訟法に基づく公判手続において争われるべきものであって、その取消しを行政事件訴訟法に基づく抗告訴訟の手続によって求めることは予定されておらず、本案の取消訴訟は不適法といわざるを得ないから、本件申立ては、不適法として却下を免れないと判示した。

3 抗告審決定

(1) 刑事訴訟の排他的管轄

これに対し抗告がなされたが、東京高決平成22・10・22民集64巻8号1970

頁(以下「原決定」という)は、我が国において、検察官のした公訴の提起に瑕疵がある場合には、刑事訴訟法338条4号等に該当することを主張することによって、当該被告事件の刑事訴訟手続において争うことが予定されていること、付審判請求制度における付審判決定についても、当該決定の適否ないし当否については、検察官の公訴提起の場合と同様に、審判に付された被告事件の刑事訴訟手続において争われるべきものであることを指摘し、このように、刑事訴訟手続により争うことができる以上、行政訴訟や民事訴訟とは別個に刑事訴訟を認める我が国の司法制度の下で司法権の運営の機能性、効率性を損なわないようにするためには、検察官のした公訴提起はもとより、付審判決定についても、その瑕疵について、行政事件訴訟または民事訴訟によって争うことは許されないとする。

(2) 起訴議決と指定弁護士による公訴の提起の間の一体性・関連性

原決定は、本件で問題とされている起訴議決は、付審判決定と異なり直ちに公訴の提起があったとみなされるものではないが、起訴議決がなされると、犯罪事実を記載した議決書の謄本が地方裁判所に送付され、その送付があると、裁判所が検察官役となる指定弁護士を選任し、指定弁護士は、検察審査会法41条の10第1項ただし書各号に該当するとき以外は、速やかに公訴を提起しなければならず、同項ただし書各号に該当する場合は、いずれも訴訟条件が欠けることが客観的に明白な場合であって、指定弁護士には裁量は認められず、極めて限定的な場合であるといえることを指摘する。そして、このような起訴議決から公訴提起に至る手続は、検察審査会法に明確に規定され、しかも起訴に至らない場合は、前記のとおり、極めて限定されており、また、起訴議決から公訴提起に至るまでの間には、検察審査会法上は不服申立ての定めもないから、起訴議決と指定弁護士による公訴の提起の間には強い一体性・関連性があり、その制度設計に照らすと、起訴議決は、検察官の起訴や付審判決定に準ずるものとして取り扱うのが相当であり、起訴議決に瑕疵が存した場合には、検察官の起訴あるいは付審判決定に瑕疵がある場合と同じく、刑事訴訟法338条4号等を根拠に刑事訴訟手続の中で争うことがで

きると判示した(本件に即していえば、例えば、指定弁護士による公訴提起の前提となった本件起訴議決が検察審査会法の定める手続に違反したことをもって、「公訴提起の手続がその規定に違反して無効であるとき」(刑事訴訟法338条4号)に該当するとして、公訴棄却判決を求めることが考えられるとする)。

(3) 刑事訴訟手続の排他的管轄を否定した場合の問題

そして、起訴強制の制度は、公訴権行使により直截に民意を反映させ、公訴権を委ねられている検察官が独善に陥ることを防ぐとともに、公訴権行使をより適正なものとし、司法に対する国民の理解と信頼を深めることを期して、検察審査会の起訴議決に基づき公訴が提起される制度として導入されたものであるところ、仮に、起訴議決についてのみ刑事訴訟手続のほかに行政訴訟または民事訴訟で争うことを許せば、起訴議決のみが二重のチェックを受けることになり、検察官の起訴や付審判決定よりも軽んじられているようにも映り、立法趣旨にそぐわないこと、行政訴訟や民事訴訟において起訴議決の適否や当否を争い得るものとすると、並行して進む刑事訴訟手続との関係で、相互の手続の進行の調整や双方の判断が矛盾抵触した場合の取扱いなど複雑かつ困難な問題が生じることが予測されるが、それに関する規定は何ら定められていないものであることも併せて考えると、起訴議決に関する瑕疵についても、検察官の起訴や付審判決定に準じて、刑事訴訟手続においてのみ争われるべきものと解するのが相当であり、行政訴訟または民事訴訟によって争うことは許されないと判示した。

(4) 起訴議決が無効な場合等

また、起訴議決に瑕疵がある場合には、刑事訴訟手続の中で争うことができるのであるから、本件起訴議決自体に対する抗告訴訟等が認められないからといって、憲法32条に違反することにはならないとする。本件起訴議決は一見極めて明白で重大な瑕疵があり無効であるから、このような場合には、刑事訴訟を待つまでもなく行政訴訟において早期に救済が図られるべきであるとする抗告人の主張についても、前述した起訴強制制度の立法趣旨や起訴

議決の性質等に照らせば、起訴議決のみを検察官の起訴や付審判決定と別異に取り扱うことは相当でないとして退けられている。

（5）行政不服審査法の適用の有無

さらに、抗告人は、検察審査会による起訴議決は、（平成26年法律第68号による改正前の）行政不服審査法の規定の適用除外として同法4条1項ただし書に定められた除外事由にないから、同法に基づく不服申立ての対象となり、ひいては行政訴訟の対象になり得るものとして予定されていると主張したが、原決定は、同項ただし書において明文に規定されているものは行政不服審査法の規定の適用除外になるが、この明文の規定に該当しないからといって直ちに行政不服審査の対象となり、ひいては行政訴訟の対象となるという関係に立つものとは解されないと述べている。

（6）不存在の瑕疵

抗告人は、本件起訴議決には審査の対象とすることができない犯罪事実を加えてなされたという、検察審査会の権限を逸脱した不存在に近い極めて重大な瑕疵があるから、本件起訴議決自体の取消しを認める必要があるという主張もした。これに対しても、原決定は、そのような瑕疵の有無を含めた本件起訴議決自体の適否は刑事訴訟法に基づく公判手続において争われるべきものであり、前記のような起訴議決の性質に照らす限り、本件起訴議決そのものの取消しを行政事件訴訟法に基づく抗告訴訟の手続によって求めることは予定されていないものといわざるを得ないから、本件の本案訴訟である取消訴訟は不適法であるとして、抗告を棄却した。

4　最高裁決定

これに対し、許可抗告（民事訴訟法337条）および特別抗告（同法336条）の申立てがなされたが、民事事件について特別抗告をすることが許されるのは、同法336条1項所定の場合に限られるところ、本件抗告理由は、違憲をいうが、その実質は原決定の単なる法令違反を主張するものであって、同項に規定する事由に該当しないとされた。

許可抗告については、本件起訴議決は、刑事訴訟手続における公訴提起（検察審査会法41条の10第1項）の前提となる手続であって、その適否は刑事訴訟手続において判断されるべきであり、行政事件訴訟を提起して争うことはできず、これを本案とする行政事件訴訟法25条2項の執行停止の申立てをすることもできないので、原決定の判断は正当として是認することができるとして、これを棄却した（最高裁は、同日、指定代理人の指定の差止訴訟を本案とする仮の差止めも不適法として却下を免れないとする決定を出している）。

5　評　釈
（1）不起訴処分
①　法律上の争訟

本決定の理由は簡潔なものであり、起訴議決が公訴提起の前提となる手続であるからその適否は刑事訴訟手続において判断されるべきであり、行政訴訟で争うことはできないとしか述べていない。しかし、原決定の判断は正当として是認することができると判示しているから、原決定の理由を基本的に是認しているものと考えられる。そこで、以下においては、原決定を含めて、本決定の理由について検討したい。

最高裁は、不起訴処分について行政訴訟を提起することはできないという立場を、最大判昭和27・12・24民集6巻11号1214頁[7]において明確にしている。この判決は、日本国憲法上、国家訴追主義を採るべきか、私人訴追主義をも認めるべきかは立法政策の問題であり、刑事訴訟法247条において、原則として国家訴追主義のみを採用し、ただ同法262条ないし268条においてその例外を認めているにすぎないのであって、上記例外の場合を除く外、犯罪被害者は告訴（または請求）をし、また、一般私人は告発をして、単に、検察官

---

[7]　雄川一郎・判例民事法昭和27年度359頁、高田卓爾・民商36巻4号579頁、寿田龍輔・自治研究30巻8号73頁参照。

の公訴の職権発動を促し得るにすぎず、検察官の不起訴処分に対してはその監督官に対し抗告をするか、または検察審査会に対しその処分の当否の審査を申し立て得るのみであり、行政訴訟を提起することは許されないと判示している。そこにおいては、国家訴追主義の下で、私人は告訴・告発により、職権による検察官の公訴提起を促すことができるのみで、公訴提起請求権を有するわけではないから、不起訴処分がなされたからといって、告訴・告発人の権利が侵害されたわけではなく、法律上の争訟に当たらないという考え方が前提とされているように思われる。

　この判決は、不起訴処分に対する民事訴訟も許されないとしている。最判平成2・2・20判時1380号94頁[8]は、犯罪の捜査および検察官による公訴権の行使は、国家および社会の秩序維持という公益を図るために行われるものであって、犯罪の被害者の被侵害利益ないし損害の回復を目的とするものではなく、また、告訴は、捜査機関に犯罪捜査の端緒を与え、検察官の職権発動を促すものにすぎないから、被害者または告訴人が捜査または公訴の提起によって受ける利益は、公益上の見地に立って行われる捜査または公訴の提起によって反射的にもたらされる事実上の利益にすぎず、法律上保護された利益ではないとする。そして、被害者ないし告訴人は、捜査機関による捜査が適正を欠くこと、または検察官の不起訴処分の違法を理由として、国家賠償法の規定に基づく損害賠償請求をすることはできないと判示し、前掲最大判昭和27・12・24を引用していることからも、前掲最大判昭和27・12・24は、法律上の争訟性の否定を重要な論拠とするもののように思われる。

② 　起訴猶予処分に対する被疑者による取消訴訟

　下級審の裁判例の中には、不起訴処分について被疑者が取消訴訟を提起した事案に係るものもある。東京地判平成元・11・16判タ732号209頁は、一般に、不起訴処分の適否の審査は、検察審査会の専権事項であって、これを裁判所

---

(8) 　棟居快行・民商103巻5号789頁、波床昌則・平成3年度主要民判解（別冊判タ790号）102頁参照。

の審査の対象とすることはできないと解されているが、これは、検察官が当該事件につき公訴を提起すべきであるのにもかかわらず、これをしなかったという不起訴処分自体の適否を争う場合においては、その適否につき、検察審査会の審査を受けることができる（検察審査会法30条）から、これによるべきものであって、当該不起訴処分の取消し等を求めて裁判所に出訴することはできないという法理として理解すべきとする。他方、被疑者が、犯罪の嫌疑がないと主張して、起訴猶予を理由とする不起訴処分の適否を争う場合においては、検察審査会の審査を受けることができないのであるから、当該審査によるべきであるということはできず、不起訴処分の適否について、当然に、裁判所の審査権限が排斥されてしまうものではないと述べている。そして、不起訴処分は、検察官が公権力の行使として行う行為であって、被疑者に対して、公訴の提起という不利益な処分をしないということを確定し、被疑者という法的地位を消滅させる点において、その権利義務ないし法的利益に直接の具体的な影響を及ぼすから、取消訴訟の対象となる行政処分というべきと判示している。しかし、起訴猶予処分は、不起訴処分として、原告について公訴の提起という不利益な処分をしないことを確定し、捜査の対象である被疑者という地位を消滅させるものであるから、原告にとって利益的な処分であり、原告は、これを取り消す法律上の利益を有しないとし、訴えの利益を否定している。原告は、起訴猶予を理由とする不起訴処分は、その他の理由による不起訴処分と異なり、犯罪の嫌疑があることを前提としてされるものであるから、被疑者であった原告にはこれを取り消す法律上の利益がある旨を主張した。しかし、同判決は、起訴猶予処分において処分理由として犯罪の嫌疑ありといわれるのも、捜査機関としての検察庁の内部的な事務処理としていわれることであって、それ自体によっては何ら特段の対外的な法的効果を生じないものであり、したがって、起訴しない処分である限り、他の不起訴処分と起訴猶予処分との間に処分の法的効果に差異があるものではないとする。のみならず、もともと、犯罪の嫌疑は、犯罪を犯した疑いにとどまるものであって、確定的に犯罪を犯したことを意味するものでは

なく、それは単に有罪判決を獲得する可能性として公訴提起の要件となるにすぎないかなり漫然としたものであり、しかも、起訴猶予処分における犯罪の嫌疑は、その存在が公権的に確定されたものではなく、捜査にあたった当該検察官が嫌疑ありと思料して起訴猶予処分にしたというにすぎないものであって、もとより裁判所その他の国家機関のレヴューを受けた、犯罪の成立についての公権的な判断ということのできないものであることは明らかであるとする。そして、このように、捜査機関としての検察庁の内部的な事務処理として、公権的に確定されたものでない、かなり漠然とした犯罪の嫌疑があるとされたことによって、被疑者であった者が何らかの不利益を被るとしても、それは単なる事実上の不利益であって、法律上の不利益ではないといわざるを得ないから、被疑者であった原告には本件処分の取消しを求める法律上の利益がないとしたのである。

③　公訴権の検察官独占原則および不告不理の原則

　学説の中には、不起訴処分に対する行政訴訟を否定する根拠を公訴権の検察官独占原則や不告不理の原則に求めるものもある。すなわち、法律上明文で例外が定められている場合を除き、検察官に公訴の提起の権限を独占させ、弾劾主義の下で裁判官は検察官による公訴の提起を受けて審判を行うこととされているにもかかわらず、検察官による不起訴処分の適法性を裁判官が審理して、不起訴処分を違法と判示することは、実質的に裁判官による公訴の提起を認めることになり、公訴権の検察官独占原則や不告不理の原則と抵触すると解する説である[9]。

④　刑事訴訟の排他的管轄

　また、我が国の法制が行政訴訟・民事訴訟と刑事訴訟を分離しているという前提に立ち、不起訴処分や公訴の提起は刑事司法手続の一環をなすものとして後者の専属的管轄に服することを根拠として、不起訴処分や公訴の提起に対する行政訴訟を否定する説もある[10]。

（9）　高田・前掲注（7）582頁参照。

⑤　不起訴処分の取消訴訟を認める説

　他方において、民事訴訟における偽証により不利益を受ける当事者が告訴したにもかかわらず不起訴処分がなされたような場合には、偽証による不利益を受けた者は、不起訴処分の取消訴訟を提起しうるのではないかとする説もある[11]。

(2) 公訴の提起

　前掲最大判昭和27・12・24が法律上の争訟性の欠如を理由としているとすれば、その射程は、公訴を提起され被告人となった者が、当該公訴の提起を争う場合には及ばないと解される。最高裁は、これまで公訴の提起を行政訴訟で争うことができるかについて、正面から判示したことはないが、下級審の裁判例の大勢は、これを否定してきた。すなわち、静岡地判昭和33・11・11行集9巻11号2542頁は、公訴の提起は、刑事訴訟手続を開始するための訴訟行為であり、その後の当該刑事訴訟手続内部において、その適法性ないし有効性が判断されるべきものであり、それ自体を別個独立の手続によって判断すべきではないから、行政訴訟で争うことはできないとし、水戸地判昭和48・11・22判時727号44頁も、同様の判示をしている。

(3) 付審判請求に対する棄却決定

　付審判請求に対する棄却決定については、最大決昭和28・12・22刑集7巻13号2595頁[12]は、刑事訴訟法420条1項によれば、「裁判所の管轄又は訴訟手続に関し判決前にした決定」に対しては特に即時抗告を許す旨の規定のある場合のほかは抗告をすることはできないのであるが、同法266条1号の審判請求を棄却する決定は、同法420条1項にいう「裁判所の管轄に関してした決定」とはいえないことは明らかであるとして、当該決定が同条項の「訴訟手続に関し判決前にした決定」に当たるか否かを検討し、「訴訟手続に関し判決前にした決定」とは、判決を目標とする訴訟手続に関しその前提とし

---

(10) 雄川・前掲注(7)362頁参照。
(11) 石川明「検察官の不起訴処分と行政訴訟」判タ463号4頁以下参照。
(12) 渥美東洋・刑事訴訟法判例百選176頁参照。

てなす個々の決定を意味し、当該条項は、これらの決定については一々独立に不服を許さなくても、終局の判決に対して上訴を許しさえすればこれらの決定の当否に対する救済はできるので、これらの決定に対しては原則として抗告することは許さないものとしたのであると述べている。しかし、審判請求を棄却する決定のように公訴を提起しないことを是認する決定は、判決を目標とするものではないから、「訴訟手続に関し判決前にした決定」には当たらないので、同法419条（「抗告は、特に即時抗告をすることができる旨の規定がある場合の外、裁判所のした決定に対してこれをすることができる。但し、この法律に特別の定のある場合は、この限りでない」）の「裁判所のした決定」に当たり、しかも当該決定に対しては不服を許さないとする特別な規定は存しないのであるから、当該審判請求を棄却する決定に対しては、同法421条（「抗告は、即時抗告を除いては、何時でもこれをすることができる。但し、原決定を取り消しても実益がないようになつたときは、この限りでない」）によって何時でも高等裁判所に通常の抗告をすることができると判示している。

　この決定は、審判請求を棄却する地方裁判所の決定に対しては通常の抗告ができるので、それをせずに最高裁判所に特別抗告はできないと判示したものであって、行政訴訟ができるかについて判示したものではないが、行政訴訟の可能性にまったく言及していないことに照らすと、専ら刑事訴訟手続内の抗告の方法で争うべきという前提に立つものと思われる。

（4）付審判決定

　他方、刑事訴訟法266条2号の付審判決定については、最決昭和52・8・25刑集31巻4号803頁は、審判に付された被告事件の訴訟手続において、その瑕疵を主張することができるから、原決定は同法433条にいう「この法律により不服を申し立てることができない決定」に当たらず、特別抗告の申立ては不適法であると判示している。この決定においても、公訴の提起があったものと擬制される付審判決定を行政訴訟で争うことができるかについては、直接には触れられていない。しかし、付審判決定については、「審判に

付された被告事件の訴訟手続において、その瑕疵を主張することができる」という判示部分から、最高裁は、付審判決定は、専ら、被告事件の訴訟手続内で争うべきという立場をとっているように思われる。そうすると、公訴の提起についても、同様の立場に立っているものと推測される。

（5）不起訴相当議決

検察審査会の議決が行政訴訟で争われた事案における判例として、最判昭和41・1・13集民82号21頁がある。これは、不起訴相当議決に対する無効確認訴訟が提起された事件であるが、平成16年の検察審査会法改正前の事案であるため、最高裁は、検察審査会の議決が申立人または第三者の具体的な権利義務ないし法律関係に対して直接の影響を与えるものではないから、その議決に関する紛争は「法律上の争訟」ではないとした。本件で争われたのは、不起訴相当議決であったが、本件当時の検察審査会は、法的拘束力のある起訴議決を行う権限を有しなかったので、起訴相当議決を含め、検察審査会の議決全般に係る紛争について法律上の争訟性が否定されている[13]。平成16年の法改正で導入された起訴議決は法的拘束力を有するので、これに係る紛争は、前掲最判昭和41・1・13の射程外となる。

（6）起訴議決と公訴の提起の密接な関係

本決定においては、起訴議決について、刑事訴訟手続における公訴提起の前提となる手続であって、その適否は刑事訴訟手続において判断されるべき

---

[13] 下級審の裁判例の大勢も、平成16年改正前の検察審査会法に基づく不起訴相当議決を争う行政訴訟を認めていなかったが、横浜地判昭和41・4・6行集17巻4号319頁のように、適法な申立権者から審査の申立てがあったにもかかわらず、検察審査会がこれを放置して何の議決もしなかったり、議決が法定の要件を満たさず、適法な手続を遵守していないことが明らかな場合には、申立者は、同法によって与えられた申立権を侵害されたといえるから、適法手続による議決を求めることができるはずであり、そのためにはすでに表見的に存在する議決の取消しを訴求することも許されると判示している。しかし、その控訴審の東京高判昭和42・11・21判時509号26頁は、検察審査会の議決の取消訴訟を認めることは、裁判所が間接的に検察官の不起訴処分の当否を審査することになり許されないとしている（京都地判平成22・3・4判例集未登載も同旨）。検察審査会の議決が行政庁の処分に当たらないから取消訴訟は許されないとしたものとして、札幌地判昭和38・2・5行集14巻2号359頁参照。

と判示されていることに照らすと、公訴の提起は、専ら刑事訴訟手続で争われるべきことが前提とされているように思われる。もっとも、公訴の提起や公訴の提起と擬制される付審判決定が刑事訴訟を開始させる行為であり、専ら刑事訴訟手続内で争われるべきであるとしても、起訴議決は、付審判決定と異なり、公訴の提起が擬制されるわけではなく、裁判所に指定代理人の指定を義務付け、指定代理人に原則として公訴の提起を義務付ける効果を持つものとされている。そのため、本決定も、公訴提起の前提となる手続と表現している。そうすると、起訴議決は、刑事訴訟手続開始前の行為であるから、行政訴訟の対象とする考え方も成立し得ないわけではないと思われる。起訴議決は、裁判所に指定代理人の指定を義務付ける行為であって、直接に被疑者を名あて人とするものではないが、裁判所は指定弁護士の指定を義務付けられ、指定弁護士は、法定された例外的な場合を除き公訴の提起を義務付けられるから、実質的には、被疑者は、起訴議決により、公訴を提起される立場に立たされるといえるので、起訴議決に処分性を肯定することは可能と思われる。にもかかわらず、本決定が、起訴議決を行政訴訟で争うことを否定したのは、起訴議決と公訴の提起の密接な関係（原決定のいう両者間の強い一体性・関連性）ゆえに、実質的にみて、起訴議決は公訴の提起と同視しうるという認識から（起訴議決については、「公衆訴追」という文言が用いられることがあるのも、かかる認識を基礎にするものと考えられる）、起訴議決は、公訴の提起と同様、専ら刑事訴訟手続内において争われるべきと考えたのではないかと思われる。換言すれば、起訴議決の処分性を根拠付けうる前記の事情が、同時に、起訴議決と公訴提起を一体視する方向へのベクトルとして作用したと考えられる。

（7）刑事訴訟と行政訴訟の役割分担

① 刑事訴訟の排他的管轄を認めない場合に生ずる問題

それでは、そもそも、なぜ、公訴の提起により開始される刑事訴訟手続上の行為について、最高裁は、刑事訴訟の排他的管轄に服させるべきと考えているのであろうか。本決定の基礎にある思考は、刑事訴訟と行政訴訟の役割

分担であり、専ら刑事訴訟手続内で争うことが予定されている行為があり、それについて行政訴訟で争うことは予定されていないという考え方である。ある行為が刑事訴訟の排他的管轄に服する根拠を本決定は示していないが、原決定は、行政訴訟や民事訴訟において起訴議決の適否や当否を争い得るものとすると、並行して進む刑事訴訟手続との関係で、相互の手続の進行の調整や双方の判断が矛盾抵触した場合の取扱いなど複雑かつ困難な問題が生ずることが予測されると述べている。本決定が刑事訴訟手続の排他的管轄を認めたのも、そのような複雑かつ困難な問題が生じ得るような法制度設計を立法者は行わないと解すべきであるから、明文の規定がなくても、両訴訟類型の重複適用は想定されていないと解するのが合理的であるという思考によるものと推測される。

② 関税法に基づく通告処分

最高裁は、これまでも、刑事訴訟と行政訴訟の役割分担の観点から、後者の利用を否定したことがある。関税法に基づく通告処分について、最判昭和47・4・20民集26巻3号507頁[14]は、「関税法においては、犯則者が通告処分の旨を任意に履行する場合のほかは、通告処分の対象となつた犯則事案についての刑事手続において争わせ、右手続によつて最終的に決すべきものとし、通告処分については、それ自体を争わしめることなく、右処分はこれを行政訴訟の対象から除外することとしているものと解するのが相当である」と判示している。

③ 道路交通法に基づく反則金納付通告

また、道路交通法に基づく反則金納付通告について、最判昭和57・7・15民集36巻6号1169頁[15]は、「道路交通法は、通告を受けた者が、その自由意

---

(14) 山村恒年・民商67巻5号122頁、新井隆一・公法研究26号194頁、同・法セ203号136頁、中川一郎・税法学88号8頁、小早川光郎・ジュリ524号135頁、菊井康郎・租税判例百選（第2版）238頁、同・租税判例百選（第3版）224頁、野中昌城・租税判例百選（第4版）251頁、太田匡彦・租税判例百選（第5版）232頁、中川哲男・曹時25巻11号256頁、同・最高裁判所判例解説民事篇＜昭和47年度＞500頁、高梨克彦・シュトイエル127号6頁、SHE・時法798号59頁参照。

思により、通告に係る反則金を納付し、これによる事案の終結の途を選んだときは、もはや当該通告の理由となつた反則行為の不成立等を主張して通告自体の適否を争い、これに対する抗告訴訟によつてその効果の覆滅を図ることはこれを許さず、右のような主張をしようとするのであれば、反則金を納付せず、後に公訴が提起されたときにこれによつて開始された刑事手続の中でこれを争い、これについて裁判所の審判を求める途を選ぶべきであるとしているものと解するのが相当である。もしそうでなく、右のような抗告訴訟が許されるものとすると、本来刑事手続における審判対象として予定されている事項を行政訴訟手続で審判することとなり、また、刑事手続と行政訴訟手続との関係について複雑困難な問題を生ずるのであつて、同法がこのような結果を予想し、これを容認しているものとは到底考えられない」と判示している。

④　取消訴訟または無効等確認訴訟と刑事訴訟の調整

　関税法に基づく通告処分や道路交通法に基づく反則金納付通告は、金銭納付義務を課すものではないが、金銭を納付しなければ公訴を提起され刑事訴訟手続に移行することになるので、金銭を納付するか、公訴を提起されるかの二者択一を迫られる立場に置かれることになり、そのことにより処分性を肯定する考え方は成立し得ると思われる（最判平成4・11・26民集46巻8号2658頁は、施行地区内の土地所有者等が、第二種市街地再開発事業計画の公告の日から30日以内に、その対償の払渡を受けることとするか、またはこれに代えて建築施設の部分の譲受け希望の申出をするかの選択を余儀なくさせることを、第二種市街地再開発事業計画決定の処分性を肯定する理由の一つ

---

(15)　古城誠・行政判例百選Ⅱ（第2版）388頁、同・行政判例百選Ⅱ（第3版）382頁、同・行政判例百選Ⅱ（第4版）412頁、同・行政判例百選Ⅱ（第5版）346頁、同・行政判例百選Ⅱ（第6版）350頁、寺田友子・大阪市立大学法学雑誌30巻1号107頁、矢崎秀一・ジュリ778号63頁、同・曹時35巻7号160頁、同・最高裁判所判例解説民事篇（昭和57年度）608頁、同・季刊実務民事法1号216頁、石川正・警察関係基本判例解説100　道路交通法関係（別冊判タ9号）232頁、田中舘照橘・判評293（判時1076）号180頁、林修三・時法1171号57頁、井澤和生・警察基本判例・実務200（別冊判タ26号）486頁、交通判例研究会・警察時報38巻8号109頁参照。

第1節　行政訴訟と刑事訴訟（起訴議決の執行停止申立て）

としている）。しかし、最高裁は関税法に基づく通告処分や道路交通法に基づく反則金納付通告を争いたいのであれば、納付を拒否して、刑事訴訟手続において、それらの違法性を主張すべきであって、そもそも行政訴訟では争えないと考えているのである[16]。もっとも、公訴を提起され被告人になること自体が、一般人にとって耐えがたい苦痛であるので、通告処分や反則金納付通告の処分性を認め、取消訴訟や無効等確認訴訟で争うことができるようにし、執行停止による仮の救済を与えるべきという考え方もあり得るものと思われる。ただし、その場合、執行停止が認められず、取消訴訟または無効等確認訴訟と刑事訴訟が並行して進行した場合、両者の調整をいかにすべきかという複雑な問題が生ずることは否めず、このことが、最高裁が、通告処分や反則金納付通告について専ら刑事訴訟手続で争うべきとした大きな理由と考えられる。起訴議決についても、重大な手続的瑕疵があるような場合、公訴提起前に行政訴訟で議決の効力を争い、その係争中は、指定弁護士の指定を行わないこととしたり、行っても公訴の提起を行わないようにしたりする法制度は考えられるし、検察官が二度にわたり不起訴にした事件を刑事法の素人の検察審査会の議決に基づき、公訴を提起することになるのであるから、被告人の立場に立たされる者の手続的保障という観点からは、そうするほうが望ましいという考え方はあり得るものと思われる。しかし、本決定は、現行法上、そのような調整の仕組みが定められていないため、本件起訴議決に係る行政訴訟と刑事訴訟が並行して係属した場合に複雑な問題が生じざるを得ないことから、刑事訴訟の排他的管轄論を採用したものと推測される。したがって、抗告訴訟のみならず、当事者訴訟で争うことも認めない趣旨と考えられる。判例法上は、この問題に一応の決着がついたことになるが、検察審査会の起訴議決に係る訴訟の在り方について、本件訴訟は重要な問題提起をしたものといえ、今後の議論の進展が期待される。

---

(16) 宇賀克也＝大橋洋一＝高橋滋編・対話で学ぶ行政法（有斐閣、2003年）96頁以下参照。

第2節　処分性（受託事業者不選定通知の処分性）

1　事案の概要
（1）老人福祉施設の民間移管
　本節では、処分性に関する最近の最高裁判例を取り上げることとする。紋別市は、平成20年2月8日、自ら設置し管理する老人福祉施設である紋別市立安養園を民間事業者に移管すること（以下「本件民間移管」という）、その手法として、長期的に同じ事業者が経営を継続することのできる効用を期待して、指定管理者方式（地方自治法244条の2第3項）を避けて施設譲渡方式（事業者に施設の資産を譲渡する方式）を採ること、当該老人福祉施設の資産の譲渡先としてその運営を引き継ぐ事業者（以下「受託事業者」という）を公募により選考することを決め、「紋別市立安養園民間移管に係る受託事業候補者募集要綱（以下「本件募集要綱」という）を定めた。本件募集要綱には、紋別市は受託事業者に対し上記施設の建物および備品（以下「本件建物等」という）を無償で譲渡するとともに上記建物の敷地（以下「本件土地」という）を当分の間無償で貸与すること、受託事業者は移管条件に従い上記施設を老人福祉施設として経営するとともに紋別市と締結する契約の各条項を信義誠実の原則に基づいて履行すべきこと、紋別市は受託事業者の決定後においても移管条件が遵守される見込みがないと判断するときはその決定を取り消すことができることなどが定められていた。

（2）不選定通知
　紋別市は、同月25日9時から同年3月24日17時まで、受託事業者の募集（以下「本件募集」という）をし、設立準備中の社会福祉法人であるA会は、この期間中に提案書を提出してこれに応募したところ、他に応募者のない中で、紋別市の設置に係る受託事業候補者選定委員会（以下「選定委員会」という）においてその候補者として選定された後、同年5月2日、紋別市長から、「先

般開催いたしました『紋別市立安養園民間受託事業候補者選定委員会』におきまして、社会福祉法人Ａ会（予定）が受託事業候補者として選定されました。しかしながら、当方の事務的に拙速なスケジュールにより公募期間が短かったことにより、１法人のみの応募となり、このことにより、公平な応募の準備機会が損なわれることとなり、これらを含め、更に総合的に判断した結果、市の説明責任や今後の行政改革推進の観点から、このまま手続を進めることが紋別市立安養園の民間移管に当たり、好ましくないと判断しましたので、社会福祉法人Ａ会（予定）の紋別市立安養園民営化移管に係わる提案について、決定に至らなかったことでご理解願います。」との記載がある通知（以下「本件通知」という）を受けた。

（３）争訟の提起

そこで、Ａ会の理事長または理事に就任予定のＸらは、本件通知に対して（平成26年法律第68号による改正前の）行政不服審査法６条の規定に基づき異議申立てを行ったが、紋別市長は、同年８月22日付けで却下決定（以下「本件却下決定」という）を行った。そこで、Ｘらは、紋別市に対し、行政事件訴訟法３条２項の規定に基づき本件通知の取消しおよび同条３項の規定に基づき本件却下決定の取消し、ならびに同条６項１号の規定に基づき、受託事業候補者としてＡ会が決定された旨の通知をすることの義務付け訴訟を提起した。

２　１審判決

　１審の旭川地判平成21・６・９判例集不登載は、本件通知は私法上の契約に関するものであり処分性がないから、本件通知の取消しおよび受託事業候補者としてＡ会が決定された旨の通知の義務付け訴訟は不適法として却下し、異議申立手続に違法性は認められないとして、本件却下処分の取消請求を棄却した。

3　控訴審判決
（1）指定管理者方式
　しかし、控訴審の札幌高判平成21・11・27判例集不登載（以下「原判決」という）は、本件通知の処分性を認めた。原判決は、まず、紋別市立安養園の民営化に当たっては、指定管理者方式と施設譲渡方式とが検討された上で、3年から5年の指定管理期間ごとに事業者が変わる可能性のある前者の方式を避け、長期的に同じ事業者が同園の経営を継続することができる効果を期待して、後者が選択されたことを認定している。そして、指定管理者方式については、地方自治法244条から同条の4までに規定があり、これを受けて制定された紋別市公の施設に係る指定管理者の指定手続に関する条例および紋別市公の施設に係る指定管理者の指定手続に関する条例施行規則によれば、市長等が指定管理者に公の施設の管理を行わせようとするときは、原則としてその候補者を公募することとされていることを指摘している。

（2）施設譲渡方式
　本件では、指定管理者方式ではなく施設譲渡方式が採られたのであるが、原判決は、本件募集要綱を定め、これに従って本件募集を行ったのは、地方自治法に規定のある指定管理者方式を参考にして、施設譲渡方式における適切な受託事業者を選定するためであると推認している。また、指定管理者方式では、3年から5年の指定管理期間のみを管理する事業者として適切な者を選定するために公募を行うのに対し、本件募集は、公の施設の無償譲渡を受け、指定管理期間よりも長い期間、事業を継続することが予定されている受託事業者、すなわち、指定管理者よりも利権が大きく、かつ、重い責任を負う事業者を選定するために公募を行うものであるから、指定管理者においてすら公募を原則としていることに鑑みれば、同じ民営化のために、より慎重に受託事業者を選定する必要のある施設譲渡方式においては、公募することが地方自治法の解釈上要求されているものと解することができるとする。そこから、原判決は、本件募集は、法令の定めに基づいてされたものということができ、紋別市が私人と同じ立場で、本件民間移管契約の相手方を選定

第 2 節　処分性（受託事業者不選定通知の処分性）

するために任意に行ったものということはできず、本件募集に応募した者には、本件募集要綱等に従って適正に受託事業者の選定を受ける法的利益があり、本件通知は、この法的利益を制限するものであるから、処分性があり、Xらは、本件処分の違法性を行政訴訟において争うことができると判示した。

（3）違法事由の有無

① 事務スケジュールと1法人のみの応募

このように原判決は、本件通知の処分性を肯定した後、本件通知取消訴訟の本案審理を行い、その違法性を認定し、本件通知を取り消す判決を出した。本件通知の理由については、本件通知に上記のような記載があるほか、紋別市議会（平成20年度第2回定例会）において、紋別市長は、「社会福祉法人A会（予定）に対する回答書の中で、事務的に拙速なスケジュールで1法人のみの応募では市民に理解されないとみずから申し述べられたことから、私どもの反省点も踏まえ、記述し、理解を得たものと考えております。また、私の役員変更についての申し出を受けていただけるということになれば、受託事業者の決定について再検討する考えでありました」と答弁している。

しかし、原判決は、1法人しか応募しなかったことは、本件募集の募集期間の満了時である平成20年3月24日には判明したが、紋別市長は、その時点で募集期間を延長して追加募集を実施する挙に出ていないこと、唯一の応募者である社会福祉法人A会（予定）に対する選定委員会の審査手続は延期されることなく、同月28日には、Xらによるプレゼンテーションが行われ、選定委員会によるヒアリング審査が実施されていること、本件募集は本件募集要綱に従って行われているところ、本件募集要綱の案は、同月8日に市長まで決裁が完了しているから、募集開始（同月25日）まで十分な期間があり、「事務的に拙速なスケジュール」とは認められないことを指摘し、拙速なスケジュールの結果、他の法人の準備期間が十分でなく1法人のみの応募となったことが、本件通知の主たる理由であるとする紋別市の主張を全面的に否認した。

② 役員予定者の欠格事由の有無

　また、本件通知に明示されているわけではないが、紋別市長は、市議会において、Xらに対して申し出た役員の変更が受け容れられれば受託事業者として選任する余地があったと述べているので、原判決は、役員予定者について欠格事由があるかについても審理している。原判決は、同年4月9日に、紋別市長と副市長は、Xのもとを訪れて、「2人の理事を変更できないか」と述べたが、Xはこの申入れを断り、同月11日には、紋別市長が再度Xに「B前市長とC前助役を理事からはずせないか」と述べたが、Xはこれも拒否したことを認定したうえで、A会の理事予定者に、法令や本件募集要綱に定める欠格事由があるなどの具体的問題点の指摘はなく、本件通知にも役員についてまったく記載がないことを指摘している。そして、A会の理事予定者に欠格事由があること等により、これを変更しなければ受託事業者とすることができなかったのであれば、そのことを本件通知に明示して本件処分を行うべきであるが、それがされていない以上、そもそも、役員予定者に欠格事由等の問題はなかったと原判決は認定しているようである。そこで、役員予定者の変更が受け入れられなかったことは、何ら本件処分の適法性を基礎付けるものではないと原判決は判示した。

③ 選定委員会が出した結論と異なる処分をする合理的理由

　選定委員会は、審査の結果、A会は、紋別市が受託事業者に求めている水準を満たしているとして、受託事業候補者に決定し、紋別市長に報告している。そこで、原判決は、紋別市長は、選定委員会が出した結論に拘束されはしないが、本件募集要綱の記載に鑑みれば、紋別市長が選定委員会が出した結論と異なる処分をするときは、それだけの合理的理由が必要であるとする。そして、紋別市が挙げる理由は、いずれも合理的でなく、選定委員会が出した結論を覆すに足りるものではないので、本件処分は、紋別市長がその裁量権の範囲を逸脱し、または裁量権を濫用して行ったものであり、違法として取り消されるべきであると判示した。

④ 原処分主義

他方、本件却下処分取消訴訟については、本件通知に処分性が認められる以上、原処分主義により、その違法性は、原処分について判断され、本件異議申立手続については、その固有の瑕疵のみが問題となるが、かかる瑕疵は認められないとして、控訴を棄却した。

⑤ 非申請型義務付け訴訟

また、行政事件訴訟法3条6項1号の規定に基づく義務付け訴訟は、一定の処分がされないことにより重大な損害が生ずるおそれがあり、かつ、その損害を避けるため他に適当な方法がないときに限り提起することができるものであるところ、Xらに上記の事情があると認めるに足る証拠はないから、不適法であるとして訴えを却下した。

4 最高裁判決

(1) 契約としての性質

紋別市から上告がなされ、最判平成23・6・14民集237号21頁（以下「本判決」という）[1]は、紋別市敗訴部分を破棄し、当該部分につきXらの控訴を却下する判決を下した。

本判決は、まず、本件民間移管が、紋別市と受託事業者との間で、紋別市が受託事業者に対し本件建物等を無償で譲渡し本件土地を貸し付け、受託事業者が移管条件に従い当該施設を老人福祉施設として経営することを約する旨の契約（以下「本件契約」という）を締結することにより行うことが予定されていることを確認している。本件募集要綱では、紋別市は受託事業者の決定後においても移管条件が遵守される見込みがないと判断するときはその決定を取り消すことができるとされており、本件契約においても、これと同

---

(1) 交告尚史・平成23年度重判解（ジュリ臨増1440号）44頁、石井昇・法セ56巻12号123頁、同・民商145巻3号124頁、大橋洋一・地方自治判例百選（第4版）112頁、戸部真澄・新・判例解説Watch（速報判例解説（法セ増刊））10号）35頁、大脇成昭・判例セレクト2011－2（法教378号別冊付録）6頁、羽根一成・地方自治職員研修44巻11号108頁参照。

様の条項が定められれば解除権が留保されるほか、本件土地の貸付けには、公益上の理由による解除権が留保されており（地方自治法238条の5第4項、238条の4第5項）、本件土地の貸付けおよび本件建物等の無償譲渡には、用途指定違反を理由とする解除権が留保され得るが（同法238条の5第6項、7項）、本件契約を締結するか否かは相手方の意思に委ねられているのであるから、そのような留保によって本件契約の契約としての性質に本質的な変化が生ずるものではないことを指摘している。

(2) 随意契約

本件土地について使用貸借契約（当分の間）、本件建物等については無償譲渡契約を紋別市が締結しようとするのであれば、地方自治法2編9章6節の契約に係る規定が適用されることになる。そして、同法234条は、「売買、貸借、請負その他の契約は、一般競争入札、指名競争入札、随意契約又はせり売りの方法により締結するものとする」（1項）、「前項の指名競争入札、随意契約又はせり売りは、政令で定める場合に該当するときに限り、これによることができる」（2項）と定めている。すなわち、一般競争入札が原則とされている。しかし地方自治法234条2項の委任に基づく地方自治法施行令167条の2第1項2号は、「不動産の買入れ又は借入れ、普通地方公共団体が必要とする物品の製造、修理、加工又は納入に使用させるため必要な物品の売払いその他の契約でその性質又は目的が競争入札に適しないものをするとき」は、例外的に随意契約によることを認めており、本判決は、本件契約は「その他の契約でその性質又は目的が競争入札に適しないものをするとき」に該当し、随意契約によることができると判示している。

(3) 指定管理者の指定手続に関する条例および同条例施行規則の適用の否定

また、紋別市公の施設に係る指定管理者の指定手続に関する条例および同条例施行規則は、紋別市の設置する公の施設に係る地方自治法244条の2第3項所定の指定管理者の指定の手続について定めたものであって（同条例1条）、本件契約の締結およびその手続につき適用されるものではないので、本件募集は、法令の定めに基づいてされたものではなく、紋別市が本件民間

移管に適する事業者を契約の相手方として選考するための手法として行ったものであると認定している。

(4) 処分性の否定

そして、以上によれば、本件通知は、紋別市長が、契約の相手方となる事業者を選考するための手法として法令の定めに基づかずに行った事業者の募集に応募した者に対し、その者を相手方として当該契約を締結しないこととした事実を告知するものにすぎず、公権力の行使に当たる行為としての性質を有するものではなく、抗告訴訟の対象となる行政処分には当たらないと判示した。

5 評 釈

(1) 指定管理者の選定手続

本件通知の処分性について、原判決と本判決は、対照的な判示をしている。原判決は、公の施設の民営化の方式として、指定管理者方式と施設譲渡方式[2]があり、後者は前者よりも長期間にわたり当該施設を管理運営することになるから、利権も責任も大きくなり、したがって、事業者の選定には、より公正性・透明性が要請されるという考えを基礎にしている。そして、紋別市では、指定管理者の選定について公募方式が条例で採られている以上、いわんや、施設譲渡方式における事業者の選定は公募であるべきであり、そのことは、地方自治法の解釈として要求されていると判示した。施設譲渡方式における事業者の選定が、指定管理者の選定以上に公正・透明に行われるべきことは原判決の指摘するとおりであるが、そのことから、地方自治法の解釈上、施設譲渡方式の事業者の選定は公募によるべきとする解釈が導かれ得るかについては、慎重な検討が必要と思われる。この点は、本判決の結論には影響しないが、一応検討しておくこととする。

---

(2) 碓井光明・行政契約精義(信山社、2011年) 373頁以下においては、事業移管契約について、実例を示して解説されている。

指定管理者の選定について、地方自治法は、条例で指定管理者の指定の手続を定めるものとするとしているが（244条の2第4項）、公募方式を採ることを義務付けているわけではない。同法においては、指定手続の公正性・透明性の確保のための手続として、条例で手続を定めることに加えて、指定管理者の指定をしようとするときは、あらかじめ、当該普通地方公共団体の議会の議決を経なければならないとするのみである（同条6項）。すなわち、議会によるチェックにより、指定手続の公正性・透明性を確保し得るという前提に立っているものと思われる。そして、指定管理者の指定は、期間を定めて行うものとしていること（同条5項）、指定管理者は、毎年度終了後、その管理する公の施設の管理の業務に関し事業報告書を作成し、当該公の施設を設置する普通地方公共団体に提出しなければならないとしていること（同条7項）、指定管理者が利用料金を定める場合、当該普通地方公共団体の承認を受けなければならないとしていること（同条9項）、普通地方公共団体の長または委員会は、指定管理者の管理する公の施設の管理の適正を期するため、指定管理者に対して、当該管理の業務または経理の状況に関し報告を求め、実地について調査し、または必要な指示をすることができるとしていること（同条10項）、普通地方公共団体は、指定管理者が上記の指示に従わないときその他当該指定管理者による管理を継続することが適当でないと認めるときは、その指定を取り消し、または期間を定めて管理の業務の全部または一部の停止を命ずることができるとしていること（同条11項）により、指定管理者の業務の適正性は担保し得るので、指定手続を厳格に規制せず、地方公共団体の自主的な判断の余地を広く認めるため、条例で選定手続を定めることとしたものと考えられる。

　もとより、公募方式を採ることは一般には望ましく、地方自治法252条の17の5第1項に基づく技術的助言である総務省自治行政局長通知「指定管理者制度の運用について」（総行経第38号平成22年12月28日各都道府県知事・各指定都市市長・各都道府県議会議長・各指定都市議会議長宛て）においても、「複数の申請者に事業計画書を提出させることが望ましい」とされている。

しかし、この通知においても、複数の申請者に事業計画書を提出させることが望ましいとする根拠として、住民サービスを効果的、効率的に提供するため、サービスの提供者を民間事業者等から幅広く求めることに意義があることを述べるにとどまっており、手続の公正性・透明性には言及していないので、選定手続の公正性・透明性の確保のためには、公募が不可欠という立場とは距離を置いているようにみえる。

また、この通知では、「一方で、利用者や住民からの評価等を踏まえ同一事業者を再び指定している例もあり、各地方公共団体において施設の態様等に応じて適切に選定を行うこと」とも述べられており、当初の指定管理期間経過後は、他の事業者との競願処理というかたちをとらず、更新を前提とした処理が行われている例があるが、それも違法とはいえないという解釈がとられているようである。

例えば、施設譲渡方式で公立保育所を民間移管すると、特定の者に大きな利益を与えることになるので、指定管理者方式を採った場合、保育環境の継続性の意義に照らし、保護者や幼児から同一管理者による保育の継続の要望が大きいときには、当初の指定管理期間が満了した後、公募によらずに同一の管理者を再度指定することは不合理とはいえないと思われる。

もとより、明文の規定がなくても、指定管理者の選定が公正・透明に行われるべきことは当然であり、公募方式は、公正性・透明性を確保するための有効な方式として望ましいといえるが、地方自治法は、公正性・透明性・競争性に配慮しつつ、公募以外の方法による指定を地方公共団体が工夫する余地を否定してはいないとみることもできる。したがって、紋別市公の施設に係る指定管理者の指定手続に関する条例および同条例施行規則が公募制を原則としたのは、地方自治法上の義務の履行であるとまでは言い切れないようにも思われる[3]。もっとも、公募方式の例外を柔軟に認めるのであれば、指定管理者の選定において公募方式が原則であるべきという命題を否定する必要はないであろうし、本判決が述べるように、施設譲渡方式における事業者選定方法を論ずるに当たり、指定管理者の選定方式を論ずる必要はなかっ

たようにも思われるので、この点については、これ以上、立ち入らないこととする。

（2）競争的随意契約の選択

指定管理者方式が指定という行政処分による権限の委任の方式であるのに対して、施設譲渡方式の場合には、契約の手法が採られる。本件建物等は委託事業者に無償譲渡される予定であるが、普通財産の譲渡が行政処分ではなく契約であることは、異論のないところである（最判昭和35・7・12民集14巻9号1744頁、最大判昭和46・1・20民集25巻1号1頁）。

地方公共団体の契約においては、一般競争入札が原則とされていることは前述したが、本件では随意契約の手法が採られた。随意契約といっても、本件募集要綱では公募を原則としているから、競争的随意契約[4]ということになる。本判決は、本件契約は、地方自治法施行令167条の2第1項2号の「その他の契約でその性質又は目的が競争入札に適しないものをするとき」に該当し、随意契約によることができるとする理由として、価格の高低のみを比

---

(3) 自治体アウトソーシング研究会編・Q＆A自治体アウトソーシングの新段階（自治体研究社、2007年）55頁参照。地方行政改革研究会編・地方公共団体のアウトソーシング手法—指定管理者・地方独立行政法人・市場化テスト（ぎょうせい、2007年）46頁では、指定管理者の選定に際しては、公正かつ透明性が確保されている手続によることが求められており、具体的な方法として複数の者から事業計画書を提出させることが望ましいが、指定管理者として特定の者しか公の施設の管理を最も効率的かつ効果的に行うことができないと地方公共団体が認める場合などは、住民や議会の了解を得つつ、複数の者から選定することなく指定管理者を指定することも法令上妨げられているわけではないとしている。斎藤文男・指定管理者制度と情報公開—ブラックボックスにさせないための条件（自治体研究社、2006年）29頁も、施設の性格・態様から公募に適しない場合や公募しても応募者がいない場合等において、公募によらずに指定管理者を指定することを認めつつ、指定管理者条例で公正な選定手続を定める必要があることを指摘している。成田頼明監修・指定管理者制度のすべて—制度詳解と実務の手引［改訂版］（第一法規、2009年）51頁、官民連携プロジェクト研究会編・Q＆A実践・指定管理者制度（ぎょうせい、2006年）32〜33頁においても、特別の事情により競争によらず特定の者を指名することが認められる場合について述べられている。他方、地域協働型マネジメント研究会編・指定管理者制度ハンドブック（ぎょうせい、2004年）78頁は、非公募の割合が約4分の1にのぼる実態であることを指摘し、公正を期すために公募形式をとることは当然とする。

(4) 競争的随意契約の多様な類型については、碓井光明・公共契約法精義（信山社、2005年）195頁以下参照。

較することによって本件民間移管に適する相手方を選定することができる性質のものではないと述べるのみである。本件建物等は無償譲渡、本件土地も当分の間、無償貸付けが行われるわけであるから、本件では価格の高低は問題にならず、移管を受けた老人福祉施設を継続して適切に管理するに足る信頼性があるか否かが選定のポイントになるので、「その性質又は目的が競争入札に適しないものをするとき」に該当すると判断したものと思われる。

（３）随意契約の手続

随意契約の手続については、国においても、予定価格を定めること（予算決算及び会計令99条の５）、なるべく２人以上の者から見積書を徴さなければならないこと（同令99条の６）が定められているのみで、地方公共団体については、まったく手続が法定されていない。そのことの立法政策としての是非については議論のあるところであり、少なくとも、予算決算及び会計令程度の規定は地方自治法施行令で定めることが望ましいように思われるが、現行法を前提とすれば、本件募集要綱は、法令の定めに基づくものではないといわざるを得ないように思われる。

（４）契約準備過程の行為

したがって、本件通知は、紋別市が契約の相手方となる事業者を選考するための手法として法令の定めに基づかずに行った事業者の募集に応募した者に対し、その者を相手方として契約を締結しないこととした事実を告知するものにすぎず、公権力の行使に当たらないという本判決の判断は、これまでの裁判例の流れに沿うものといえるように思われる。すなわち、これまでの裁判例は、契約の準備過程の行為については、一般に処分性を否定しており、宮崎地都城支判平成10・１・28判時1661号123頁は、傍論においてであるが、指名について処分性を否定している。また、東京地判平成12・３・22判例自治214号25頁は格付けについて処分性を否定し、名古屋地決平成17・３・２判例集不登載は、指名停止の処分性を否定している。さらに、市立保育園の運営業務を委譲する相手方をプロポーザル方式で公募して審査を行い、いったんBを運営事業者とする旨の決定をした後、市長がこれを解除した事案で、

岐阜地判平成19・8・29判例集不登載は、運営事業者の決定もその解除も処分性を有しないとしている。

　もっとも、契約準備過程の行為について、一律に処分性を否定することに対しては有力な異論が唱えられており、競争入札における競争入札参加資格の認定については、競争参加資格の定めに係る法令上の規定（予算決算及び会計令72条1項、95条1項、地方自治法施行令167条の5第1項、167条の11第2項）を根拠に、また、指名・指名回避、指名停止は、指名入札手続に当然に随伴する行為であることを根拠に、法令上の根拠を持つものと解し、処分性を肯定する余地があるという主張がなされている[5]。これは重要な指摘であり、競争参加資格の認定や指名について、処分性を肯定するにとどまらず、申請権まで導かれれば、行政手続法上の「申請に対する処分」に係る手続的規律を及ぼすことができ、行政手続における公正の確保と透明性の向上の面で大きな実践的意義が認められる。ただし、本件契約のような地方公共団体の随意契約については、準備過程の行為について法令上の手掛りを見出すことは困難と思われ、立法論として、行政手続における公正の確保と透明性の向上を図ることが重要な課題として位置付けられることになるものと考えられる。また、行政救済についても、現行法上、何が可能かを検討し、不備があれば、立法論を検討すべきであろう。

（5）行政過程における救済

　本判決は、本件通知の処分性を否定したので、本件通知は行政不服審査法に基づく審査請求の対象にならないことになるが、それに代わる行政過程における救済制度は存在するのであろうか。大阪府入札監視委員会設置要綱のように、随意契約についても再苦情処理を第三者機関が行うこととしている例がないわけではないが、一般的には、地方公共団体の随意契約に係る行政過程の救済制度は不備といわざるを得ず、本件のように、裁量権の濫用が疑われる場合にも、行政過程での救済の道が開かれていないことは問題であり、

（5）碓井・前掲書注（2）474頁参照。

第2節　処分性（受託事業者不選定通知の処分性）

早急に立法的対応がなされることが期待される。

（6）司法救済

それでは、司法救済はどうであろうか。A会は、紋別市長による行政権の濫用により、違法に契約締結の機会を奪われたとして、逸失利益等の損害賠償請求を国家賠償法1条1項の規定に基づき提起することが考えられる。紋別市長は、受託事業候補者選定委員会が候補者として選定した者を選定しない場合には、原判決が指摘するように、そのことの合理的理由を示すべきであり、本件では、それを示していないから、紋別市長は、A会を契約候補者として議会に付議すべきであったということは立証可能であるように思われる。契約締結に至るためには、議会による議決を得なければならないが、他に応募者がおらず、受託事業候補者選定委員会が候補者として選定するのに問題がないとして選定し、市長は、それを否定する合理的理由を示し得ないという状況を踏まえると、市長がA会を契約候補者とする本件契約の締結を議会に付議した場合、議会による同意議決も得られたはずであるとして、国家賠償請求を認容する余地も否定され得ないように思われる。このことは、指名回避が裁量権の逸脱・濫用であるとされた事例で、指名がされていれば、落札できた案件があったはずであるとして、国家賠償請求を認容する裁判例（高松高判平成12・9・28判時1751号81頁、徳島地判平成14・9・4判例集不登載、徳島地判平成16・5・11判例自治280号17頁、津地判平成14・7・25判タ1145号133頁、福岡高判平成17・7・26判タ1210号120頁、福岡高判平成18・7・14判タ1253号141頁、仙台地判平成19・5・8判時1983号110頁、仙台高判平成19・10・31判タ1272号133頁、岐阜地判平成21・10・28判例集不登載、青森地判平成22・4・16判時2086号102頁）があることからもいえることである[6]。

他方、契約候補者であることの地位確認訴訟は認められるであろうか。前掲岐阜地判平成19・8・29は、市立保育園の運営業務を委譲する相手方としての決定を解除された者が、解除は違法無効であるとして、予備的に、当該保育園の運営事業者の地位にあることの確認を求めた事案において、当該確

認訴訟は適法であることを前提として、本案審理を行い、解除には相当な理由があるとして請求を棄却している。本件において、契約候補者であることは契約締結を事実上期待し得る地位にとどまるが、本件の事実関係の下では、契約候補者であることは事業受託者となる高度の蓋然性を持つといえそうであるので、契約候補者としての地位確認訴訟が適法とされる余地はあるように思われる。もし、かかる請求が認容されれば、紋別市長は、判決の拘束力（行政事件訴訟法41条1項、33条）により、A会を相手方とする譲渡契約について議会の議決を求めなければならないことになると考えられる。また、本件通知の違法確認訴訟を公法上の当事者訴訟として提起することも考えられるが、かかる訴訟が公法上の当事者訴訟として裁判実務で認められるかは定かではない[7]。「選定委員会の決定を踏まえた適正な手続による判断を受け得る地位」の確認訴訟を提起したり、原告の契約申込みに応ずるとの被告の意思表示に代わる裁判を求めるほうが、裁判実務にはなじむかもしれない[8]。

（6）　村内業者では対応できない工事以外の工事は村内業者のみを指名する運用に常に合理性があり裁量権の範囲内であるとはいえないとし、職務義務違反の有無を審理させるために破棄差戻しにした最判平成18・10・26判時1953号122頁（山本隆司・判例から探求する行政法（有斐閣、2012年）275頁、木村琢麿・民商136巻383頁、小澤道一・自治研究84巻4号131頁、石井昇・法セ641号119頁、大脇成昭・平成18年度重判解（ジュリ臨増1332号）53頁、野田崇・法と政治58巻3＝4号217頁、馬橋隆紀＝新堀博巳・判例自治296号4頁、佐藤康憲・平成19年度主要民判解（別冊判タ22号）86頁、市木政昭・平成18年行政関係判例解説81頁）も参照。
（7）　戸部・前掲注（1）38頁参照。
（8）　交告・前掲注（1）45頁参照。

第3節　原告適格

第1款　競業者の原告適格（病院開設許可処分取消訴訟の原告適格）

1　事案の概要

本款では、病院開設許可処分の取消訴訟を開設予定地周辺の医療法人、社会福祉法人、医師および同医師らが所属する医師会が提起した事案における最判平成19・10・19判時1993号3頁[1]（以下「本判決」という）を素材に、競業者の原告適格について考えることとしたい。

東京都知事は、医療法（平成18年法律第84号による改正前のもの。以下同じ）7条1項の規定に基づき、医療法人Tに対し、病院開設許可処分（以下「本件開設許可」という）を行った。原告らは、本件開設許可により、（ⅰ）病床の過剰化による病院間の過当競争やそれによる医療の質の低下および病院の倒産を防止するという利益、（ⅱ）原告らが構築してきた医療提供体制を維持・遂行する利益、（ⅲ）医療体制の確保により良質かつ適切な医療業務を提供する利益を喪失することになるとして、その取消訴訟を提起した。

2　1審判決

（1）法律上保護された利益説

1審の東京地判平成17・2・2判例自治301号53頁（以下「1審判決」という）は、原告適格について、ジュース事件（最判昭和53・3・14民集32巻2号211頁）、新潟空港事件（最判平成元・2・17民集43巻2号56頁）、もんじゅ事件（最判平成4・9・22民集46巻6号571頁）、開発許可事件（最判平成9・

（1）　山田洋・判評598（判時2018）号164頁、大西有二・平成19年度重判解（ジュリ臨増1354号）50頁、細川俊彦・民商138巻2号251頁、西口元・平成20年度主要民判解（別冊判タ25号）282頁参照。

1・28民集51巻1号250頁）を引用し、「法律上保護された利益説」に立脚する最高裁判例に従い、本件訴訟の原告適格について判断している。

（2）自由開業制度

原告らの主張する上記（ⅰ）について、1審判決は、医療法7条1項は、病院を開設しようとするときは、都道府県知事の許可を受けなければならないと定め、同条4項は、都道府県知事は、病院開設の許可申請があった場合には、申請に係る施設の構造設備およびその有する人員が厚生労働省令の定める要件に適合するときは、許可を与えなければならないと定めているところ、これらの規定には、競業者である原告医師らの経済的不利益を考慮したものと解すべき文言はなく、かえって、同条4項において、構造設備および人員について同法の定める要件を満たした場合は開設を許可すべきことを定め、開設を不許可にすることができる場合を、営利目的であると認められる場合（7条5項）と、公的医療機関において医療計画における基準病床数を超える病床の開設を申請する場合（7条の2）に限定していることからすれば、同法7条は、同法の基準や手続を満たしている限り病院を自由に開設することができる自由開業制度を採用したものと解されると判示している。

（3）医療計画における基準病床数

① 勧　告

次いで、都道府県において医療計画を定め、その中で基準病床数等を定めることができるとしているものの、医療計画を実現するための手段としては、あくまでも、都道府県知事において、病院の開設または病院の病床数の増加もしくは病床の種別の変更等について勧告することができる旨を定めているのにとどまるのであって、同法上、この勧告に従わなかった者に対して、何らかの対抗策を講じることができる旨の定めはなく、健康保険法65条4項2号において、病院の開設者等が、上記勧告に従わなかった場合、厚生労働大臣が、当該病院の病床数の全部または一部につき、同法63条3項1号所定の保険医療機関としての指定を行わないことができる旨が定められているにすぎないことを指摘する。そして、これらの規定からすると、医療法は、医

療計画において基準病床数を定めることによって、医療資源の地域的偏在の是正と医療関係施設間の機能連携の確保を図ることを目的とはしているものの、その一方で、このような目的実現のために病院の開設そのものを不許可とすることは、医療行為を行うことを一切禁ずることにつながり、医師の開業の自由を強く制約する結果をもたらすことをも考慮し、病院開設許可の段階では、あくまでも任意の履行を期待する勧告にとどめているから、申請に係る病院の開設を許可することによって医療計画が定める病床数を超過する結果になることや、病院開設や病床数の増加に関する勧告に従わないことを理由として病院開設そのものを不許可とすることはおよそ予定されていないものと解するほかはないと判示している。したがって、原告らが医療計画に係る規定によって保護されていると主張する利益を、病院開設を許可するかどうかの判断においては考慮しない（むしろ、考慮すべきものではない）とするのが医療法の趣旨であるといわざるを得ないから、医療計画に係る規定を根拠として、原告らに病院開設許可処分の取消しを求める原告適格を肯定することはできないと述べている。

② 医療資源の地域的偏在の是正と医療関係施設間の機能連携の確保

さらに、仮に、病院開設許可の判断において、医療計画の内容に適合した申請か否かを考慮すべきものと理解する余地があったとしても、医療計画において基準病床数を定めることとされているのは、医療資源の地域的偏在の是正と医療関係施設間の機能連携の確保を目的としたものと解されるのであり、基準病床数が、競業者である医師らの経済的利益の保護を目的として定められたものと解することはできないから、結局のところ、原告らの経済的利益が法律上保護される利益であるということはできないとする。そして、都道府県知事によって基準病床数に従った勧告が行われ、申請予定者において病床数を減少させたことにより、開設許可処分を受ける病床数が減少する結果、周辺医療施設および医師らが経済的利益を得ることがあり得るとしても、それは医療資源の地域的偏在を是正する公益目的の実現に伴って付随的に生ずる事実上の利益にすぎないから、このような原告らの利益が医療計画

の定めにおいて法律上保護されているものと解することも困難であると判示している。

　（4）医療法1条の目的規定および同法1条の4第1項の医師等の責務規定

　原告らは、医療法1条の目的規定および同法1条の4第1項の医師等の責務規定を関連法規として解釈することにより、原告らの経済的利益が法律上保護されているとも主張したが、1審判決は、これらの規定が病院開設許可の関連規定として適切かどうかはおくとして、同法1条は、医療体制を整備することによって国民の健康の保持を図ることが同法の目的であることを規定しているところ、同条は、国民の健康の保持を図るという目的を実現するための手段として医療体制を整備すべきことを定めたものにすぎず、同条においても原告らの主張する利益が法律上保護されていると理解することは困難であるとする。また、同法1条の4は、適切な医療を提供すべきことを医師の責務として定めた規定であって、同条が原告らにおいてそのような責務を果たせるような環境を保持させるために原告らの利益を保護した規定であるとまで解することはできず、同条において原告らの法律上の利益が保護されていると解することはできないとする。以上のとおり、1審判決は、病院開設許可の判断において、原告らの経済的利益は法律上保護される利益ではないと結論を述べている。

　（5）医療提供体制を維持、遂行する利益等

　原告らの主張する、（ⅱ）（原告らが構築してきた医療提供体制を維持、遂行する利益）、（ⅲ）（医療体制の確保により良質かつ適切な医療業務を提供する利益）について、1審判決は、原告らが、付近住民が適切な時間、場所で適切な内容の医療を受けることができる体制を築くことに尽力してきた経緯があるとしても、それらによって恩恵を受けるのは、そのような体制の下で医療施設を利用する住民らであると解され、そのような体制の担い手である原告らにおいては、診療行為を行うことによって得られる業務上の経済的利益を除けば、何らかの利益を受ける関係にあると解することは困難であるし、さらに、本件開設許可によって新規の病院が開設されることとなるとし

ても、そのことによって原告らが築き上げてきたとする診療システムが存続できなくなる理由も何ら明らかにされておらず、大規模病院が出現することによって、既存病院の診療収入が減少する結果、既存の診療システムを維持することができないということを意味するのであれば、そうした利益は経済的利益と同一のものであるといわざるを得ないと指摘している。

　1審判決は、このように、原告らの主張する（ⅱ）（ⅲ）の利益はそもそもその内容が不明確であり、結局のところ経済的利益を意味するものではないかという疑いを払拭することができないが、そのことをおくとしても、病院開設許可の根拠条文である医療法7条1項および4項には、原告らの主張する利益を保護したものと解される文言はないことは明らかであり、かつ、上記のとおり、同法7条4項の定める要件を満たした病院開設申請については許可しなければならないとするのが医療法の趣旨であるから、原告らの主張する利益が病院開設許可の根拠法規によって保護された法律上の利益であると解することもできないと判示した。

（6）医師会

　原告医師会らは、原告医師らが会員となって構成されている社団法人であるところ、原告医師会らにおいて原告医師らとは異なる独自の利益を有することを認めるに足りる根拠はなく、医師らの利益の集合体であると解するほかないから、原告医師会らについて、独自にその利益を考慮する必要性は認められないとも述べている。

3　控訴審判決

（1）基準病床数の制度

　原告らは控訴したが、控訴審の東京高判平成17・9・13判例自治301号52頁（以下「原判決」という）は、控訴人らが追加した主張を斟酌しても、控訴人らの原告適格は認められないとして、控訴を棄却した。すなわち、控訴人らは、基準病床数の制度とは2次保健医療圏全体の病床数に一定の枠をはめ、それを超える病床を規制するものであると主張したが、原判決は、基準

病床数は公的医療機関等でない病院開設者の病院開設許可の要件ではないのであり、医師の経済的利益の保護を目的として定められたとは解されないと述べている。

  (2) 医師としての幸福追求権
  控訴人らは、医療体制の確保により良質かつ適切な医療業務を提供する利益は、経済的利益とは別個の医師としての幸福追求権の現れであり、憲法13条が保障するところであると主張したが、原判決は、憲法13条は、国民の幸福追求に対する権利は、公共の福祉に反しない限り、立法その他の国政の上での最大の尊重を必要とすると規定するにとどまるのであって、同条が控訴人らに対し、その主張のような利益を権利として保障していると解することはできないと判示した。

4　最高裁判決
  (1) 他施設開設者の利益
  控訴人らが上告および上告受理の申立てをしたところ、最高裁は、上告を受理し、以下のように判示した（上告事件については棄却決定がなされた）。本判決は、医療法は、都道府県その他の同法7条の2第1項各号所定の者が申請した場合を除き、病院の開設許可については、その申請に係る施設の構造設備およびその有する人員が同法21条および23条の規定に基づく厚生労働省令の定める要件に適合するときは許可を与えなければならないこと（7条4項）、営利を目的として病院を開設しようとする者に対しては許可を与えないことができること（同条5項）を定めており、許可の要件を定めるこれらの規定は、病院開設の許否の判断に当たり、当該病院の開設地の付近で医療施設を開設している者等（以下「他施設開設者」という）の利益を考慮することを予定していないことが明らかであると述べている。

  (2) 病院の開設等に関する勧告
  同法30条の3は、都道府県は医療計画を定めるものとし（同条1項）、そこに定める事項として「基準病床数に関する事項」を掲げており（同条2項

3号)、同法30条の7は、医療計画の達成の推進のために特に必要がある場合には、都道府県知事が病院開設の許可の申請者に対し病院の開設等に関し勧告することができるものとしているが、病院開設の許可の申請が医療計画に定められた「基準病床数に関する事項」に適合しない場合または当該申請をした者が上記の勧告に従わない場合にも、そのことを理由に当該申請に対し不許可処分をすることはできないと解されるとし、最判平成17・7・15民集59巻6号1661頁、最判平成17・10・25集民218号91頁を引用している。また、同法30条の3が都道府県において医療計画を定めることとした目的は、良質かつ適切な医療を効率的に提供する体制を確保することにあると解されるから(最判平成17・9・8集民217号709頁参照)、同条が他施設開設者の利益を保護する趣旨を含むと解することもできないとする。

(3) 医療法1条の目的規定および同法1条の4第1項の医師等の責務規定

さらに、同法の目的を定める同法1条および医師等の責務を定める同法1条の4の規定からも、病院開設の許可に関する同法の規定が他施設開設者の利益を保護すべきものとする趣旨を含むことを読み取ることはできず、そのほか、上告人らが本件開設許可の取消しを求める法律上の利益を有すると解すべき根拠は見出せないので、上告人らは、本件開設許可の取消しを求める原告適格を有しないと判示した。

5　評　釈

(1) 競願者訴訟と競業者訴訟

本件は、2004年の行政事件訴訟法改正後初の、競業者の原告適格についての最高裁判例として注目される。単一の許認可等を複数の者が申請する競願関係にある場合には、他者に与えられた許認可等が取り消されれば、拒否処分を受けた者には、許可を与えられる法的可能性が生ずるので、許認可等を争う原告適格が認められる(最判昭和43・12・24民集22巻13号3254頁参照)。本件は、そのような場合ではなく、近隣に新規参入しようとして得た本件開設許可の取消しを、すでに開業している医療法人、医師等が、訴求した事案

である[2]。したがって、本件の参考になるのは、既存業者が競業者に対する許認可等の取消しを求める原告適格を有するかが争点になった事案である。

（2）競業者訴訟の先例

この点についての先例となる最高裁判例として、最判昭和34・8・18民集13巻10号1286頁（質屋の競業者の原告適格を否定）、最判昭和37・1・19民集16巻1号57頁（公衆浴場業の競業者の原告適格を肯定）、最判昭和59・12・4集民143号263頁（私立幼稚園の競業者の原告適格を否定）がある[3]。

前掲最判昭和37・1・19は、公衆浴場法2条において、「設置の場所が配置の適正を欠く」と認められるときは許可を拒否し得る旨を定めているが、その理由は、公衆浴場は、多数の国民の日常生活に不可欠な公共性を伴う厚生施設であり、もし、その設立を業者の自由に委せて、何等その偏在および濫立を防止する等その配置の適正を保つために必要な措置が講ぜられないときは、その偏在により、多数の国民が公衆浴場を利用しようとする場合に不便を来すおそれがあり、また、その濫立により、浴場経営に無用の競争を生じ、その経営を経済的に不合理ならしめ、ひいて浴場の衛生設備の低下等好ましからざる影響を来たすおそれがあるからと述べている。そして、このことに鑑みると、公衆浴場法が許可制を採用し適正配置規定を設けたのは、主として「国民保健及び環境衛生」という公共の福祉の見地から出たものであるが、同時に、無用の競争により経営が不合理化することのないように濫立を防止することが公共の福祉のため必要であるとの見地から、被許可者を濫立による経営の不合理化から守ろうとする意図をも有するものであることは

（2）古城誠「競業者訴訟の原告適格」雄川一郎先生献呈論集『行政法の諸問題（下）』（有斐閣、1990年）227頁は、前者を競願者訴訟、後者を競業者訴訟として区別している。

（3）なお、本判決後に、一般廃棄物収集運搬業または一般廃棄物処分業の許可処分または許可更新処分の取消訴訟について、既に許可またはその更新を受けている競業者の原告適格を認めた最判平成26・1・28民集68巻1号49頁が出された。競業者訴訟に関する下級審判決については、阿部泰隆「競争業者の原告適格（1）―新たな需要がない状況で第三者に与えられた、一般廃棄物処理業の新規許可に対して、既存処理業者が提起する取消訴訟を例として」自治研究88巻4号10頁以下、古城・前掲注（2）217頁以下参照。

否定し得ず、適正な許可制度の運用により保護されるべき業者の営業上の利益は、単なる事実上の反射的利益にとどまらず公衆浴場法により保護される法的利益と解するのが相当であると判示している。

（３）適正配置規定のために不許可処分を受けた者が提起した取消訴訟

競業者が他者に与えられた許認可等を争った事案ではなく、適正配置規定のために製造たばこの小売販売業の不許可処分を受けた者がその取消訴訟を提起した事案において、最判平成５・６・25集民169号175頁は、たばこ事業法は、たばこ専売法（昭和59年法律第68号により廃止）の下において指定を受けた製造たばこの小売人には零細経営者が多いことや身体障害者福祉法等の趣旨に従って身体障害者等についてはその指定に際して特別の配慮が加えられてきたことなどに鑑み、たばこ専売制度の廃止に伴う激変を回避することによって、たばこ事業法附則10条１項の規定に基づき製造たばこの小売販売業を行うことの許可を受けた者とみなされる前記小売人の保護を図るため、当分の間に限り、製造たばこの小売販売業について許可制を採用することとしたものであり、前記許可制の採用は、公共の福祉に適合する目的のために必要かつ合理的な範囲にとどまる措置ということができると判示している。したがって、既存のたばこ小売業者は、適正配置規制内において他者に許可がなされた場合、その取消しを求める原告適格が認められるものと思われる。

（４）保護範囲要件

① 施設の構造設備および人員

それでは、病院開設許可の場合、競業者はその取消訴訟を提起する原告適格を有するといえるであろうか。本件開設許可申請の許可基準は、医療法７条４項（「都道府県知事…は、…許可の申請があつた場合において、その申請に係る施設の構造設備及びその有する人員が第21条及び第23条の規定に基づく厚生労働省令並びに第21条の規定に基づく都道府県の条例の定める要件に適合するときは、…許可を与えなければならない」）が定めている。この規定は、「施設の構造設備及びその有する人員」を許否の判断の考慮事項と

しており、他施設開設者の経済的利益その他の利益を保護法益として読み込むことは困難である[4]。医療法7条4項の委任に基づき、同法施行規則16条が構造設備の基準を、同規則19条が人員の基準を定めているが、そこにおいても、他施設開設者の利益を保護する手掛りとなる規定は見出されない。

② 感染予防

同規則16条1項7号（「感染症病室及び結核病室には、病院又は診療所の他の部分及び外部に対して感染予防のためにしや断その他必要な方法を講ずること」）は、付近住民の感染を防止するための規定であり、付近で開業する医師が、個人の立場で生命、健康被害のおそれを理由として、本件開設許可の取消訴訟を提起した場合、原告適格が認められる可能性はあるにしても[5]、他施設開設者の経済的利益を本件開設許可の保護法益とする根拠にはなりがたいと考えられる。

③ 医療計画で定める基準病床数

もっとも、都道府県、市町村、国家公務員共済組合等の公的医療機関の場合、医療計画で定める病床の種別に応じた基準病床数にすでに達しているか、または、当該申請に係る病院の開設によりこれを超過することになると認められるときは、許可を与えないことができるとされている（医療法7条の2第1項）。これは医療資源の偏在を回避し、医療提供体制の確保を図るためであるが、公的医療機関以外の医療機関については、営業の自由に配慮し、医療法上は、都道府県知事は、医療計画の達成の推進のため特に必要がある場合に、都道府県医療審議会の意見を聴いて、病院の開設または病床数の増加もしくは病床の種別の変更に関して勧告することができるにとどまっている。ただし、病院開設中止の勧告に従わない場合、保険医療機関の指定を拒否できることとされており（最判平成17・9・8集民217号709頁）、そのた

---

(4) 阿部泰隆・行政法の解釈（2）―行政訴訟の最前線（信山社、2005年）70頁は、事業継続義務等の公益規制を伴わず既存の医師・病院の保護にのみ資する需給調整は、違憲としている。

(5) この問題について、佐伯祐二・法教328号124頁参照。

め、最高裁は、勧告の処分性も肯定したのであるが（最判平成17・7・15民集59巻6号1661頁）、医療計画による医療提供体制の確保は、国民の健康を保護するためのものであって（医療法1条）、他施設開設者の利益を保護するものとはいい難いと思われる。もっとも、公衆浴場業の許可の場合のように、無用の競争により経営が不合理化することのないように濫立を防止することが公共の福祉のため必要であるとの見地から、他施設開設者を濫立による経営の不合理化から守ろうとする意図をも有するかについて検討の余地があるが[6]、医療法7条4項が、施設の構造設備および人員に関する医療法施行規則の要件を充足し、かつ、申請者が営利目的と認められない限りは、許可を義務付け、非公的医療機関の営業の自由を尊重していることからすると、他施設開設者の利益を考慮して本件開設許可を与えるかを判断することは、他事考慮のおそれがあると考えられる[7]。

④　個別保護要件と保護範囲要件

小田急訴訟最高裁大法廷判決が、行政事件訴訟法9条2項の解釈規定に忠実に原告適格を判断したのと対照的に、本件においては、同項には言及されていないが、その理由は、本判決が、個別保護要件の審査に入るまでもなく、保護範囲要件を満たさないとして[8]、原告適格が否定されたからであると思われる。

---

(6) 司法研修所編・改訂　行政訴事件訴訟の一般的問題に関する実務的研究（法曹会、2000年）107頁は、一般論として、適正配置基準や需給調整規定のような既存事業者の利益保護につながる規定が存在することを、競業者の原告適格を肯定するための必要条件としている。
(7) 山田・前掲注（1）166頁、細川・前掲注（1）258頁、大西・前掲注（1）51頁参照。
(8) 山田・前掲注（1）166頁参照。保護範囲要件、個別保護要件については、小早川光郎「抗告訴訟と法律上の利益・覚え書き」成田頼明先生古稀記念『政策実現と行政法』（有斐閣、1998年）47頁参照。

第2款　生活環境上の不利益と原告適格（場外車券発売施設設置許可取消訴訟の原告適格）

1　事案の概要

本款では、競輪の場外車券発売施設設置許可取消訴訟の原告適格が争点になったサテライト大阪訴訟を取り上げる。本件では、経済産業大臣が、平成17年9月26日付けで、A社に対し、場外車券発売施設（以下「本件施設」という）の設置を許可した（以下「本件許可」という）ところ、本件敷地の近隣において、居住し、事業を営みまたは病院等を開設する原告らが、本件許可は場外車券発売施設の設置許可要件を満たさない違法なものであるなどと主張してその取消しを請求した。

2　1審判決

（1）善良な風俗環境の具体的内容

大阪地判平成19・3・14判タ1257号79頁（以下「1審判決」という）は、自転車競技法（平成19年法律第82号による改正前のもの。以下同じ）および同法施行規則（平成18年経済産業省令第126号による改正前のもの。以下同じ）が場外車券発売施設の設置および移転に係る許可制度によって保護しようとする善良な風俗環境の具体的内容は、刑法が賭博および富くじに関する罪によって保護しようとしている国民一般の健全な経済観念、勤労観念ないし経済社会における道徳律であると解され、当該利益は、一般的公益として位置付け、保護の対象とするのにふさわしいと述べている。

（2）生活上の不利益

また、場外車券発売施設が設置等されることによりその周辺に居住する住民等が被る生活上の不利益は、風俗環境の悪化による不利益を除くと、当該施設に多数の者が来集することにより周辺地域の通行等に支障が生ずるといった程度のものであり、専ら公益の面から保護することとしても、その性

質にそぐわないということはできないとする。

(3) 場外車券発売施設の設置許可基準についての実定法の仕組み

そして、自転車競技法4条2項、同法施行規則15条1項の規定が当該施設の周辺地域に居住等する住民等個々人の個別的利益をも保護することを目的としているものと解することができるためには、相応の根拠が必要と述べている。そこで、1審判決は、実定法に即して、「相応の根拠」の有無を検討しているので、ここで、場外車券発売施設の設置許可基準についての実定法の仕組みをみておくこととする。

(i) 自転車競技法施行規則15条1項4号は「施設の規模、構造及び設備並びにこれらの配置は…周辺環境と調和したものであって、経済産業大臣が告示で定める基準に適合するものであること」という基準（以下「周辺環境調和基準」という）を定め、(ii) 前記の告示において入場者の用に供する施設等に係る駐車場の基準（以下「駐車場基準」という）が定められ、(iii) 同規則15条1項3号ニにおいて「外部との遮断に必要な構造」を有することという基準（以下「外部遮断基準」という）が設けられ、(iv) 文教施設に通学する学生生徒および医療施設に入通院する患者については、当該施設による前記のような影響から特に保護する必要が大きいことに鑑み、同項1号が「学校その他の文教施設及び病院その他の医療施設から相当の距離を有し、文教上又は保健衛生上著しい支障を来すおそれがないこと」という基準（以下「位置基準」という）を設け、さらに、(v) 当該施設による前記のような影響が生じ得る範囲に鑑み、同規則14条2項1号において、許可申請書の添付図面として、「場外車券発売施設付近の見取図（敷地の周辺から1000メートル以内の地域にある学校その他の文教施設及び病院その他の医療施設の位置並びに名称を記載した1万分の1以上の縮尺による図面）」の添付を規定している（以下「添付書面要件」という）。

(4) 個別保護要件

1審判決は、これらの規定のうち、周辺環境調和基準および駐車場基準には、当該周辺地域に居住等する住民等の良好な風俗環境ないし生活環境に係

る利益を個別的利益としても保護しようとする趣旨を読み取る手掛りとなるような文言は見当たらないとする。さらに、場外車券発売施設について、「設置するに当たっては、当該場外車券発売施設の設置場所の属する地域社会との調和を図るため、当該施設が可能な限り地域住民の利便に役立つものとなるよう指導すること」、「設置するに当たっては、当該場外車券発売施設の設置場所を管轄する警察署、消防署等とあらかじめ密接な連絡を行うとともに、地域社会との調整を十分行うよう指導すること」などと規定する通達（平成18・12・22製局第3号による廃止前のもの）の規定からも、場外車券発売施設の周辺地域に居住等する住民等の良好な風俗環境ないし生活環境に係る利益を特に個別的利益としても保護しようとする趣旨を窺うことはできないとする。また、外部遮断基準からも、周辺地域に居住等する住民等の良好な風俗環境ないし生活環境に係る利益を特に個別的利益としても保護しようとする趣旨を読み取ることは困難であるとする。

　他方、位置基準および添付書面要件は、特にその周辺における良好な風俗環境ないし生活環境を保全する必要がある特定の施設に着目した規定であるが、文教施設ないし医療施設を起点としてその周辺地域の良好な風俗環境ないし生活環境の保全を図るといった態様の規制の仕方とは趣を異にするとする。また、規制の基準についても、「相当の距離を有し、文教上又は保健衛生上著しい支障を来すおそれがないこと」という文言からは、これらの文教施設ないし医療施設の設置者の業務遂行上の利益に着目してこれを保護するというよりはむしろこれらの施設において営まれる教育等ないし治療等の営みそれ自体に着目してこれを保護しようとする趣旨が窺われるとする。そして、位置基準、添付書面要件の規定も、周辺環境調和基準と相まって、場外車券発売施設の周辺地域を全体としてみて、その中に存在する学校その他の文教施設および病院その他の医療施設にも配慮しつつ、その良好な風俗環境および生活環境を一般的に保護する趣旨の規定と解するのが素直であって、場外車券発売施設の周辺地域に存在するこれらの文教施設および医療施設の設置者の有するこれらの施設につき善良な風俗環境ないし生活環境の下で円

滑に業務をするという利益を特に個別的利益としても保護する趣旨を含むものと解するのは困難とする。このようにして、1審判決は、原告適格を全面的に否定し、取消訴訟を却下した。

3　控訴審判決
（1）特許としての位置付け
　控訴審の大阪高判平成20・3・6判時2019号17頁[1]（以下「原判決」という）は、競輪事業自体は社会生活に必須の事業ではなく、自転車競技法は、自転車等の改良および輸出の振興等への寄与や地方財政の健全化のほか、賭博および富くじに関する罪の違法性阻却を目的として、そのための条件を整備したものであり、場外車券発売施設設置に係る大臣の許可は、一般国民が有している本来の自由を回復させる行為ではなく、前記条件を確認した上、広範な裁量をもって、同施設を設置することのできる地位を新たに付与する行為であるという認識を基礎にしている。

（2）良好な生活環境の保全
　原判決は、かかる観点から、本件通達は、許可基準に規定されていない事項についても併せて指導して整備改善させ、当該場外車券発売施設の設置場所の属する地域社会との調和を図るため、当該施設が可能な限り地域住民の利便に役立つものとなるよう指導し、管轄する警察署、消防署等とあらかじめ密接な連絡を行い、地域社会との調整を十分行うよう指導するとしていることを指摘する。そして、場外車券発売施設の設置許可がされた場合に、当該施設に賭博および富くじに相当する車券を購入する目的で広範な地域から不特定多数の者が参集し、このように来集する者らを通じて射幸的な雰囲気が当該施設の周辺地域に伝播し、その善良な風俗に悪影響を及ぼすことを防止し、また、当該施設に多数の者が来集することにより周辺地域の通行に支

　（1）　大橋洋一・自治研究85巻8号131頁、南川和宣・岡山大学法学会雑誌59巻2号65頁、大沼洋一・判評602（判時2030）号148頁参照。

障が生ずるなどその生活環境に悪影響を及ぼすことを防止し、もって良好な生活環境を保全することも、場外車券発売施設設置に係る大臣の許可制度の趣旨および目的と解している。

（3）個別保護要件

さらに、前記の趣旨および目的に反した場外車券発売施設の設置許可がされた場合、善良な風俗および生活環境に対する悪影響を直接的に受けるのは、当該施設の周辺の一定範囲の地域に居住し、事業を営む住民に限られ、その被害の程度は、居住地や事業地が当該施設に接近するにつれて増大するものと考えられ、また、当該地域で居住、事業を営み続けることにより前記の被害を反復、継続して受けた場合、その被害は、これらの住民のストレス等の健康被害や生活環境に係る変化・不安感等著しい被害にも至りかねないものであるとする。そして、自転車競技法・同法施行規則の規定、本件告示・本件通達は、場外車券発売施設の周辺地域に居住し、事業を営む住民に対し、違法な当該施設に起因する前記の健康や生活環境に係る著しい被害を受けないという具体的利益を保護しようとするものと解され、この具体的利益は、一般的公益の中に吸収解消させることが困難とする。

（4）原告適格が認められる範囲

そして、位置基準および添付書面要件に鑑みると、当該施設の敷地の周辺から1000メートル以内の地域に居住し、事業を営む住民に本件許可の取消訴訟の原告適格が認められると判示した。

4 最高裁判決

（1）生活環境に関する利益の性質

これに対して上告受理申立てがなされたが、最判平成21・10・15民集63巻8号1711頁[2]（以下「本判決」という）は、一般的に、場外施設が設置、運営された場合に周辺住民等が被る可能性のある被害は、交通、風紀、教育など広い意味での生活環境の悪化であって、その設置、運営により、直ちに周辺住民等の生命、身体の安全や健康が脅かされたり、その財産に著しい被害

が生じたりすることまでは想定し難いとして、かかる生活環境に関する利益は、基本的には公益に属する利益であって、法令に手掛りとなることが明らかな規定がないにもかかわらず、当然に、法が周辺住民等において前記のような被害を受けないという利益を個別的利益としても保護する趣旨を含むと解するのは困難といわざるを得ないとする。

そして、場外施設が設置、運営されることに伴う文教上または保健衛生上の支障は、基本的には、その周辺に所在する医療施設等を利用する児童、生徒、患者等の不特定多数者に生じ得るものであって、かつ、それらの支障を除去することは、心身共に健康な青少年の育成や公衆衛生の向上および増進といった公益的な理念ないし要請と強くかかわるものであるとする。そして、当該場外施設の設置、運営に伴う前記の支障が著しいものといえるか否かは、単に個々の医療施設等に着目して判断されるべきものではなく、当該場外施設の設置予定地およびその周辺の地域的特性、文教施設の種類・学区やその分布状況、医療施設の規模・診療科目やその分布状況、当該場外施設が設置、運営された場合に予想される周辺環境への影響等の事情をも考慮し、長期的観点に立って総合的に判断されるべき事柄であると述べている。

（２）位置基準
① 一般的公益の保護

また、添付書面要件が課されたのも、このような公益的見地からする総合的判断を行う上での基礎資料を提出させることにより、前記の判断をより的

（２） 阿部泰隆・判評621（判時2087）号164頁、常岡孝好・環境法判例百選（第２版）220頁、神橋一彦・民商143巻３号13頁、山本隆司・判例から探究する行政法（有斐閣、2012年）460頁、勢一智子・行政判例百選Ⅱ（第６版）368頁、野口貴公美・法セ55巻３号119頁、下井康史・法教358号148頁、田中謙・判例セレクト2010―２（法教366号別冊付録）６頁、高橋明男・平成21年度重判解（ジュリ臨増1398号）58頁、山田健吾・速報判例解説（法セ増刊）７号41頁、板垣勝彦・法協129巻５号1188頁、清野正彦・ジュリ1402号130頁、同・曹時62巻11号196頁、同・最高裁判所判例解説民事篇（平成21年度）〔下〕〔７月～12月分〕658頁、同・最高裁時の判例〔平成21年～平成23年〕〔７〕（ジュリ増刊）74頁、中山幾次郎＝佐藤康憲・平成22年度主要民判解（別冊判タ32号）354頁、豊田里麻・ひろば63巻２号56頁、杉浦一輝・判タ1335号45頁、1336号20頁、平井直也・平成21年行政関係判例解説150頁、名倉一成・訟月56巻２号113頁参照。

確に行うことができるようにするところに重要な意義があるものと解されるとする。

　本判決は、このように、同法および同法施行規則が位置基準によって保護しようとしているのは、第一次的には、前記のような不特定多数者の利益であり、それは、性質上、一般的公益に属する利益であって、原告適格を基礎付けるには足りないとする。したがって、場外施設の周辺において居住し、または事業（医療施設等に係る事業を除く）を営むにすぎない者や、医療施設等の利用者は、位置基準を根拠として場外施設の設置許可の取消しを求める原告適格を有しないと判示している。

② 医療施設等の開設者の行う業務の保護

　もっとも、本判決は、場外施設は、多数の来場者が参集することによってその周辺に享楽的な雰囲気や喧噪といった環境をもたらすものであるから、位置基準は、そのような環境の変化によって周辺の医療施設等の開設者が被る文教または保健衛生にかかわる業務上の支障が著しいものである場合に、当該場外施設の設置を禁止し当該医療施設等の開設者の行う業務を保護する趣旨をも含む規定であるとする。したがって、仮に当該場外施設が設置、運営されることに伴い、その周辺に所在する特定の医療施設等に前記のような著しい支障が生ずるおそれが具体的に認められる場合には、当該場外施設の設置許可が違法とされることもあることになる。

　このように、位置基準は、一般的公益を保護する趣旨に加えて、前記のような業務上の支障が具体的に生ずるおそれのある医療施設等の開設者において、健全で静穏な環境の下で円滑に業務を行うことのできる利益を、個別的利益として保護する趣旨をも含む規定であるから、当該場外施設の設置、運営に伴い著しい業務上の支障が生ずるおそれがあると位置的に認められる区域に医療施設等を開設する者は、位置基準を根拠として当該場外施設の設置許可の取消しを求める原告適格を有するものと解されるとする。そして、このような見地から、当該医療施設等の開設者が前記の原告適格を有するか否かを判断するに当たっては、当該場外施設が設置、運営された場合にその規

模、周辺の交通等の地理的状況等から合理的に予測される来場者の流れや滞留の状況等を考慮して、当該医療施設等が前記のような区域に所在しているか否かを、当該場外施設と当該医療施設等との距離や位置関係を中心として社会通念に照らし合理的に判断すべきと判示している。

③ 原告適格を認められる者の範囲

原判決は、添付書面要件を一つの根拠として、場外施設の敷地の周辺から1000メートル以内の地域において医療等の事業を営む者一般に原告適格を肯定したが、本判決は、場外施設の設置、運営が周辺の医療施設等に対して及ぼす影響はその周辺の地理的状況等に応じて一様ではなく、添付書面要件の定めが前記地域において医療等の事業を営むすべての者の利益を個別的利益としても保護する趣旨を含むとまでは解し難いから、このような地理的状況等を一切問題とすることなく、これらの者すべてに一律に原告適格が認められるとすることはできないとする。

そして、本件敷地の周辺において医療施設を開設する被上告人らのうち、本件敷地の周辺から約800メートル離れた場所に医療施設を開設する者は、本件許可の取消しを求める原告適格を有しないと解されるのに対し、その余の医療施設等開設者は、いずれも本件敷地の周辺から約120メートルないし200メートル離れた場所に医療施設を開設する者であり、前記の考慮要素を勘案することなく原告適格を有するか否かを的確に判断することは困難と述べている。

(3) 周辺環境調和基準

周辺環境調和基準は、場外施設の規模、構造および設備ならびにこれらの配置が周辺環境と調和したものであることをその設置許可要件の一つとして定めるものであり、同基準は、場外施設の規模が周辺に所在する建物とそぐわないほど大規模なものであったり、いたずらに射幸心をあおる外観を呈しているなどの場合に、当該場外施設の設置を不許可とする旨を定めたものであって、良好な風俗環境を一般的に保護し、都市環境の悪化を防止するという公益的見地に立脚した規定と解されるとする。そして、周辺環境調和基準

が、場外施設周辺の居住環境との調和を求める趣旨を含む規定であると解したとしても、かかる観点からする規制は、基本的に、用途の異なる建物の混在を防ぎ都市環境の秩序ある整備を図るという一般的公益を保護する見地からする規制というべきであり、また、「周辺環境と調和したもの」という文言自体、甚だ漠然とした定めであって、位置基準が限定的要件を明確に定めているのと比較して、そこから、場外施設の周辺に居住する者等の具体的利益を個々人の個別的利益として保護する趣旨を読み取ることは困難といわざるを得ないとして、周辺環境調和基準を根拠として本件許可の取消しを求める原告適格を有するということはできないと述べている。

(4) 結　論

そして、1審判決中、本件敷地の周辺から約120メートルないし200メートル離れた場所に医療施設を開設する者の訴えを却下した部分はこれを取り消し、これらの者が原告適格を有するか否か等についてさらに審理を尽くさせるため、同部分につき、本件を第1審に差し戻し、1審判決中、その余の者の訴えを却下した部分に関する判断は、結論において相当であるから、同部分につき控訴を棄却すべきとした(3)。

5　評　釈

(1) 下級審裁判例

競輪の場外車券発売施設設置許可取消訴訟等における周辺住民の原告適格については、個別保護要件該当性を全面的に否定した東京地判平成10・10・20判時1679号20頁、東京高判平成11・6・1判例集不登載がある（最決平成13・2・23判例集不登載は上告棄却、上告不受理）。東京地判平成14・4・25判例集不登載、東京高判平成14・11・12判例集不登載は、周辺の文京施設・医療施設を記載した図面の添付義務からこれらの施設設置者の原告適格を肯

---

(3)　控訴審判決言渡し前に死亡した者について、本判決は、職権で本件訴訟が終了したことを宣言した。

定する余地を示唆したものの、周辺住民の原告適格を否定した。

　しかし、その後、原告適格の実質的拡大を意図して解釈規定が行政事件訴訟法（以下「行訴法」という）9条2項に設けられ、最大判平成17・12・7民集59巻10号2645頁（小田急高架化事件）で原告適格を拡大する判例変更が行われたことから、公営競技場や場外車券発売施設の設置許可処分についても、第三者の原告適格が拡大されるかに行政法研究者の関心が寄せられていた。ところが、東京地判平成19・3・29判例集不登載は、医療施設設置者については、騒音による医療実施への支障が生命・健康に関わる点に着目し、位置基準を根拠に原告適格を肯定する可能性を認めたが、当該医療施設設置者は、場外車券発売施設から200メートル以上の距離に位置すること、場外車券発売施設との間にビル等が林立していること、場外車券発売施設の利用者が利用すると思われる近隣駅から場外車券発売施設までの動線から外れていること等を理由として原告適格を否定した。

　さらに、本件の1審判決は、前述のとおり、原告適格を全面的に否定しており、平成16年の行訴法改正後も、場外車券発売施設の設置許可取消訴訟における第三者の原告適格については、これを厳格に解する傾向が続いていた。そのような中で、本件の原判決は、一般の居住者も含めて、場外車券発売施設から1000メートル以内の者全員に原告適格を肯定する画期的なものであったため、上告審で最高裁がどのような判断を示すかが注目されていた[4]。

---

(4)　場外舟券発売施設について、名古屋地決平成18・7・20判例集不登載は、医療施設等設置者にのみ位置基準に照らし申立適格を認める余地があるが、接骨院開設者は医療施設等設置者に該当しないとして申立適格を否定し、周辺住民の申立適格も否定した。東京地判平成18・12・20判例集不登載は、地元の自治会や町内会の同意を得ることを求める通達に着眼し、場外舟券発売施設所在地の自治会または町内会の所属者、所在地に自治会または町内会が存在しない場合には、当該施設から極めて近い位置にあり、当該施設の設置により重大な支障を受けるおそれのある自治会または町内会に所属する者について原告適格が認められるとした（ただし、原告はそれに該当しないとして原告適格を否定）。その控訴審の東京高判平成20・4・17判例集不登載は、かかる解釈が成立する余地を認めている（ただし、原告はそれに該当しないとして原告適格を否定。最決平成21・5・28判例集不登載は上告棄却・上告不受理）。

（２）交通、風紀、教育などの生活環境の悪化を受けない利益の公益としての位置付け

　本判決の特色は、以下の点にある。第１に、交通、風紀、教育など広い意味での生活環境の悪化を受けない利益を基本的に公益に属する利益と位置付けることから出発し、それが個別的利益としても保護されると解するためには、法令に手掛りとなることが明らかな規定の存在が必要としていることである。最高裁は、これまで、生命、身体が侵害されるおそれがある場合には、法令上の手掛りが必ずしも明確でない場合においても、法令の規定を柔軟に解釈することにより、原告適格を肯定してきた。そして、小田急高架化事件最高裁判決においては、騒音、振動等によって「健康又は生活環境」に係る著しい被害を受けない利益を個別的利益と認めた。ここで「生活環境」という言葉が用いられたため、交通、風紀、教育などの生活環境の悪化についても、行訴法９条２項の解釈規定が設けられたことを踏まえて、原告適格を拡大する判例変更が行われるのではないかという予測もあった[5]。しかし、小田急高架化事件最高裁判決は、都市計画が旧公害防止計画との適合を義務付けられていたことから、旧公害防止計画の根拠である旧公害対策基本法（現・環境基本法）２条の「健康又は生活環境」と同義でこの言葉を用い、したがって、大気汚染、水質汚濁、土壌汚染、騒音、振動、地盤沈下、悪臭という公害に起因するものを射程に入れていたと思われる[6]。そして、これに該当しない（本判決がいう）「広い意味での生活環境」については、平成16年行

---

[5]　平成16年の行訴法改正前において、最判平成６・９・27判時1518号10頁は、風俗営業等の規制及び業務の適正化等に関する法律（以下「風営法」という）の委任条例による風俗営業制限地域内に風俗営業が許可された場合には、医療施設の設置者は当該許可処分の取消訴訟の原告適格を有するとしたが、最判平成10・12・17民集52巻９号1821頁は、「住居が多数集合しており、住居以外の用途に供される土地が少ない地域」に居住する住民の原告適格を否定した。また、最判平成12・３・17判時1708号62頁は、墓地、埋葬等に関する法律に基づく墓地経営許可について周辺住民の原告適格を否定した。

[6]　森英明・最高裁判例解説民事篇（平成17年度）（下）918頁、清野・前掲注（３）曹時62巻11号240頁、山田・前掲注（３）43頁、豊田・前掲注（３）61頁参照。これへの批判として、橋本博之「平成16年行政事件訴訟法改正後の課題」自治研究86巻９号14頁参照。

訴法改正後も、最高裁は従前の考え方を基本的に踏襲していることが本判決から窺われる[7]。

本判決（１審判決も同じ）を前掲最判平成10・12・17、前掲最判平成12・3・17と比較すると、実定法の規定以前に、交通、風紀、教育など広い意味での生活環境の悪化を受けない利益を公益と位置付けることを起点として論理を展開している点に特色があると考えられる[8]。行訴法９条２項は、原告適格の判断に当たり、「当該処分において考慮されるべき利益の内容及び性質を考慮するものとする」としているため、本判決も、この点についての判断を明示したと考えられるが、当該利益が基本的に公益と位置付けられると、個別保護要件も満たすためには、「法令に手掛りとなることが明らかな規定」（１審判決がいう「相応の根拠」）が必要というのが、本判決の論理である。そのため、個別保護要件を満たすためのハードルが高くなる[9]。

（３）処分において考慮されるべき利益の内容および性質の評価

行訴法９条２項の解釈規定は、原告適格の実質的拡大を意図して設けられたものであるが、「当該処分において考慮されるべき利益の内容及び性質」が低い評価を受けると、個別保護要件充足のハードルがむしろ高まらないかという懸念が示されていた[10]。１審判決、本判決の論理は、それが必ずしも杞憂ではなかったことを示しているといえるかもしれない[11]。

他方、原判決は、本件で、善良な風俗および生活環境に対する被害を反復、継続して受けた場合、その被害は、周辺住民のストレス等の健康被害や生活環境に係る変化・不安感等著しい被害にも至りかねないと述べており、精神的ストレスが健康被害をも発生させかねない重大なものになり得ると認定し

---

(7) 神橋・前掲注（３）306頁参照。
(8) 地域空間の利用秩序と個別保護要件の関係を分析したものとして、角松生史「まちづくり・環境訴訟における空間の位置づけ」法時79巻９号29頁以下参照。
(9) 高橋・前掲注（３）59頁参照。
(10) 野呂充「原告適格論の再考―改正行政事件訴訟法下での原告適格及び自己の法律上の利益に関係のない違法の主張制限について」法時82巻８号14頁参照。
(11) これに対しては、行訴法９条２項の逆用ないし誤用という批判がある。山本・前掲注（２）464頁参照。

ている[12]。

　本判決・1審判決と原判決の結論が大きく分かれた最大の理由は、被侵害法益をどの程度深刻なものととらえるかについての裁判官の判断の差異にあるように思われる[13]。1審判決、原判決、本判決は、「法律上保護された利益説」の下で、いずれも行訴法9条2項の解釈規定に従い原告適格を判断している点は共通しているが、交通、風紀、教育などの生活環境上の利益の重要性に対する判断の差異が結論の差異に大きく影響していると考えられる[14]。「裁判上保護に値する利益説」に対して指摘される裁判官の主観的判断を許容するという問題は、「法律上保護に値する利益説」も回避できないことが、本件事案でも明確になっているといえる。

（4）下位法令や通達の考慮

　原告適格の判断に当たり、下位法令や通達を考慮すべきかについては議論があるが、1審判決、原判決は、通達まで視野に入れて原告適格を判断し、注目された[15]。本判決は、法律の委任に基づく省令の規定は考慮しているが、通達については考慮していない。その理由は述べられていないが、通達が法規でないことが考慮されたのではないかと思われる[16]。

---

[12]　塩野宏・行政法II（第5版補訂版）（有斐閣、2013年）139頁も、善良な地域環境の保持が生命・身体に劣後する価値とは認定できないとする。阿部・前掲注（3）166頁、田中・前掲注（3）6頁は、周辺住民の生活環境について、憲法13条・25条を根拠に考察する必要性を指摘している。

[13]　そもそも、原告適格の判断に当たり、被害の著しさを要件とすることに対しては、民事的発想であり、行政訴訟になじまないという批判がある。阿部・前掲注（3）167頁、田中・前掲注（3）6頁参照。

[14]　このような問題が一般的に生じ得ることについて、宇賀克也・行政法概説II（第5版）（有斐閣、2015年）210頁以下参照。

[15]　省令や通達の有効性を裁判所が確認した上で、法律の規定を補充するものとしてこれらを考慮する解釈方法を肯定するものとして、大橋・前掲注（2）146頁参照。通達は法規ではないから考慮すべきでないとするものとして、大沼・前掲注（2）157頁参照。

[16]　小澤道一「取消訴訟における周辺住民の原告適格（2）—小田急最高裁大法廷判決以後における下級審判例の動向と解釈上の問題点」判時2041号17頁は、一般論として、法令の委任に基づき定められた基準は根拠法令と一体をなすが、法令に根拠のない基準は同様に考えることはできず、個別保護要件の判断にあたり参考とすることができるにとどまるとする。

(5) 目的を共通にする関係法令

　自転車競技法と目的を共通にする関係法令として風営法の趣旨および目的を参酌すべきかも本件で争点になり、1審判決、原判決は風営法による規制との比較を行ったが、本判決は風営法との比較については述べていない。公営競技も風俗営業も、周辺の風俗・生活環境に影響を与える点で共通しているが、自転車競技は、本来は賭博や富くじに関する犯罪であるものを特定の産業の振興や地方財政の健全化を目的として違法性を阻却して地方公共団体に実施を認めるものであり、講学上の特許に当たることから、講学上の許可である風俗営業とは性質が異なり、また、騒音の有無・程度、多数の客が長時間周辺をたむろすることによる生活環境の悪化の有無・程度等、支障の性質・程度に差異があるため、風営法を目的を共通する関係法令と位置付けることを疑問視したのかもしれない[17]（原判決は、両者の性質の相違を強調し、公営競技の場合の方が風俗営業の場合よりも周辺住民を保護する必要性が高いとしている）。

(6) 個別保護要件を求める手掛りとなる法令の規定

① 広範な行政裁量

　本判決のように、交通、風紀、教育など広い意味での生活環境上の利益を基本的に公益と位置付け、個別保護要件の充足のためには、法令に手掛りとなる明らかな規定が必要という立場をとる場合、法令の規定が重要になるが、公営競技が講学上の特許であり、広範な行政裁量が認められることが、許可要件についての法律の規律密度を低くし、そのことが、逆に原告適格を肯定するための「法令上の手掛り」を見つけにくくしている面がありそうである[18]。

② 場外車券施設の設置の事前手続

　自転車競技法の規定をみると、場外車券施設の設置の事前手続に不備があ

---

(17) 清野・前掲注（3）曹時62巻11号230頁、同・前掲注（3）ジュリ1402号133頁、西村淑子「近年の第三者の原告適格に関する裁判例の動向」訟月54巻1号別冊128頁、杉浦・前掲注（3）判タ1336号22頁、石垣智子「周辺住民等の原告適格をめぐる諸問題」判タ1358号37頁参照。

ることは否めないと思われる。競技場の設置については、関係都道府県知事の意見聴取（4条2項）、都道府県知事が意見を述べようとするときの公聴会の開催による利害関係人の意見聴取（同条3項）の規定があるが、場外車券施設の設置については、かかる意見聴取規定が皆無であり（5条）、1審判決は、このことを原告適格否定の一つの理由としている。場外車券施設もほぼ1年中開業し（本件施設は年340日）、開業時間も長く（本件施設の場合、7時半から早朝販売があり、ナイター競輪開催時は20時半までの営業時間となり、22時まで前日販売も行われる）、1日に約1700名が来場することが予想された施設である。しかも、本来は犯罪である行為が違法性を阻却されて行われるわけであるから、地元の市町村[19]の事前の意見聴取は最低限必要な事前手続と思われる。それすらないのは、憲法上の適正手続違反とまでいえるかはともかく、少なくとも立法政策としては著しく妥当性を欠くように思われる。参加規定の整備が重要な課題といえる[20]。

③　位置基準の改正

　ところが、実際には、逆に、原告適格を肯定する「法令上の手掛り」を見出しにくくする方向での制度改正が行われた。本判決は、位置基準を根拠に、当該場外車券発売施設の設置、運営に伴い著しい業務上の支障を生ずるおそれがあると認められる医療施設等[21]の設置者には原告適格が認められるとしたが、位置基準の「学校その他の文教施設及び病院その他の医療施

---

(18)　山本・前掲注（2）468頁以下は、要保護性のある利益の過少考慮を審査する裁量統制が不可能なほど、処分の基準が漠然としているのであれば、根拠法令の不明確性を理由に、あるいはより現実的には、行政庁による審査基準の不策定または不十分を理由に、処分が違法として取り消される可能性があると考えて、原告適格を認めるべきとする。野呂・前掲注（10）16頁も参照。

(19)　この点が問題になったのがサテライト日田訴訟（大分地判平成15・1・28判タ1139号83頁）である（詳しくは、木佐茂男・まちづくり権への挑戦—日田市場外車券売場訴訟を追う［信山社、2002年］参照）。これは、個別法における地方公共団体の国政参加の問題の一環として位置付けることができる。宇賀克也・地方自治法概説（第6版）（有斐閣、2015年）237頁参照。

(20)　椎名慎太郎「環境行政訴訟の原告適格再論—2004年行訴法改正は不十分である」山梨学院ロージャーナル6号33頁参照。大橋・前掲注（15）147頁は、設置場所の市町村を中心とした調整の仕組みを法律ないし条例で法定することが望まれるとする。

第3節　原告適格

から相当の距離を有し」の部分が、本件訴訟係属中に平成18年経済産業省令第126号による改正で削除された。したがって、自転車競技法施行規則15条1項1号は、「位置は、文教上又は保健衛生上著しい支障を来すおそれがない場所であること」と定めるのみになり、医療施設等から相当の距離を有することは、少なくとも明示的には義務付けられなくなった。

そもそも、場外車券施設の設置許可基準について法律に具体的基準が定められておらず、省令に白紙委任されていること自体、問題のあるところであるが[22]、経済産業大臣限りの判断で左右し得る省令の文言を重視した原告適格解釈の在り方についても考えさせられる省令改正であった。

(7) 原告適格の認められる範囲

最後に、原告適格の認められる範囲について述べておく。原判決は、添付書面要件を手掛りに、本件施設敷地の周辺から1000メートル以内の者全員に原告適格が肯定されるとしたが、本判決は、本件敷地の周辺から約800メートル離れた場所に医療施設を開設する者の原告適格を否定し、本件敷地周辺から約120メートルないし約200メートル離れた場所に医療施設を開設する者については、周辺の地理的状況等に応じ業務への支障は一様でないとして、この点について審理を尽くさせるため、1審に差戻しをした。医療施設等の設置者がその業務に著しい支障を受けるおそれがあるかは、本件施設からの距離のみで決定されるわけではなく、本件施設の最寄りの駅や近隣の駐車場との位置関係により左右される動線等にも影響されることはその通りであるが、問題は、訴訟の入口である原告適格の判断において、そこまで判断する必要があるのかである。もんじゅ訴訟で最判平成4・9・22民集46巻6号571頁は、原子炉施設から約58キロメートル離れた者にも個別的事情を

---

(21) 下級審の裁判例の中には、原告適格の判断に当たり、医療施設と文教施設を区別するものもあったが（前掲東京地判平成19・3・29）、これには疑問のあるところである（大橋・前掲注(2)144頁参照）。サテライト大阪訴訟では、文教施設の設置者は原告になっていないが、本判決は、文教施設と医療施設を区別せずに、一定の場合、位置基準から原告適格を肯定する説示をしており、この点は妥当と思われる。

(22) 神橋・前掲注(3)309頁参照。同・行政訴訟と権利論（信山社、2004年）162頁以下も参照。

問うことなく原告適格を肯定したが、放射能汚染による被害も原子炉からの距離のみで単純に決まるわけではないことは、SPEEDI（緊急時迅速放射能影響予測）のデータからも明らかである。しかし、原告適格の判断でそこまでの厳格な審査をする必要はなく、距離による類型的判断[23]で原告適格を全員に肯定したもんじゅ最高裁判決は妥当であったと思われる。場外車券施設のもたらす被害と原子炉事故がもたらす放射能汚染は、もとより性質は大きく異なるが、訴訟要件の判断で時間を費やし、実効的権利救済を損なうことのないようにすべきという点では共通している。本件の場合、本件施設から約200メートル以内の者については、類型的に原告適格を認めて、本案審理において著しい支障の有無を審理してもよかったのではないかとも思われる[24]。

---

(23) この点につき、高橋利文・最高裁判所判例解説民事篇（平成4年度）354頁参照。
(24) 阿部・前掲注（3）169頁、椎名・前掲注（20）18頁参照。

第4節　出訴期間（収用委員会の裁決について審査請求がされた場合における原処分取消訴訟の出訴期間）

1　事案の概要

　本節では、収用委員会の裁決について審査請求がされた場合に当該裁決取消訴訟の出訴期間は、行政事件訴訟法14条3項（「処分又は裁決につき審査請求をすることができる場合又は行政庁が誤つて審査請求をすることができる旨を教示した場合において、審査請求があつたときは、処分又は裁決に係る取消訴訟は、その審査請求をした者については、前二項の規定にかかわらず、これに対する裁決があつたことを知つた日から6箇月を経過したとき又は当該裁決の日から1年を経過したときは、提起することができない。ただし、正当な理由があるときは、この限りでない」）の規定が適用されるのか、それとも、土地収用法133条1項（「収用委員会の裁決に関する訴え（次項及び第3項に規定する損失の補償に関する訴えを除く。）は、裁決書の正本の送達を受けた日から3月の不変期間内に提起しなければならない」）が特例として適用されるのかが争点になった最判平成24・11・20民集66巻11号3521頁（以下「本判決」という）[1] を取り上げる。

　初めに、事案の概要を説明する。東広島市は、広島県東広島市に所在するB所有の本件建物等、原告会社所有の本件工作物等が、本件事業の平成15年度の移転区域になっているため、平成15年2月10日付けで、Bに対しては建築物等の移転通知および照会、原告会社に対しては工作物の除去通知および

（1）　見上崇洋・判評657（判時2196）号145頁、佐伯彰洋・判例自治378号87頁、越智敏裕・民商148巻3号301頁、大橋真由美・判例セレクト2013-2（法教402号別冊附録）7頁、薄井一成・新・判例解説Watch（速報判例解説〔法セ増刊〕）13号43頁、小舟賢・平成25年度重判解（ジュリ臨増1466号）47頁、林俊之・ジュリ1464号92頁、羽根一成・地方自治職員研修46巻2号78頁参照。

照会を行った。東広島市は、同年10月30日付けで前記各処分の取消通知を行うとともに、同日付けで、Bの相続人である原告X1、原告X2および選定者Aに対しては、本件建物等につき、移転期限を平成16年2月10日とする建築物等の移転通知および照会を行い、原告会社に対しては、本件工作物等につき、移転期限を同日とする工作物の移転通知および照会を行った。東広島市は、原告らおよび選定者Aが前記期限までに移転を行わなかったため、平成16年3月24日、土地区画整理法77条7項の規定に基づき直接施行(以下「本件直接施行」という)に着手し、同年9月29日付けで、原告らおよび選定者Aに対し、本件直接施行が完了したことを通知した。東広島市は、平成17年3月17日、同法78条1項の規定による損失の補償についての協議(同法78条3項の準用する73条2項)が成立しないとして、原告らおよび選定者Aを相手方として、広島県収用委員会に裁決の申請(以下「本件裁決申請」という)を行った。広島県収用委員会は、平成18年10月24日付けで、損失の補償額、損失の補償をすべき時期を定める裁決(以下「本件裁決(1)」という)を行った。原告らおよび選定者Aは、本件裁決申請は、移転が完了していない以上不適法であるから、本件裁決申請を却下しなかった広島県収用委員会の本件裁決(1)は違法であると主張して、国土交通大臣に審査請求を行ったが、国土交通大臣は、平成21年7月22日付けの裁決(以下「本件裁決(2)」という)で審査請求を棄却した。そこで、原告らは、平成22年1月19日、本件裁決(2)を不服として取消訴訟を提起し、さらに、平成22年6月1日、行政事件訴訟法19条1項前段の規定に基づき、本件裁決(1)の取消しを求める訴えを併合提起した。

2 1審判決
(1) 原処分の取消訴訟

土地収用法133条1項は、収用委員会の裁決のうち損失の補償に関する部分以外についての取消訴訟は、当該裁決書の正本の送達を受けた日から3か月以内に提起しなければならないとし、出訴期間の短期特例を定めているが、

第4節　出訴期間(収用委員会の裁決について審査請求がされた場合における原処分取消訴訟の出訴期間)

　1審の広島地判平成23・2・22民集66巻11号3537頁（以下「1審判決」という）は、その趣旨は、公正中立で専門的知識を有する委員の判断する準司法機関である収用委員会において、対審構造の下、双方主張・立証を尽くした後に裁決がなされるものであること、公共事業の円滑な遂行を図る必要があるため、早期の権利確定が要請されることにあると指摘している。そして、そうであるとすれば、収用委員会の裁決に対して審査請求をした場合の当該収用委員会の裁決の取消訴訟の出訴期間についても、特別法である土地収用法133条1項の規定が優先して適用される結果、当該取消訴訟は、当該審査請求に対する裁決書の正本の送達を受けた日から3か月以内に提起しなければならないと述べている。以上を前提にして、原告らおよび選定者Aが、平成21年7月23日に本件裁決（2）の裁決書の正本の送達を受けているが、本件訴訟は、同年10月23日を経過した後に提起されたものであるから、本件裁決（1）の取消しを求める訴えは、出訴期間を徒過した不適法な訴えであると判示している。

　原告らは、行政事件訴訟法20条の趣旨からすれば、本件裁決（2）の取消訴訟が適法であれば、併合提起した本件裁決（1）の取消訴訟についても出訴期間の不備が治癒されると主張したが、1審判決は、同条によっても、本件裁決（1）の取消訴訟が平成22年1月19日に提起されたものとみなされるにすぎないから、前記3か月の出訴期間の徒過という不備が是正されるわけではなく、早期の権利確定という前記の土地収用法133条1項の趣旨に鑑みても、原告らの主張は採用できないとして、本件裁決（1）の取消訴訟を却下した。

（2）原処分主義

　他方、本件裁決（2）について、原告らは、本件直接施行は完了していないので、これが完了したものと判断した本件裁決（2）は違法であると主張したが、1審判決は、かかる主張は、原処分である本件裁決（1）の瑕疵の主張であり、本件裁決（2）に固有の瑕疵ではないから、これを理由として本件裁決（2）の取消しを求めることは、行政事件訴訟法10条2項の原処分

主義により許されないとする。また、原告らは、国土交通大臣が、本件裁決（２）において、直接施行でも建築基準法が適用されるとの従前の法解釈を翻したことが裁決固有の瑕疵であるとも主張したが、１審判決は、国土交通大臣は、建築基準法違反の点は本件直接施行が完了しているか否かの判断に影響を及ぼすものではないとの判断を示しているにすぎず、直接施行では建築基準法が適用されないとの判断を示したものではないから、「従前の法解釈を翻した」との原告らの主張は失当であるとして退け、本件裁決（２）の取消請求は理由がないとして棄却した。

3　控訴審判決
（１）行政事件訴訟法20条

　原告らは控訴したが、広島高判平成23・９・14民集66巻11号3545頁（以下「原判決」という）は、控訴を棄却した。その理由は、以下の通りである。控訴人らが、行政事件訴訟法20条の趣旨に照らすと、本件裁決（２）の取消訴訟が出訴期間を遵守して適法に提起されている限り、上記訴訟に追加的に併合して提起された本件裁決（１）の取消訴訟は、適法なものと解すべきであると主張したことに対し、原判決は、同条が、「出訴期間の遵守については、処分の取消しの訴えは、裁決の取消しの訴えを提起した時に提起されたものとみなす」と規定していることに照らすと、本件裁決（１）の取消しを求める訴えは、本件裁決（２）の取消しを求める訴えが提起された平成22年１月19日に提起されたものとみなされるにとどまると解すべきであり、出訴期間の徒過という不備が是正されるわけではないとして、これを退けている。

　また、控訴人らが、本件裁決（１）に対する審査請求から本件裁決（２）が行われるまでに約３年もの年月が経過していることに照らすと、仮に、土地収用法133条１項が、出訴期間を３か月間という短期とし、早期の権利関係の確定を要請しているものであるとしても、この要請を控訴人らの裁判を受ける権利等よりも優先させるべき合理的根拠は存在しないと主張したことに対しても、同項は、出訴期間を裁決書の正本の送達を受けた日から３か月

第4節　出訴期間(収用委員会の裁決について審査請求がされた場合における原処分取消訴訟の出訴期間)

の不変期間と一律に規定しており、その例外について規定しておらず、仮に、収用委員会の裁決または当該裁決に対する審査請求に対する裁決があるまでに相当期間が経過していたとしても、その後に、公共事業の円滑な遂行を図っていく必要があることや、早期の権利関係の確定が要請されることには変わりがないから、この点の控訴人らの主張は、独自の見解といわざるを得ず、採用することができないと判示していた。

（2）原処分の適法性

原判決は、本件裁決（1）の取消しを求める訴えは却下を免れないとしながら、念のためとして、本件裁決（1）が違法かについても検討し、直接施行により建築物等を移転する場合において、施行者が、建築物等を仮換地に物理的に移動させ、直接施行が完了したものと判断し、その旨を客観的に明らかにしたときには、仮に、直接施行後の建築物等の状態が、直接施行前と同程度の状態ではなく、建築基準法等の法令に適合していなかったとしても、その時点では、土地区画整理法78条1項所定の「移転」は完了したものと解することが相当であるとして、本件裁決（1）の違法性も否定している。

（3）原処分主義

本件裁決（2）の取消訴訟についても、行政事件訴訟法10条2項は、処分の取消しの訴えとその処分についての審査請求を棄却した裁決の取消しの訴えとを提起することができる場合には、裁決の取消しの訴えにおいては、処分の違法を理由として取消しを求めることができないと規定しており、裁決の取消しの訴えにおいては、裁決固有の瑕疵（裁決主体の瑕疵、審理手続の瑕疵および裁決形式の瑕疵）の主張だけが許されているところ、控訴人らの主張する瑕疵は、原処分である本件裁決（1）についての瑕疵にほかならないので、前記主張を理由として、本件裁決（2）の取消しを求めることはできないと判示した。

（4）教　示

控訴人らは、被控訴人国においては、本件裁決（2）の際に、控訴人らに対して本件裁決（1）の取消訴訟の出訴期間についても教示すべきであった

のに、これを教示していないとも主張したが、原判決は、行政事件訴訟法46条1項2号が、行政庁に対し、取消訴訟を提起することができる処分または裁決をする場合に、当該処分または裁決の相手方に対して教示することを義務付けているのは、「当該処分又は裁決に係る取消訴訟の出訴期間」であり、審査請求に対する裁決をする場合に、当該裁決の相手方に対して、その原処分の取消訴訟の出訴期間までを教示するようには義務付けていないことに照らすと、被控訴人国が、本件裁決（2）の際に控訴人らに対して教示すべきであったのは、本件裁決（2）の取消訴訟の出訴期間にとどまるから、本件裁決（1）の取消訴訟の出訴期間を教示していなかったからといって、本件裁決（2）が違法ということはできないと述べている。

4　最高裁判決
（1）行政事件訴訟による権利利益の救済を受ける機会の確保

控訴人らが上告したところ、本判決は、原判決を破棄し、本件を1審に差し戻すべきと判示した。本判決は、行政事件訴訟法14条3項は、審査請求をすることができる場合において審査請求がされたときにおける原処分の取消訴訟の出訴期間の一般原則を定めるものであり、特別法の規定の解釈により例外的にその短縮を認めることについては、国民が行政事件訴訟による権利利益の救済を受ける機会を適切に確保するという同条の改正の趣旨に鑑み、慎重な考慮を要すると指摘している。

（2）審査請求に対する裁決の取消訴訟について短期の出訴期間を定める特例規定の不在

そして、土地収用法に、収用委員会の裁決につき審査請求がされた場合における当該審査請求に対する裁決の取消訴訟について短期の出訴期間を定める特例規定が設けられなかったのは、当該審査請求に対する裁決の取消訴訟について訴えの提起の要否等に係る検討の機会を通例と同様に確保する趣旨であると解され、そうすると、収用委員会の裁決につき審査請求がされなかった場合に法律関係の早期安定の観点から出訴期間を短縮する特例が定められ

第4節 出訴期間(収用委員会の裁決について審査請求がされた場合における原処分取消訴訟の出訴期間)

ているとしても、収用委員会の裁決につき審査請求がされた場合における収用委員会の裁決の取消訴訟の出訴期間について、これと必ずしも同様の規律に服させなければならないというものではないと述べている。

（3）出訴期間の統一

さらに、収用委員会の裁決につき審査請求をすることができる場合において審査請求がされたときにおける当該裁決の取消訴訟の出訴期間と当該審査請求に対する裁決の取消訴訟の出訴期間については、両者とも行政事件訴訟法14条3項を適用して同一の期間と解することができるところ、むしろその解釈によることが、国民が行政事件訴訟による権利利益の救済を受ける機会を適切に確保するという同条の改正の趣旨に沿ったものであるといえると指摘している。

（4）行政事件訴訟法20条

次に、行政事件訴訟法20条は、同法19条1項前段（「原告は、取消訴訟の口頭弁論の終結に至るまで、関連請求に係る訴えをこれに併合して提起することができる」）の規定により処分の取消訴訟をその処分についての審査請求を棄却した裁決の取消訴訟に併合して提起する場合について、出訴期間の遵守については処分の取消訴訟は裁決の取消訴訟を提起した時に提起されたものとみなす旨を規定しており、これは、同法10条2項が裁決の取消しの訴えにおいては処分の違法を理由として取消しを求めることができないとしていることを看過するなどして処分の違法を理由とする裁決の取消しの訴えを提起した者につき、原処分の取消訴訟の出訴期間の徒過による手続上の不利益を救済することに配慮したものと解されると述べている。そして、審査請求をすることができる場合において審査請求がされたときにおける原処分の取消訴訟の出訴期間と裁決の取消訴訟の出訴期間につき、仮に特別法により前者が後者より短期とされれば、一定の範囲で行政事件訴訟法20条による救済がされない場合が生ずることとなるのに対し、同法の一般規定のとおり両者が同一の期間であれば、同条による救済が常に可能となるのであって、前記のように両者を同一の期間と解することが同条の趣旨にも沿うということ

も指摘している。

（5）結　論

　以上を論拠として、本判決は、収用委員会の裁決につき審査請求をすることができる場合において、審査請求がされたときは、収用委員会の裁決の取消訴訟の出訴期間については、土地収用法の特例規定（133条1項）が適用されるものではなく、他に同法に別段の特例規定が存しない以上、原則どおり行政事件訴訟法14条3項の一般規定が適用され、その審査請求に対する裁決があったことを知った日から6か月以内かつ当該裁決の日から1年以内となると解するのが相当であると判示した。そして、本件裁決（1）の取消訴訟の出訴期間は、本件裁決（1）があったことを知った日から6か月以内かつ本件裁決の日から1年以内（行政事件訴訟法14条3項）となるところ、本件裁決（1）の取消訴訟は、本件裁決（1）の裁決書の謄本が送達されて当該裁決があったことを知った日から6か月以内であって本件裁決の日から1年以内の平成22年1月19日に提起された本件裁決（2）の取消訴訟に、同法19条1項前段の規定により追加的に併合して提起されたのであり、同法20条によって同日に提起されたものとみなされるから、出訴期間を遵守して提起されたものであるという結論を導いている。

5　評　釈

（1）平成16年改正前の行政事件訴訟法14条との比較

　本判決の特色の一つは、条文を丁寧に検討していることである。平成16年改正前の行政事件訴訟法14条は、同条1項で主観的出訴期間、同条3項で客観的出訴期間について定め、同条4項は、「第1項及び前項の期間は、処分又は裁決につき審査請求をすることができる場合又は行政庁が誤つて審査請求をすることができる旨を教示した場合において、審査請求があつたときは、その審査請求をした者については、これに対する裁決があつたことを知つた日又は裁決の日から起算する」と規定していた。すなわち、同条4項は、同条1項および3項(現行の同条1項および2項に相当)に対する起算点に限っ

た特則を規定するにとどめていた。これに対し、平成16年改正後の行政事件訴訟法14条は、同条1項で主観的出訴期間、同条2項で客観的出訴期間について定め、同条3項は、同条1項および2項とは別個の規定として、「処分又は裁決に係る取消訴訟は、その審査請求をした者については、前二項の規定にかかわらず、これに対する裁決があったことを知った日から6箇月を経過したとき又は当該裁決の日から1年を経過したときは、提起することができない」と規定していることを指摘している。すなわち、平成16年改正前の行政事件訴訟法については、14条1項の特例が同条4項の特例でもあると解することには文理上無理がなかったものの、同年改正後の行政事件訴訟法14条3項は、同条1項の主観的出訴期間、同条2項の客観的出訴期間から独立した規定になっているので、土地収用法133条1項の規定により、行政事件訴訟法14条1項の特例が定められているとしても、そこから直ちに当該特例が同条3項にも適用されると解すべきでないと指摘しているのである。

(2) 不服申立てに対する裁決に係る短期の出訴期間の特例

また、平成16年の行政事件訴訟法改正により、同法14条1項所定の取消訴訟の出訴期間が3か月から6か月に延長された一方、平成16年改正法附則により、土地収用に係る法律関係の早期安定の観点から、土地収用法133条1項に短期の出訴期間を定める特例規定[2]が設けられたものの、収用委員会の裁決についての審査請求に対する裁決の取消訴訟の出訴期間については、このような不服申立てに対する裁決につき短期の出訴期間の特例を定める立法例がある中で、土地収用法に同様の特例規定が設けられなかったことから、その取消訴訟の出訴期間は、行政事件訴訟法14条1項および2項により審査請求に対する裁決があったことを知った日から6か月以内かつ当該裁決の日

---

(2) 土地収用法133条1項の特例は、(ⅰ)収用委員会の裁決が準司法手続で行われる処分であること、(ⅱ)裁決がなされると補償金の支払義務等が発生するとともに、明渡しの期限の到来後は公共事業が実施されるので、早期に法律関係を確定させる必要があることを理由として設けられている。小澤道一・逐条解説土地収用法下巻(第3次改訂版)(ぎょうせい、2012年)699頁、同・要説土地収用法(ぎょうせい、2005年)282頁参照。

から1年以内とされることとなったとし、これは、審査請求がされた場合における審査請求に対する裁決の取消訴訟については、同法の一般規定による通例の出訴期間に服させ、訴えの提起の要否等に係る検討の機会を十分に付与するのが相当であるとされたものと解されると述べている。

原判決が、土地収用法133条1項と同趣旨の規定として挙げていた平成25年法律第100号による改正前の私的独占の禁止及び公正取引の確保に関する法律（以下「独禁法」という）77条1、2項[3]、海難審判法44条2、3項[4]等については、行政不服審査法に基づく不服申立てをすることができないため（平成25年法律第100号による改正前の独禁法118条、海難審判法54条参照）、行政事件訴訟法14条3項の規定の適用の有無という問題は生じないが、これらの規定が行政上の不服申立て対する裁決等について出訴期間の特例を明示的に設けていることから[5]、土地収用法133条1項のように原処分に対する取消訴訟の出訴期間についてのみ特例を明示している場合には、審査請求に対する裁決の取消訴訟の出訴期間は、行政事件訴訟法14条の一般原則に従う趣旨であることが確認されるとする。

（3）国民の権利利益の救済を重視した解釈

本判決の第2の特色は、国民の権利利益の救済を重視した解釈をしていることである。平成16年の行政事件訴訟法改正は、国民の権利利益のより実効的な救済手続の整備を図る観点から、出訴期間の定めによる法律関係の安定を考慮しつつ、国民が行政事件訴訟による権利利益の救済を受ける機会を適

---

(3) 平成25年法律第100号による改正前の同法77条1項は、「公正取引委員会の審決の取消しの訴えは、審決がその効力を生じた日から30日（第8条の4第1項の措置を命ずる審決については、3月）以内に提起しなければならない」とし、同条2項は「前項の期間は、不変期間とする」と定めていた。

(4) 海難審判法44条は、裁決の取消しの訴えは、東京高等裁判所の管轄に専属すること（1項）、裁決の取消しの訴えは、裁決の言渡しの日から30日以内に、提起しなければならないこと（2項）、この出訴期間は不変期間とすること（3項）を定めている。

(5) 消防法6条1項も、同法5条1項、5条の2第1項または5条の3第1項の規定による命令またはその命令についての審査請求に対する裁決の取消訴訟に関する出訴期間の特例を定めている。

第4節　出訴期間（収用委員会の裁決について審査請求がされた場合における原処分取消訴訟の出訴期間）

切に確保するために、主観的出訴期間を延長し、当該期間を不変期間とする規定を削除し、出訴期間内に訴訟を提起できなかったことについて正当な理由があるときは、出訴期間経過後も訴訟提起を認めることとした。したがって、特別法の規定の解釈により例外的に出訴期間の短縮を認めることについては、慎重な考慮を要すると指摘し、収用委員会の裁決につき審査請求をすることができる場合において審査請求がされたときにおける当該裁決の取消訴訟の出訴期間に行政事件訴訟法14条3項の規定を適用することが、行政事件訴訟による権利利益の救済を受ける機会を適切に確保するという同条の改正の趣旨に沿ったものであると述べている[6]。

　また、行政事件訴訟法20条自体は、平成16年の行政事件訴訟法改正で設けられたものではなく、同法制定時から存在するものであるが、同条が原処分主義の誤解により原処分の取消訴訟の出訴期間を徒過してしまうことがありがちであることを念頭に置いて、国民の権利利益の救済を図るためのものであることから、本判決は、同条の趣旨を損なわない解釈を志向している。すなわち、原判決のような解釈をとると、審査請求に対する裁決の取消訴訟が、裁決があったことを知った日から3か月を経過したが6か月以内（裁決の日から1年以内）に出訴した場合、裁決取消訴訟の出訴期間は遵守していることになるものの、同法19条の規定により原処分の取消訴訟を追加的に併合しても、原処分の出訴期間を経過していることになり、同法20条の規定による救済ができないことになる。これに対し、本判決のような解釈をとれば、審

---

[6] 平成16年改正前の行政事件訴訟法14条においては、審査請求に対する裁決の取消訴訟の出訴期間の起算日は、裁決があったことを知った日（主観的出訴期間の場合）または裁決の日（客観的出訴期間の場合）の翌日であったのに対し、審査請求がされた場合の原処分の取消訴訟の出訴期間の起算日は、裁決があったことを知った日（主観的出訴期間の場合）または裁決の日（客観的出訴期間の場合）であり、1日ずれがあった（最判昭和52・2・17民集31巻1号50頁参照）。同年改正前の行政事件訴訟法14条4項を改正した現行の行政事件訴訟法14条3項は、審査請求がされた場合の原処分の取消訴訟の出訴期間の起算日を審査請求に対する裁決の取消訴訟の出訴期間の起算日に統一する意義も有する（宇賀克也・改正行政事件訴訟法［補訂版］［青林書院、2006年］77頁、小林久起・行政事件訴訟法［商事法務、2004年］258－259頁参照）。

査請求に対する裁決の取消訴訟が出訴期間内に提起されていれば、同法19条1項前段の規定による原処分の取消訴訟は、同法20条の規定により裁決取消訴訟提起時に提起されたものとみなされ、本件のような場合にも、同法20条が救済に資することになる。

(4) 土地収用法133条1項が設けられた趣旨

以上のような本判決の解釈は支持されるべきと思われるが、1審判決、原判決が述べていたような土地収用法133条1項が設けられた趣旨、すなわち、準司法機関である収用委員会において、対審構造の下、双方が主張・立証を尽くした後に裁決がなされるものであること、公共事業の円滑な遂行を図るために早期の権利確定が要請されることとの関係についても、検討しておく必要があるように思われる。このうち、準司法手続がとられているという理由については、審査請求に対する国土交通大臣による裁決手続については当てはまらないので、土地収用法133条1項を原処分についてのみの特例と解することに問題はないといえる。他方、公共事業の円滑な遂行を図るための早期の権利確定の要請は、審査請求が行われた場合の原処分の取消訴訟についても当てはまると考えられるので、立法論としては、審査請求が行われた場合であっても、原処分の出訴期間の短期特例を定めることは検討の余地があるものと思われる。しかし、解釈論としては、本判決が指摘するように、国民の権利利益の救済を困難にするような拡張解釈は避けるべきと思われる。

第5節　基幹統計調査に係る文書提出命令

1　事案の概要
（1）文書提出命令の申立て

　本節では、基幹統計調査に係る文書提出命令が申し立てられた事案における最決平成25・4・19判時2194号13頁（以下「本決定」という）[1]を取り上げることとする。

　生活保護法に基づく生活扶助の支給を受けているXらは、同法の委任に基づく「生活保護法による保護の基準」（昭和38年厚生省告示第158号。以下「保護基準」という）の数次の改定により、原則として70歳以上の者を対象とする生活扶助の加算が段階的に減額されて廃止されたために所轄の福祉事務所長らから生活扶助支給額を減額する旨の保護変更決定を受けた。そこでXらは、保護基準の前記改定は憲法25条1項、生活保護法3条、8条、9条、56条等に違反し違憲、違法であるとして、前記福祉事務所長らの所属する地方公共団体を被告として前記各保護変更決定の取消訴訟等の本案訴訟を提起し、その控訴審において、厚生労働大臣が保護基準を改定するに当たり根拠とした統計に係る集計の手法等が合理性を欠くことを立証するために必要があるという理由で、Y（国）が所持する「平成11年及び同16年の全国消費実態調査[2]の調査票である家計簿A、家計簿B[3]、年収・貯蓄等調査票[4]および世帯票[5]で、電磁的媒体（磁気テープまたはCD-ROM）に記録される形式で保管されているもの[6]のうち、単身世帯のもの」の文書提出命令を申し立てた。

　（1）　佐伯彰洋・民商148巻4・5号111頁、髙橋明男・平成25年度重判解（ジュリ臨増1466号）41頁、伊東俊明・平成25年度重判解（ジュリ臨増1466号）132頁、井上禎男・判評664（判例時報2217）号140頁、同・福岡大学法学論叢59巻1号75頁、野村秀敏・私法判例リマークス48号118頁以下、安井英俊・判例セレクト2013—2（法教402号別冊付録）28頁、川嶋四郎・法セ59巻10号126頁参照。

（2）総務大臣の意見

本件申立てに対して、民事訴訟法220条4号ロ（「公務員の職務上の秘密に関する文書でその提出により公共の利益を害し、又は公務の遂行に著しい支障を生ずるおそれがあるもの」）に該当するかについて、民事訴訟法231条において準用する同法223条3項（「裁判所は、公務員の職務上の秘密に関する

（2） 全国消費実態調査とは、総務大臣が行う統計調査であり、世帯を対象として、家計の収入・支出および貯蓄、負債、耐久消費財、住宅・宅地等の家計資産を総合的に調査し、全国および地域別、世帯属性別に、世帯の消費、所得、資産に係る水準、構造、分布等の国民生活の実態を把握することを目的として、昭和34年以降5年ごとに実施されている。その調査結果は、年金・老人介護などの社会保障制度、税制ならびに国家公務員および地方公務員の給与算定等、国、地方公共団体の行政施策を立案する際の基礎資料として利用されているほか、民間の企業・研究所、労働組合等、民間においても利用されている。全国消費実態調査の調査対象は、全国全世帯のうち総務大臣（平成13年1月8日より前は総務庁長官）の定める方法により選定された世帯であり、2人以上の世帯と単身世帯とに分けて選定される。平成11年の全国消費実態調査は、同年1月1日における全国のすべての市および一部の町村において、平成7年国勢調査の全調査区の中から一定数の調査区が選定され、当該調査区内にある2人以上の世帯および単身世帯のうちから選定された世帯が対象とされた。調査対象となる世帯数は、2人以上の世帯が5万4792、単身世帯が5002（うち60歳以上の単身世帯は1717）であった。

（3） 家計簿Aは10月分、家計簿Bは11月分の収入・支出等を記載するいずれも90頁以上の用紙であり、月ごとの収入や日々の支出と物の入手（購入等）を網羅的に記載するものとされている。支出については、口座自動振替による支払と現金支出とに分類され、口座自動振替による支払については1か月分をまとめて公共料金等の支払とクレジットカード等の支払とに分けて記載することとされている。現金支出については、個々の品名および用途ごとに金額を記載するものとされている。物の入手については、個々の品名および用途ごとに支払方法および金額を記載し、いずれも日ごとに別の頁に分けて記載するものとされている。家計簿Bは、以上のほか、個々の品名および用途ごとに一般小売店など8項目に分類された購入先の区分を記載するものとされている。

（4） 年収・貯蓄等調査票には、年間収入、貯蓄現在高および借入金残高を記載するものとされている。年間収入については、給与等の10種類の収入ごとに世帯員各自の収入を記載し、貯蓄現在高については、貯金、生命保険等、株式等の8種類につき世帯全員の現在高を記載し、借入金残高については、住宅購入等、それ以外、月賦・年賦の3種類に分類して記載するものとされている。

（5） 世帯票には、世帯の状況等が記載され、（i）世帯主の氏名、住所および電話番号、（ⅱ）世帯員の氏名、性別、年齢、続柄、就業と非就業の別、勤務先等、（ⅲ）世帯員以外の家族の氏名、続柄、不在理由等、（ⅳ）単身世帯の形態、（ⅴ）現住居等に関する事項（所有関係、構造、設備、住宅の延べ床面積、敷地面積および建築時期等）、（ⅵ）現住居以外の住宅および土地に関する事項（所有関係、用途等）等を記載するものとされている。

（6） 調査票情報は磁気テープに記録される。家計簿Aおよび家計簿Bに記載された情報については、用途および品目の分類に従って2か月分を加重平均した数値が記録されるが、それ以外の情報については、報告内容がそのまま記録される。

第 5 節　基幹統計調査に係る文書提出命令

文書について第220条第 4 号に掲げる場合であることを文書の提出義務の原因とする文書提出命令の申立てがあった場合には、その申立てに理由がないことが明らかなときを除き、当該文書が同号ロに掲げる文書に該当するかどうかについて、当該監督官庁（衆議院又は参議院の議員の職務上の秘密に関する文書についてはその院、内閣総理大臣その他の国務大臣の職務上の秘密に関する文書については内閣。以下この条において同じ。）の意見を聴かなければならない。この場合において、当該監督官庁は、当該文書が同号ロに掲げる文書に該当する旨の意見を述べるときは、その理由を示さなければならない」）である総務大臣の意見が聴取された。総務大臣は、仮に本件申立て準文書が本案訴訟において提出されることになれば、統計行政に対する国民の信頼が損なわれ、今後の統計調査の実施に著しい支障が生ずること等を理由として、本件申立て準文書が同法220条 4 号ロに該当する旨の意見を述べた。また、本件申立て準文書の所持者であるYは、同様の理由により本件申立て準文書を提出すべき義務を負わない旨の意見を述べた。

2　高裁決定

　原審の広島高決平成24・11・16判例集不登載（以下「原決定」という）は、Yに対し、本件申立て準文書のうち、「平成11年の全国消費実態調査の調査票である家計簿A、家計簿B、年収・貯蓄等調査票（ただし、それぞれ都道府県市区町村番号、調査単位区符号、一連世帯番号、世帯の別および世帯区分を除く）および世帯票（ただし、都道府県市区町村番号、調査単位区符号、一連世帯番号、世帯の別、世帯区分、抽出区分、世帯主の氏名、電話番号および住所、『世帯員の家族について』欄ならびに『世帯主と子の同居について』欄を除く）で、磁気テープに記録される形式で保管されているもののうち、60歳以上の単身世帯のもの」の提出を命じた。その理由は、以下のようなものであった。

　すなわち、本案訴訟において本件申立て準文書が提出されることにより統計調査に係る公務の遂行に著しい支障を生じさせる具体的なおそれは、その

ほとんどが個人情報の漏えいないし被調査者の特定可能性によるところ、個人情報の漏えいないし被調査者の特定可能性は、居住地域（都道府県市区町村番号）が特定されることによって生ずるから、本件申立て準文書のうち、各調査票における都道府県市区町村番号や調査単位区符号等および世帯票における世帯主の氏名、住所、電話番号等の各事項を文書提出命令の対象から除外すれば、被調査者の特定可能性は抽象的なものにとどまるし、仮に個人の特定につながらなくてもその余の準文書が公の法廷に提出されること自体により統計行政の運営に支障を来すおそれがあるとしても、それはなお抽象的なものにとどまるというのである。したがって、本件申立て準文書のうち平成11年の全国消費実態調査の60歳以上の単身世帯に係る調査票の記載事項から前記各事項を除外した残余の事項を記録した本件準文書は、民事訴訟法220条4号ロ所定の「その提出により…公務の遂行に著しい支障を生ずるおそれがあるもの」に当たらないと判示したのである。

3 最高裁決定
（1）新統計法における調査票情報の保護

　これに対してYが許可抗告の申立てをしたところ、原審はこれを許可した。本決定は、原決定の判断には、裁判に影響を及ぼすことが明らかな法令の違反があるとして、原決定のうち文書提出命令の申立てを認容した部分を破棄し、本件申立ては理由がないとして却下した。本決定の論旨は、以下の通りである。

　本決定は、平成19年法律第53号による改正後の統計法（以下「新統計法」という）[7]が、公的統計が国民にとって合理的な意思決定を行うための基盤となる重要な情報であること（1条）に鑑み、正確な統計を得るために被調査者から真実に合致した正確な内容の報告を得る必要があることから、被

（7）　宇賀克也「全面施行された新統計法と基本計画」ジュリ1381号28頁以下、宇賀克也＝中島信隆＝中田睦＝廣松毅「（座談会）全面施行された新統計法」ジュリ1381号4頁以下参照。

第 5 節　基幹統計調査に係る文書提出命令

調査者の統計制度に係る情報保護に対する信頼を確保することを目的として、様々な角度から調査票情報の保護を図っていることを指摘している。具体的には、（ⅰ）基本理念として、公的統計の作成に用いられた個人または法人その他の団体に関する秘密は保護されなければならないと定め（3条4項）、（ⅱ）統計調査によって集められた情報のうち文書、図画または電磁的記録によって記録されているものである調査票情報の取扱いに関する業務に従事する者[8]等に対し、調査票情報等を適正に管理するために必要な措置を講ずる義務（39条、42条）および守秘義務等（41条、43条）を課し、（ⅲ）守秘義務等に違反した者に対する刑事罰を定めており（57条）、（ⅳ）調査票情報の目的外利用を原則として禁止し（40条）[9]、例外として2次利用が認められる場合を法定している（32条から36条まで）ことを確認している[10]。

（2）基幹統計調査に係る調査票情報一般の真実性確保の重要性

次いで、本決定は、本件で問題となった全国消費実態調査の性質を検討している。そして、全国消費実態調査は、平成19年法律第53号による改正前の統計法（以下「旧統計法」という）における指定統計調査として指定されており、平成11年の全国消費実態調査によって集められた調査票情報は、新統計法における基幹統計調査に係る調査票情報とみなされること（平成19年法律第53号附則9条）、基幹統計[11]は、国勢統計および国民経済計算のほか、全国的な政策を企画立案し、またはこれを実施する上において特に重要な統計として総務大臣が指定するものであり（新統計法2条4項）、公的統計の中核をなすものとして特に重要性が高い統計として位置付けられており、その基礎となる報告の内容の真実性および正確性が担保されることが特に強く

---

(8)　全国消費実態調査の調査は、都道府県知事等の任命または国の委託を受けた調査員が対象世帯に調査票の各用紙を配布し、被調査者がこれらに所定の調査事項に該当する事項を記載して封筒に入れて密封し、調査員がこれを回収する方法によって行われている。

(9)　調査票の各用紙、調査への協力を求めるパンフレット等には、調査票の目的外使用をしない旨、秘密保護に万全を期している旨、真実を記入するよう求める旨の記載があり、調査員もその旨を被調査者に説明し、被調査者は調査に無償で協力している。

(10)　統計行政における秘密の保護について、宇賀克也・個人情報保護の理論と実務（有斐閣、2009年）419頁以下参照。

求められること、このような観点から、基幹統計の作成を目的とする基幹統計調査について、新統計法は、所轄行政庁に個人または法人その他の団体に対する報告の徴収に加えて立入検査等の調査の権限を付与し（13条1項、2項、15条1項）、その報告や調査の拒否等につき罰金刑の制裁を科す（61条1号、2号）などの定めを置いていることを指摘している。

（3）全国消費実態調査の性質

このように、基幹統計調査に係る調査票情報一般の真実性確保の重要性を確認した後、全国消費実態調査の性質の個別的検討が行われている。そして、原決定が提出を命じた全国消費実態調査に係る調査票情報である本件準文書に記録された情報は、個人の特定に係る事項が一定の範囲で除外されているとはいえ、被調査者の家族構成や居住状況等に加え、月ごとの収入や日々の支出と物の購入等の家計の状況、年間収入、貯蓄現在高と借入金残高およびそれらの内訳等の資産の状況等、個人およびその家族の消費生活や経済状態等の委細にわたる極めて詳細かつ具体的な情報であって、金額等の数値も一部が分類されて2か月分の加重平均となるほかは細目にわたり報告の内容のまま記録されており、被調査者としては通常他人に知られたくないと考えることが想定される類型の情報であるといえることが指摘される。

（4）被調査者の当該統計制度に係る情報保護に対する信頼確保の重要性

以上のように、全国消費実態調査は、個人およびその家族の消費生活や経済状態等の詳細について報告を求める基幹統計調査であり、事柄の性質上、前記の立入検査等や罰金刑の制裁によってその報告の内容を裏付ける客観的な資料を強制的に徴収することは現実には極めて困難であるといわざるを得

---

(11) 統計法2条4項は、基幹統計を、(ⅰ)国勢統計、(ⅱ)国民経済計算、(ⅲ)行政機関が作成し、または作成すべき統計であって、(ア)全国的な政策を企画立案し、またはこれを実施する上において特に重要な統計、(イ)民間における意思決定または研究活動のために広く利用されると見込まれる統計、(ウ)国際条約または国際機関が作成する計画において作成が求められている統計その他国際比較を行う上において特に重要な統計のいずれかに該当するものとして総務大臣が指定するものと定義している。基幹統計の指定を受けている統計は、平成27年3月25日現在で55存在する。基幹統計の大半は統計調査の方法によっている（50統計）。

ないから、その報告の内容の真実性および正確性を担保するためには、被調査者の任意の協力による真実に合致した正確な報告が行われることが極めて重要であり、調査票情報の十全な保護を図ることによって被調査者の当該統計制度に係る情報保護に対する信頼を確保することが強く要請されると判示している。

(5) 公務遂行への著しい支障

そして、このような全国消費実態調査に係る情報の性質や内容等に鑑みれば、仮にこれらの情報の記録された本件準文書が訴訟において提出されると、当該訴訟の審理等を通じてその内容を知り得た者は守秘義務等を負わず利用の制限等の規制も受けない以上、例えば被調査者との関係等を通じてこれらの情報の一部を知る者などの第三者において被調査者を特定してこれらの情報全体の委細を知るに至る可能性があることを否定することはできず、このような事態への危惧から、被調査者が調査に協力して真実に合致した正確な報告に応ずることに強い不安、懸念を抱くことは否定し難く、こうした危惧や不安、懸念が不相当なものであるとはいい難いと述べている[12]。

そして、基幹統計調査としての全国消費実態調査における被調査者の当該統計制度に係る情報保護に対する信頼の確保に係る要請に加え、全国消費実態調査に係る調査票情報である本件準文書に記録された情報の性質や内容等に係る事情も併せ考慮すれば、仮に本件準文書が本案訴訟において提出されると、調査票情報に含まれる個人の情報が保護されることを前提として任意に調査に協力した被調査者の信頼を著しく損ない、ひいては、被調査者の任

---

[12] 国の統計調査全般に関する世論調査において、近年の統計環境の悪化が示されている。すなわち、統計調査に協力したくない旨の回答をした者の割合は、平成元年には11.3パーセントであったが、同21年には23.1パーセントと倍以上に増加している。そして、統計調査に協力する旨の回答をした者の割合は、平成元年には83.4パーセントであったが、同21年には73.4パーセントと10パーセント下落している。また、同年の世論調査においては、回答する際に困惑することとして、調査結果がどのように利用されるか分からないこと（42.0パーセント）、個人情報が第三者に漏れてしまわないか不安があること（38.7パーセント）などが挙げられており、個人情報が保護されるか否かについての懸念を持つ者が少なくないことが明らかになっている。

意の協力を通じて統計の真実性および正確性を担保することが著しく困難となることは避け難く、これにより、基幹統計調査としての全国消費実態調査に係る統計業務の遂行に著しい支障をもたらす具体的なおそれがあるから、原決定が提出を命じた本件準文書は、民事訴訟法231条において準用する同法220条4号ロ所定の「その提出により…公務の遂行に著しい支障を生ずるおそれがあるもの」に当たると判示した。

4 田原睦夫裁判官の補足意見
（1）災害調査復命書決定

本決定には、田原睦夫裁判官の詳細な補足意見（以下「田原補足意見」という）が付けられている。田原補足意見は、最決平成17・10・14民集59巻8号2265頁[13]（以下「災害調査復命書決定」という）と本決定との関係を明確にすることを主眼としている。そこで、災害調査復命書決定について説明しておくこととする。

災害調査復命書決定は、労災事故に係る労働基準監督官等の調査担当者作成の災害調査復命書に対する文書提出命令の申立てに係る事案についてのものである。災害調査復命書決定は、「民訴法220条4号ロにいう『その提出により公共の利益を害し、又は公務の遂行に著しい支障を生ずるおそれがある』とは、単に文書の性格から公共の利益を害し、又は公務の遂行に著しい支障

---

(13) 藤原静雄・法令解説資料総覧293号77頁、山本和彦・民商134巻3号121頁、久末弥生・自治研究83巻6号145頁、松並重雄・ジュリ1322号159頁、同・最高裁 時の判例〔平成15年～平成17年〕〔5〕〔ジュリ増刊〕241頁、同・曹時60巻2号613頁、同・最高裁判所判例解説民事篇（平成17年度）〔下〕696頁、高見進・平成17年度重判解（ジュリ臨増1313号）135頁、同・民事訴訟法判例百選〔第4版〕142頁、猪股孝史・判評575（判時1947）号177頁、片田信宏・平成18年度主要民判解（別冊判タ1245号）183頁、高橋正人・東北法学30号237頁、名古道功・金沢法学49巻2号1頁、芳賀雅顯・法学研究（慶応大）80巻2号135頁、同・金融・商事判例1311号124頁、佐藤優希・志学館法学11号27頁、開本英幸・法時79巻2号125頁、同・労働判例解説集1巻400頁、町村泰貴・私法判例リマークス34号110頁、菅俊治・日本労働法学会誌108号215頁、労働判例903号5頁、岩出誠・労判908号5頁、小川賢一・労旬1637号10頁、鈴木祐治・季刊労働法213号112頁、上野晳・平成17年行政関係判例解説258頁、鳥毛美範・法セ51巻3号35頁、和田吉弘・法セ51巻5号134頁、夏井高人・判例自治363号84頁、慶応義塾大学民事手続判例研究会（監修）三木浩一・Lexis判例速報2巻1号60頁参照。

を生ずる抽象的なおそれがあることが認められるだけでは足りず、その文書の記載内容からみてそのおそれの存在することが具体的に認められることが必要である」との一般論を述べた後、具体的検討を行っている。当該災害調査復命書には、事故に係る客観的な事実関係のほか、（ⅰ）当該調査担当者が、事業場や労働者らから聴取したところを取りまとめたもの、事業者から提供を受けた関係資料や当該事業場内の見分等に基づいて推測、評価、分析した事項、（ⅱ）再発防止策、行政指導の措置内容についての当該担当者の意見、署長判決および意見等の行政内部の意思形成過程に関する情報が含まれていたところ、災害調査復命書決定は、（ⅱ）の情報に係る部分は、行政内部の意思形成過程に関する情報が記載されたものであり、その記載内容に照らして、これが本案事件において提出されると、行政の自由な意思決定が阻害され、公務の遂行に著しい支障を生ずるおそれが具体的に存在することが明らかであるとして、同号ロ該当性を肯定した。他方、（ⅰ）の情報に係る部分が本案訴訟において提出されても、関係者の信頼を著しく損ない、また以後調査担当者が労働災害に関する調査を行うに当たって関係者の協力を得ることが著しく困難となるということも、災害調査復命書の記載内容に実質的な影響が生ずることも考えられないので、公務の遂行に著しい支障が具体的に存在するということはできないとして、同号ロ該当性を否定した。

（2）民事訴訟法220条4号ロ該当性

① 公表された場合に公共の利益を害することが明らかな文書

　田原補足意見は、災害調査復命書決定を踏まえ、文書の内容が民事訴訟法220条4号ロに該当するかについて、以下のように分析している。まず、その提出により公共の利益を害する文書に当たるのは、文書の記載内容自体に高度の公益性があり、それが公表された場合には、公共の利益を害することが明らかな文書、例えば、防衛秘[14]、外交秘、治安関係事項に関する文書等であるとする。

② 提出により「公務の遂行に著しい支障を生ずるおそれがある」文書

　次いで、その提出により「公務の遂行に著しい支障を生ずるおそれがある」

文書には、3つのカテゴリーがあるとする。

(ア) 公表されること自体が公務の遂行に著しい支障を生ずるおそれがあると認められる文書

　第1は、当該文書の内容から、それが公表されること自体が公務の遂行に著しい支障を生ずるおそれがあると認められる文書、例えば、行政内部の意思形成過程の文書で、公表が予定されていない文書（同条4号ニ本文の「内部文書」に相当する文書）、具体的には、災害調査復命書決定の（ⅱ）の文書、病院の医療事故に関し病院内部で作成された報告書等[15]、相手方との信頼関係保持との関係上、公表することが予定されていない文書[16]、非公開の委員会の議事録等がそれに当たると解されると述べられている。

(イ) 当該文書の内容が、訴訟当事者に直接関係し、または訴訟の争点に関連する事項を内容とする文書

　第2は、当該文書の内容が、（ⅰ）訴訟当事者に直接関係し、または（ⅱ）訴訟の争点に関連する事項を内容とする文書であり、（ⅰ）の訴訟当事者に直接関連する事項を内容とする文書としては、例えば、事故に係る損害賠償請求訴訟において、当該事故に関する報告書のうち、当該訴訟当事者に直接関係する部分等については、それが公表されることにより生じ得る支障の事項、内容を具体的に想定し得るのであり、それが著しい支障と評価すべきも

---

(14) 田原補足意見も指摘しているように、東京高決平成20・2・19判タ1300号293頁は、元海上自衛隊員の自殺事故に関する報告書について、自衛艦の乗員数、泊地等につき同号ロ該当性を肯定している。

(15) 広島高岡山支決平成16・4・6判時1874号69頁、東京高決平成23・5・17判タ1370号239頁が例示されている。

(16) 最決平成17・7・22民集59巻6号1888頁（春日偉知郎・法学研究（慶応大）79巻12号111頁、同・金融・商事判例1311号168頁、長谷部由起子・民商135巻3号484頁、川嶋四郎・法セ51巻4号122頁、原強・平成17年度重判解（ジュリ臨増1313号）133頁、田邊誠・私法判例リマークス33号146頁、森英明・ジュリ1328号127頁、同・最高裁　時の判例〔平成15年～平成17年〕〔5〕（ジュリ増刊）238頁、同・曹時60巻4号203頁、同・最高裁判所判例解説民事篇（平成17年度）536頁、原啓一郎・平成18年度主要民判解（別冊判タ1245号）185頁、川島喜弘・平成17年行政関係判例解説234頁、石田秀博・受験新報661号20頁参照）の事案で問題になった外務省が口上書の形式で外国の公的機関に交付した文書の控え等がそれに当たるとされている。

のか否かは、当該訴訟の内容に応じて個別具体的に検討されるべきものであるが、多くの場合、その支障は否定されるであろうと述べられている。

次に、訴訟当事者に間接的に関連する事項を内容とする文書には、訴訟の対象たる事故の遠因を調査するための第三者からの聴取書、再発防止策のための検討資料等がそれに当たるが、かかる文書の場合には、（ⅰ）それを公表すること自体により当該第三者の利益を侵害し、そのことが公務の遂行に著しい支障を生ずるおそれをもたらす場合と、（ⅱ）その公表により、同種の事故が生じた場合に同様の調査を行うことが困難となって公務の遂行に著しい支障が生ずる場合とが想定されるとする。そして、（ⅰ）については、具体的なおそれの有無を個別事案ごとに検討することが可能であるが、（ⅱ）については、将来予測であるだけに、その具体的なおそれの認定は、（ⅰ）と比較して具体性の程度を緩やかに解さざるを得ないとする。そして、かかる観点から民事訴訟法220条4号ロの要件該当性を肯定したものとして、最決平成16・2・20集民213号541頁[17]（漁業補償交渉資料として作成された補償額算定資料）、前掲東京高決裁平成20・2・19の事故報告書の一部等があると指摘している。

(ウ) 当該文書が訴訟当事者と関係なく作成された文書である場合

第3に、当該文書が訴訟当事者と関係なく作成された文書である場合であり、その場合も、（ⅰ）それが公表されることにより、その内容にかかわる関係者の利益を直接侵害するおそれがあり、そのことによって公務の遂行に著しい支障を来すか否かという点と、（ⅱ）その公表により、将来それと同種の文書を作成することに困難を来し、その結果、爾後の公務の遂行に著しい支障を来すか否かが問題となり得るとする。そして、（ⅰ）の点は、ある程度具体的に検討することが可能であるが、本件統計調査の如く、その対象

---

[17] 齋藤哲・判評555（判時1885）号204頁、川嶋四郎・法セ50巻6号121頁、林道晴・NBL816号59頁、榊原信次・平成16年度主要民判解（別冊判タ1184号）2001頁、金丸和弘・金融・商事判例増刊1311号164頁、渡辺森児・法学研究（慶応大）78巻6号91頁、石田秀博・受験新報648号14頁参照。

者が多数に上る場合には、ある程度緩やかなレベルで判断せざるを得ないとする。また（ⅱ）の点は、より一般的な将来予測であるだけに、具体性の程度をより緩やかに解さざるを得ないと述べている。

③　公務の遂行に著しい支障が生ずるか否かの認定における具体性の程度

田原補足意見は、以上のように、公務の遂行に著しい支障が生ずるか否かの認定における具体性の程度は、当該文書の内容（訴訟当事者との関係およびその記載内容）との関係から、比較的明確に認定し得るものから、それが生ずるおそれの認定についてはある程度緩やかなレベルにとどまらざるを得ないものがあるとし、本件準文書についても、以上を前提に検討する必要があると指摘している。

④　基幹統計

以上を踏まえて、田原補足意見は、新統計法の基幹統計については、旧統計法の指定統計以上にその真実性を担保するための諸規定が整備・拡充され、また2次的利用に関しても、その利用者に適正な管理を義務付けるとともに、刑事罰を伴う守秘義務を課していることを指摘し、基幹統計の信用性の基礎を揺るがすおそれをもたらす事態が生ずることは、できる限り防止するという観点から、民事訴訟法220条4号ロの要件該当性が検討されるべきであるとする。

⑤　調査票情報漏出の危険性

そして、基幹統計の対象者の選定方法や選定に係る一般的なデータ、調査方法、調査結果の統計データ処理の方法等、統計調査に係る一般的、技術的手法に関する資料等は、仮に文書提出命令によって法廷に顕出されても統計調査の信用性を何ら揺るがすものではないが、「調査票情報」（新統計法2条11項）は、統計調査のデータそのものであり、調査票情報の2次的利用は厳しく制約され、また調査票情報に直接、間接に接する者に対しても刑事罰を背景とした厳しい守秘義務が課されていることを指摘している。したがって、もし、被調査者とは全く関係のない第三者間の訴訟において、被調査者の意向とは関係なく調査票情報が文書提出命令によって法廷に顕出されるおそれ

があり、かつ、提出された場合には統計調査の関係者ではない訴訟関係者がその情報に接するとともに、当該訴訟関係者は新統計法上の守秘義務を負わないことからさらに第三者にその情報が漏出するおそれもあることを被調査者が知った場合には、統計調査への協力を拒絶し、あるいは正確な応答をすることなく適宜の応答しかしなくなることが懸念されると述べている。

　田原補足意見は、かかるおそれの有無・程度を計数的に把握することが極めて困難であることを認めているが、そのことは、そのおそれが一般的抽象的な可能性にとどまるものであることを意味するものではなく、もし、統計調査の方法により作成される基幹統計調査のいずれかにおいて、かかるおそれが現実化した場合には、その影響は当該統計調査にとどまらず、新統計法の定める統計システム全体に影響し、その結果そのシステム自体が瓦解しかねず、その場合政府機関は、その政策決定に不可欠である正確な基礎データを入手し得ないこととなるのであって、その影響するところは余りにも甚大であると指摘している。

⑥　ブラインド化の限界

　田原補足意見は、原決定が、文書提出命令の発令に際し、個人情報に係る一定の情報を提出命令の対象外とすること（ブラインド化）により、調査票情報のうち個人の特定につながる情報を秘匿できることから、本件準文書が公の法廷に提出されても、統計行政の運営に支障を来すおそれは抽象的なものにとどまるとした点について、反論している。すなわち、被調査者としては、個々の文書提出命令の発令に際して、いかなる限度で調査票情報が秘匿化されるかがまったく予測できない以上、文書提出命令において個人の特定につながる情報を秘匿化するべくその提出対象を一部除外するとの措置がなされることがあるか否かは、前記の調査への協力に消極的な対応をとるか否かに何ら影響を及ぼすものではないと述べている。

　したがって、基幹統計における調査票情報は、文書提出命令において、被調査者（個人）の特定に係る情報部分につき秘匿の措置をとるか否かにかかわらず、特段の事由のない限り、民事訴訟法220条4号ロの「公務の遂行に

著しい支障を生ずるおそれがあるもの」に当たると主張している。そして、本件調査は、被調査者の個人や家族の詳細な生活情報をその対象とするものであり、被調査者の個人情報の秘匿がより強く求められるものであることからすれば、前記の「公務の遂行に著しい支障を生ずるおそれがある」要件の（ア）と（ウ）のカテゴリーに該当することは明らかであると述べている。

(3) 証拠調べの必要性と民事訴訟法220条4号ロとの関係

① 相関的な検討の必要性

このように、田原補足意見は、本件準文書は民事訴訟法220条4号ロに該当することは明らかであるとしながら、原決定が、証拠調べの必要性と民事訴訟法220条4号ロとの関係についても理論的に看過できない判断を示しているとして、その点につき補足的に述べている。すなわち、原決定が、本件準文書の取調べの必要性を簡単に認めたうえで、本件準文書の民事訴訟法220条4号ロ該当性の有無を、取調べの必要性とは別個の要件として検討を加えている点を問題視しているのである。田原補足意見は、今日の学説の有力説および多数の高裁決定例が、民事訴訟法220条4号ロの「公務の遂行に著しい支障を生ずるおそれ」があるか否かは、当該文書の性質上同号の要件に該当することが明らかでない限り、取調べの必要性と公務の遂行に支障を生ずるおそれの程度とを相関的に検討したうえで判断すべきものとしていることを指摘し、この見解が正当であると思料するので、かかる相関的な観点から、本件準文書の民事訴訟法220条4号ロ該当性の有無について一応の検討を加えるとして、次のように述べている。

原決定は、本件準文書が個人の特定につながることがなくとも、それが公の法廷に顕出されることにより、統計行政の運営に支障を来すおそれがないと即断することはできないが、そのおそれは、なお抽象的なものにとどまるとして、民事訴訟法220条4号ロ該当性を否定したが、本件準文書が公開の法廷に顕出されるか否かは統計行政の制度的な信頼にかかわるものであるところ、それが今後行われる本件実態調査やそれ以外の統計調査を含めた統計行政全体に如何なる影響を及ぼし得るかについて、原決定が何ら論じていな

いことに、田原補足意見は疑問を呈している。そして、本件準文書が原決定のように個人の特定に係る情報を秘匿した上であっても、それが法廷に顕出されることによる統計行政への影響の有無・程度を、証拠としての必要性との相関的な観点から検討すべきとして、証拠としての必要性について検討を行っている。

② 模索的立証

田原補足意見は、本件本案訴訟の争点は、厚生労働大臣が告示によって行った生活保護の老齢加算制度の廃止が、同大臣の裁量権の行使の逸脱、濫用に当たるか否かという点にあるところ、本件申立てに係る準文書は、その裁量権行使の基礎資料として用いられたものであるとし、行政機関が裁量権の行使に当たり用いた資料に仮に誤りが存したとしても、その誤りが裁量権行使の可否、内容に直接の影響を及ぼし得るものでない限り、それは裁量権の行使の違法性に結び付くものではなく、また、その誤りが、裁量権行使の判断に影響を及ぼし得るものであったとしても、行政機関がその行使に当たり、その誤りを知り、または知ることができた場合でない限り、裁量権行使の逸脱、濫用であるとしてその違法性が問われることはないと解すべきと述べている。

そして、Xらは、本件準文書により、厚生労働大臣において裁量権の逸脱、濫用があったことを立証すべく本件文書提出命令の申立てをしたことが認められるが、その申立書や申立人らの主張書面によっても、Xらは、本件統計調査の統計データ処理の正確性に疑問があり、それを検証するために本件準文書の開示を求める必要性があると抽象的に主張するのみであり、本件統計データ処理の正確性を確認する上で具体的に検証されるべき点は何か、その検証により、本件統計調査の結論に相違が生ずる可能性の程度、その相違は本件における厚生労働大臣の裁量権の行使に影響を及ぼし得るものか否か等について何ら具体的に主張しておらず、また、Xらの主張するような統計データ処理の誤りが存したとしても、厚生労働大臣がそれを知り、または知ることができ、その結果本件においても裁量権行使の逸脱、濫用があったといえ

るのかについても、申立人らは何ら具体的に主張してはいないことを指摘する。そして、このように、Xらが本件準文書の提出によって立証しようとする事実は、本件統計データ処理の正確性の検証という、前記の本件本案訴訟の争点からすれば、その主張を裏付ける（最終立証命題との関係では、その関連性は薄いものと窺われる）間接資料を入手しようとするものにすぎず、いわば模索的立証に近いものとも評し得ると評価している。

③　判断過程における審理不尽

そして、公務遂行への著しい支障の有無について、証拠としての必要性と相関的に検討すべしとする有力説の立場からすれば、原決定は民事訴訟法220条4号ロ該当性の判断に当たり、公務遂行への支障の有無・程度と、証拠としての必要性とを何ら相関的に検討することなく同号該当性の有無を判断したものであって、その判断過程において審理不尽であるといわざるを得ず、破棄のうえ、その相関関係につき更に検討させるべく原審に差し戻すべきとの結論が導かれると論じている。

5　大橋正春裁判官の補足意見

（1）被調査者が識別、特定される具体的な可能性

本決定には、大橋正春裁判官の補足意見（以下「大橋補足意見」という）も付されている。大橋補足意見は、基幹統計調査に係る調査票情報について、民事訴訟法231条において準用される同法220条に定める文書提出義務の例外とする特別の規定はなく、したがって、前記調査票情報に関する文書の提出を拒否できるのは同条4号イないしホに該当する場合に限られることを最初に指摘している。そして、基幹統計調査に係る調査票情報について、被調査者は統計調査の目的および新統計法に定められた2次的利用の目的以外に同情報が外部に流出しないことを前提に調査に対応しており、被調査者とは関係のない訴訟において文書提出命令により調査票情報が法廷に顕出されることを知った場合には、被調査者が統計調査への協力を拒絶し、あるいは正確な対応をしないおそれがあることが抽象的な可能性として予想されると

第5節　基幹統計調査に係る文書提出命令

しても、このことのみを理由に基幹統計調査に係る調査票情報の全般について一律に同条4号ロに該当するとして文書提出義務の例外とすることは、基幹統計の正確性とともに考慮すべき裁判における正確な事実認定の重要性に鑑みて相当ではなく、個人に係る情報の流失の懸念を根拠として同条4号ロに該当するといえるためには、文書提出命令によって開示される調査票情報によって被調査者が識別、特定される具体的な可能性が必要であるとする。

（2）第三者が被調査者との関係等を通じて取得する情報との照合

かかる前提の下に、本件の対象となる全国消費実態調査に係る調査票情報の具体的検討が行われているが、本件調査票情報は、被調査者個人およびその家族の消費生活や経済状態等の委細にわたる極めて詳細かつ具体的な情報であり、被調査者としては通常他人に知られたくないと考えることが想定される類型の情報であること、調査票情報から被調査者の識別、特定を容易にする情報を除外したとしても、原決定が提出を命じた調査票情報は極めて具体的、詳細なものであることや調査対象市町村によっては調査対象者の数が少ないことなどを考慮すべきとする。そして、第三者が被調査者との関係等を通じて取得する情報と開示された情報とを照合することで被調査者の識別、特定がなされる具体的な可能性が存在するといえることを踏まえると、本件では同条4号ロ該当性が認められることになると述べている。

（3）裁判における正確な事実認定の要請との調和

最後に、基幹統計の正確性の担保や個人情報の保護が必要なことはいうまでもないが、裁判における正確な事実認定もまた重要であり、この二つを調和することは事案によっては容易ではないが、それゆえに訴訟当事者や裁判所の創造的な活動・運用が期待されるとして、例えば、ある種の基幹統計についてその集計の合理性を検証するためであれば、その集計の手順を明らかにさせた上でその合理性を検討し、手順自体が合理的であった場合には具体的な集計が当該手順に従って行われたかを訴訟当事者が合意した専門家に秘密保持契約等によって守秘義務を負わせたうえで具体的データを見せ検証させるといった方法も考えられなくはないと付言している。

6 評釈
(1) 公務秘密文書に係る文書提出命令制度
① 法改正の経緯

　民事訴訟法の文書提出命令制度については、証拠の偏在の是正と武器対等の原則の実現を企図して、1996年の同法改正により、文書提出義務の一般化が実現したが、公務秘密文書については、政府提出法案においては、証言拒絶の場合と平仄を合わせて、提出には監督官庁の承認を要することとされていたため、情報公開の流れに逆行するという批判が国会で強く、附則27条において、行政機関の保有する情報の公開に関する法律（以下「行政機関情報公開法」という）の制定の動きに合わせ、それと均衡をとったかたちで再検討することとされた[18]。そのため、文書提出義務の一般化の対象から公文書が除外され、政府において、改めて、公文書の文書提出命令の在り方が検討され、行政機関情報公開法の不開示規定との均衡に留意した改正案がまとめられ、2001年にこの改正が実現した[19]。

　同改正により、民事訴訟法220条4号に「ロ　公務員の職務上の秘密に関する文書でその提出により公共の利益を害し、又は公務の遂行に著しい支障を生ずるおそれがあるもの」「ホ　刑事事件に係る訴訟に関する書類若しくは少年の保護事件の記録又はこれらの事件において押収されている文書」が、一般的提出義務の例外として規定された。また、国または地方公共団体が所持する文書であって公務員が組織的に用いるものは、文書提出義務の除外文

---

[18]　行政機関情報公開法に基づく開示制度と民事訴訟法に基づく文書提出命令制度との関係について詳細に検討したものとして、戸辺真澄「情報公開制度と文書提出命令制度の相関性」法学論叢（山形大学）31号1頁以下参照。立案関係者は、行政機関情報公開法の不開示情報に該当しない情報を記載した文書が公務秘密文書に該当することはないが、行政機関情報公開法の不開示情報に該当したとしても、民事訴訟法220条4号ロの「職務上の秘密」に該当しない場合はあり得るという立場をとっている。深山卓也＝菅家忠行＝原司＝武智克典＝高原知明「民事訴訟法の一部を改正する法律の概要（上）」ジュリ1209号106頁参照。また、行政機関情報公開法の規定に基づく閲覧請求権が認められることが、民事訴訟法220条2号の「挙証者が文書の所持者に対しその引渡又は閲覧を求めることができるとき」に当たらないとしたものとして、大阪地決平成13・5・2判時1771号100頁参照。

[19]　以上の経緯について詳しくは、深山ほか・前掲注（18）102頁以下参照。

書である「専ら文書の所持者の利用に供するための文書」に含まれないことが明示された（同号ニ）。

② 監督官庁の意見聴取

裁判所は、公務員の職務上の秘密に関する文書について文書提出命令の申立てがあった場合には、その申立てに理由がないことが明らかなときを除き、当該文書が同号ロに掲げる文書に該当するかどうかについて、当該監督官庁の意見を聴かなければならず、当該監督官庁は、当該文書が同号ロに掲げる文書に該当する旨の意見を述べるときは、その理由を示さなければならないこととされた（同法223条3項）[20]。

また、この場合において、当該監督官庁が当該文書の提出により、(ⅰ) 国の安全が害されるおそれ、他国もしくは国際機関との信頼関係が損なわれるおそれ、または他国もしくは国際機関との交渉上不利益を被るおそれ、(ⅱ) 犯罪の予防、鎮圧または捜査、公訴の維持、刑の執行その他の公共の安全と秩序の維持に支障を及ぼすおそれがあることを理由として、同法220条4号ロに掲げる文書に該当する旨の意見を述べたときは、裁判所は、その意見について相当の理由があると認めるに足りない場合に限り、文書の所持者に対し、その提出を命ずることができること（同法223条4項）[21]、公務秘密文書中に第三者の技術または職業の秘密が記載されている場合においては、裁判所から意見を求められた監督官庁は当該第三者の意見を聴取すること（同条5項）、同法220条4号イからニまでに掲げる文書[22]のいずれかに該当す

---

(20) 本決定の事案においては、文書の所持者は国であり、監督官庁は国の機関である総務大臣である（ただし、公文書の所持者を行政庁とする見解もある。この問題について、佐藤・前掲注(13) 46頁参照）。しかし、文書の所持者の立場と監督官庁の立場は区別されている。したがって、国が審尋の機会に公務秘密文書該当性についての意見を述べることができることにより、監督官庁からの意見聴取が不要になるわけではない。長谷部・前掲注(16) 499頁参照。

(21) 前掲最判平成17・7・22の滝井繁男裁判官の補足意見（今井功裁判官も同調）は、この意見を述べるに当たっては、「公共の利益を害し、又は公務の遂行に著しい支障を生ずる」可能性があることを抽象的に述べるにとどまらず、その文書の内容に即して具体的にかかるおそれのある理由を述べなければならないと指摘している。

るかどうかの判断をするために必要があると認めるときは、文書の所持者にその提示をさせるインカメラ手続を行うことができることも定められた（同条6項）。

（2）実質秘

同号ロの「職務上の秘密」が国家公務員法上の秘密保持義務規定における秘密と同様、実質秘を意味し、非公知性と要保護性を要件とし、形式秘では足りないことについては、学説上、異論はない。災害調査復命書決定も、最決昭和52・12・19刑集31巻7号1053頁、最決昭和53・5・31刑集32巻3号457頁を引用して、このことを明言している（滝井繁男裁判官の補足意見も参照）。本決定も、そのことを当然の前提としていると思われる。

（3）「職務上の秘密」

国家公務員法100条1項は、「職務上知ることのできた秘密」、同条2項は「職務上の秘密」と言葉を使い分けており、前者には、職務遂行により知り得た私人の秘密も含まれるが、後者にはそれは含まれないと解されている[23]。そのため、民事訴訟法220条4号ロの「職務上の秘密」に職務遂行により知り得た私人の秘密も含まれるかについては議論があり、否定説もあった。しかし、災害調査復命書決定は、同号ロの「職務上の秘密」には、公務員の所掌事務に属する秘密だけでなく、公務員が職務を遂行する上で知ることができた私人の秘密であって、それが本案事件において公にされることにより、私人との信頼関係が損なわれ、公務の公正かつ円滑な運営に支障を来すこととなるものも含まれると判示した。すなわち、公務員が職務を遂行する上で知ることができた私人の秘密も含みうるが、そのすべてではなく、それを本案事件において公にすることが私人との信頼関係を損ない、公務の公正かつ

---

[22] 「ホ　刑事事件に係る訴訟に関する書類若しくは少年の保護事件の記録又はこれらの事件において押収されている文書」がインカメラ手続の対象とされなかったのは、これらの書類に該当するかは形式的に判断しうるので、インカメラ手続の必要性が認められないと考えられたからである。

[23] 宇賀克也・行政法概説Ⅲ（第3版）（有斐閣、2012年）441頁参照。

円滑な運営に支障を来す場合に限り、同号ロの「職務上の秘密」に含まれると解されているのである(24)。本決定も、この考え方を踏襲しているものと思われ、全国消費実態調査の調査票情報を記録した準文書は私人の秘密を含んでいるが、「職務上の秘密」には私人の秘密も含まれうることを前提とし、それを本案事件において公にすることが私人との信頼関係を損ない、公務の公正かつ円滑な運営に支障を来すかを検討し、これを肯定している。

(4)「公務の遂行に著しい支障を生ずるおそれ」

同号ロの公務秘密文書に該当するためには、「職務上の秘密」が記載または記録されているのみでは足りず、それを公にすることにより、「公務の遂行に著しい支障を生ずるおそれ」が認められなければならない。「公務の遂行に著しい支障を生ずるおそれ」がある場合とは、単に文書の性格から公共の利益を害し、または公務の遂行に著しい支障が生ずる抽象的なおそれがあることが認められるだけでは足りず、その文書の記載内容からみてそのおそれの存在することが具体的に認められることが必要であることは、災害調査復命書決定も明言するところであり、学説上も異論のないところといえる(25)。

本決定も、全国消費実態調査の調査票情報を記録した準文書の性格から直ちに「公務の遂行に著しい支障を生ずるおそれ」があると判断しているわけではなく、本件準文書の記載内容についても検討を行っている。すなわち、本件準文書には、(ⅰ) 被調査者の家族構成や居住状況等の家族関係、(ⅱ) 月ごとの収入や日々の支出と物の購入等の消費生活、(ⅲ) 年間収入、貯蓄現在高と借入金残高およびそれらの内訳等の資産状況等に関する情報が極めて詳細かつ具体的に記載されていること、しかも、金額等の数値も一部が分類されて2か月分の加重平均となるほかは細目にわたり報告の内容のまま記

---

(24) 同号ロの「職務上の秘密」をこのように実質秘として理解すると、その要件は、「公共の利益を害し、又は公務の遂行に著しい支障を生ずるおそれがあるもの」の要件とおおむね重なることになる。両者の差異は、支障の程度によるものとみることができる(災害調査復命書決定においては、「職務上の秘密」の場合には、支障の著しさは要件としていない。この点について、山本・前掲注 (13) 466頁、久末・前掲注 (13) 156頁参照)。

(25) 立法者意思も同じ見解を採っている。深山ほか・前掲注 (18) 105頁参照。

録されていることが指摘され、これらの情報は、被調査者としては通常他人に知られたくないと考えることが想定されるプライバシー情報であることが認定されている(26)。

（5）部分的な文書提出命令
①　守秘義務の不存在
　もっとも、同法223条1項後段は、「文書に取り調べる必要がないと認める部分又は提出の義務があると認めることができない部分があるときは、その部分を除いて、提出を命ずることができる」と定めており、実際、原決定は、個人が特定される可能性がある部分については、文書提出命令の対象としなかった。このような部分的な文書提出命令によってもなお、「公務の遂行に著しい支障を生ずるおそれ」があるといえるのかが吟味されなければならない。この点について、本決定は、以下のような論理で、これを肯定している。
　まず、当該訴訟の審理等を通じてその内容を知り得た者は、守秘義務を負わず利用の制限等の規制も受けないことが指摘されている。Xらも守秘義務を負わないため、文書提出命令により知り得た本件調査票情報がインターネット上で公表されることにより、多数の者の目に触れる可能性も皆無ではない。

---

(26)　田原補足意見は、「公務の遂行に著しい支障を生ずるおそれ」が認められるか否かを判断するに当たり、文書提出命令を出す必要性との比較衡量をすべきであるとし、これを行っていない原決定を批判している。法廷意見においては、調査票情報の十全な保護を図ることにより被調査者の統計制度に係る情報保護に対する信頼性を確保することの重要性は強調されており、このことが公務秘密文書該当性を肯定するに当たり考慮事項になっているが、文書提出の必要性については明示的には論じていない。原決定は、特定の個人が識別され得る部分を文書提出義務の対象から除外すれば、文書提出命令によるプライバシー侵害は生じず、また、個人の特定につながらない準文書の提出が命じられること自体による統計行政への支障も抽象的なものにとどまるので、文書提出命令の必要性を論ずるまでもなく、文書提出義務が肯定されると考えたのかもしれない（この点について、長谷部由紀子「公務文書の提出義務－文書の不開示を正当化する理由」河野正憲＝伊藤眞＝高橋宏志編『民事紛争と手続理論の現在』（法律文化社、2008年）353～354頁参照）。他方、本決定は、文書提出命令を出した場合の公務の遂行への支障が著しいことが明確であるので、文書提出命令の必要性について論ずるまでもなく、公務秘密文書に当たることが明らかであると考え、文書提出命令の必要性との比較衡量を明示しなかったのかもしれない。

② 特定人基準

　そうすると、特定の被調査者Aとの特別の関係ゆえに、Aに特徴的な情報（たとえば、離婚して10歳の長男と5歳の長女と暮らしている40代半ばの男性で、年収が200万円ほどの非正規職員であるが、毎月5万円ほどパチンコに支出していること）を知る者Bが、原決定が提出を命じたような情報をインターネット上で発見すれば、Aの情報であると特定することができ、BはAについて、より詳細な情報を知る可能性があることになる。本決定は、このように、個人が特定される可能性を一般人を基準にして判断するのではなく、本人についての特別の情報を持った特定人を基準に判断していることが注目される。

③ インターネット上での公表

　さらに、Aを特定したBが、Aの個人名を付した上で、当該調査票情報をインターネット上で公表してしまえば、顕名の調査票情報が広く流通することになってしまう。

④ プライバシーが侵害されることへの本人の危惧

　もっとも、このような可能性が、どの程度の高さかを判断することは容易でないが、本決定は、本人が実際に特定される可能性の高低ではなく、かかる可能性があることにより自己のプライバシーが侵害されることへの本人の危惧を問題とする。すなわち、実際に前記のような事態が生ずる可能性の高低にかかわらず、かかる可能性がある限り、本人はプライバシー侵害を危惧して、調査に非協力的になり、被調査者の任意の協力を通じて統計の真実性および正確性を担保することが著しく困難となることは避け難いのであって、これにより、基幹統計調査としての全国消費実態調査に係る統計業務の遂行に著しい支障をもたらす具体的なおそれがあると認定しているのである。そして、かかる認定を支える根拠として、統計調査に協力することによるプライバシー侵害への危惧が高まっているという調査結果を挙げている。

　この点を敷衍しているのが田原補足意見である。すなわち、田原補足意見は、（ⅰ）被調査者としては、個々の文書提出命令の発令に際して、いかな

る限度で調査票情報が秘匿化されるかがまったく予測できないことを指摘し、そこから、（ⅱ）文書提出命令において個人が特定されないように、提出対象を一部除外したとしても、統計調査への協力に影響を与えざるを得ないと指摘している。田原補足意見のこの指摘のうち、（ⅰ）については、確かに、本件調査との関係では、調査が行われた時点では、部分的にせよ調査票が目的外で提供されることは被調査者としては想定外のことであったと思われる。しかし、今後は、文書提出命令が出された場合において、どの程度、特定の個人を識別できないような措置が講じられるかは、調査票に予め記載する等の方法により被調査者に事前に通知することは不可能ではない。しかし、それによって、被調査者の不安が解消されるとは言い切れないであろう。たとえ、特定の個人を識別できないように一定の措置が講じられるとしても、被調査者としては、それにより真に個人が特定不可能になるかが定かでないので、（ⅱ）で指摘されているように、統計調査への協力に影響を与える可能性があることは否めないと思われる。

（6）災害調査復命書決定との関係

　もっとも、災害調査復命書決定は、災害調査復命書に第三者の職務上の秘密が記載されていることを肯定しながらも、（ⅰ）被告会社の代表取締役や労働者らから聴取した内容がそのまま記載されたり、引用されたりしているわけではなく、本件調査担当者において、他の調査結果を総合し、その判断により前記聴取内容を取捨選択して、その分析評価と一体化させたものが記載されていること、（ⅱ）調査担当者には、事業場に立ち入り、関係者に質問し、帳簿、書類その他の物件を検査するなどの権限があり、労働基準監督署長等には、事業者、労働者等に対し、必要な事項を報告させ、または出頭を命ずる権限があり、これらに応じない者は罰金[27]に処せられることとされていること等に鑑みると、第三者の職務上の秘密に係る部分が本案事件において提出されても、関係者の信頼を著しく損なうことにならないし、以後調査担当者が労働災害に関する調査を行うに当たって関係者の協力を得ることが著しく困難となるとはいえず、前記部分の提出によって災害調査復命書

の記載内容に実質的な影響が生ずるとは考えられないので、「公務の遂行に著しい支障を生ずるおそれ」があるとは認められないと判示していた。

　本決定は、この判例を変更するものではない。そこで、災害調査復命書決定においては、第三者の職務上の秘密に係る情報を記載した部分の文書が文書提出命令の対象とされたにもかかわらず、本決定においては、第三者の職務上の秘密に係る準文書は文書提出命令の対象とされなかった理由を検討する必要がある。

　本決定は、以下の2点において、災害調査復命書決定とは事案を異にすると考えたものと思われる。まず、前記（ⅰ）について、災害調査復命書決定の事案においては、聴取内容がそのまま記載されたり引用されたりしているわけではないのに対し、本決定の事案においては、一部を除き細目にわたり報告の内容のまま記録されている点で、両者間に相違が認められることである。

　次に、（ⅱ）については、基幹統計調査について、統計法が、所轄行政庁に報告徴収、立入検査等の調査権限を付与し、その報告や調査の拒否等につき罰金を科す間接強制調査を規定している点で、災害調査復命書決定の事案と共通するが、本決定は、全国消費実態調査のように個人およびその家族の消費生活や経済状態等の詳細について報告を求める基幹統計調査については、事柄の性質上、立入検査等や罰金刑の制裁によってその報告の内容を裏付ける客観的な資料を強制的に徴収することは現実には極めて困難であるといわざるを得ないと指摘している。すなわち、全国消費実態調査は、災害調査復命書作成の場合のように特定の事業者を対象とするのとは異なり、極め

---

(27) 文書提出命令について、間接強制調査権限が認められていることから、公務秘密文書に当たらないとしたものとして、東京高決平成16・5・6判時1891号56頁参照。広島地決平成17・7・25労判901号14頁も、間接強制調査権限の存在ゆえに、自己に不利益になる内容について回答を拒否したり虚偽の回答を行う可能性は低いとしている（ただし、罰則適用の可能性を踏まえて強硬な姿勢で調査に臨むことが迅速かつ実効ある調査実施の妨げになる可能性があることは否定できないとする）。情報公開訴訟において、間接強制調査権限が認められていることから、事務事業（行政運営）情報該当性を否定したものとして、東京高判平成15・11・27判時1850号41頁参照。

て広範な被調査者を対象としており、また、事業者ではなく無償で調査に応じている一般国民が対象であることに照らすと、実際には、報告が拒否されたり虚偽報告が行われたりした場合に立入検査を行ったり罰金刑を科すことは困難であるという趣旨と考えられる。報告を行わない者に対する立入検査や罰則の適用を一罰百戒として行うことがまったくあり得ないとまではいえないとしても、虚偽報告を発見して立入検査や罰則の適用を行うことは、事実上、不可能といっても過言ではないように思われる。そうであるからこそ、本決定は、報告の内容の真実性および正確性を担保するためには、被調査者の任意の協力による真実に合致した正確な報告が行われることが極めて重要であると指摘しているのである。このように、本決定は、単に間接強制調査権限や罰則があるか否かを問題にするのではなく、その実効性を検討しており、この点に本決定の意義があるといえる[(28)]。

（7）「当事者が訴訟において引用した文書を自ら所持するとき」

なお、本決定の事案の本案訴訟において、国が生活扶助の支給額を減額する旨の保護変更決定の適法性を支える根拠として、本件全国消費実態調査結果を援用していた場合に、それが民事訴訟法220条1号の「当事者が訴訟において引用した文書を自ら所持するとき」に該当して、文書提出義務が生ずるのかという問題がある。本決定の事案においては、主張責任を負うと解されるXらが、そもそもかかる主張をしていないようであるので、本決定も、この点については論じていない。

学説上は、同条4号の除外事由に該当すれば、同条1号から3号までのいずれかに該当する文書であっても文書提出義務を課すことはできないとする

---

(28) 災害調査復命書決定が、留保を付することなく、間接強制調査権限や罰則の存在を、「公務の遂行に著しい支障を生ずるおそれ」を否定する理由の一つとしたことには、少なからず疑問が提起されていた。山本・前掲注（13）472頁、町村・前掲注（13）4頁、和田・前掲注（13）134頁、開本・前掲注（13）労働判例解説集1巻403頁参照。また、災害調査復命書決定のこの点に関する射程が、任意協力の重要性が質的に異なる文書（納税関係文書等）に及ばないとの指摘もなされていた。山本・前掲注（13）474頁参照。また、小川・前掲注（13）14頁は、前記（ⅰ）（ⅱ）の2つの基準は例示にすぎず、今後の同種事件においては、文書の記載内容により、個別・具体的に判断されることになると指摘していた。

説（甲説）、同条4号の除外事由に該当しても、同条1号から3号までのいずれかに該当する文書であれば文書提出義務が課されるとする説（乙説）[29]、同条4号の除外事由に該当しても、同条1号から3号までのいずれかに該当する文書であれば文書提出義務が課されうるが、証言拒絶事由についての規定の類推適用により文書提出義務が否定されるとする説（丙説）が対立し、乙説、丙説も有力であった[30]。前掲最判平成16・2・20は、公務員の職務上の秘密に関する文書であって、その提出により公務の遂行に著しい支障を生ずるおそれがあるものに当たると解される以上、民事訴訟法191条（「公務員又は公務員であった者を証人として職務上の秘密について尋問する場合には、裁判所は、当該監督官庁（衆議院若しくは参議院の議員又はその職にあった者についてはその院、内閣総理大臣その他の国務大臣又はその職にあった者については内閣）の承認を得なければならない」（1項）、「前項の承認は、公共の利益を害し、又は公務の遂行に著しい支障を生ずるおそれがある場合を除き、拒むことができない」（2項））、197条1項（「次に掲げる場合には、証人は、証言を拒むことができる」）1号（「第191条第1項の場合」）の各規定の趣旨に照らし、相手方は当該文書の提出を拒むことができるから、同法220条3号に基づく申立てが理由がないことは明らかであると判示している。これは、民事訴訟法220条3号と同条4号ロの関係についての判示であるが、同条1号・2号と同条4号ロの関係についても同様のことがいえると考えられるので[31]、仮に、Xらが同条1号文書に該当すると主張していたとしても、同条4号ロ該当性が肯定される以上、結論は変わらなかったと考えられる[32]。

---

(29) 同条4号ホの刑事事件関係書類等に該当する文書については、同条1号から3号までに当たる場合には、文書提出命令の対象になるというのが立法者意思である。深山卓也＝菅家忠行＝原司＝武智克典＝高原知明「民事訴訟法の一部を改正する法律の概要（下）」ジュリ1210号181頁参照。

(30) 斎藤・前掲注（17）207〜208頁参照。

(31) 金丸・前掲注（17）167頁参照。

(32) 「専ら文書の所持者の利用に供するための文書」に当たると解される以上、法律関係文書に該当しないとしたものとして、最判平成11・11・12民集53巻8号1787頁参照。

第6節　確認訴訟と差止訴訟（国歌斉唱義務不存在確認等請求）

1　事案の概要

（1）職務命令の内容

本節では、国歌斉唱義務不存在確認等請求事件についての最判平成24・2・9民集66巻2号183頁（以下「本判決」という）[1]を取り上げることとする。東京都教育委員会（以下「都教委」という）の教育長は、平成15年10月23日付けで、都立学校の各校長宛てに、「入学式、卒業式等における国旗掲揚及び国歌斉唱の実施について（通達）」（以下「本件通達」という）を発出し、都立学校の各校長は、本件通達を受けて、翌年3月以後の式典に際し、教職員に対し、国歌斉唱の際、国旗に向かって起立して斉唱すること等を命ずる職務命令（以下、将来発出されるものを含めて「本件職務命令」という）を発出した。

（2）懲戒処分の内容

都教委は、本件職務命令に違反した教職員に対し、懲戒処分を行ったが、懲戒処分の程度は、過去の非違行為に応じて制裁を強化する方針が採られ、おおむね、1回目は戒告、2回目および3回目は減給、4回目以後は停職の処分が行われた。

（3）訴訟における請求

そこで、都立学校の教職員として勤務するＸ１らは、平成16年法律第84号

---

[1] 山村恒年・判例自治365号58頁、高橋滋・法セ688号131頁、室井敬司・法教389号142頁、石井昇・甲南法務研究9号1頁、岡田正則・判例セレクト2012―2（法教390号別冊付録）7頁、村上裕章・判評651（判時2178）号140頁、石崎誠也・新・判例解説Watch（法セ増刊）12号41頁、同・行政判例百選Ⅱ（第6版）440頁、橋本博之・平成24年度重判解（ジュリ臨増1453号）51頁、山本隆司・論究ジュリ3号117頁、岩井伸晃＝須賀康太郎・ジュリ1452号98頁、近藤裕之・平成24年行政関係判例解説98頁、羽根一成・地方自治職員研修45巻5号70頁、加藤文也・労旬1768号22頁参照。

(以下「改正法」という）による改正前の行政事件訴訟法（以下「行訴法」という）の下で都育委を被告として、および改正法の下で東京都を被告として、（ⅰ）各自の所属する学校の式典における国歌斉唱時に国旗に向かって起立して斉唱する義務等がないことの確認、（ⅱ）前記義務に違反したことを理由とする懲戒処分の差止めを訴求した。また、Ｘ１のほか、都立学校を退職した教職員であるＸ２らは、（ⅲ）本件通達および本件職務命令は、違憲、違法であるとし、それによる精神的苦痛に対する慰謝料請求を行った。

2　1審判決

1審の東京地判平成18・9・21判時1952号44頁（以下「1審判決」という）[2]は、改正法による改正前の行訴法の下での確認の訴えと差止めの訴えを法定外抗告訴訟、改正法による差止めの訴えを法定抗告訴訟としての差止訴訟と解して、いずれの訴訟についてもその適法性を認め、本件通達および本件職務命令を違憲、違法と判示し、本件確認訴訟のうち、本件職務命令に基づく前記義務の不存在の確認を求める部分、および差止訴訟のうち本件職務命令に従わないことを理由とする懲戒処分の差止めを求める部分を認容した。また、本件国家賠償請求を全部認容した。

3　控訴審判決

これに対し、都教委および東京都が控訴したところ、東京高判平成23・1・

---

[2] 市川須美子・季刊教育法151号84頁、同・独協法学81号1頁、同・法時79巻2号72頁、笹川紀勝・明治大学法律論叢84巻2＝3号295頁、石崎誠也・法時79巻2号67頁、稲葉一将・速報判例解説（法セ増刊）1号39頁、安西文雄・平成18年度重判解（ジュリ臨増1332号）14頁、佐々木弘通・判例セレクト2006（法教318号別冊）5頁、成嶋隆・法時79巻2号62頁、同・新潟大学法政理論39巻4号496頁、井上禎男・法セ625号107頁、浮田徹・速報判例解説（法セ増刊）1号13頁、雪竹奈緒・法セ625号46頁、土屋英雄・法セ625号49頁、早瀬勝明・山形大学法政論叢39号47頁、高乗智之・駒沢大学大学院公法学研究34号1頁、海部幸造・日本教育法学会年報37号75頁、河本毅・労経速1950号2頁、加藤文也・法と民主主義461号42頁、秋山直人・法民412号59頁、黒澤いつき・法民461号43頁、藤統一郎・法と民主主義465号18頁、尾山宏・法時79巻2号77頁、同・法と民主主義412号80頁、同・労旬1637号4頁、水口洋介・季刊労働者の権利268号81頁、金哲敏・JCLU Newsletter361号1頁参照。

28判時2113号30頁（以下「原判決」という）[3]は、本件確認訴訟を法定外抗告訴訟、本件差止訴訟を法定抗告訴訟としての差止訴訟と解した上で、本件通達は抗告訴訟の対象である行政処分に該当し、本件通達の取消訴訟等を提起することが可能であるので、損害を回避するために他の適当な方法がないとはいえない等として、いずれの訴えも不適法であるとし、さらに、本件通達は違憲でも違法でもない等と判示し、国家賠償請求を棄却した。

4　最高裁判決
（1）本件通達・職務命令の合憲性

これに対し、X1およびX2らが上告および上告受理の申立てをした。本判決は、都立学校の校長が教職員に対し発する本件職務命令が憲法19条に違反するものではなく、また、本件通達も、教職員との関係で同条違反の問題を生ずるものではないことは明らかとした。

（2）本件通達の処分性の有無

本判決は、本件確認の訴えおよび本件差止めの訴えは、それぞれ、本件通達を踏まえて発せられる本件職務命令に従わないことによる懲戒処分等の不利益の予防を目的とするものであり、これを目的として、本件確認の訴えは本件職務命令に基づく公的義務の不存在の確認を求め、本件差止めの訴えは本件職務命令の違反を理由とする懲戒処分の差止めを求めるものであると解されるとし、このような目的に沿った争訟方法としてどのような訴訟類型が適切かを検討する前提として、まず、本件通達の処分性の有無について検討している。

そして、本件通達は、上級行政機関である都教委が下級行政機関である都立学校の各校長を名あて人としてその職務権限の行使を指揮するために発出したものであって、個々の教職員を名あて人とするものではなく、本件職務

---

(3)　倉田原志・労旬1746号18頁、土屋基規・労旬1746号26頁、加藤文也・労旬1746号7頁、同・法民461号46頁、黒澤いつき・法民461号43頁、松崎勝・公務員関係判決速報402号1頁参照。

第6節　確認訴訟と差止訴訟（国歌斉唱義務不存在確認等請求）

命令の発出を待たずに当該通達自体によって個々の教職員に具体的な義務を課すものではないことを指摘している。また、本件通達には、本件職務命令の発出を命ずる旨およびその範囲等を示す文言は含まれておらず、具体的にどの範囲の教職員に対し本件職務命令を発するか等については各校長の裁量に委ねられているものと解されるとする。そして、本件通達では、本件職務命令の違反について具体的にどのような問責の方法を採るかは個々の教職員ごとの個別的な事情に応じて都教委の裁量によることが前提とされているものと解されると述べている。そして、本件通達をもって、本件職務命令と不可分一体のものとしてこれと同視することはできず、本件職務命令を受ける教職員に条件付きで懲戒処分を受けるという法的効果を生じさせるものとみることもできないと判示した。

　したがって、個々の教職員との関係では、本件通達を踏まえた校長の裁量により本件職務命令が発せられ、さらに、その違反に対して都教委の裁量により懲戒処分がされた場合に、その時点で初めて教職員個人の身分や勤務条件に係る権利義務に直接影響を及ぼす行政処分がされるに至るものというべきであって、本件通達は、行政組織の内部における上級行政機関である都教委から下級行政機関である都立学校の各校長に対する示達ないし命令にとどまり、それ自体によって教職員個人の権利義務を直接形成し、またはその範囲を確定することが法律上認められているとはいえないから、行政処分には当たらないという結論を導いている。

（3）本件職務命令の処分性の有無

　また、本件職務命令も、都立学校の儀式的行事における教育公務員としての職務の遂行の在り方に関する校長の上司としての職務上の指示を内容とするものであって、教職員個人の身分や勤務条件に係る権利義務に直接影響を及ぼすものではないから、行政処分には当たらないと解されると指摘している。なお、本件職務命令の違反を理由に懲戒処分を受ける教職員としては、懲戒処分の取消訴訟等において本件通達を踏まえた本件職務命令の適法性を争い得るほか、後述のように本件に係る事情の下では事前救済の争訟方法に

おいてもこれを争い得るのであり、本件通達および本件職務命令の処分性の有無について前記のように解することについて争訟方法の観点から権利利益の救済の実効性に欠けるとはいえないとも付言している。

（4）法定抗告訴訟たる差止訴訟の適法性

① 一定の処分がされる蓋然性

本判決は、以上を前提に、まず、法定抗告訴訟たる差止めの訴え（都教委に対する訴えも、改正法附則2条、3条の規定に基づき、都教委を相手方当事者としたまま法定抗告訴訟たる差止めの訴えに転化したと解している）としての本件差止めの訴えの適法性について検討している。そして、まず、法定抗告訴訟たる差止めの訴えの訴訟要件については、行政庁によって一定の処分がされる蓋然性があることが、救済の必要性を基礎付ける前提として必要となることを指摘する。

次いで、本件差止めの訴えに係る請求は、本件職務命令の違反を理由とする懲戒処分の差止めを求めるものであり、具体的には、免職、停職、減給または戒告の各処分の差止めを求める請求を内容とするものであり、本件通達の発出後、都立学校の教職員が本件職務命令に違反した場合の都教委の懲戒処分の内容は、おおむね、1回目は戒告、2回目および3回目は減給、4回目以降は停職となっており、過去に他の懲戒処分歴のある教職員に対してはより重い処分量定がされているが、免職処分はされておらず、従来の処分の程度を超えてさらに重い処分量定がされる可能性を窺わせる事情は存しない以上、都立学校の教職員について本件通達を踏まえた本件職務命令の違反に対しては、免職処分以外の懲戒処分がされる蓋然性があると認められる一方、免職処分がされる蓋然性があるとは認められないとする。そして、本件差止めの訴えのうち免職処分の差止めを求める訴えは、当該処分がされる蓋然性を欠き、不適法であると判示した。

② 重大損害要件

（ア）一般論

本判決は、次に、本件差止めの訴えのうち、免職処分以外の懲戒処分の差

第 6 節　確認訴訟と差止訴訟（国歌斉唱義務不存在確認等請求）

止めを求める訴えの適法性について検討し、差止めの訴えの訴訟要件については、当該処分がされることにより「重大な損害を生ずるおそれ」があることが必要であり（行訴法37条の 4 第 1 項）、その有無の判断に当たっては、損害の回復の困難の程度を考慮するものとし、損害の性質および程度ならびに処分の内容および性質をも勘案するものとされていることを指摘する（同条 2 項）。

　そして、行政庁が処分をする前に裁判所が事前にその適法性を判断して差止めを命ずるのは、国民の権利利益の実効的な救済および司法と行政の権能の適切な均衡の双方の観点から、そのような判断と措置を事前に行わなければならないだけの救済の必要性があることを要するものと解されるとし、差止めの訴えの訴訟要件としての前記「重大な損害を生ずるおそれ」があると認められるためには、処分がされることにより生ずるおそれのある損害が、処分がされた後に取消訴訟等を提起して執行停止の決定を受けることなどにより容易に救済を受けることができるものではなく、処分がされる前に差止めを命ずる方法によるのでなければ救済を受けることが困難なものであることを要すると判示した。

（イ）懲戒処分が反復継続的かつ累積加重的にされる危険

　以上の一般論を踏まえて、本判決は、本件通達を踏まえ、毎年度 2 回以上、都立学校の卒業式や入学式等の式典に際し、多数の教職員に対し本件職務命令が繰り返し発せられ、その違反に対する懲戒処分が累積し加重され、おおむね 4 回で（他の懲戒処分歴があれば 3 回以内に）停職処分に至るものとされており、このように本件通達を踏まえて懲戒処分が反復継続的かつ累積加重的にされる危険が現存する状況の下では、事案の性質等のために取消訴訟等の判決確定に至るまでに相応の期間を要している間に、毎年度 2 回以上の各式典を契機として懲戒処分が反復継続的かつ累積加重的にされていくと事後的な損害の回復が著しく困難になることを指摘する。そして、このことを考慮すると、本件通達を踏まえた本件職務命令の違反を理由として一連の累次の懲戒処分がされることにより生ずる損害は、処分がされた後に取消訴訟

等を提起して執行停止の決定を受けることなどにより容易に救済を受けることができるものであるとはいえず、処分がされる前に差止めを命ずる方法によるのでなければ救済を受けることが困難なものであるということができ、その回復の困難の程度等に鑑み、本件差止めの訴えについては前記「重大な損害を生ずるおそれ」があると認められると判示した。
③　補充性要件

差止めの訴えの訴訟要件については、「その損害を避けるため他に適当な方法があるとき」ではないこと、すなわち補充性の要件を満たすことが必要であるとされており（行訴法37条の4第1項ただし書）、原判決は、本件通達が行政処分に当たるとした上で、その取消訴訟等および執行停止との関係で補充性の要件を欠くとして、本件差止めの訴えをいずれも却下した。これに対し、本判決は、本件通達および本件職務命令は行政処分に当たらないから、取消訴訟等および執行停止の対象とはならないものであり、また、本件では懲戒処分の取消訴訟等および執行停止との関係でも補充性の要件を欠くものではないと解されるとする。そして、以上のほか、懲戒処分の予防を目的とする事前救済の争訟方法として他に適当な方法があるとは解されないから、本件差止めの訴えのうち免職処分以外の懲戒処分の差止めを求める訴えは、補充性の要件を満たすものということができるとする。
④　法律上の利益

さらに、在職中の教職員であるX1らが懲戒処分の差止めを求める訴えである以上、X1らにその差止めを求める法律上の利益（行訴法37条の4第3項）が認められることは明らかであると述べている。
⑤　免職処分以外の懲戒処分の差止めを求める訴えの適法性

そして、本件差止めの訴えのうち免職処分以外の懲戒処分の差止めを求める訴えは、いずれも適法であると判示している。

（5）免職処分以外の懲戒処分の差止訴訟の本案審理
①　職務命令に基づく公的義務の存在

本判決は、次いで、本件差止めの訴えのうち免職処分以外の懲戒処分の差

第6節　確認訴訟と差止訴訟（国歌斉唱義務不存在確認等請求）

止めを求める訴えに係る請求（以下「当該差止請求」という）の当否について検討している。差止めの訴えの本案要件については、行政庁がその処分をすべきでないことがその処分の根拠となる法令の規定から明らかであると認められることが要件とされており（行訴法37条の4第5項）、当該差止請求においては、本件職務命令の違反を理由とする懲戒処分の可否の前提として、本件職務命令に基づく公的義務の存否が問題となるが、この点に関しては、本件職務命令が違憲無効であってこれに基づく公的義務が不存在であるとはいえないから、当該差止請求は前記の本案要件を満たしているとはいえないとする。なお、本件職務命令の適法性に係る上告受理申立て理由は、上告受理の決定において排除されている。

② 戒告処分

また、差止訴訟の本案要件について、裁量処分に関しては、行政庁がその処分をすることがその裁量権の範囲を超えまたはその濫用となると認められることが要件とされており（行訴法37条の4第5項）、これは、個々の事案ごとの具体的な事実関係の下で、当該処分をすることが当該行政庁の裁量権の範囲を超えまたはその濫用となると認められることをいうものと解されると指摘する。そして、本件職務命令の違反を理由とする戒告処分が懲戒権者としての裁量権の範囲を超えまたはこれを濫用するものとして違法となるとは解し難いことは、最判平成24・1・16判時2147号127頁において既に判示したところであり、当該差止請求のうち戒告処分の差止めを求める請求は前記の本案要件を満たしているとはいえないとする。

③ 減給処分または停職処分

また、本件職務命令の違反を理由とする減給処分または停職処分が懲戒権者としての裁量権の範囲を超えまたはこれを濫用するものとして違法となるか否かは、個々の事案ごとの当該各処分の時点における当該教職員に係る個別具体的な事情の如何によるものであり、将来の当該各処分がされる時点における個々の上告人に係る個別具体的な事情を踏まえた上でなければ、現時点で直ちにいずれかの処分が裁量権の範囲を超えまたはこれを濫用するもの

となるか否かを判断することはできず、本件においては個々の上告人について現時点でそのような判断を可能とするような個別具体的な事情の特定および主張立証はされていないから、当該差止請求のうち減給処分および停職処分の差止めを求める請求も前記の本案要件を満たしているとはいえないので、当該差止請求は、いずれの本案要件も満たしておらず、理由がないと判示している。

（6）法定外抗告訴訟としての本件確認の訴えの適法性
① 懲戒処分の差止訴訟としての実質
　本判決は、次に、法定外抗告訴訟としての本件確認の訴えの適法性について検討し、法定外抗告訴訟は行政処分に関する不服を内容とする訴訟であって、本件通達および本件職務命令のいずれも抗告訴訟の対象となる行政処分には当たらない以上、法定外抗告訴訟としての本件確認の訴えは、将来の不利益処分たる懲戒処分の予防を目的とする法定外抗告訴訟として位置付けられると解すべきであり、実質的には、本件職務命令の違反を理由とする懲戒処分の差止めの訴えを本件職務命令に基づく公的義務の存否に係る確認の訴えの形式に引き直したものといえるとする。
② 補充性要件
　そして、法定された差止めの訴えについて補充性の要件が訴訟要件として定められていること（行訴法37条の4第1項ただし書）等に鑑みると、本件職務命令の違反を理由とする不利益処分の予防を目的とする法定外抗告訴訟としての本件職務命令に基づく公的義務の不存在の確認を求める訴えについても、補充性の要件を満たすことが必要となり、特に法定抗告訴訟である差止めの訴えとの関係で事前救済の争訟方法としての補充性の要件を満たすか否かが問題となるとする。そして、本件においては、法定抗告訴訟として本件職務命令の違反を理由としてされる蓋然性のある懲戒処分の差止訴訟を適法に提起することができ、その本案において本件職務命令に基づく公的義務の存否が判断の対象となる以上、本件職務命令に基づく公的義務の不存在の確認を求める本件確認の訴えは、前記懲戒処分の予防を目的とする法定外抗

告訴訟としては、法定抗告訴訟である差止訴訟との関係で事前救済の争訟方法としての補充性の要件を欠き、不適法であると判示した。

（7）公法上の当事者訴訟

① 行政処分以外の処遇上の不利益の予防を目的とする訴訟

東京都に対する本件確認訴訟に関し、上告人らは、第１次的には法定外抗告訴訟であると主張しつつ、原審において、仮に法定外名抗告訴訟としては不適法であるが公法上の当事者訴訟としては適法であるならば後者とみるべきである旨主張したので、本判決は、さらに、公法上の当事者訴訟としての前記訴えの適法性についても検討している（なお、被上告人都教委に対する本件確認の訴えについては、被告適格の点で、適法な公法上の当事者訴訟として構成する余地はないとされた）。

本判決は、東京都に対する本件確認訴訟に関しては、行政処分に関する不服を内容とする訴訟として構成する場合には、将来の不利益処分たる懲戒処分の予防を目的とする法定外抗告訴訟として位置付けられるべきものであるが、本件通達を踏まえた本件職務命令に基づく公的義務の存在は、その違反が懲戒処分の処分事由との評価を受けることに伴い、勤務成績の評価を通じた昇給等に係る不利益という行政処分以外の処遇上の不利益が発生する危険の観点からも、都立学校の教職員の法的地位に現実の危険を及ぼし得るものといえるとする。そして、このような行政処分以外の処遇上の不利益の予防を目的とする訴訟として構成する場合には、公法上の当事者訴訟の一類型である公法上の法律関係に関する確認の訴え（行訴法４条）として位置付けることができるとする。

② 法定外抗告訴訟との関係

そして、本件職務命令自体は抗告訴訟の対象となる行政処分に当たらない以上、本件確認の訴えを行政処分たる行政庁の命令に基づく義務の不存在の確認を求める法定外抗告訴訟とみることもできないから、被上告人東京都に対する本件確認の訴えを法定外抗告訴訟としか構成し得ないということはできないと指摘している。

③ 確認の利益

さらに、本件通達を踏まえ、毎年度2回以上、都立学校の式典に際し、多数の教職員に対し本件職務命令が繰り返し発せられており、これに基づく公的義務の存在は、その違反およびその累積が懲戒処分の処分事由および加重事由との評価を受けることに伴い、勤務成績の評価を通じた昇給等に係る不利益という行政処分以外の処遇上の不利益が発生し拡大する危険の観点からも、都立学校の教職員として在職中の前記上告人らの法的地位に現実の危険を及ぼし、事後的な損害の回復が著しく困難になるとする。そして、このことを考慮すると、本件職務命令に基づく公的義務の不存在の確認を求める本件確認の訴えは、行政処分以外の処遇上の不利益の予防を目的とする公法上の法律関係に関する確認の訴えとしては、その目的に即した有効適切な争訟方法であり、確認の利益を肯定することができるので、東京都に対する本件確認の訴えは、公法上の当事者訴訟としては、適法であると判示している。

(8) 国家賠償請求

本件賠償請求を棄却した原判決の判断は、是認することができるから、本件上告を棄却すると判示した（なお、本件賠償請求に関しては、上告受理申立て理由が上告受理の決定において排除された）。

5 評釈

(1) 行政法上の意義

本件訴訟において、1審判決は、本件通達および本件職務命令が違憲、違法であると判示し、憲法学、教育法学の分野で大いに注目された。しかし、その後、最高裁は、本件通達および本件職務命令の合憲性を認め、本判決も、この点では最高裁の先例を踏襲しており、本判決は、憲法学的、教育法学的観点からは、特に注目されるものとはいえない。しかし、行政法学的観点からは、きわめて注目される重要な判決である。以下においては、行政法上の重要な論点に限定して解説することとする。

（2）本件通達の処分性

① 原判決が本件通達の処分性を肯定した理由

初めに、本件通達の処分性の論点について述べることとする。原判決が本件通達の処分性を肯定したのは、以下の理由によるものであった。すなわち、（ⅰ）本件通達は、「国旗及び国歌に関する法律」の制定を踏まえ、学習指導要領の国旗・国歌条項に基づき、都立学校の校長に対する職務命令として発出され、「国旗掲揚及び国歌斉唱の実施に当たり、教職員が本件通達に基づく校長の職務命令に従わない場合は、服務上の責任を問われることを、教職員に通知すること」と記載して、都教委が校長の職務命令違反の教職員に対し服務上の責任を問う意思を明確に表示した上、詳細な実施方針を定めて、都立学校の入学式および卒業式等における国旗掲揚および国歌斉唱の実施の徹底を図ったものであること、（ⅱ）本件通達発出後、都教委は、校長に対し、校長連絡会等を通じ、入学式および卒業式等における国旗掲揚および国歌斉唱の実施方法、教職員に対する職務命令の発出方法等について幾度となく詳細な指示・指導を繰り返して本件通達の内容を理解させ、教職員にその内容の周知方を徹底し、これを受けて、すべての都立学校において本件通達発出後に行われた入学式および卒業式等において、校長は、そのつど、教職員に対して、本件通達の趣旨に沿った内容（国旗に向かって起立し、国歌を斉唱し、国歌斉唱時のピアノ伴奏をすること）を命ずる本件職務命令を事前に書面で（一部は口頭で）発令していること、（ⅲ）都教委は、本件通達と同日付けで「適格性に課題のある教育管理職の取扱いに関する要綱」を発表し、同指導部長が平成15年11月11日の定例校長連絡会で、本件通達の法的性質や活用方についての講話をした際に「適格性に課題のある教育管理職の取扱いに関する要綱」の内容についても説明をしていたこと、（ⅳ）都教委は、本件職務命令に違反した教職員について、1回目の違反には戒告、2回目および3回目の違反には減給、4回目の違反には停職との処分基準で懲戒処分を行うこととし、それに従った処分事例が散見されるとともに、今後も都立学校の校長に対し、同様の職務命令を発令させて、本件通達の趣旨を徹底していくとの強

い意思を有していること、を指摘し、これら一連の経緯に照らせば、校長は何らの裁量の余地なく本件通達に従って本件職務命令を発したものと推認されるので、本件通達と本件職務命令の間には事実上の不可分一体性が認められると解したのである。

　原判決は、次いで、（ⅴ）都教委は、都立学校を所管する行政機関として、その管理権に基づき、当該学校の教育課程や学習指導等に関して基準を設定し、一般的な指示を与え、指導、助言を行うとともに、必要性、合理性が認められる場合には、具体的な命令を発することができる権限（地方教育行政の組織及び運営に関する法律23条5号）を有するところ、本件通達は、都教委の前記権限に基づき発出されたものであり、都立学校の校長に対する職務命令としての性質を有するから、都立学校の校長は、本件通達に重大かつ明白な瑕疵がない限り、それに服従する義務を負い、（ⅵ）他方、都立学校の校長は、学校教育法（平成19年法律第96号に基づく改正前のもの）51条および76条によって準用される28条3項により、教育課程の編成を含む学校の管理運営上必要な事項をつかさどり、所属教職員に対し校務を分担させ、職務命令を発令する権限を有するので、所属教職員は、校長が前記権限に基づき発令する職務命令に重大かつ明白な瑕疵がない限り、それに服従する義務を負うこと（地方公務員法32条）を指摘する（最判平成15・1・17民集57巻1号1頁（議員野球大会事件）を引用）。そして、本件職務命令が本件通達と不可分一体の関係にあることを併せ考えると、（ⅶ）本件通達は、あくまで校長に対する内部行為（職務命令）ではあるものの、都教委は、校長が所属教職員に対し、本件通達に基づく本件職務命令を発することを予定し、かつ教育機関の職員の任免その他の人事に関する事務を管理し、執行しているので（地方教育行政の組織及び運営に関する法律23条3号）、本件職務命令に違反した教職員に対し懲戒処分（地方公務員法29条1項）の実施を予告する意思を確定的に示しており、その対象者は、現に都立学校に勤務する教職員であり、校長から本件職務命令を受けた特定の者に限られることから、本件通達は、特定の教職員に条件付きで懲戒処分を受けるという法的効果を生じ

させるものであると述べている。そこから、X1らが判決によって回復しようとする権利利益を侵害している行政の活動、作用等は本件通達であり、それは処分性を有するという論理を展開している。

本件通達と本件職務命令の不可分一体性を論証する部分では、本件通達が校長に対する職務命令としての具体性、個別性を有し、校長が原則としてそれに服従する義務を負うという法解釈論に加え、都教委による校長に対する指導の実態、本件通達を受けた校長による職務命令の発出の実態、本件職務命令違反による処分の実態等も総合的に勘案されている。また、本件職務命令が特定の教職員に条件付きで懲戒処分を受けるという法的効果を生じさせるという判断は、本件職務命令に当該教職員が原則として服従する義務を負うという法解釈論に加えて、都教委が本件職務命令に違反する教職員に対し懲戒処分の実施を予告する意思を確定的に示しているという事実認識を基礎としている。このように、原判決は、（ア）本件通達と本件職務命令の不可分一体性、（イ）本件職務命令が特定の教職員に条件付きで懲戒処分を受けるという法的効果を有することの両者から、本件通達の処分性を肯定したのである。

② 本判決が本件通達の処分性を否定した理由

これに対し、本判決は、本件通達について、（ⅰ）上級行政機関である都教委が関係下級行政機関である都立学校の各校長を名あて人としてその職務権限の行使を指揮するために発出したものであって、個々の教職員を名あて人とするものではなく、本件職務命令の発出を待たずに本件通達自体によって個々の教職員に具体的な義務を課すものではないこと、（ⅱ）本件通達には、本件職務命令の発出を命ずる旨およびその範囲等を示す文言は含まれておらず、具体的にどの範囲の教職員に対し本件職務命令を発するか等については個々の式典および教職員ごとの具体的な事情に応じて各校長の裁量に委ねられているものと解されること、（ⅲ）本件職務命令の違反について教職員の責任を問う方法も、懲戒処分に限定されておらず、訓告や注意等も含みうる表現が採られており、具体的にどのような問責の方法を採るかは個々の教職

員ごとの個別的な事情に応じて都教委の裁量によることが前提とされているものと解されることを指摘している。

そして、原判決の指摘する都教委の校長連絡会等を通じての各校長への指導の内容等を勘案しても、本件通達それ自体の文言や性質等に則したこれらの裁量が否定されるものとは解されないとして、本件通達と本件職務命令の不可分一体論を否定している。原判決が本件通達の前記のような運用の実態をかなり重視しているのに対し、本判決は、かかる実態も勘案しているものの、本件通達それ自体の文言や性質を重視しているといえる。

（ⅰ）の通達の一般論のみで判断せず、（ⅱ）（ⅲ）で通達の内容、文言も考慮しているので、裁量の余地なく校長に職務命令の発出を義務付け、その違反に対して裁量の余地なく特定の懲戒処分を行うことを予告する通達であれば、処分性について異なった判断がされる余地も否定されていないとも思われるが、たとえ、裁量の余地なく特定の職務命令を発し、その違反に対して裁量の余地なく特定の懲戒処分を行う文言になっていても、個別事情考慮義務は存在するから、裁量が否定されることにはならないといえる。

③　通達の処分性を肯定した裁判例

最高裁は、最判昭和43・12・24民集22巻13号3147頁において通達の処分性を否定する判示を行ったが、東京地判昭和46・11・8行集22巻11＝12号1785頁のように、通達（原告の製造に係る函数尺の販売および販売のための所持は計量法に違反するとし、知事に対し、その趣旨に沿って当該函数尺に関する事務を処理するとともに当該函数尺の販売の実態調査とその結果の報告を命じた通産省重工業局長通達）の処分性を肯定した裁判例もある。しかし、東京地判昭和46・11・8は、（ⅰ）通達の内容が国民の具体的な権利義務ないし法律上の利益に重大なかかわりを持ち、（ⅱ）その影響が単に行政組織の内部関係にとどまらず外部にも及び、（ⅲ）通達自体を争わせなければその権利救済を全からしめることができないという特殊例外的な場合に限り、通達の処分性を肯定したにとどまる。

第6節　確認訴訟と差止訴訟（国歌斉唱義務不存在確認等請求）

④　本件との比較

　東京地判昭和46・11・8が示した前記3要件を本件に当てはめて考えてみると、（ⅰ）については、本件でも、通達の内容が都立学校の教職員の思想および良心の自由の間接的な制約となる面があることは最高裁も肯定しているので、該当性が認められそうである。（ⅱ）については、東京地判昭和46・11・8の事案では、当該通達を受けて、関係機関において当該通達に反する函数尺の販売中止勧告等の行政措置がなされ、実際に、原告は当該函数尺の買入れを解約されるに至っていた。また、関係機関からの販売中止勧告等の勧告がなくても、新規の販売契約の締結を控える等の実際上の外部的影響はあったものと思われる。本件の場合には、服務上の措置は、校長の職務命令違反に対して課されるものであり、校長による職務命令なしに本件通達違反を理由として都教委が教職員に服務上の措置をとることは想定されていない。したがって、（ⅱ）の要件は満たさないように思われる。（ⅲ）について、東京地判昭和46・11・8の事案では、原告は計量器の製造事業の許可を受けた計量器製造業者ではなかったので、原告が当該通達の解釈に基づき、許可の取消し、事業の停止等の具体的な行政処分を受けることはなく、通達に基づく具体的な行政処分を受けるのは個々の計量器販売業者であり、これらの業者に対する登録の取消しまたは事業停止といった具体的処分をまって、その処分に対してのみ不服申立てをすることが可能であり、これらの業者が敢えて当該通達に反する行為をなし、不利益処分を受けて争うことがない限り、原告は実際の不利益を受けてもそれを争う方法がないという特殊な事情があった。これに対し、本判決では、職務命令違反による懲戒処分に対しては法定の差止訴訟を提起でき、また、処分性を持たない処遇上の不利益については、当事者訴訟としての確認訴訟を提起できるとしているので、（ⅲ）の要件を満たさないことになると思われる。

　もっとも、本件通達のゆえに本件職務命令を受けることになり、本件職務命令を受けること自体が、思想・良心の自由を間接的に制約し、面従腹背で起立斉唱を迫られること自体の不利益を防止するためには、本件通達の取消

訴訟または無効等確認訴訟の提起および執行停止の申立てを認めるべきではないかという論点がある。そのような職務命令を受けること自体による不利益の防止について、本判決のように本件通達および本件職務命令の処分性を否定する立場を前提とすれば、本件通達は違憲無効であるから本件通達に基づく職務命令を受けない立場にあること（または本件職務命令に従う義務がないこと）の確認訴訟を提起し、民事保全法に基づく仮処分を申請できると解すべきではないかと思われる。そうであれば、本件通達の処分性を肯定しなくても、Ｘ１らの救済の実効性が損なわれることにはならないと考えられる[4]。

　以上のように、特殊例外的な場合に限定して通達の処分性を肯定した東京地判昭和46・11・8の事案と本件では事案が異なり、本判決は、前掲最判昭和43・12・24が示した通達の処分性に関する一般論に加えて、救済の実効性も考慮した上で、本件通達の処分性を否定したものと思われる[5]。

（3）本件職務命令の処分性

　本判決は、本件職務命令についても、教科とともに教育課程を構成する特別活動である都立学校の儀式的行事における教育公務員としての職務の遂行の在り方に関する校長の上司としての職務上の指示を内容とするものであって、教職員個人の身分や勤務条件に係る権利義務に直接影響を及ぼすものではないとして、その処分性を否定している。公務員に対する職務命令の処

---

[4]　個別具体的な処分がなされる前の行政過程において処分性を肯定し、早期の紛争解決を可能にすることは、実効的救済の観点から肯定的に評価されることがあり、浜松市土地区画整理事業事件大法廷判決（最大判平成20・9・10民集62巻8号2029頁）は、その典型例といえる。もっとも、本件の場合には、処分性を拡大しなくても、差止訴訟、確認訴訟の活用により実効的救済を図ることが可能であり、そのほうが差止訴訟を法定化し、公法上の当事者訴訟としての確認訴訟を明示してその活用を促した改正法の趣旨に適合しているといもいえ、宮川光治裁判官の反対意見では、そのことが指摘されている。

[5]　本判決が論じているわけではないが、本件通達に処分性を認めると、取消訴訟の排他的管轄が及ぶことになり、本件通達に無効の瑕疵があるか、違法性の承継が認められない限りは、懲戒処分の取消訴訟において本件通達の瑕疵を主張し得なくなり、かえって救済を困難にしないかという問題もある。この問題は、本件通達と懲戒処分の間に違法性の承継が認められれば解決することになるが、両者の間で違法性の承継が認められるか否かは定かではない。

分性を明確に否定したリーディングケースとして位置づけられる。職務命令を訓令的職務命令と非訓令的職務命令(6)に二分し、前者については取消訴訟の可能性を否定し、後者については肯定しうる場合があるとする説があるが(7)、本判決も、「教職員個人の身分や勤務条件に係る権利義務に直接影響を及ぼすもの」については処分性を肯定する可能性を示唆しているので(8)、この立場に与するものとみる余地もある。もっとも、本判決は、訓令的職務命令と非訓令的職務命令の区分のみを指標とする基準を採るものではなく、職務命令の処分性について明確に一般論を提示したものではないと解する余地もある(9)。

(4) 違法の抗弁

職務命令に対する服従義務(10)について、原判決は、重大明白な瑕疵があるもの以外について服従義務があるとする説を採ったが、本判決は、この点について明示的には言及していない。しかし、懲戒処分の取消訴訟等において本件通達を踏まえた本件職務命令の適法性を争い得ると述べており、職務の遂行の在り方に関する上司としての職務上の指示を内容とする職務命令であっても、違法の抗弁が可能という立場をとっているように読める。このことは、本件職務命令が思想・良心の自由を間接的に制約する内容のものであ

---

(6) 両者の区別を提唱した今村成和教授によれば、非訓令的職務命令とは、特定の公務員に転任や出張や超過勤務を命じたり、服装などについて一定の制限を課したりする等の職務命令のことである。今村成和・人権叢説（有斐閣、1980年）114頁参照。
(7) 室井力＝塩野宏編・行政法を学ぶ2（有斐閣、1978年）309〜310頁（畠山武道執筆）、平岡久・公務員判例百選137頁参照。
(8) 調査官解説においては、長期の研修命令で実質的に教職員個人の身分や勤務条件に係る権利義務に直接影響を及ぼす職務命令については抗告訴訟の対象となるものと解されることになろうと述べられている。岩井＝須賀・前掲注（1）107頁参照。
(9) 塩野宏・行政法Ⅲ［第4版］（有斐閣、2012年）318頁は、本判決について前記二区分では触れていない事例に関するものと捉えている。岩井＝須賀・前掲注（1）107頁も参照。
(10) 重大明白説のほか、違法な職務命令への服従義務を否定する説、訓令的職務命令は違法であっても原則として服従義務があるが、非訓令的職務命令が違法であれば服従義務がないとする説等がある。宇賀克也・行政法概説Ⅲ（第3版）（有斐閣、2012年）429頁以下、村上博「職務命令と服従義務」芝池義一＝小早川光郎＝宇賀克也編・行政法の争点［3版］（有斐閣、2004年）174頁以下参照。

り、公務員個人を保護する基本的人権規定との抵触が問題になり得ることを考慮したからなのか、それとも職務命令違反の懲戒処分を争う場合に一般的に違法の抗弁を肯定する趣旨なのか、興味深いところであるが、明確ではない。前者であるとすれば、本判決は、違法の抗弁との関係では、訓令的・非訓令的の区別よりも、抵触が問題になりうる法規範が公務員を保護する趣旨のものか、公益一般を保護する趣旨にとどまるかを重視しているともいえそうである。

（5）「一定の処分」

本判決の大きな意義の1つは、平成16年の行訴法改正で法定された差止訴訟の訴訟要件を最高裁として初めて示した点にある。差止訴訟は、「特定の処分」ではなく「一定の処分」に対して認められる。懲戒処分がされる蓋然性はあるが、いかなる懲戒処分がされるかは明確ではない場合、「戒告処分」「1か月5パーセントの減給処分」のように、懲戒処分を具体的に特定しなくても、「懲戒処分」の差止めを求めれば足りると解される。本判決も、懲戒処分の内容を具体的に特定することを原告に要求していない。しかし、差止訴訟の訴訟要件である蓋然性判断においては、「懲戒処分」として一括して判断するのではなく、懲戒処分の類型に応じて判断しており、都教委の処分基準において、本件職務命令違反を理由とする免職処分は予定されておらず、実際、過去においても、本件職務命令違反を理由とする免職処分がされた例はなかったことから、今後も免職処分がされる蓋然性はないとして、免職処分の差止訴訟は不適法とされた。他方、戒告処分、減給処分、停職処分については、都教委の処分基準において予定されており、かつ、実際にも行われていたことから蓋然性が肯定されている。実際に免職処分がなされる蓋然性がない以上、差止請求のうち免職処分に係る部分が不適法とされても、原告らにとり実害があるわけではないが、原告らが、「すべての懲戒処分」の差止めを求めていた本件では、蓋然性判断の局面では、類型ごとに判断するのではなく、なんらかの懲戒処分がされる蓋然性が認められるという判断をするのにとどめるのでは足りないかという理論的な問題はあるように思わ

れる。

　本件訴訟の原告らは多数にのぼるが、個々の原告にとっても、単一の懲戒処分が対象とされているわけではなく、反復継続して行われるであろう一連の懲戒処分が対象とされている。このような場合も、処分ごとに別の差止訴訟を提起する必要はなく、「一定の処分」として一括して差止めを求めることができると解すべきであり、本判決は、このことを肯定した点でも意義を有する。

(6) 重大損害要件
① 「損害の回復の困難の程度」

　差止訴訟の訴訟要件である「重大な損害を生ずるおそれ」の判断において、裁判所は、損害の回復の困難の程度を考慮するものとし、損害の性質および程度ならびに処分または裁決の内容および性質をも勘案するものとされている（行訴法37条の4第2項）。重大な損害が生ずるか否かを判断するための必要的考慮事項とされている「損害の回復の困難の程度」について、本判決は、処分後に取消訴訟等を提起して執行停止決定を受けることなどにより容易に救済を受けることができるものであるとはいえず、処分がされる前に差止めを命ずる方法によるのでなければ救済を受けることが困難なものである場合か否かという判断基準を示した。

　取消訴訟等を提起して執行停止決定を得ることは処分の効力の実現を遅延させるという意味で差止機能を有するといえるが、差止訴訟により差止機能を前倒しして実現するためには、処分後に取消訴訟等を提起して執行停止決定を受けることでは実効的な救済にならない場合であることが必要であるという解釈は、立法者意思に沿ったものであり、これまで下級審裁判例で示されてきた判断基準もおおむね、これと同様のものであった。本判決は、単に事後に取消訴訟を提起して執行停止決定を受け得ることのみではなく、それにより容易に救済を受け得ることを要件としていることに留意が必要である[11]。

　損害の性質および程度を勘案した場合、戒告処分単独で重大損害要件を満

たすかについては議論の余地があるが、本判決は、重大損害要件については、懲戒処分を処分類型ごとに分けて判断するのではなく一括して判断していることも注目される。将来反復継続するであろう紛争を抜本的に解決する現実の必要性に着目すれば、このような判断手法は是認されると思われる(12)。

本判決が重大損害要件を肯定したのは、紛争の抜本的ないし包括的解決を重視して、行訴法の規定の文言に必ずしもこだわらず、確認の利益に関する訴訟法理論を意識したからであり、かかる観点からすると、原告の行為義務の存否につき行政機関との間に紛争があり、行政機関が行為義務に対する不利益処分を予告している場合であって、それが精神的自由権に対し看過できない萎縮効果を持ったり、経済活動を実施するための投資が高いリスクを抱えたりするときも、本判決の射程が及ぶと解する余地があるという指摘もなされている(13)。

② 補充性要件

本判決は、法定抗告訴訟としての差止訴訟の補充性要件の判断において、懲戒処分の取消訴訟等および執行停止との関係でも補充性の要件を欠くものではないと解されると述べている。懲戒処分の取消訴訟等および執行停止によっては実効的救済が得られないことは重大損害要件で判断されており、また、法定抗告訴訟としての差止訴訟の補充性要件は、差止めを求める処分の前提となる処分の取消訴訟を提起して執行停止決定がなされれば、後続する

---

(11) 「当該損害がその処分又は裁決の取消しの訴えを提起して同法25条2項に基づく執行停止を受けることにより避けることができるような性質、程度のものであるとき」は重大損害要件を満たさないとする大阪地判平成18・2・22判タ1221号238頁の判示と比較すると、事後救済の容易性を明示している点で、本判決は重大損害要件を緩やかに解したとみることもできる。学説上は、法定差止訴訟の重大損害要件を基本的に執行停止の重大損害要件と同様に解し、取消訴訟等および執行停止による救済が困難なことを、差止訴訟固有の重大損害要件と理解すべきとするものもある。石崎・前掲注（1）行政判例百選Ⅱ441頁、同・新判例解説Watch（法セ増刊）12号44頁参照。石井・前掲注（1）4頁は、少なくとも人の生命・身体の安全・健康への被害のおそれが問題となる場合には、「損害の性質」（行訴法37条の4第2項）から考えて、より柔軟に重大損害要件の充足を認めるべきとする。

(12) 石崎・前掲注（1）行政判例百選Ⅱ441頁参照。
(13) 山本・前掲注（1）121〜123頁参照。

処分ができなくなることが法定されているような特別の場合（国税徴収法90条3項等）を念頭に置いたものであることから、本件において、補充性要件で懲戒処分の取消訴訟等および執行停止との関係に言及する必要については議論のあるところである[14]。

（7）法定差止訴訟の本案勝訴要件

① 「行政庁がその処分若しくは裁決をすべきでないことがその処分若しくは裁決の根拠となる法令の規定から明らかである」という要件

法定差止訴訟の本案勝訴要件について、行訴法37条の4第5項は、「行政庁がその処分若しくは裁決をすべきでないことがその処分若しくは裁決の根拠となる法令の規定から明らかであると認められ」（A要件）または「行政庁がその処分若しくは裁決をすることがその裁量権の範囲を超え若しくはその濫用となると認められるとき」（B要件）としている。A要件とB要件の関係について、通説は、前者は覊束処分、後者は裁量処分の場合の要件と解している。この立場に立てば、懲戒処分は裁量処分であるから、本件ではB要件についてのみ判断すれば足りることになりそうである。

しかし、本判決は、両者の要件について判断している。すなわち、まずA要件について、本件職務命令が違憲無効であってこれに基づく公的義務が不存在といえるかを検討し、そうであるとはいえないので、この勝訴要件を充足しないことを確認している。行政処分が覊束処分であれ、裁量処分であれ、その根拠法規が違憲無効であれば、当該処分をすべきでないことは明らかともいい得ることを前提とした判示と考えられるので、本判決は、A要件を処分の根拠法規の違憲性、違法性を含めて判断すべきと解しているように思われる[15]。

---

(14) 村上・前掲注（1）143頁、橋本・前掲注（1）52頁、山本・前掲注（1）125頁参照。

(15) この点につき、「法令の規定から明らかである」という表現では、根拠法規が違憲の場合は射程外になり得るという懸念も示されていた。園部逸夫＝芝池義一編・改正行政事件訴訟法の理論と実務（ぎょうせい、2006年）207頁（高安秀明執筆）参照。

② 裁量権の逸脱濫用

　本判決は、法定差止訴訟の本案の審理において、戒告処分については先例に従い裁量権の逸脱濫用となるとは解し難いとし、減給処分、停職処分については、それらが裁量権の逸脱濫用となるか否かは、個々の事案ごとの当該各処分の時点における当該教職員に係る個別具体的な事情のいかんによることになり、かかる判断を可能にするような個別具体的な事情の特定および主張立証はされていないから、B要件を満たしていないと判示した（宮川光治裁判官は、免職処分以外の懲戒処分の差止訴訟を認容すべきとした）。A要件を満たさないことを前提としてB要件について審理する場合、比例原則違反等について個別審査が必要になり、その判断に必要な具体的事情を特定し主張立証する責任はＸ１らにあるという論理と考えられる。このような前提に立つ場合、Ｘ１らは、どのような主張立証を求められることになるのか考えてみたい。本件では、起立斉唱義務違反に対する都教委による懲戒処分の基準はかなり明確であり、おおむね１回目の違反に対しては戒告、２回目の違反に対しては１か月の減給、３回目の違反に対しては６か月の減給、４回目以降は停職で回数を重ねるに従い停職期間が長くなるというものであった。そうすると、仮に金築裁判官の補足意見に従えば、起立斉唱義務違反に対する懲戒としては減給処分で十分であり、それより重い制裁を科すべきでないことになるので、４回目以降の違反に対して行われる蓋然性が高い停職処分は、裁量権を逸脱濫用したものとして、基本的にB要件を充足することになり、例外的に、起立斉唱義務違反以外の義務違反を行った前歴のある者について、その違反の重大さや頻度等を考慮して、停職処分が裁量権の逸脱濫用に当たらないと判断されることもあり得ないわけではないということになると思われる。そうであるとすれば、Ｘ１らは、個別に、過去の懲戒処分の有無、存在する場合は、違反事実と処分内容を主張立証するのみで足りることになり、容易に主張立証が可能である。

　もっとも、本判決は、「将来の当該各処分がされる時点における個々の上告人に係る個別具体的な事情を踏まえた上でなければ、現時点で直ちにいず

れかの処分が裁量権の範囲を超え又はこれを濫用するものとなるか否かを判断することはできず」と述べているので、現時点までではなく、将来の処分時点までの違反事実等も主張立証すべきという趣旨のようにも読める。確かに、例えば、将来、国旗掲揚、国歌斉唱を行う都立高校の式典を実力で妨害する行為を行えば、そのことと起立斉唱義務違反を併せて停職処分が裁量権の逸脱濫用ではないと判断される可能性はある。しかし、過去において、起立斉唱義務違反以外の服務違反を問われたことのない職員は、将来も、起立斉唱を行わないものの式典を妨害したり生徒に起立斉唱を行わないよう慫慂したりすることはしないことを主張すれば、起立斉唱義務違反以外の義務違反は、将来の処分時点において存在しないことの主張立証があったものと解してよいように思われ、そのように解しないと、この種の差止訴訟において請求が認容される可能性が非常に低くなってしまうように考えられる。

(8) 既判力

本判決は法定差止訴訟を棄却したが、懲戒処分の取消訴訟において、本判決の既判力がどのように作用するのかについては述べていない。懲戒処分の法定差止訴訟が棄却されても、そのことは、その後になされる懲戒処分が当然に適法であることを意味するわけではなく、懲戒処分取消訴訟において個別の処分の違法を主張することが遮断されるわけではないと思われる[16]。例えば、減給処分、停職処分の差止訴訟は棄却されたが、それは、個別具体的な事情の特定および主張立証がないため判断できないとされたからにとどまる場合、具体的な減給処分、停職処分について、比例原則違反等を主張して、その取消訴訟を提起することは可能と解すべきであろう。

(9) 法定外抗告訴訟の法定抗告訴訟に対する補充性

Ｘ１らは、卒業式等の式典において国歌斉唱義務等がないことの確認訴訟を法定外抗告訴訟であるとして提起したが、この点について本判決は、法定外抗告訴訟は行政処分に関する不服を内容とする訴訟であり、本件通達およ

---

(16) 石崎・前掲注（１）行政判例百選Ⅱ441頁参照。

び本件職務命令のいずれも処分性を有しない以上、法定外抗告訴訟としての本件確認訴訟は、将来の懲戒処分の予防を目的とするものであり、実質的には、本件職務命令の違反を理由とする懲戒処分の差止訴訟を本件職務命令に基づく公的義務の存否に係る確認訴訟に引き直したものと解している。

そして、かかる訴訟は、とりわけ、法定抗告訴訟である差止訴訟との関係で事前救済の争訟方法としての補充性の要件を充足する必要があるとする[17]。これは本件法定外抗告訴訟が確認訴訟であるのに対し、差止訴訟が給付訴訟であるから給付訴訟を優先すべきということではなく（差止訴訟は給付訴訟といっても差止判決には執行力はないので、確認判決よりも実効性があるとは当然にはいえないと思われる）、法定抗告訴訟で同じ目的を達することができる場合には、あえて法定外抗告訴訟を認める必要はないという理由であると解され、本判決は、このことを明示した初の最高裁判決である点でも意義を有する。本判決は、本件においては法定抗告訴訟として懲戒処分の差止訴訟を適法に提起することができ、その本案において本件職務命令に基づく公的義務の存否が判断の対象となる以上、法定外抗告訴訟としての差止訴訟は補充性の要件を欠き不適法と判示しているので、法定差止訴訟が適法に提起できない場合に法定外抗告訴訟としての確認訴訟が認められる余地が否定されたわけではない。

(10) 法定差止訴訟と公法上の当事者訴訟としての確認訴訟の関係

① 行政処分以外の処遇上の不利益の予防を目的とする公法上の法律関係に関する確認訴訟としての確認の利益

在外邦人選挙権制限訴訟大法廷判決（最大判平成17・9・14民集59巻7号2087頁）の事案と異なり、本判決は、法定差止訴訟と公法上の当事者訴訟としての確認訴訟の関係を考えるのに好個の素材を提供するものといえる。以下、この点について検討することとする。

---

[17] 法定外抗告訴訟としての確認訴訟の補充性要件との関連で、法定差止訴訟の補充性要件を定める行訴法37条の4第1項ただし書を援用した点については、異論が唱えられている。村上・前掲注（1）144頁、橋本・前掲注（1）52頁、山本・前掲注（1）125頁参照。

第6節　確認訴訟と差止訴訟（国歌斉唱義務不存在確認等請求）

　X1らが提起した本件確認訴訟について、1審判決も原判決も法定外抗告訴訟と解したが、X1らは原審の段階から、国歌斉唱義務等がないことの確認訴訟が法定外抗告訴訟としては不適法であっても、公法上の当事者訴訟として審理すべきと主張していた。本判決は、平成16年の行訴法改正前に都教委を被告として提起された確認訴訟については公法上の当事者訴訟として構成する余地はないとしたものの、東京都を被告とした確認訴訟については公法上の当事者訴訟として構成し得るかについて審理している。同改正により、抗告訴訟の被告が当事者訴訟と同様に行政主体に変更されたことの効果が現れたものとみることができる。そして、本判決は、懲戒処分という行政処分を防止する目的の場合には、法定外抗告訴訟として把握したものの、行政処分以外の不利益の防止を目的とする場合には、公法上の当事者訴訟としての確認訴訟として適法と判断している。すなわち、本件通達を踏まえた本件職務命令違反が、勤務成績の評価を通じた昇給等に係る不利益という行政処分以外の処遇上の不利益を発生させる危険に着目し、本件確認訴訟は、行政処分以外の処遇上の不利益の予防を目的とする公法上の法律関係に関する確認訴訟としては、その目的に即した有効適切な争訟方法であるということができ、確認の利益を肯定できるとしたのである[18]。行政処分以外の処遇上の不利益は法定抗告訴訟としての差止訴訟では予防できないので、かかる不利益の予防のために公法上の当事者訴訟としての確認訴訟が有効適切な争訟方法であることを最高裁が認めたことの意義は大きいといえる。

② 　法定差止訴訟と公法上の当事者訴訟としての確認訴訟の機能分担

　もっとも、公法上の当事者訴訟としての確認訴訟は、行政処分以外の不利

---

(18) 宮川光治裁判官の反対意見では、懲戒処分は差し止められるとしても、本件職務命令自体は存在するのであるから、その遵守に係る行動監視を受けて、違反事実は東京都に報告されるのであり、X1らの精神的不安状態は払拭されないことが指摘され、現存する不安の除去を包括的に行うことを目的とする公法上の当事者訴訟を適法に提起しうるとする立場が採られている。学説においても、起立斉唱を強要すること自体が思想・良心の自由を侵害するとして、制裁行為を予防するためではなく、起立斉唱の強要を予防すること自体に確認の利益を認めるべきとするものがある。石崎・前掲注（1）行政判例百選Ⅱ441頁、同・新判例解説Watch（法セ増刊）12号44頁参照。

益を予防するためにのみ用いられうるのかという問題がある。もし本判決が法定差止訴訟と公法上の当事者訴訟としての確認訴訟の機能分担をこのようなかたちで明確にしようとしたのであるとすれば、公法上の当事者訴訟としての確認訴訟が利用できる場合は、かなり限定されることになる。また、公法上の当事者訴訟としての確認訴訟の訴訟物が行政処分以外の不利益の根拠となる義務の存否に限られるとすれば、この確認判決の既判力は懲戒処分の差止訴訟や取消訴訟等の抗告訴訟には及ばないことになり、逆もまた真なりということになるので、当該当事者訴訟と当該抗告訴訟が時期を異にして提訴され別の裁判所に係属した場合、一方の判決の既判力が他方に及ばず、同一の義務であるにもかかわらず、その存否について異なる判断がなされる可能性も理論的には存在することになる。しかし、本判決が訴訟物についてそのような理解をしていると解すべきではなく、本件では、免職処分以外の懲戒処分が行われる蓋然性があり、かかる懲戒処分との関係で差止訴訟を適法に提起しうるので、かかる懲戒処分との関係では確認の利益が認められず、行政処分以外の処遇上の不利益との関係においてのみ確認の利益が認められたと解することができると思われる[19]。

　したがって、およそ一般的に、同一の義務違反に起因して、行政処分による不利益と行政処分以外の不利益の双方が発生するおそれがある場合、前者については法定の差止訴訟、後者については公法上の当事者訴訟としての確認訴訟と別個の訴訟を提起する必要があることまで本判決が意味していると解する必要は必ずしもないように思われる。義務を負わないことの確認訴訟のみを提起して、確認判決の拘束力により、行政処分であるか否かにかかわらず、義務違反を理由とする一切の不利益な措置を阻止することに確認の利益を認めることを一般的に否定する趣旨ではないと解し得ると考えられる[20]。

---

(19)　確認の利益は、(ⅰ)即時確定の現実的必要性、(ⅱ)確認訴訟という方法選択の適否、(ⅲ)確認対象の適否からなるが、本件では、懲戒処分との関係における法定差止訴訟に対する補充性という観点から（ⅱ）の確認の利益が否定されたものと解しうると思われる。

③ 本判決の射程
（ア）法律自体により直接に権利を制限されたり義務を課されたりしている事案

この点について、より詳細に検討するために、本判決の射程について考えてみることとする。

前掲最大判平成17・9・14は、上告人らが次回の衆議院議員の総選挙における小選挙区選出議員の選挙および参議院議員の通常選挙における選挙区選出議員の選挙において、在外選挙人名簿に登録されていることに基づいて投票することができる地位にあることの確認訴訟の適法性を認めた。この訴訟は、実質的にみれば、立法権の行使（不行使）に対する不服の訴訟ともいえるが、「（特定の）公権力の行使（不行使）に対する不服の訴訟」としての性質を持った「（当事者訴訟としての）確認訴訟」も、他に適切な救済の方法がない場合などには許されるという立場から、公法上の当事者訴訟としての確認訴訟が適法とされたと考えられる[21]。しかし、この事案において問題になる公権力は立法権であり、法律の執行としての行政処分が介在していない。そして、法改正の義務付け訴訟のような抗告訴訟が認められる余地は乏しく、公法上の当事者訴訟としての確認訴訟が最も有効適切な訴訟類型であるといえ、本判決とは事案を異にするといえる。このように、行政処分を介在させずに法律自体により直接に権利を制限されたり義務を課されたりしている事案は、本判決の射程外と考えられる。

（イ）行政処分が行われる蓋然性がない場合

最大判昭和41・7・20民集20巻6号1217頁は、無許可で薬局の経営を継続

---

[20] 学説においては、不利益処分の前提となる法的義務の存否等について行政庁と私人の間で解釈が相違し、私人が自己の解釈に基づいてある行為を行うと不利益処分を受ける可能性がある場合には、当事者訴訟の提起を認めるべきであるとする見解が有力である。村上裕章「公法上の確認訴訟の適法要件」阿部泰隆先生古稀記念『行政法学の未来に向けて』（有斐閣、2012年）750頁、山本隆司「差止めの訴えの法定」小早川光郎＝高橋滋編・詳解改正行政事件訴訟法（第一法規、2004年）77頁参照。

[21] 杉原則彦・最高裁判所判例解説民事篇（平成17年度）〔下〕648頁参照。

すると、薬剤師免許が取り消される可能性がある事案において、公法上の当事者訴訟としての確認訴訟が適法であることを前提として審理を行った[22]。この事案においては、薬剤師免許の取消しを差し止めるために抗告訴訟を提起すべきとは判示されていない。同事案においては、本判決の事案と異なり、薬剤師免許の取消しが予告されていたわけではなく、その蓋然性があったとは必ずしもいえなかったと思われるので、（法定外抗告訴訟としての）差止訴訟は不適法と解される可能性が高く、その点で本判決の事案と区別することもできそうである。薬剤師免許の取消しまで行われなくても、無許可営業者として行政指導を受け、違法営業者として公表されるおそれはあるが、情報提供としての公表については、一般に処分性は否定されており、抗告訴訟で差し止めることはできないので、かかる事実上の不利益との関係では、本判決の立場に立っても、公法上の当事者訴訟としての確認訴訟を提起し得ると解することができると思われる[23]。

(ウ) 公的義務の違反に対して刑事罰が設けられている場合

前掲最大判昭和41・7・20の事案では、無許可で薬局を経営した場合、刑事罰が科される可能性があった点も、本判決の事案と異なる。公訴の提起は公権力の行使であるが、それに不服がある者は刑事訴訟手続において争うべきであり、抗告訴訟で争うことは認めないのが最高裁判例の立場であると思われ[24]、これを前提とすれば、抗告訴訟で公訴の提起を差し止めることは認められないと思われる。もっとも、最高裁が公訴の提起の取消訴訟や差止訴訟を認めないという立場をとっていると考えられる根拠は、公訴の提起の処分性を否定するからではなく、刑事訴訟と行政訴訟の役割分担[25]の観点からの刑事訴訟の排他的管轄論であると思われるので、抗告訴訟のみならず

---

(22) 最判昭和47・11・30民集26巻9号1746頁（長野勤評事件）、最判平成元・7・4訟月36巻1号137頁（横川川事件）は、この類型の事案において、訴訟類型を明示せずに、事前に義務の存否の確定を求める法律上の利益を否定して訴えを却下している。
(23) 制裁的公表であれば法律または条例の根拠を要し、その処分性を肯定する学説が有力になっており、抗告訴訟で争うべきとする考え方は成立する。宇賀克也・行政法概説Ⅰ（第5版）（有斐閣、2013年）262頁参照。

第 6 節　確認訴訟と差止訴訟（国歌斉唱義務不存在確認等請求）

当事者訴訟も認められないことになるのではないかという疑問が生ずる。確かに、この刑事訴訟の排他的管轄論に立てば、行政訴訟である当事者訴訟も許されないことになるから、公訴の提起の差止訴訟と同一視できる当事者訴訟も許されないことになり、「○法□条違反で公訴を提起されない立場にあることの確認訴訟」を当事者訴訟として提起することは、公訴の提起の是非は、もっぱら刑事訴訟で争うべきとする刑事訴訟の排他的管轄論によれば、認められないと思われる。しかし、「○法□条に従う義務のないことの確認訴訟」と「○法□条違反で公訴を提起されない立場にあることの確認訴訟」は区別し得ると思われる。義務違反に対して刑事罰が科される仕組みになっている場合、私人は、かかる義務を負わないと考えたとしても、公訴の提起による多大の損害（精神的苦痛にとどまらず、顧客の喪失、解雇等による経済的不利益もあり得る）を恐れて、意に反して当該法条に従うことを余儀なくされる可能性が高いと考えられる。その場合、公訴を提起されることはないわけであるが、もし当該罰則の根拠規定が違憲ないし違法であれば、当該私人は、行う必要のない行為を行わなければならなかったり、行うことのできた行為を控えたりしなければならなかったことになる。自己の信念に従って行動すればよいのであって、その結果、公訴を提起されれば刑事訴訟において無罪を主張して争えばよいという考えもあり得るであろうが、たとえ無罪になったとしても公訴を提起されること自体がもたらす不利益の甚大さ、

---

(24)　最高裁は、これまで公訴の提起の適法性を行政訴訟で争うことができるかについて、正面から判示したことはない。最大決昭和28・12・22刑集 7 巻13号2595頁も、公訴の提起があったものと擬制される付審判決定の適法性を行政訴訟で争うことができるかについて、直接には触れていない。しかし、付審判決定については、「審判に付された被告事件の訴訟手続において、その瑕疵を主張することができる」という判示部分から、最高裁は、付審判決定の適法性は、専ら被告事件の訴訟手続内で争うべきと解しているように思われ、公訴の提起についても、同様の立場に立っているものと推測される。最決平成22・11・25民集64巻 8 号1951頁も、起訴議決について、刑事訴訟手続における公訴提起の前提となる手続であって、その適否は刑事訴訟手続において判断されるべきと判示していることに照らすと、公訴の提起の適否は、専ら刑事訴訟手続で争われるべきことを前提としているように思われる。

(25)　宇賀克也・行政法概説Ⅱ（第 5 版）（有斐閣、2015年）116頁参照。

そのことに起因する萎縮効果[26]の大きさに鑑みると、公法上の当事者訴訟としての確認訴訟により、公的義務の存否を事前に争う機会を保障すべきではないかと思われる。このように、公的義務の違反に対して刑事罰が設けられている場合において、公法上の当事者訴訟としての確認訴訟により公的義務の存否を争う場合は、本判決の射程外と思われる。ただし、当該確認訴訟の係属中に公訴が提起されると、行政訴訟と刑事訴訟が併存することになり、両者の関係についての解釈問題が発生することになる[27]。

(エ) 法令に従い販売等を自粛せざるを得ない状態にある場合

最判平成25・1・11判時2177号35頁は、一般用医薬品の郵便等販売を行うことができる地位の確認訴訟が適法であることを前提として審理しているが、この事案の場合には、原告は、一般用医薬品の郵便等販売を禁止する省令が施行された後、当該販売を自粛しており、したがって、医薬品販売業の許可取消し、業務停止処分等の不利益処分が行われる蓋然性はなかった。しかし、販売自粛により原告は多大な経済的損害を現に被っていたのであり、確認の利益が認められたのは適切と思われる。本判決の考え方からすれば、医薬品販売業の許可取消し、業務停止処分等の不利益処分の要件を充足していないことの確認を目的とする確認訴訟は法定外抗告訴訟としての確認訴訟と位置付けられることになると思われるが、それと異なり、一般用医薬品の郵便等販売を自粛せざるを得ない状態から解放されるために、省令が違法であり、一般用医薬品の郵便等販売が可能であることの確認を求める場合には、公法上の当事者訴訟としての確認訴訟の提起を認めるべきと考えられる。

---

(26) 刑事訴追を念頭に置いているわけではないが、1審判決は、自己の信念に従って職務命令を拒否するか、自己の信念に反して職務命令に従うかの岐路に立たされるという精神的自由に対する萎縮効果にも着目していた。
(27) 最判昭和57・7・15民集36巻6号1169頁は、反則金納付通告について行政訴訟で争わせない理由の一つとして、両手続の関係について複雑困難な問題が生ずることを挙げているが、公的義務違反に対して刑事罰が定められている場合における義務違反の存否を争う公法上の当事者訴訟としての確認訴訟一般を射程にするものではないと解することもできると思われる。

第6節　確認訴訟と差止訴訟（国歌斉唱義務不存在確認等請求）

（オ）機能の重複

　そもそも、法定差止訴訟と公法上の当事者訴訟としての確認訴訟は、重複する機能を有し[28]、両者の関係については、権利救済の実効性を確保する観点から解釈することが望ましいと考えられる。本判決についても、およそ一般的に行政処分が関係し得る場合には法定抗告訴訟によるべきであるとして公法上の当事者訴訟としての確認訴訟における確認の利益を否定する趣旨と解すべきではないと思われる。懲戒処分に対する抗告訴訟を法律関係に引き直したにすぎないような訴訟（たとえば、減給処分の差止訴訟の代わりに減給されない地位の確認を求める訴訟）については、公法上の当事者訴訟としての確認訴訟としては認められず抗告訴訟を提起すべきとする考え方は成立し得ると思われるが、かかる立場を採ったとしても、将来、行政処分を含めて種々の不利益が生じうる場合、それらを一括して抜本的に紛争を解決するために、公法上の当事者訴訟としての確認訴訟を活用することは否定されるべきではないと思われる[29]。

（11）公法上の当事者訴訟としての確認訴訟における確認の利益

公法上の当事者訴訟としての確認訴訟における確認の利益について、裁判例においては、（ⅰ）現に原告の有する権利または法的地位に危険または不安が存在すれば足りるとするもの（最判昭和30・12・26民集9巻14号2082頁）が多いものの、（ⅱ）法定の差止訴訟と同じく、重大な損害が発生するおそれがあり、その損害を避けるため他に適当な方法がない場合でなければならないとするもの、（ⅲ）事前の救済を認めないことを著しく不相当とする特段の事情がなければならないとするものもある[30]。本判決は、毎年度2回

---

(28)　法定差止訴訟と公法上の当事者訴訟としての確認訴訟の競合について、神橋一彦・行政訴訟法（信山社、2012年）292頁参照。より広く、抗告訴訟と当事者訴訟の同質性を指摘し、解釈論としても、両者を統合的に運用すべきとするものとして、中川丈久「抗告訴訟と当事者訴訟の概念小史－学説史の素描」行政法研究9号1頁以下参照。

(29)　本判決が「違反が懲戒処分の処分事由との評価を受けることに伴い」懲戒処分以外の処遇上の不利益が生ずるとしている点に注目し、行政処分の差止訴訟に係る訴訟要件と公法上の当事者訴訟としての確認訴訟に係る確認の利益が同様の考慮要素により判断できる場合に本判決の射程を限定すべきとの主張がなされている。山本・前掲注（1）127頁参照。

以上の各式典を契機として処遇上の不利益が反復継続的かつ累積加重的に発生し拡大していくと事後的な損害の回復が著しく困難になることを考慮すると、本件確認の訴えは確認の利益を肯定することができると判示しており、（ⅲ）の基準は採っていないと思われる[31]。もっとも、不利益が累積し加重していく特殊な事案である本件の場合、1審判決、宮川光治裁判官の反対意見で述べられているように、厳格な（ⅲ）の基準の下でも確認の利益を肯定できると思われる。本判決は、確認の利益についての一般論を述べることは回避しており、事例判断をさらに積み重ねていく中で、一般論を形成していこうとする慎重な態度が窺われる。

---

(30) 村上・前掲注（20）741頁参照。
(31) 公法上の当事者訴訟の中で、将来の処遇上の不利益な取扱いの差止めを求める給付訴訟との関係で確認訴訟の補充性を問題にしていない点において、民事の確認訴訟よりも確認の利益を柔軟に解していると指摘するものとして、石井・前掲注（1）7頁参照。

第7節　住民訴訟

第1款　補助金交付（市営と畜場廃止に伴う支援金支出の適法性）

1　事案の概要

（1）市営と畜場廃止に伴う支援金支出

本款では、熊本県八代市が経営していたと畜場である食肉センター（以下「本件食肉センター」という）を廃止するに当たり、当時の市長であったYが、本件食肉センター利用業者（以下「本件利用業者」という）ならびに食肉センターで働くと殺業務従事者および内臓洗い従事者（以下「本件と殺業務従事者等」といい、「本件利用業者」と「本件と殺業務従事者等」を総称する場合、「本件利用業者等」という）に対して支援金（以下「本件支援金」という）を支払ったことは、違法な公金の支出であり、八代市は本件支援金と同額の損害を被ったとして、同市の住民であるXらが、平成14年法律第4号による改正前の地方自治法242条の2第1項4号に基づき、同市に代位してYに損害賠償請求をした住民訴訟の事案を取り上げる。

病原性大腸菌（O-157）に起因する食中毒が多発したことを契機に衛生基準を厳格化するため、平成9年にと畜場法施行令が改正され、同施行令中、「一般と畜場の構造設備の基準」および「検査の方法」についての改正内容については平成12年4月1日から施行されることとなった。そこで、八代市は、平成10年11月27日に熊本県経済農業協同組合連合会に法令改正に伴う今後の本件食肉センターの在り方についての調査を委託し、平成11年2月8日に提出された報告書に基づき検討したところ、法令改正に適合させるためには、現有施設の改修では足りず、新築が必要であるが、そのために必要な高額の費用に見合う使用料収入は見込めないため、新築を断念し、本件食肉センターを、平成12年3月31日付けで廃止した。Yは、同年7月31日、本件支

援金について決裁し、八代市は、本件利用業者等との間で契約を締結し、「補償、補填及び賠償金」の節から本件支援金を支出した。この支出の適法性が争われたのが本件である。

(2) 主たる争点

本件の主たる争点は、(ⅰ) 本件支援金を補償金として支払う法的根拠があったか、(ⅱ) 本件支援金を補償金として支払う法的根拠がなかったとしても、補助金としての要件を充足しているといえるか、(ⅲ) 本件支援金の支出が違法な場合、Yに故意または過失があるかである。

2　1審判決
(1) 損失補償の要件
① 反射的不利益

1審の熊本地判平成16・7・16判例自治279号103頁（以下「1審判決」という）[1]は、(ⅰ)(ⅱ)のいずれについても否定的に解しているが、まず、(ⅰ)について、1審判決の判断理由をみることとする。

1審判決は、本件食肉センターを利用できる業者に制限はなく、利用業者は、本件食肉センターの利用については利用するたびに使用料を八代市に支払い、と殺等をと殺業務従事者等に委託するときは、同人らに委託料を支払う仕組みとなっているため、本件利用業者と八代市との間には、委託契約等の継続的契約関係はなく、また、本件と殺業務従事者等と八代市の間にも雇用契約等の継続的契約関係はないという認識を示している。そして本件利用業者は、本件食肉センターが存続する限り、本件食肉センターを利用できるという期待を有しているということはいえても、本件食肉センターの利用に関して何らかの権利を有しているということはできないし、いわんや、本件と殺業務従事者等に権利を認めることはできないと述べている。したがって、本件食肉センターの廃止により、本件利用業者等が、他のと畜場を利用せざ

---

[1]　馬橋隆紀＝新堀博巳・判例自治283号4頁以下参照。

るを得なくなり、それに伴い負担が増加しても、それは反射的不利益であって、補償義務が生ずる損失とはいえないとする。
② 権利の不在
　また、（ⅰ）国有財産法19条、24条の規定を類推適用するのであれば使用権者が貸付期間中に貸付契約を解除されたこと、（ⅱ）憲法29条3項によるのであれば財産権に対する制限、がそれぞれ要件とされるところ、本件利用業者等には何ら権利がないから、これらの要件には該当しないとする。
③ 公用のための利用
　さらに、（ⅰ）国有財産法19条、24条の規定の類推適用のためには当該財産を「公共用等に用いる必要がある」こと、（ⅱ）憲法29条3項の規定を適用するのであれば「公用のために用いる」こと、がそれぞれ要件とされるところ、本件食肉センターが廃止された経緯は、「公共用等に用いる必要がある」とか「公用のために用いる」という場合に当たらないことは明らかであると判示している。

（2）補助金の要件
① 実体的要件
（ア）と畜業法による規制
　このように（ⅰ）の損失補償の要件を充足していないことを述べた後、1審判決は、（ⅱ）の補助金の要件の充足も否定している。1審判決は、実体的要件、手続的要件の双方について検討しているが、実体的要件については、以下のように述べている。
　まず、本件利用業者がと畜業法による規制を受けていることを根拠に本件利用業者の業務に公益性があるとYが主張したことに対し、と畜場法は、公衆衛生の観点からの規制であって、これを根拠に本件利用業者の業務に公益性があるということはできないし、本件と殺業務従事者等についても同様であるとする。
（イ）市民への食肉の安定供給
　Yは、本件支援金は、市民への食肉の安定供給を目的としていることを本

件訴訟で主張したが、1審判決は、Yは本件食肉センターで解体された肉のうちどのくらいが市民に供給されているか調べていないし、本件食肉センターの廃止によって市民が食肉供給の点でどの程度影響を受けるかを検討した形跡もないこと、本件支援金の支出を受けているのは八代市内の利用業者に限られているが、市内の利用業者であるからといって、直ちに市民の食肉安定に寄与するわけではないこと、本件食肉センターを最も利用していた利用業者は、むしろ八代市民とは直接かかわりのないところへ出荷していたと認められること、と畜場を廃止した地方公共団体がいくつかあるが、食肉の安定供給に支障を来しているとは窺えないことに鑑み、本件支援金の支出につき、食肉の安定供給という目的があったとは認めることができないと認定し、本件支援金の支出には、公益上の必要性は認められないとする。

② 手続的要件

(ア) 流　用

　1審判決は、さらに、手続的要件についても検討し、その不充足を以下のように認定している。補償金と補助金は予算科目上同一目内であって、節を異にするのみであり、流用を禁止する定めはないから（地方自治法220条2項）、問題はないというYの主張に対して、1審判決は、目節は予算執行のために定められる科目であり（同法施行令150条）、予算議決の対象になるわけではないが、予算を議会に提出する際に、併せて提出される歳入歳出予算事項明細書において目節の内容も記載されることが予定されているため（同法211条2項、同法施行令144条1項1号、同法施行規則15条の2および別記「予算に関する説明書様式」）、結局、予算議決においては、目節の内容も考慮され得ることになるから、無制限に流用を認めることはできないとする。

(イ) 市費補助等取扱要綱

　そして、本件予算案と併せて提出された一般会計予算案に関する説明書では、本件支援金は、「食肉センター業務休止に伴う支援」と説明されていた上、本件予算案が付託された市議会経済企業委員会において、委員らが本件支援金の使途を定めず、使途の調査もしないのは問題であるという趣旨の発言を

したが、執行部からは、本件支援金の使途を定めず、使途の調査もしないで一括して支払うのが適当であるとの答弁がされており、さらに、市議会本会議において本件予算案を採決するに当たり、同委員会での前記のような審査の経過および結果について報告されていることを認定している。1審判決は、市費補助等取扱要綱が定められ、補助金の交付を受けた者には、市長から指令書が交付されることとなっているが、同指令書には、補助金を目的以外に使用してはならないこと、事業の計画変更等がある場合は事前に承認を受けなければならないこと、補助金の使途が不適当と認めたときは、補助金の全部または一部の返還を命ずることがあること、補助金の精算書を速やかに提出しなければならないことが定められていることを指摘し、当初から本件支援金を予算科目上補助金としていた場合、執行部の前記答弁は明らかに市費補助等取扱要綱に反しているのであるから、本件予算案について議会の議決が得られたとは到底考えられないし、本件支援金を補助金として予算計上することができなかったため、補償金としたのであるから、後になって流用が可能であるという主張を採用することはできないと述べている。したがって、本件においては、流用を認めることができない場合であり、手続的要件も充足していないと判示している。

（3）故意過失

① 最高裁判例

以上のように、本件支援金の支出は、補償金としても補助金としても違法と判断したため、1審判決は、Yの故意過失の有無を検討している。

まず、本件支援金の支出に至る経緯に照らして、故意によるものとはいえないとし、過失の有無を検討している。その際、ある事項に関する法律解釈につき異なる見解が対立し、実務上の取扱も分かれていて、そのいずれについても相当の根拠が認められる場合に、公務員がその一方の見解を正当と解しこれに立脚して公務を執行したときは、後にその執行が違法と判断されたからといって、直ちに当該公務員に過失があったものとすることは相当ではないとする最判昭和46・6・24民集25巻4号574頁を引用し、これに従って

② 他の地方公共団体の例

そして、別府市や豊川市の事例のように、公営と畜場の廃止に当たって、利用業者およびと殺業務従事者に補償金を支払った地方公共団体が存在する一方、本件食肉センターとほぼ同時期に廃止された公営と畜場は多数あるものの、中には、補償金等を一切支払っていない地方公共団体も存在するなど、公営と畜場の廃止にあたっての地方公共団体の対応は分かれていることを認定している。

Yは、別府市や豊川市の事例などを検討した上で、本件支援金の支出を適法と判断しているが、1審判決は、公営と畜場の廃止に当たって、利用業者およびと殺業務従事者らに補償金を支出した地方公共団体がいかなる法的根拠に基づいて当該補償金を支出したのか不明であることを指摘する。Yは、本件訴訟において、本件支援金を補償金として支出する法的根拠として国有財産法19条、24条の類推適用、憲法29条3項を挙げているが、別府市や豊川市など補償金を支出した地方公共団体がその要件を十分検討したうえで、補償金を支出したとは認められないし、Yを含む市の執行部もその要件を満たすかについて十分に検討していないので、公営と畜場の廃止に当たって、利用業者およびと殺業務従事者らに補償金を支払うことについて相当の根拠が認められるとはいえないとする。さらに、本件において、Yは、公営と畜場の廃止に伴う補償金を支出していない地方公共団体は存在しない旨、誤った認識を有し、補償金を支出しなかった地方公共団体について、その理由についての調査は行っていない。そのため、Yには過失があったと判示された。

3 差戻前控訴審判決

(1) 保護を受けるべき法的利益

これに対し、控訴審の福岡高判平成17・11・30判例自治279号88頁（以下「差戻前控訴審判決」という）[2]は、本件支援金の支出は適法として、1審判決を取り消した。

差戻前控訴審判決は、本件食肉センターには、旧A村地域において先代ないし先々代から引き続いて、同地域の伝統産業であると殺業ないし食肉供給業に従事して生計を立ててきた、ほぼ一定の利用業者が、地域のと畜場として長期間にわたり繰り返し利用してきた経緯および実態が存することを認定する。のみならず、このような経緯と実態が存する本件食肉センターについて、八代市は、同和対策事業の一環として、前記地域の伝統産業であると殺業ないし食肉供給業の経営の合理化、近代化を図り、前記地域の産業の振興および職業の安定を達成するため、同和対策事業特別措置法等に基づき、同市の施策として施設の建設、整備による特別の施策が実施されてきたのであるから、前記経緯および実態の下にある本件利用業者は、同市の管理運営する本件食肉センターを継続して利用すべき地位にあると認められるとする。そして、このような本件食肉センターの利用継続につき、保護を受けるべき法的利益を有するに至っていたものと認めるのが相当であり、本件利用業者から、と殺ないし内臓洗いの業務を請け負い、本件食肉センター内で勤務して生計を立てていた本件と殺業務従事者等も、本件利用業者と同様に本件食肉センターにおける請負業務の継続につき、保護を受けるべき法的利益を有するに至っていたものと認めるのが相当であるとする。

（2）通常生ずべき経済的損失

　そして、本件利用業者が、本件食肉センターの業務休止後も営業を継続するためには、遠方に存する他地域のと畜場を利用せざるを得ないこととなり、そのために冷蔵車（冷凍車）、家畜運搬車、大型保冷車、冷蔵庫等の施設整備が必要となるほか、高速道路料金、燃料費等の経費負担増が新たに必要になるところ、これらは、本件食肉センターの業務休止により、本件利用業者が営業を継続するために通常生ずべき経済的損失であると認められ、また、本件利用業者から本件食肉センター内におけると殺業務等を請け負って生計を立ててきた本件と殺業務従事者等も、本件食肉センターの業務休止により

（2）　馬橋＝新堀・前掲注（1）4頁以下参照。

失業を余儀なくされるため、転職先が見つかるまでの相当期間の得べかりし収入については、通常生ずべき経済的損失であると認められるとする。さらに、八代市は、本件利用業者に生ずる損失を算定するにあたって、前記事項による損失を、食肉センターの業務休止によって発生する客観的な損失として算定する根拠とすることとしたのであり、他地域のと畜場を利用するのに必要なものとして支出が予定されるのであり、かかる方法による算出は相応の合理性を有していると認められるし、本件支援金は、本件食肉センターの業務休止によって生ずる損失を補償するものとして支出されるのであるから、これを一括して支払い、支払を受けた使途に関する事後確認をすることがないとしても、これによって本件支援金の支出が直ちに不合理であり、不適切な支出であると認めることはできないとする。

(3) 補助金

以上の部分をみると、差戻前控訴審判決は、本件支援金の支出は補償金として適法であると考えているようにみえる。ところが、差戻前控訴審判決は、それに続けて、(ⅰ) 八代市は、前記のとおり、食肉センターの業務については、同和対策事業特別措置法に基づく同和対策事業の一環としての地域改善対策事業として、と畜施設を整備するなど積極的な関与をして、その事業を運営し継続していたこと、(ⅱ) 同市は、平成12年4月1日から施行される改正後のと畜場法施行令により、従前の施設での業務遂行が困難となることから、本件食肉センターの業務を休止することとし、これまでの間、専ら本件食肉センターを利用することによって生計を維持していた本件利用業者等に対しては、本件食肉センターの業務休止に伴う損失を補償することが相当であるとして、同市が相当とする範囲において、本件食肉センターの業務休止に伴う損失を補償する旨の措置を決定したこと、(ⅲ) 予算項目を「補償、補填及び賠償金」とする本件予算案を作成して、市議会に説明をし、市議会も本件予算案の当否を審議した上で、賛成多数でこれを可決し、Yは、市議会の前記議決を踏まえて、市長として、本件支援金の支出を実行したことを指摘する。

そして、このような同市の本件食肉センターにおけると畜業務とのかかわり、本件利用業者等の本件食肉センターにおける業務と生計の程度等に鑑みると、同市が、本件利用業者等に対して、本件食肉センターの業務休止に伴う損失を補償するとして本件支援金を支出したことには合理性があり、Yは、前記のとおり、市議会の議決を踏まえて、本件食肉センターの業務休止に伴う本件利用業者等の損失に対する補償として、本件支援金を支出したのであるから、前記支出については、公益上の必要があると認められ、また、本件支援金が、本件食肉センターの業務休止に係る補償とかかわりのないところに流用されるおそれがあるとは認められず、裁量権を逸脱し、または濫用したものとして、その支出が不合理であるとする事由も存しないから、結局、本件支援金の支出が、違法であると認めることはできないと判示している。この部分をみると、差戻前控訴審判決は、本件支援金の支出は補助金として適法であると考えているようにも思われる。結局、差戻前控訴審判決は、本件支援金の支出が補償金として適法なのか、補助金として適法なのかを必ずしも明確にしてはいないが、結論として、その違法性を否定している。

4　最高裁判決
（1）補償金該当性
① 　国有財産法24条2項の規定の類推適用

　これに対し上告がなされたが、上告審の最判平成22・2・23判時2076号40頁（以下「本判決」という）[3]は、以下のように述べて、破棄差戻しの判決をした。

（3）　野呂充・民商143巻4＝5号60頁以下、北村和生・速報判例解説（法セ増刊）7号77頁以下、三好規正・地方自治判例百選（第4版）86頁以下、仲野武志・法学（東北大学）74巻3号76頁以下、由喜門眞治・判例自治339号88頁以下、藤井俊也・平成22年度重判解（ジュリ臨増1420号）22頁以下、友岡史仁・法セ55巻6号119頁、榎透・法セ56巻5号120頁、原田大樹・判例セレクト2010―2（法教366号別冊付録）11頁、山本龍彦・判例セレクト2010―1（法教365号別冊付録）12頁、宮森征司・自治研究88巻8号143頁、永谷典雄・平成22年行政関係判例解説54頁、羽根一成・地方自治職員研修43巻6号62頁、廣田達人・会計と監査62巻4号42頁参照。

まず、本判決は、本件支援金の支出が補償金に該当するかについて検討している。そして、第1に、国有財産法は、普通財産を貸し付け、その貸付期間中に契約を解除した場合の損失補償を規定し（24条2項）、これを行政財産に準用しているところ（19条）、同規定は地方公共団体の行政財産の使用許可の場合に類推適用されることがあるとしても（最判昭和49・2・5民集28巻1号1頁参照）、行政財産である本件食肉センターの利用資格に制限はなく、本件利用業者等と八代市との間に委託契約、雇用契約等の継続的契約関係はないことを指摘する。そして、単に本件利用業者等が本件食肉センターを事実上、独占的に使用する状況が継続していたという事情をもって、その使用関係を国有財産法19条、24条2項の規定を類推適用すべき継続的な使用関係と同視することはできないと述べている。

② 憲法29条3項の規定に基づく補償

第2に、財産上の犠牲が一般的に当然受忍すべきものとされる制限の範囲を超え、特別の犠牲を課したものである場合には、憲法29条3項を根拠にしてその補償請求をする余地がないではないので（最大判昭和43・11・27刑集22巻12号1402頁参照）、その可能性について検討している。そして、（ⅰ）本件利用業者等は、同市と継続的契約関係はなく、本件食肉センターを事実上独占的に使用していたにとどまるのであるから、本件利用業者等がこれにより享受してきた利益は、基本的には本件食肉センターが公共の用に供されたことの反射的利益にとどまるものと考えられること、（ⅱ）本件食肉センターは、と畜場法施行令の改正等に伴い必要となる施設の新築が実現困難であるためにやむなく廃止されたのであり、そのことによる不利益は住民が等しく受忍すべきものであることを指摘し、本件利用業者等が本件食肉センターを利用し得なくなったという不利益は、憲法29条3項の規定による損失補償を要する特別の犠牲には当たらないと判示している。

③ 補償金該当性の否定

したがって、本件支援金の支出は、国有財産法19条、24条2項の規定の類推適用または憲法29条3項の規定に基づく損失補償金の支出としては適法な

ものであるとはいえず、差戻前控訴審判決が本件支援金の法的性格を損失補償金と解していたとすれば、その支出が違法であるとはいえないとした判断には、法令の違反があるとする。

(2) 補助金該当性

次に、本判決は、本件支援金の支出が補助金の支出として適法かという点について検討している。そして、本件支援金の支出が実質的には補助金の支出としてされたものであり、その支出に公益上の必要があることが窺われるとしても、それが補助金の支出として適法なものであるというためには、「補償、補填及び賠償金」の節に計上されていた本件支援金を補助金と解することにより、実質的に議会による予算統制の潜脱となるような違法な予算執行を許容するに等しい結果をもたらさないか否か等について審理、判断する必要があり、本件支援金が他に流用されるおそれがないとする点も、本件支援金の支出方法が市費補助等取扱要綱の趣旨を損なうものではないかという点を含めて説示されるべきであると述べている。

そして、差戻前控訴審判決が本件支援金の法的性格を補助金と解していたとすれば、その支出に合理性および公益上の必要があることなど差戻前控訴審判決が摘示する諸事情のみを理由に、本件支援金の支出が違法であるとはいえないとした差戻前控訴審判決の判断には、審理不尽の結果法令の解釈適用を誤った違法があるとして、この点について審理を尽くさせるために破棄差戻しとしたのである。

5 評 釈

(1) 使用許可の撤回に伴う付随的損失の補償

国有財産法は、普通財産を貸し付けた場合において貸付期間中に公用・公共用等に供する必要が生じた場合の契約解除による損失補償の規定を設け(24条)、これを行政財産に準用している（19条）。他方、地方自治法は、普通財産を貸し付けた場合において、貸付期間中に公用または公共用の必要が生じた場合の契約解除による損失補償の規定を設けているが（238条の5第

4項、5項)、これを行政財産に準用する明文の規定を置いていない。しかし、最判昭和49・2・5民集28巻1号1頁は、国有であれ、公有であれ、行政財産に差はなく、公平の原則からしても、国有財産法19条の規定は公有財産の使用許可の場合に類推適用すべきものと解するのが相当であり、これは憲法29条3項の趣旨にも合致するところであると判示した。そして、期間の定めのない場合であっても使用許可の目的、内容ないし条件に照らし一応の使用予定期間を認め得るときは、これを期間の定めのある場合と別異に扱う理由がないから、この場合にも前記規定の類推適用が肯定されてしかるべきと述べている。前記最判昭和49・2・5は、公有行政財産たる土地につき使用許可によって与えられた使用権は、それが期間の定めのない場合であれば、当該行政財産本来の用途または目的上の必要を生じたときはその時点において原則として消滅すべきものであり、また、権利自体に前記のような制約が内在しているものとして付与されているとみるのが相当であるとし、その例外は、使用権者が使用許可を受けるに当たりその対価の支払をしているが当該行政財産の使用収益により当該対価を償却するに足りないと認められる期間内に当該行政財産に前記の必要を生じたとか、使用許可に際し別段の定めがされている等により、行政財産についての前記の必要にかかわらず使用権者がなお当該使用権を保有する実質的理由を有すると認めるに足りる特別の事情が存する場合に限られると判示した[4]。しかし、この判示は、使用権自体の権利対価補償を念頭に置いたものであって、移転費用等の付随的損失を念頭に置いたものではない。実際、使用期間経過前に公用または公共用に供

---

(4) 実際に特別の事情の存在を肯定して権利対価補償を認めた稀有な例として、横浜地判昭和53・9・27判時920号95頁がある。同判決については、安本典夫・判評252（判時947）号10頁、関哲夫・新訂自治体紛争の予防と解決（勁草書房、1986年）264頁以下、宇賀克也「行政財産の使用許可の撤回と損失補償（下）」ジュリ1017号159頁参照。なお、福原輪中堤訴訟における名古屋地判昭和53・4・28判時926号41頁、名古屋高判昭和58・4・27判時1082号24頁、最判昭和63・1・21判時1270号67頁は、輪中堤の占用許可の撤回に伴う損失補償額が争われた事案で、堤防敷地の所有権価格が補償されるべきという立場をとっているが、これは、特殊な歴史的沿革のため、実質は土地収用に相当するものと考えられたからである。宇賀・前掲ジュリ1017号160頁参照。

するために使用許可が撤回された場合に、付随的損失の補償を認めるのが裁判例の大勢といえる[5]。

(2) 継続的契約関係の否定

しかし、本判決は、本件食肉センターの利用資格に制限はなく、本件利用業者等と八代市との間に継続的契約関係はなく、単に本件利用業者等が本件食肉センターを事実上、独占的に使用する状況が継続していたにすぎないので、その使用関係を国有財産法19条、24条2項の規定を類推適用すべき継続的な使用関係と同視することはできないと述べている。すなわち、公有行政財産の使用関係の終了に伴い国有財産法19条、24条2項の規定を類推適用して損失補償を行うためには、当該使用関係が継続的な法関係でなければならず、事実上、継続的に使用していたにとどまる場合には、この要件を満たさないとしたのである。本判決は、本件利用業者等による本件食肉センターの使用関係が、行政処分により形成されたものか、契約により形成されたものかについては明言していない。当時の「八代市食肉センターの設置及び管理に関する条例」においては、「利用の許可」「処分」の文言が用いられ、行政処分としての構成が採られているようにみられる一方、利用の権利の「転貸」の禁止のように、契約的構成に親和的な表現が用いられている規定もあるし、「継続的契約関係」はないとして「継続的な使用関係」を否定していることに照らすと、契約関係と捉えているようにもみえる[6]。公有行政財産は、原則として貸し付けたり私権を設定したりことはできず（地方自治法238条の4第1項）、その例外が法定されているが[7]、本件食肉センターの使用は、その例外に該当しない。したがって、本件食肉センターという行政財産の使用と観念する限り、契約的構成はできないことになるが、公の施設の利用は契約的構成によることも可能と解され（水道、公営バス）、本件食肉センター

---

(5) 宇賀・前掲注（4）164頁以下参照。
(6) 仲野・注（3）78頁参照。
(7) 宇賀克也「国公有財産有効活用の法律問題」成田頼明編『行政法の争点［新版］』（有斐閣、1990年）326頁以下参照。

の使用も、そのように解すれば、契約的構成によることは否定されないことになるであろう。本判決が、この点について明示しなかったのは、公有行政財産の使用関係の設定が行政処分によるか、契約によるかで、補償の有無について本質的な差異はなく、契約的構成であっても、最判昭和49・2・5民集28巻1号1頁の判例法理の射程が及ぶと考えたからかもしれない。平成18年の地方自治法改正により、行政財産を貸し付けたり私権を設定できる例外が拡大されたことからも窺われるように、公有行政財産の使用関係の設定を行政処分によるか、契約によるかは、立法政策の問題といえるので、契約的構成であっても、最判昭和49・2・5民集28巻1号1頁の判例法理の射程内とする解釈は、成立し得るものと思われる。

(3) 同和対策事業の一環としての整備拡充

差戻前控訴審判決は、本件食肉センターの施設が同和対策事業の一環として整備拡充され、また、ほぼ一定の利用業者が本件食肉センターを長期間にわたり利用し生計を立ててきた経緯と実態を重視し、本件利用業者等は、本件食肉センターを継続して利用することについて権利を有しないとしても、保護を受けるべき法的利益を有すると解したのに対し、本判決は、それは法的利益とはいえず事実上の利益にとどまると解している。すなわち、本件食肉センターは公の施設であり、「正当な理由」がない限り、その利用を拒むことはできないが（地方自治法244条2項、と畜場法11条1項）、同和対策事業の一環として整備拡充されたことは、一般の利用を拒否する「正当な理由」とはならないという判断が本判決の根底にあるものと思われる。

(4) 公有行政財産自体を消滅させる必要が生じた場合

本判決が、本件において、国有財産法19条、24条2項の規定を類推適用できないとしたのは、継続的な法的使用関係の存在を否定したからであって、公用または公共用の必要が生じたために使用関係を消滅させる必要があった最判昭和49・2・5民集28巻1号1頁の事案と、財政的理由により公有行政財産自体を消滅させる必要が生じた本件との事案の差異を指摘していない。このことは、公有行政財産自体を消滅させる場合であっても、継続的な法的

使用関係が存在する場合には、国有財産法19条、24条2項の規定を類推適用して補償する必要が生ずる場合があり得ることを前提としているようにも読める。

　最判昭和49・2・5民集28巻1号1頁の事案は、公有行政財産の目的外使用の事案であったのに対し、本件は、公の施設の目的に沿った使用であったが、目的外か目的内かの判断は微妙であり、目的外使用許可といわれているものも、広い意味では、当該行政財産の目的の実現に資するからこそ許可されるともいえるので[8]、公の施設の目的に沿った使用であることのみで、最判昭和49・2・5民集28巻1号1頁の判例法理の射程外とすることは適切でないように思われ、本判決が目的外使用許可か否かの差異にこだわらなかったことは妥当と考えられる。実際、中央卸売市場の移転に伴い、旧施設の使用指定を受けていた業者が指定変更に起因する付随的損失を補償したことの適法性が住民訴訟で争われた事案において、千葉地判昭和62・11・9判時1303号64頁、東京高判平成3・7・30判時1413号39頁[9]は、行政財産の目的に沿った使用の場合ではあるが、国有財産法19条、24条の規定の類推適用により、補償がされるべきと判示している。

　また、一般論として、当該行政財産本来の用に供する必要が生じた場合に限らず、当該行政財産の本来の用途とは別の公用または公共用に供するために、当該行政財産の用途を廃止して私人による使用関係を終了させる必要が生じた場合（庁舎の用地を国道の用に供する必要が生じたため、庁舎を廃止する場合等）にも、当該私人に対し、国有財産法19条、24条2項の規定の類推適用により付随的損失の補償を行う義務が発生し得るのであれば、財政的理由により当該行政財産の用途を廃止して私人による使用関係を終了させる必要が生じた場合においても、同様に、国有財産法19条、24条2項の規定の類推適用により付随的損失の補償を行う義務が発生し得ると思われる。

（8）　宇賀克也・行政法概説Ⅲ（第3版）（有斐閣、2012年）525頁参照。
（9）　安本典夫・判評406（判時1433）号6頁参照。

(5) 公の施設

本判決は、憲法29条3項の規定に基づく損失補償義務の発生も否定しているが、その理由として、本件利用業者等は本件食肉センターが公共の用に供されたことの反射的利益を受けていたにとどまること、本件食肉センター廃止による不利益は住民が等しく受忍すべきものであることを挙げている。前者は、本件食肉センターの利用により本件利用業者等が受けていた利益がそもそも法的保護に値しないことを、後者は、本件食肉センター廃止による不利益は、本件利用業者等に限らず、住民全体が被っていることを意味し、いずれも、本件食肉センターが法的には利用者を限定しない公の施設であることから演繹される結論といえると思われる。

(6) 手続の適法性

本判決は、本件支援金に「公益上の必要があることがうかがわれるとしても」と述べており、本件支援金が、「公益上必要がある場合」（地方自治法232条の2）という補助金の実体的要件を満たす可能性を認めている。しかし、それのみで補助金として適法と認められるとはせず、手続的要件の充足の有無の検討の必要性を指摘している。すなわち、本件支援金は、「負担金、補助金及び交付金」ではなく「補償、補填及び賠償金」の節に計上されていたので、それを補助金と解することにより、実質的に議会による予算統制の潜脱となるような予算執行を許容するに等しい結果をもたらさないか否か等について、また、本件支援金の支出方法が市費補助等取扱要綱の趣旨を損なうものではないかという点について、審理不尽の違法があるとして破棄差戻しにしたのである。

これまで、添付書類の欠如にもかかわらず補正等もせずに補助金変更決定を行ったことは違法とする旭川地判平成14・1・29判例自治265号37頁（ただし、札幌高判平成16・7・15判例自治265号31頁により取り消されている）がある一方、補助金支出手続違反を重視しない浦和地判昭和55・12・24判時1009号46頁、横浜地判平成13・4・18判例自治217号37頁のような裁判例があったが、本判決の大きな意義は、地方公共団体による補助金支給が適法とされ

るためには、実体的のみならず手続的にも適法でなければならないこと、実質的に議会による予算統制の潜脱となるような予算執行を許容するに等しい結果をもたらしたり、補助金について地方公共団体が定めた規制規範の趣旨を損なうような手続がとられた場合には、手続的瑕疵により補助金支給が違法となり得ることを示した点にある。

（7）差戻後控訴審判決

① 補助金の実体的要件

差戻後、福岡高判平成23・5・24判例自治353号62頁（以下「差戻後控訴審判決」という）[10]は、地方公共団体が補助するための「公益上必要がある場合」の要件については、様々な行政目的を斟酌した政策的な考慮が求められることからすると、基本的には、各地方公共団体、最終的には支出の権限を有する地方公共団体の長等の判断によらざるを得ず、この要件の具備についての各地方公共団体の判断は、特に社会通念上不合理である場合または特に不公正な点がある場合でない限り、これを尊重するのが相当であるという前提に立つ。そして、本件利用業者に対する本件支援金の支出は、長期間本件食肉センターに依存しながら生計を立ててきた本件利用業者について、同和対策事業の一環として、また、地域の産業の振興および職業の安定等を図るために、当該業務の継続のための資金を補助するものということができると判示している。

また、本件と殺業務従事者等に対する本件支援金の支出は、本件と殺業務従事者等が本件利用業者からと殺または内臓洗いの業務を請け負い、本件食肉センター内で勤務し、本件利用業者と同様、長期間、本件食肉センターに依存しながら生計を立ててきたものの、本件食肉センターが休止したことにより、本件と殺業務従事者等が日常的に行っていた職が失われた結果、収入が途絶えたことに対する支援策として行ったものということができると述べている。そして、以上の点に照らし、本件支援金は補助金としての性質を有

---

[10] 権奇法・早稲田法学88巻3号187頁、奥宮京子＝高橋哲也・判例自治369号4頁参照。

しており、その支出については、同和対策事業の目的および地域の産業の振興および職業の安定等を図る目的に照らし、特に社会通念上不合理な点、特に不公正な点は見受けられず、公益上の必要性があると認められるとして、実体的要件の充足を肯定している。

② 補助金の手続的要件

(ア) 議会による予算統制の潜脱の有無

差戻後控訴審判決は、続いて、手続的瑕疵の有無について検討し、まず、実質的に議会による予算統制の潜脱といえるような事由があったかについて、以下のように判断している。

第1に、目節は、予算執行のために定められる科目であり（地方自治法施行令150条1項）、予算議決の対象とならないから、普通地方公共団体の長において目節間の流用を実施することは、普通地方公共団体の予算執行における裁量の範囲内の行為として原則として許容されるべきであるが、他方、歳出予算について目節が設けられたのは、議会による予算統制の一環であることからすると、実質的には議会による予算統制の潜脱となる違法な予算執行を許容するに等しい結果をもたらすような目節間の流用は、裁量権の逸脱、濫用として許されないという基本的立場を明確にしている。そして、目節自体は予算議決の対象となるものではなく、本件支援金を「補償、補填及び賠償金」の節に入れていたからといって、議会による予算決議自体が直ちに違法無効となるものと解することはできないとし、また、予算議決時の事情がその後変化し、またはその後新たな事情が判明したことにより、予算の流用を一定範囲で許容しなければ、臨機に適切な予算執行を実現できない場合に対処するためにのみ、目節間の流用が許容されるとするXらの主張は採用できないとする。そして、八代市の当時の執行部に、補助金の性質を有する本件支援金を損失補償金として予算計上することにより、不当に予算を取得する目的があった等の事情は認められず、議員らは、本件支援金の支出が本件利用業者等に対する支援措置であることを了解していたことが認められ、使途については、八代市において調査できないとしてもやむを得ないと認識し

た上で、本件支援金についての予算を可決したことが窺われるとする。また、Yは、歳出予算として認められた本件支援金の全額をその趣旨で支出し、さらに、決算書の備考欄には、「食肉センター業務休止に伴う食肉流通業者等支援事業」と明示され、市議会議員もそのような支出であることを了解して決算議決をしている以上、本件支援金の支出の節が補助金とされずに決算の決議がされたことをもって、実質的に議会による予算統制の潜脱となるような違法な予算執行をするに等しい結果が生じたということはできないと判示した。

(イ) 市費補助等取扱要綱の趣旨との抵触の有無

第2に、市費補助等取扱要綱との関係については、八代市の職員が利用業者に対して直接調査を行い、本件支援金の支出の必要性や金額の相当性等について検討しており、本件利用業者等と八代市との間で作成された本件支援金に係る契約書には、支給金額、支給の目的が明記され、本件利用業者については、その趣旨に沿って使用するものとする旨の条項があること、八代市は、本件利用業者等に対し本件支援金を給付するに当たり、本件支援金の趣旨および使途についての説明・指導を行っていること、Yまたは八代市は、契約の履行を確保するための調査や指導をすることが可能であるほか、本件支援金の趣旨に反した支出をした場合等において、その金員の返還を求める等の措置をとることが可能であると解されることを指摘し、本件支援金が他の目的に流用されることを防止する措置が講じられていることができると認定している。

そして、監査委員も、本件支援金の使途について監査の対象であることを認識し、監査が可能な状況にあったこと、平成15年に本件利用業者のうち6者に対する聞き取り調査が行われたところ、本件支援金支給の趣旨に反した支出をしたと認められる者はいなかったこと、前記6者以外の本件利用業者等に対する八代市の調査が平成22年に行われていることも指摘し、本件支援金の支出について市費補助等取扱要綱の趣旨を損なうものとはいえないと判示した。

③　故意過失の有無

このように、差戻後控訴審判決は、手続面での違法性も否定したので、結局、本件支援金の支出は補助金として適法という結論に至るのであるが、仮に、手続的瑕疵のために補助金としての支出が違法であるとされる場合において、損失補償金として支出したことについて、故意過失があるかについても判断している。そして、故意は認められず[11]、また、本件支援金を損失補償金として支出する法的根拠として、国有財産法19条、24条の規定を類推適用すること、憲法29条3項を根拠とすることについて、Yが十分に検討していたとはいえないが、他方、本件の先例となる裁判例が乏しく、Yが公営と畜場の廃止に当たり損失補償金が利用業者等に支払われない例について認識しなかったことについても、担当部署からかかる例について報告があったとは認められずやむを得なかったと考えられること等を総合考慮し、Yが本件支援金を補償金と解して支出したとしても、過失があったとは認められないと判示した。

④　課　題

差戻後控訴審判決が指摘するように、本件支援金を補助金として支出することの手続的違法性を否定する方向に働く事情が認められる一方、八代市の執行部職員が、市議会において、本件支援金は、事後の清算や使途の確認を要する補助金とは異なるもので、市が支援金の使途について最終的に確認することはできない旨説明していたこと、本件支援金の使途の詳細については、一部を除き明らかになっていないこと等を、いかに評価するかという問題も存在する。差戻後控訴審判決は、手続面でも、地方公共団体の裁量を広く認め、緩やかな裁量審査を行ったが、差戻後控訴審判決に対して上告がなされており、最高裁が、補助金の手続的統制について、どのように判示するかが注目される。

---

[11]　議会に虚偽の説明をして流用した場合、当該支出が違法であることにはほとんど異論はないと思われる。虚偽と認定した例として京都地判昭59・9・18行集35巻9号1366頁、認定しなかった例として東京地判平成8・2・28判例自治150号33頁参照。

（8）公有行政財産の使用により生計を立てていた者からの損害賠償（ないし損失補償）請求

　本件は、公有行政財産の使用により生計を立てていた者に対し、当該財産の廃止に伴い支援金を支出したことの適法性が住民訴訟で争われた事案であったが、逆に、公有行政財産の使用により生計を立てていた者が、当該財産の廃止に起因する経済的損害（損失）の補填を求めて、損害賠償ないし損失補償を地方公共団体に請求する事案もある。競輪事業の廃止に起因する損害（損失）の補填を競輪選手が訴求した東京地判平成3・8・27判時1425号94頁、神戸地判平成16・12・16判例集不登載、福岡地小倉支判平成17・1・20判タ1186号148頁[12]、地方競馬の廃止に起因する損害（損失）の補填を馬主が訴求した大分地判平成16・1・19判時1874号113頁がその例である。今後、財政難により、公有行政財産の廃止が増加することが予想されるが、本判決は、当該行政財産の使用により生計を立てていた者が被る経済的不利益の補填の法的意義について考えるに当たり、参考になるものといえる。

---

(12)　この問題については、清野惇「競輪制度の法的諸問題―競輪廃止に伴う損害賠償請求訴訟に関連して」修道法学27巻2号339頁以下、小川一茂「競輪事業の廃止にかかる損失の填補に関する一考察」神戸学院法学36巻2号45頁以下参照。

第2款　損失補償契約（地方公共団体が金融機関と締結した損失補償契約の適法性）

1　事案の概要

　本款では、地方公共団体が金融機関と締結した損失補償契約の適法性が争点となった安曇野市損失補償出費差止訴訟を取り上げることとする。長野県南安曇郡三郷村および合併により同村を承継した同県安曇野市は、三郷村が過半を出資して設立された第3セクターである三郷ベジタブルに対して融資をした複数の金融機関等との間で、融資によって生じた損失を一定額の限度で補償する旨の損失補償契約を締結した。安曇野市の住民である原告らは、前記損失補償契約は保証契約と同視すべきであり、政府または地方公共団体は、会社その他の法人の債務については保証契約をすることができないと規定する「法人に対する政府の財政援助の制限に関する法律」（以下「財政援助制限法」という）3条の規定に違反し違法無効であると主張し、安曇野市長に対し、地方自治法242条の2第1項1号の規定に基づき前記損失補償契約に基づく一切の債務の支払いの差止めを求める訴訟を提起した[1]。

　財政援助制限法は、戦前に特殊会社のために債務保証がされて国庫の膨大な負担を招いたことの反省から、昭和21年に、国庫負担の累積を防止するために不確定な債務を制限するとともに、企業の自主的活動を促すという観点から立法されたものである。

（1）　本件訴訟では、支払いの差止め以外にも、損失補償契約および建物賃貸借契約の無効確認を怠る事実の違法確認ならびに本件施設使用料相当額の不当利得返還請求の義務付けおよび不当利得返還請求を怠る事実の違法確認も請求されているが、本書では、紙幅の関係で、差止訴訟についてのみ論ずることとする。また、差止訴訟について監査請求前置主義を満たしているかの論点、本件損失補償契約が重畳的債務引受または公序良俗違反として違法となるかの論点についても、説明を割愛する。

2　1審判決

　長野地判平成21・8・7判タ1334号68頁（以下「1審判決」という）は、（ⅰ）民法上の保証契約が主債務の存在を前提とし、主債務者による債務不履行があった場合に責任が生じるのに対し、損失補償契約は主債務の存在を前提とせず、契約の相手方に実際に損失が生じたことにより責任が生ずるものであって、両者は、法的にはその内容および効果の点において異なる別個の契約類型であること、（ⅱ）あえて保証契約のみを禁止している財政援助制限法3条が損失補償契約も規制するものであるとはいい難いこと（地方自治法221条3項は、「借入金の元金若しくは利子の支払を保証」と「損失補償」とを区別して規定する）から、損失補償契約の締結は財政援助制限法3条に違反するものではないと判示した。

3　控訴審判決
（1）保証契約と損失補償契約の比較

　控訴審の東京高判平成22・8・30判時2089号28頁（以下「原判決」という）[2]は、本案の本件損失補償契約の適法性については、以下のように判示している。

　財政援助制限法3条の規定の仕方やその立法趣旨からすると、同条は、地方公共団体等の財政の健全化のため、地方公共団体等が会社その他の法人の

---

(2)　碓井光明・会計と監査62巻8号38頁、碓井光明＝宇野太賀慶＝松井秀樹＝森永雅彦［座談会］金法1913号36頁、吉田光碩・判評627（判時2105）号148頁、大場民男・判例自治339号92頁、南川諦弘・判例自治352号67頁、江原勲＝北原昌文・判例自治344号4頁、山田健吾・速報判例解説（法セ増刊）9号57頁、高部眞規子「地方公共団体の損失補償契約をめぐって」判タ1338号39頁、光岡弘志・平成22年度主要民判解（別冊判タ32号）338頁、田中芳樹・平成22年行政関係判例解説65頁、山形康郎・事業再生と債権管理131号7頁、阿多博文・NBL938号4頁、伊藤達哉・NBL950号34頁、高安秀明・NBL973号24頁、門口正人・金法1907号45頁、浜中善彦・金法1907号48頁、三上徹・金法1907号50頁、中野祐介・金法1913号18頁、河村小百合・金法1913号27頁、同・金財61号41号29頁、森公高・金法1913号59頁、須藤英章・金法1913号67頁、松井秀樹・金法1929号37頁、井口寛司＝宮脇淳＝野村修也＝安東克正［特別座談会］銀法55巻10号4頁、55巻12号22頁、高山崇志・金融768号26頁、石毛和夫・銀法54巻13号51頁、黒木和彰＝川口珠青・銀法55巻1号20頁、三上徹＝本多知則・銀法55巻11号52頁参照。

債務を保証して不確定な債務を負うことを防止する規定であるということができ、上記規定が禁止する保証契約は、主債務との間に付従性、補充性があり、保証人は主債務と同一の責任を負い、主債務の不存在、無効、取消しの場合には、保証人も責任を負わないという性質を有するとする。これに対し、損失補償契約は、主債務との間に付従性、補充性はなく、債権者に損失が発生した場合に主債務から独立してその損失を補填する性質の契約であるため、主債務が存在せず、または何らかの事由により無効であったり、取り消された場合であっても、契約当事者は責任を負うことになり、また、損失補償契約の場合は、主債務が期限を経過して履行されないというだけでなく、執行不能や倒産等現実に債権回収が望めない事態に至って発生した損失相当額を補填するために債務を履行すべきことになるとする。さらに、損失補償契約に基づく債務を履行したからといって、当然に主債務者に対し求償したり、債権者に代位することができるものではない点において、損失補償契約は、保証債務とは差異があることを指摘している。

（2）財政援助制限法3条の規定の類推適用

しかし、実際には多くの場合、損失補償契約についても、特約により一定期間内に履行されない場合に責任を負うとされ、保証債務と同様の機能を果たすことが多く、かかる場合において、損失補償契約は、付従性や補充性がないばかりか、当然には求償や代位ができないから、かえって保証債務よりも責任が過重になることを指摘する。そして、にもかかわらず、財政援助制限法3条の規制が及ばないと解するならば、地方公共団体が他の法人の債務を保証して不確定な債務を負うことを防止しその財政の健全化を図るという同条の趣旨が失われることになることは明らかなので、損失補償契約の中でも、その契約の内容が、主債務者に対する執行不能等、現実に回収が望めないことを要件とすることなく、一定期間の履行遅滞が発生したときには損失が発生したとして責任を負うという内容の場合には、同条の規定が類推適用され、その規制が及ぶと解するのが相当であるとする。そして、一定の特別法（公有地の拡大の推進に関する法律25条や天災による被害農林漁業者等に

対する資金の融通に関する暫定措置法3条1項3号ないし6号および10号、地方道路公社法28条など）で、地方公共団体が保証または損失補償契約ができることが規定されているからといって、前記の解釈を左右するものではないと判示した。

（3）損失補償契約の存在を予定した地方自治法の規定

また、地方自治法199条7項や同法221条3項は、地方公共団体による法人に対する損失補償契約の存在を予定しているが、例えば、当該損失補償契約が、主債務者に対する執行不能等によって既に発生が確定している損失を事後的に補償する内容であって、地方公共団体が不確定な債務を負うのではない場合は、財政援助制限法3条の立法趣旨に反しないから同条に抵触しないことが明らかであるとする。そして、損失補償契約の中にも、その内容によっては同条に反しないものも存在し、地方自治法の前記各規定は、損失補償契約のうちの一部につき、前記のとおり財政援助制限法3条の規定の類推適用があると解することの妨げになるものではないと述べている。

（4）財政援助制限法3条違反の損失補償契約の効力

原判決は、さらに、損失補償契約が財政援助制限法3条の趣旨に反し、同条の規定が類推適用される場合には、当該損失補償契約の効力について、いかに解すべきかについても論じている。すなわち、財政援助制限法3条違反の場合にも損失補償契約の効力が認められ、当該地方公共団体が責任を免れないとするならば、同条の趣旨が失われることになるから、同条は単なる手続規定ないし訓示規定ではなく、地方公共団体の外部行為を規制した効力規定であると解するのが相当であり、同条に違反して締結された損失補償契約は原則として私法上も無効と解するほかないとする。

（5）随意契約の制限に関する法令違反の場合との比較

もっとも、公法上の法令に反する場合であっても、例えば地方公共団体の随意契約の制限に関する法令のような、契約の締結方法といった手続的な面からの制約については、これに違反して締結した契約でも原則は私法上有効であり、当該契約を無効としなければ当該法令の趣旨を没却する特段の事情

が認められる場合に限り、私法上無効となり、前記法令に違反する違法な場合であっても、無効が認められない場合には、地方自治法242条の2第1項1号の規定に基づいて、当該執行機関または職員に対する上記契約の履行行為の差止めを請求することはできないことを指摘する（最判昭和62・5・19民集41巻4号687頁参照）。他方、財政援助制限法3条は、契約の締結方法といった手続的な面からの制約ではなく、効力規定であるから、これに違反して締結された契約は原則として私法上も無効となると解すべきであるとする。

そうすると、前記の随意契約の制限に関する法令とは原則と例外とが逆になり、随意契約の制限に関する法令違反の場合には、当該法令の趣旨を没却する特段の事情が認められない限り随意契約は無効とはならず、したがって差止めを請求することができないが、損失補償契約の場合には、それとは逆に、財政援助制限法3条の趣旨を没却しないという特段の事情が認められない限り、住民訴訟による差止請求も認められるべきとする。

（6）財政援助制限法3条の趣旨を没却しない特段の事情

そして、（ⅰ）地方公共団体が当該損失補償契約を締結する公益上の必要性が高く、（ⅱ）その契約の相手方である金融機関も当該地方公共団体の公益上の必要性を理解して協力するために当該損失補償契約締結に至った場合で、かつ、（ⅲ）その契約の内容が明らかに保証契約と同様の機能を果たすものではなく、（ⅳ）金融機関側においても、それが財政援助制限法に違反するとの認識がなかったといえるようなときは、財政援助制限法3条の趣旨を没却しない特段の事情が認められるものと解されると述べている。

以上の検討に基づき、原判決は、本件損失補償契約は、その内容からして明らかに保証契約と同様の機能を果たすものということができるから、財政援助制限法3条の趣旨に反し、前記特段の事情も認められないため、無効であると解するほかなく、本件損失補償契約に基づく支出の差止めの請求は理由があるとして、これを認容した。

（7）取引の安全

原判決は、本件損失補償契約が無効とするならば、相手方に不測の損害を被らせ取引の安全を害するという安曇野市長の主張についても検討している。そして、損失補償契約が私法上無効の場合、損失補償契約の相手方は、同契約を有効なものとして履行請求することができなくなり、その限りで取引の安全と抵触することになるといえるが、これは財政援助制限法3条の趣旨を実効あらしめるためやむを得ないものというほかないとする。

（8）信義則

しかしながら、損失補償契約の相手方である金融機関が地方公共団体に対し履行請求をするに当たり、一般法理としての信義則を援用することは禁じられるものではなく、例えば、損失補償契約が私法上無効であった場合であっても、（ⅰ）地方公共団体が当該契約を締結する公益上の必要性が高く、（ⅱ）当該金融機関がその公益上の必要性を理解して協力するために当該損失補償契約締結に至ったものであり、（ⅲ）その契約の当時の諸般の事情から当該金融機関において違法性に関する認識がないと認められるなど、主観的事情および客観的事情を総合して、当該地方公共団体が当該損失補償契約の無効を主張することが社会通念上著しく妥当性を欠くと評価される場合には、当該地方公共団体は当該金融機関に対し信義則上その無効を主張することができないと解される余地があると述べている。

（9）支出の差止めを認めた判決の効力との関係

その結果、当該金融機関は当該地方公共団体に対し損失補償契約の履行を求めることができることになるが、その場合、当該金融機関に対する支出の差止めを認めた判決の効力との関係が問題となるとして、さらに検討をしている。そして、（ⅰ）本件損失補償契約を締結した当時、損失補償契約に財政援助制限法3条の規定が適用ないし類推適用されて無効となるとの裁判例はなかったこと、（ⅱ）行政実例上も、「損失補償については、財政援助制限法3条の規制するところではないものと解する」（昭和29年5月12日付自丁行発第65号自治省行政課長による回答・乙2）とされていて、実際に多くの

地方公共団体が損失補償契約を締結していること、(ⅲ) 本件において損失補償契約を締結するに当たり、三郷村が長野県に対して損失補償契約を締結することの法律上の可否について照会したところ、損失補償契約は財政援助制限法による規定外で禁止されておらず、実際にも多く行われている旨の回答を得たこと、(ⅳ) 本件損失補償契約は議会の議決に基づいていることが認められるが、当該各金融機関が補助参加をしていない本件損失補償契約に基づく支出の差止めを求める本件訴訟においては、各金融機関が本件損失補償契約締結に至った経緯、その際に当該金融機関が果たした役割、その違法性の認識の有無等の事情などは明らかにされてはいないとする。

　そこで、原判決は、前記認定事実のみでは三郷村ないし安曇野市において本件損失補償契約の無効を主張することが信義則に反し許されない場合に当たるかどうかは不明というほかないが、本件損失補償契約の相手方である各金融機関が、三郷村ないし安曇野市において信義則上同契約の無効を主張し得ない事情を主張して、安曇野市に対して履行請求訴訟を提起することは想定することができ、かかる訴訟の提起追行は本件の差止め認容判決の既判力によって妨げられるものではないとする。そして、かかる訴訟において、前記信義則に係る事情が認められ、各金融機関からの履行の請求が認容される場合には、後の訴訟において、前記の理由により履行請求が認容されたときであっても、安曇野市長は、差止めを認容する判決の拘束力により任意の履行をすることは許されず、各金融機関による強制執行の方法によるべきものと解され、このように解することにより、財政援助制限法3条の趣旨を実効化する要請と個別の事情により例外的に損失補償契約の相手方を救済する必要性とを調和させることができると述べている。

　結論として、原判決は、本件損失補償契約に基づく債務のための出費の差止めを求める請求は、いずれも理由があるからこれらを認容すべきであると判示した。

4 最高裁判決
（1）原判決言渡し後の事情変更

　上告審の最判平成23・10・27判時2133号3頁（以下「本判決」という）[3]は、安曇野市長による上告受理申立ては不受理としたが、補助参加人の上告に対し、職権による検討を行った。そして、三郷ベジタブルは、原判決言渡し後に清算手続に移行しており、当該手続において、同社の債務のうち安曇野市が本件損失補償契約によって損失の補償を約していた部分については、既に前記金融機関等に全額弁済されたことが認められるから、同市が将来において本件損失補償契約に基づき前記金融機関等に対し公金を支出することとなる蓋然性は存せず、本件においては、地方自治法242条の2第1項1号に基づく差止めの対象となる行為が行われることが相当の確実さをもって予測されるとはいえないことが明らかであり、本件損失補償契約に基づく前記金融機関等への公金の支出の差止めを求める訴えは不適法と判示した。

（2）公益上の必要性に関する当該地方公共団体の執行機関の裁量権

　本件の解決としては、これで足りるものの、本判決は、原判決が示した解釈が、金融機関および地方公共団体に大きな動揺を与えたことに鑑みてのことと思われるが、付言として、損失補償契約が財政援助制限法3条の規定に違反するかについての最高裁の考え方を示した。すなわち、地方公共団体が法人の事業に関して当該法人の債権者との間で締結した損失補償契約について、財政援助制限法3条の規定の類推適用によって直ちに違法、無効となる場合があると解することは、公法上の規制法規としての当該規定の性質、地方自治法等における保証と損失補償の法文上の区別を踏まえた当該規定の文

（3）　北島周作・平成23年度重判解（ジュリ臨増1440号）38頁、大橋真由美・法セ57巻3号123頁、田中芳樹・平成23年行政関係判例解説65頁、塩崎勤・銀法56巻4号1頁、阿多博文・NBL965号21頁、高安秀明・NBL973号24頁、松井秀樹・金法1935号30頁、村山卓・金法1935号42頁、赤羽貴・金融・商事判例1380号1頁、佐藤光伸・ビジネス法務12巻2号83頁、藤原彰吾・金法1936号4頁、髙山崇彦＝長田旬平・金判63巻6号33頁、井口寛司・銀法55巻14号1頁、浅井弘章・銀法55巻14号61頁、安東克正・銀法55巻14号20頁、56巻1号50頁、56巻2号30頁参照。

言の文理、保証と損失補償を各別に規律の対象とする財政援助制限法および地方財政法など関係法律の立法または改正の経緯、地方自治の本旨に沿った議会による公益性の審査の意義および性格、同条ただし書所定の総務大臣の指定の要否を含む当該規定の適用範囲の明確性の要請等に照らすと相当ではないと述べている。そして、本件損失補償契約の適法性および有効性は、地方自治法232条の2の規定の趣旨等に鑑み、当該契約の締結に係る公益上の必要性に関する当該地方公共団体の執行機関の判断にその裁量権の範囲の逸脱またはその濫用があったか否かによって決せられるべきものと解するのが相当であると判示した。

5 宮川光治裁判官の補足意見

(1) 財政援助制限法3条の立法経緯

本件付言は簡潔なものであるが、宮川光治裁判官の補足意見において、この論点についての考え方がかなり詳細に示されている。同補足意見では、財政援助制限法3条は、戦前の特殊会社に対する債務保証により国庫が膨大な負担を招いたという反省から、「未必の債務」や「不確定の債務」の負担を制限するため、保証（民法446条以下）という契約類型に限って、政府または地方公共団体が会社その他の法人の債務を負うことを禁止する規定と理解すべきと述べられている。

(2) 保証と損失補償を区別する立法例

立法者が保証と損失補償を区別していたと解する理由として、財政援助制限法制定の翌年である昭和22年に制定された地方自治法199条7項が監査委員の監査権限の対象として前段で損失補償を掲げ、後段で保証を掲げ、同法221条3項では普通地方公共団体の長が調査等をすることができる債務を負担している法人について保証と損失補償を掲げていることが挙げられている。そして、両規定は、地方公共団体が会社その他法人のために損失補償契約を締結し債務を負担することを予定しているとみることができるとする。

（3）保証契約と損失補償契約の異同

同補足意見においても、損失補償契約は、附従性や補充性がないのみならず当然には求償や代位ができないため、保証契約よりもむしろ責任が過重になる場合があり得ることは認められている。しかし、他方において、保証債務は主債務と同一性を有するので利息・違約金・損害賠償債務等を含むが、損失補償契約では損失負担の範囲を限定することが可能であることが指摘されている。

（4）財政援助制限法3条の意義の希薄化

そして、そもそも、財政援助制限法3条はGHQの指令に基づいて緊急的に立法されたものであるところ、その後、国および地方公共団体について個別の立法により保証契約の禁止が少なからず解除されてきており、損失補償の行政手法が一般化したこともあって、同条の存在意義は薄らいでいるとし、このような立法の経緯とその後の状況の下で、今日、公法上の規制法規（法人の経済的行為に対する禁止規範）である同条の規定の適用範囲を類推解釈によって拡大することには相当に疑問があると述べられている。

（5）総務大臣の指定の要否に係る手続的観点

このように、損失補償契約について同条の規定を類推適用することは、同条本文による禁止の有無に係る実体的観点からのみならず、同条ただし書所定の総務大臣の指定の要否に係る手続的観点からも、同条の規定の適用範囲について明確性を欠くこととなるという問題があると述べられている。

（6）地方議会によるチェック

そして、基本的には、地域における政策決定とそこにおける経済的活動に関する事柄は、地方議会によって個別にチェックされるべきものであり、金融機関もそれを信頼して行動しているものと考えられるとし、保証以外の債務負担行為をどこまで規制するかは、そうした地方自治の本旨を踏まえた立法政策の問題であると判示している。

（7）法的安定性・取引の安全

さらに、同補足意見においては、損失補償については財政援助制限法3条

の規制するところではないとした昭和29年の前記行政実例以降、地方公共団体が金融機関と損失補償契約を締結し信用補完を行うことで金融機関がいわゆる第3セクターに融資することが広く行われ、地方公共団体も金融機関もかかる行為が財政援助制限法3条の趣旨に反するという認識はないまま今日に至っていると思われること、平成21年法律第10号による改正において地方財政法33条の5の7第1項4号が創設され、地方公共団体が負担する必要のある損失補償に係る経費等を対象とする地方債（改革推進債）の発行が平成25年度までの時限付きで認められるなど、その改革作業も地方公共団体の金融機関に対する損失補償が財政援助制限法3条の趣旨に反するものではないことが前提となっていると考えられることが指摘され、この問題の判断に当たっては、法的安定性・取引の安全とともに前記の改革作業の進捗に対し配慮することも求められていると述べられている。

（8）裁量権の逸脱・濫用の有無

そして、本件損失補償契約は、平成15年、三郷村において農業活性化と就労機会の創造を目的としたトマト栽培施設整備事業が開始され、その施設の指定管理者である第3セクターに融資した金融機関等との間で、村議会の議決を経て締結されたのであるが、実際に三郷村に一定の雇用をもたらしているという事実関係の下では、本件損失補償契約を締結した当時の三郷村村長の判断に、その裁量権の範囲の逸脱またはその濫用があったか否かは、それが「公益上必要がある場合」（地方自治法232条の2参照）に当たるか否かという観点から決せられることとなるのであり、本件では、そもそも違法であることを窺わせる要素は特段見当たらないと思われるとまで述べられている。

6　評　釈

（1）損失補償契約が広範に締結された理由

地方公共団体が第3セクターの信用保証のために、当該第3セクターに融資する金融機関と損失補償契約を締結する例は多数にのぼる[4]。地方公共

団体が広範に損失補償契約を締結する背景には、地方公共団体が出資する第3セクターの事業には収益性が乏しいものが少なくなく、地方公共団体による信用補完がなければ、金融機関としては融資に躊躇せざるを得ないからであろう。地方公共団体による第3セクターへの経済支援の方法としては、補助金の交付、融資の方法もあり、実際、平成22年度において、地方公共団体から補助金を交付されている第3セクター法人は2755もあり、交付総額は3339億円にのぼるし、地方公共団体から借入残高を有する第3セクター法人は578あり、借入残高は2兆9448億円に達している。しかし、地方公共団体が直接に補助金交付や融資により第3セクターに十分な経済支援を行うことができるとは限らず、金融機関の融資が不可欠な場合も稀でない。一方、第3セクターの事業の中には、公益的観点から収益性が低くても必要と判断されて実施されるものも少なくないので、金融機関としては、地方公共団体による信用補完がない限り融資の決断に踏み切れないことが多いであろう。そのための手法の一つとして保証もあるが、財政援助制限法3条により、地方公共団体による法人の債務保証は原則として禁止され、この禁止を解除する法律は、非常に例外的であるし、主務大臣の指定による例外措置も、昭和43年以降はまったく行われていない。その理由としては、地方公共団体による損失補償契約は財政援助制限法3条の規定に違反しないという行政実例（昭和29年5月12日自丁行発65号・自治庁行政課長大分県総務部長宛回答）が存在したため、個別法を制定したり（水銀等による水産動植物の汚染に係る被害漁業者等に対する資金の融通に関する特別措置法3条1項参照）、主務大臣の指定を受けたりする労力をかけることなく、地方公共団体と金融機関との合意のみで締結可能な損失補償契約で保証契約と実質的に同じ機能を果たすことができたからと思われる（条例による信用補完の仕組みの例として、

（4） 平成22年3月31日現在における総務省による調査では、502の第3セクター等（地方3公社を含む）の債務について地方公共団体が損失補償契約を締結しており、債務残高は2兆5086億円にのぼる。詳しくは、村山卓「損失補償契約に係る自治体財政運営上の課題」金法1935号42頁以下参照。

千葉県中小企業融資損失てん補条例参照)。

(2) 財政援助制限法3条違反を理由とする住民訴訟

ところが、最近になって、損失補償契約が財政援助制限法3条の規定に違反して無効であるとして、住民訴訟で損失補償に係る支出の差止めや損失補償の支出に係る損害賠償請求の実施を求める例がみられるようになった。大牟田市のありあけジオ・バイオワールド事件において、福岡地判平成14・3・25判例自治233号12頁は、損失補償と保証は異なり、また、当該損失補償契約の締結が市長の裁量の逸脱・濫用とはいえないと判示した。その控訴審の福岡高判平成16・2・27判例集不登載は控訴を棄却し、最決平成18・3・9判例集不登載は上告を棄却し、上告不受理決定を行った。また、荒尾市のアジアパーク事件において、熊本地判平成16・10・8金法1830号51頁も、同様の判示を行い、福岡高判平成19・2・19判タ1255号232頁[5]は控訴を棄却し、最決平成19・9・21金法1830号23頁[6]は上告を棄却し、上告不受理決定を行った。

しかし、かわさき港コンテナターミナル事件において、横浜地判平成18・11・15判タ1239号177頁[7]は、財政援助制限法3条は、民法上の保証契約のみならず、それと同様の機能、実質を有する契約も禁じており、当該損失補償契約は、民法上の保証契約と同様の機能、実質を有するから違法であり無効であると判示した。ただし、すでに金融機関に支払われていた損失補償金の返還を地方公共団体が求めることは、信義則に反し許されないとした(控訴されず確定)。この判決が、損失補償契約を違法無効とした初の例であった。そのため、地方公共団体や金融機関の間に波紋を呼んだが、信義則を理由として請求を棄却していること、その後、前掲福岡高判平成19・2・19、前掲

---

(5) 石毛和夫・銀法52巻6号52頁参照。
(6) 佐々木泉顕=宮田慶宏・判例自治303号5頁、河野玄逸・債管121号116頁参照。
(7) 田中孝男・速報判例解説(法セ増刊)1号47頁、山口亨・会計と監査59巻3号26頁、光岡弘志・平成19年主要民判解(別冊判タ22号)294頁、小磯武男・金法1823号60頁、山谷耕平・銀法51巻10号34頁、浅井弘章・銀法51巻1号61頁、羽根一成・地方自治職員研修40巻3号68頁、関沢正彦・金法1816号4頁、河野・前掲注(6)120頁参照。

最決平成19・9・21が出されたこともあり、波紋は大きくは広がらなかった。

さらに、祖母の郷事件において、大分地判平成19・12・27判例自治307号50頁は、財政援助制限法3条が損失補償を含めて禁止する趣旨と解することはできないとし、N通改造改革事件において大阪地判平成21・5・22判例集不登載(8)は、損失補償契約は民法上の保証契約とは内容および効果を異にする契約であり、財政援助制限法3条の規定に違反しないとした（大阪高判平成22・1・28判例集不登載は控訴棄却）。

以上はいずれも住民訴訟で損失補償契約の適法性が争われた事案であったが、金融機関が地方公共団体に対して損失補償契約の履行を求めて訴訟を提起した事件もある。土地区画整理組合事件の東京地判平成21・9・10判時2061号55頁(9)、東京地判平成21・9・10判時2061号60頁がその例で、やはり、財政援助制限法3条は損失補償契約を禁じていないとして、原告の請求を認容している。このように裁判例の大勢は、財政援助制限法3条は損失補償を禁じていないと判示している中で、三郷ベジタブル事件の原判決は金融機関に極めて大きな衝撃を与えた。そして、損失補償契約を不履行債務即時補填型と回収不能確定時補填型に二分し、一部無効の理論により、前者の契約であっても後者の範囲で有効と解することにより、原判決の射程を限定しようとする試み等がなされた(10)。

原判決後に出された横浜地判平成23・10・5判タ1378号100頁(11)も、損失補償契約を回収不能確定時補填合意と不履行債務即時補填合意に分け、前者は財政援助制限法3条の規定に違反しないが、後者は同条の適用となる余地があるとする（当該支払は、前者に基づくから適法とされている）。また、

---

(8) 羽根一成・地方自治職員研修42巻10号50頁参照。
(9) 吉田光顕・判評617（判時2075）号175頁参照。
(10) 吉田・前掲注（2）150頁、伊藤・前掲注（2）41頁、鬼頭季郎＝横山兼太郎「第三セクターに対する融資と損失補償契約の効力についての裁判及び倒産・再生処理上の諸問題－法人に対する政府の財政援助の制限に関する法律3条との関係」判時2106号21頁、高山・前掲注（2）40頁参照。判時2133号7頁の匿名コメントは、この二分説に批判的である。
(11) 松井・前掲注（3）33頁参照。

大阪地判平成23・1・14判例自治350号19頁も、回収不能額を損失として補填する損失補償契約であることを理由として、当該契約は財政援助制限法3条の規定に違反しないとしている。

(3) 付言がされた理由

本判決は、原判決後の事情の変更により訴えを却下したので、本件の事案の解決のためには、損失補償契約の適法性について判示する必要はなかった。しかし、本判決は、原判決が実務に与える影響の重大さに鑑み、付言という形式で最高裁の判断を示したものと思われる。本判決が示した解釈は、財政援助制限法3条の損失補償契約への類推適用否定説が従前挙げていた根拠を羅列したものであり、付言という形式の故か、詳細な説明はなく、何を重視しているのかも明らかではない。しかし、宮川補足意見がかなり詳しく類推適用否定説を採用した理由を述べているので、それを参照しながら、法廷意見を検討したい。

(4)「公法上の規制法規としての当該規定の性質」

「公法上の規制法規としての当該規定の性質」を類推適用否定説の理由としているのは、法人の経済的行為に対する制限規範を拡大解釈することには慎重であるべきという趣旨と考えられる。確かに、財政援助制限法の立法理由の一つとして、法人に対する財政援助は、公の保護に依存せしめる弊を生じ、法人の自主的活動を弱めることが挙げられていたので[12]、財政援助制限法を「公法上の規制法規」と分類することもあり得るであろう。もっとも、地方公共団体による債務保証が法人の自主的活動を阻害するおそれがあるというのは、債務保証の間接的効果にすぎず、財政援助制限法の主たる目的とはいえない。財政援助制限法の主要目的は、国または地方公共団体が当面の出費を伴うことなく安易に債務保証をすることにより、未必の債務、不確定

---

[12] 奥村勇雄「『法人に対する政府の財政援助の制限に関する法律』制定の背景－国策会社の活動停止と復活の制限：総司令部の意図するところ」会計と監査54巻9号35頁以下、同「財政援助制限法とその内容－不確定な債務累増の回避：国のメリット、国による過剰な関与を排除：法人のメリット」会計と監査54巻11号35頁以下参照。

の債務を過大に負担し、国または地方公共団体の財政を不健全なものとすることを防止することであり[13]、国または地方公共団体を規律する法律といえるから、法人の経済的行為に対する制限規範を拡大解釈することには慎重であるべきという論理を本件で適用することが妥当かという問題があるように思われる。

（5）保証と損失補償の法文上の区別

「地方自治法等における保証と損失補償の法文上の区別を踏まえた当該規定の文言の文理」の部分は、地方自治法199条7項が監査委員の監査権について、同法221条3項も普通地方公共団体の長の調査権等について、保証と損失補償を区別して規定していることを、財政援助制限法3条の保証は損失補償を含まないと解する根拠とするものと考えられる。確かに、両者の区別は戦前から知られており、戦前において、産業組合中央金庫特別融資及損失補償法、日本銀行特別融資及損失補償法、不動産融資及損失補償法のように損失補償契約について定めた法律もあった。そして、地方自治法は両者の区別を前提としている。しかし、このことは、地方公共団体による損失補償契約が当然に適法であることを意味しないことはいうまでもない。財政援助制限法により原則として禁止されている保証も地方自治法199条7項や221条3項に挙げられていることから明らかな通り、両条は有効な保証契約や損失補償契約も存在し得ることを前提として、それについての監査権や長の調査権等を定めたにすぎず、損失補償が財政援助制限法3条に違反するかの問題に直接に解答を与えるものとはいえないように思われる[14]。また、昭和31年の地方自治法改正により、199条6項（現7項）において、保証と損失補償が区別して規定された背景には、大蔵大臣（当時）の指定を回避する便法と

---

(13) 「第3セクター等の抜本的改革の推進等について」（平成21年6月23日付け総務省自治財政局長通知［総財公第95号］）においても、地方財政規律の強化を損失補償の規制目的として挙げており、法人の活動の自主性の確保は挙げられていない。
(14) 伊藤・前掲注（2）38頁、山口・前掲注（7）30頁参照。なお、保証と損失補償の差異については、浜田一成「債務保証と損失補償について」地方自治220号57頁以下で詳しく説明されている。

して損失補償の方法が考え出され[15]、損失補償についての監査を強化する必要性が認識されたからであり、むしろ、財政援助制限法3条の損失補償への類推適用肯定説の根拠となるともいえる[16]。実際、地方自治法上は、保証も損失補償も債務負担行為として予算で定める必要があり（214条）、監査委員による監査、長による調査等についても予算の適正な執行を図る観点から同じ規律を受けているのである[17]。

（6）財政援助制限法の意義

「財政援助制限法…の立法…の経緯」の部分は、第1に、同条がGHQの指令に基づいて緊急に立法されたものであり、その後、個別の立法により保証契約の禁止が少なからず解除されており、損失補償の行政手法が一般化したこともあって、同条の存在意義が薄らいでいるという認識を示したものと考えられる。確かに、戦後まもなく緊急に制定された法律の趣旨が現在の社会経済的諸条件の変化の下で、なお妥当するか否かは検討されるべきであり、存在意義の稀薄になった法律を安易に拡大解釈すべきでないという主張はもっともと思われる。しかし、個別の立法により保証契約の禁止が少なからず解除されてきたのは国による保証の場合であって、地方公共団体による保証の禁止を解除する法律の数は極めて少数である（水銀等による水産動植物の汚染に係る被害漁業者等に対する資金の融通に関する特別措置法3条1項）。また、損失補償の行政手法が一般化したことは事実であるが、問題は法的にそれが許されるかであって、事実として損失補償の行政手法が一般化したことから、財政援助制限法3条の意義が稀薄化したとはいえないと考えられる[18]。そして、地方公共団体が安易に第3セクターに対して債務保証・損失補償を行うことにより、未必の債務、不確定な債務を安易に負うことが、地方公共団体の財政の健全性を損なう大きな要因になっていることは、「地

---

(15) 鈴木禄彌＝清水誠編・金融法［改訂版］（有斐閣、1980年）245頁参照。
(16) 伊藤・前掲注（2）38頁参照。
(17) 北澤剛「第3セクターと損失補償契約」自治実務セミナー39巻11号65頁参照。
(18) 高安・前掲注（2）30頁参照。

方公共団体の財政の健全化に関する法律」の将来負担比率において第3セクター等を含め客観的に普通会計が負担する蓋然性が高いものが含まれていることや[19]、総務省がまとめた「第3セクター等の抜本的改革等に関する指針」において、「既存の損失補償債務で他の方策による公的支援に移行することが困難であり、かつ、当該債務の借換えに際し、損失補償の更新が不可欠と認められるときなど特別の理由があるとき以外は、第3セクター等の資金調達に関する損失補償は行うべきではなく、他の手段による方法を検討すべきである」とされたことは、損失補償契約の活用による第3セクターの信用補完の中には、地方公共団体の財政の健全化への大きな障害になっているものが少なくないという反省に基づくものとみることができる。実際、財政援助制限法3条の立法趣旨は、現在においても真摯に受け止めるべきとの指摘がなされていることにも留意する必要がある[20]。

(7) 地方財政法など関係法律の改正の経緯

「地方財政法など関係法律の…改正の経緯」の部分は、平成21年法律第110号による改正において地方財政法33条の5の7第1項4号が創設され、地方公共団体が負担する地方債（改革推進債）の発行が平成25年度までの時限付きで認められており、このことは、地方公共団体の金融機関に対する損失補償が財政援助制限法3条の趣旨に反するものではないことが前提となっていることを意味するものと考えられる。総務省は、前掲行政実例の解釈を変更していないと思われるので、地方財政法33条の5の7第1項4号が、損失補償契約が財政援助制限法3条違反でないことを前提としていることはその通りであろうが、かかる行政解釈が適法かの司法判断が求められているのであるから、類推適用否定説の根拠としては十分ではないといえる。また、平成21年法律第110号による改正は、国会が損失補償契約が財政援助制限法3条

---

(19) 宇賀克也・地方自治法概説（第6版）（有斐閣、2015年）200頁参照。
(20) 山形・前掲注（2）7頁においては、「戦後直後の反省の意義は、現代においてもいまだ通用することを痛感させられることが多い」と述べられている。前掲横浜地判平成23・10・5も、財政援助制限法3条の意義が現在でも失われていないとする。

の規定に違反しないと解していたといえることについても、地方自治法199条7項、221条3項について述べたのと同様、有効な損失補償契約が存在すると解していた論拠にはなっても、損失補償契約がすべからく財政援助制限法3条違反とならないと解すべき根拠としては十分とはいえないように思われる。

（8）議会による公益性の審査

「地方自治の本旨に沿った議会による公益性の審査の意義及び性格」の部分は、地方公共団体の自主財政権を尊重しつつ、地方自治法232条の2の規定の趣旨等に鑑み、裁量権の逸脱・濫用の司法審査にとどめるべきという趣旨と思われる。確かに、多額の補助金であっても、公益上の必要性に関する裁量審査にとどめられることに照らせば、損失補償契約の締結に当たっても同様の司法審査で足りるとする考えもあり得るであろう。しかし、補助金の交付や融資の場合には、現実に財政支出が近い将来に必要であることを前提として審議が行われるから、議会としても真摯な検討をせざるを得ないが、債務保証や損失補償は未必の債務、不確定な債務であるため、安易に行われるおそれがあり、実際、大半のケースでは、バラ色の事業計画が添付され、損失負担する可能性が極めて低いことを強調した上で議会の承認が得られているという指摘がなされている[21]。そうであるからこそ、財政援助制限法3条は、未必の債務、不確定な債務である保証を原則として禁止したのであり、その趣旨は同じく未必の債務、不確定な債務である損失補償にも及ぶと解することも可能である[22]。また、地方議会が第3セクターの財務内容をチェックできるかには疑問が提起され、地方議会は多くの破綻状況を看過し

---

[21] 山形・前掲注（2）7頁参照。高安・前掲注（2）32頁も、膨大かつ多様な事項を含む予算の一項目としての損失補償契約についての議会による審査の実効性に疑問を呈している。高安・前掲注（2）32頁参照。

[22] 碓井光明「地方公共団体による『損失補償の保証』について」自治研究74巻6号3頁以下は、このことを指摘した先駆的論文である。同・公的資金助成法精義（信山社、2007年）344頁、三橋良士明「第3セクターの資金調達に関する損失補償について」ジュリ1366号14頁、前掲伊藤・前掲注（2）37頁も参照。

てきたと思われるという指摘もあり[23]、地方議会の審議の意義を過大視すべきでないという見解にも留意する必要があると思われる。

(9) 財政援助制限法3条の文言

財政援助制限法3条がなぜ保証のみについて規定し、損失補償を含みうる規定ぶりにしなかったのかは定かではない[24]。一つの可能性としては、損失補償契約においては、責任の範囲は契約によって定められるので責任の範囲を限定することが可能であり、また、債務の発生時期は損失が確認されたときであるので、保証契約と比較して、地方公共団体にとってのリスクが小さいことに着目し、あえて損失補償は禁止しなかったことが考えられる。しかし、この点についても、一定期間内に主債務が履行されない場合に損失補償責任を負うという特約が付され、実質的に保証と同じ機能を果たす損失補償契約が一般化し、その場合、主債務に対する付従性、補充性がなく当然には求償や代位ができないため、むしろ損失補償責任のほうが保証責任よりも重くなることが多くなっており、果たして、そのような事態まで予想して、財政援助制限法3条が立法化されたかは疑わしいように思われる。そして、そうであれば、目的論的解釈により、保証と実質を同じくするどころか、保証よりも責任が過重される損失補償について、財政援助制限法3条の規定を類推適用するという原判決のような考え方も成立し得ると考えられる。

(10) 総務大臣の指定に係る規定の明確化

「同条ただし書所定の総務大臣の指定の要否を含む当該規定の適用範囲の明確性の要請」の部分については、一般に、行政処分の要件の明確性が要請されることは当然であるが、他面において、類推適用しなければ規制が形骸化するおそれがある場合に、明確性の要請に固執して厳格な文理解釈以外は排除することの問題にも配慮する必要がある。

---

(23) 加来輝正「第3セクターの再生と地方自治体の損失補償契約」銀法53巻4号26頁参照。
(24) 損失補償も含むことを明確にするためには、「保証契約その他これに類する契約で政令で定めるもの」と規定すべきといえる。門口・前掲注 (2) 45頁参照。

(11) 実務への影響

　以上見てきたように、本判決が列記している理由は、いずれも反論しようと思えばそれが可能なものであり、決定的な根拠といえるものはない[25]。にもかかわらず、本判決が傍論として、あえて損失補償契約への財政援助制限法3条の規定の類推適用を否定する解釈を提示したのは、原判決がもたらした実務への影響を懸念したからではないかと推測される。原判決は、財政援助制限法3条の規定を損失補償に類推適用して、損失補償契約を原則として無効とする一方、例外的に無効とならない場合の要件を明示し、さらに、金融機関から地方公共団体に対する損失補償契約の履行を求める訴えを認め、地方公共団体が信義則上、かかる請求を拒否できない場合の要件も明示していた。すなわち、原判決には、財政援助制限法3条の趣旨を没却しないようにするという要請と損失補償契約が関係者間で適法と信じられ広く活用されてきたことを踏まえた法的安定性の要請との調和を図るべく腐心した形跡が窺われる。しかし、そこでは、財政援助制限法3条違反とならない特段の事情が認められる要件の一つとして、当該契約の内容が明らかに保証契約と同様の機能を果たすものではないことが挙げられているが、もともと、保証契約と同様の機能を果たすからこそ財政援助制限法3条違反とされるわけであるから、違法な損失補償契約の中で保証契約と同様の機能を有しないことが明白なものはないのではないかという懸念が示されていた[26]。

　また、原判決では、金融機関から損失補償契約の履行請求を受けた地方公共団体が信義則上、契約の無効を主張し得ない場合があるとしたものの、支払差止認容判決が確定している場合には、その拘束力により任意の履行は許されず、金融機関による強制執行の方法によるべきとされた。しかし、実際には、金融機関が地方公共団体に対する強制執行を申し立てることは躊躇せ

---

(25)　北島・前掲注（3）39頁参照。
(26)　碓井・前掲注（2）45頁、碓井＝宇野＝松井＝森永・前掲注（2）45頁（碓井発言）、47頁（松井発言）、井口＝宮脇＝野村・安東・前掲注（2）17頁（井口発言、野村発言）、山形・前掲注（2）7頁参照。

ざるを得ず、現実的な救済方法とはいえないという見方が多かった[27]。

そして、結局、原判決の内容に従えば、優良な第3セクターとの損失補償契約の更新も拒否するようになり、また、金融機関の損失補償契約付の第3セクターに対する融資が金融査定においてⅠ分類ないし非分類（回収の危険性または価値の毀損の危険性のない資産）とすることができなくなり、資産分類・債務者区分を見直し、貸倒引当金の計上が必要になることもあり得ることになる[28]。

さらに、平成25年度までの時限付きで改革推進債の発行により第3セクター改革を推進するスキームも、損失補償契約の有効性を前提とするものであるから、有効性に大きな疑問符が付いた状態では、地方公共団体はこの制度を利用することもできないという困難な状況に置かれた。宮川補足意見が、改革作業の進捗に対し配慮することも求められていると述べ、あえて政策的判断を明示したことからも窺われるように、本判決の傍論の背景には、原判決に対して示された金融機関等からの懸念に速やかに応えようという政策的判断があったように思われる。

本判決は、金融機関の関係者等を安堵させたし[29]、既存の損失補償契約を基本的には無効としない結論は大方の支持を得られるであろう。しかし、本判決の下でも、損失補償契約とは名ばかりで保証契約そのものといえる場合には、財政援助制限法3条の規定が直接適用されるであろうし、裁量権の逸脱・濫用になる損失補償契約の締結は違法とされることに留意が必要である。

---

(27) 碓井＝宇野＝松井＝森永・前掲注（2）51頁（森永発言、宇野発言）、井口＝宮脇＝野村＝安東・前掲注（2）17頁（安東発言）、藤原・前掲注（3）5頁参照。
(28) 森・前掲注（2）62頁、河村・前掲注（2）金法1913号28頁、同・前掲注（2）金財61巻41号33頁、三上＝本多・前掲注（2）54頁、藤原・前掲注（3）5頁参照。
(29) 安東・前掲注（3）銀法56巻2号33頁参照。

第3款　旅費等の支出（県議会議員野球大会旅費返還請求）

1　事案の概要

　本款では、県議会議員野球大会の交通費・日当・宿泊料（以下「旅費」という）の返還請求がなされた住民訴訟に係る最判平成15・1・17民集57巻1号1頁[1]（以下「本判決」という）を取り上げ、地方議会の自律的行為と長の支出命令・職務命令の関係について考えることとする。

　全国都道府県議会議長会および大阪府議会が主催する第49回全国都道府県議会議員軟式野球大会（以下「本件野球大会」という）に参加するため、平成9年8月18日、徳島県議会議員26名に対しては同県議会議長から、これに随行する同県議会事務局職員9名に対しては、本来の旅行命令権者である同県議会事務局長Aが病気療養中であったため、代決により同県議会事務局次長兼総務課長Bから旅行命令が発せられた。徳島県の説明によれば、Bは、代決により、旅費の支出負担行為および支出命令を行い[2]、参加した議員および議会事務局職員に旅費が支給された。

　原告は、公費をもって本件野球大会の旅費を支出したことは違法であるとして、平成10年2月26日、徳島県監査委員に対し監査請求を行ったが、同監査委員は、同年4月23日、これを棄却したので、原告は、地方自治法242条の2第1項4号（平成14年法律第4号による改正前のもの。以下同じ）の規

（1）　木村琢麿・民商131巻6号841頁、飯島淳子・平成15年度重判解（ジュリ臨増1269号）38頁、西鳥羽和明・判評539（判時1837）号173頁、福井章代・最高裁判所判例解説民事篇（平成15年度）1頁、同・曹時56巻6号145頁、同・ジュリ1251号163頁、同・最高裁　時の判例Ⅴ［平成15年～平成17年］（ジュリ増刊）67頁、内田義厚・平成15年度主要民判解（別冊判タ1154号）256頁、寺田友子・判例自治241号105頁、江原勲＝北原昌文・判例自治247号4頁、伴義聖＝大塚康男・判例自治250号4頁、村田哲夫・判例自治261号23頁参照。
（2）　後述するとおり、最高裁は、この判断を誤りとし、Bは代決ではなく専決により支出負担行為および支出命令を行ったと解している。専決処理が違法とされた例については、宇賀克也・行政法概説Ⅲ［第3版］（有斐閣、2012年）55－56頁参照。

定に基づき、徳島県に代位して、A、Bに対して同号所定の「当該職員」に当たるとして当該処分に係る旅費全額の損害賠償を請求したほか、本件野球大会に参加した同県議会議員で同県議会野球部部長（本件野球大会の参加団長も兼任）のC、同県議会事務局総務課長補佐のDに対しては、同号所定の「怠る事実に係る相手方」に当たるとして、旅費として支給を受けた金額相当の損害賠償または不当利得返還を求める住民訴訟を提起した。

2　1審判決
（1）旅費の支出の適法性についての一般論
　1審の徳島地判平成11・11・26判タ1037号141頁（以下「1審判決」という）は、普通地方公共団体の議会は、当該普通地方公共団体の議決機関として、その権能を適切に果たすために合理的な必要性がある場合、その議員を国内または海外に派遣することができ、派遣目的や派遣先、派遣内容等の決定については、原則的に議会の合理的な裁量に委ねられていると解すべきであるから、議員派遣の必要性や、派遣内容の相当性等についての議会の判断は、議員派遣の目的、動機、態様等に照らし、これが著しく妥当性を欠いていると認められる場合に限り、裁量権を逸脱または濫用したものとして、違法になると解するのが相当であるという一般論を前提として、裁量審査を行っている。

（2）県政の発展に関わるような重要事項についての他の都道府県議員との意見交換等
　そして、仮に、本件野球大会が全国の都道府県議会議員が一堂に会する唯一の機会であるとしても、このことによって当然に議員派遣の必要性および相当性が肯定されるものではなく、議員の派遣が公務として行われることからすると、少なくとも、その日程や行事計画等からみて、これに参加する議員が、他の都道府県議会議員と、個人的な親睦、交流を持つにとどまらず、県政の重要課題にかかわり県政の発展に資するような事項について、積極的に意見、情報交換等を図ることが期待できることが必要であると解せられ、そのような内容となっている限りにおいて、他の都道府県議員との意見交換

等の目的、意義が認められ、派遣の必要性および相当性が肯定されるとする。

次いで、本件野球大会の日程を検討しても、参加議員が他の都道府県議会の議員と、県政の発展にかかわるような重要事項について意見交換等を図ることが期待できるような内容ではないから、本件野球大会への議員派遣に、他の都道府県議会の議員との意見交換や情報収集を図る目的、意義があるとは認められないと述べている。

(3) スポーツに関する施策を地方自治に反映させる最も新しい情報の入手

国民体育大会(以下「国体」という)開催地の最新施設を利用してスポーツを行うことはスポーツに関する施策を地方自治に反映させる最も新しい情報源になり、そこでの実体験を通じて施設の整備等が検討できるという被告の主張についても、本件野球大会に参加した議員らは、野球の試合を行うにあたり被告らが主張するような特定の目的等を明確に意識して競技していたとはいえず、施設等に関する具体的な説明やこれに対する質疑応答がなされた形跡もないから、参加議員がスポーツに関する施策を地方自治に反映させる最も新しい情報を得て、これを県政上の重要課題等に反映させるとともに、自己研鑽にも資し、議員としての見識を涵養することになるとも考え難いと述べている。

(4) 国民へのスポーツの奨励

さらに、本件野球大会を実施することによって、国体を盛り上げ、国民にスポーツを奨励することは、住民福祉の向上を目的とする地方自治の発展に寄与するという被告の主張についても、今日においては、国体は国民の間に広く国民的行事として浸透しており、また、スポーツの意義やこれを行うことの利点等も広く国民に認識され、国民が行うスポーツ競技も多様化している現状に鑑みると、「国体協賛」という目的を掲げ、国体の開催地において、これに先立ち、全国の都道府県議会の議員が一堂に会し、国民に最も身近なスポーツの一つである野球を行ったとしても、それが国体を盛り上げることや、国民にスポーツを奨励することにつながるとは思われず、両者の間に合理的な関連性は存しないと述べられている。

（5）公式行事

　被告らは、本件野球大会は、昭和24年に第1回大会が開かれ、地方自治法263条の3第1項に規定する「全国的連合組織」に該当する議長会が主催し、大阪府知事他多数の首長、議員らが大会役員に名を連ね、全国の議会議員が参加する公式行事であるとも主張したが、1審判決は、公式行事であるからといって、そこに議員を派遣することの必要性、相当性が当然に肯定されるわけではなく、問題とされるべきは参加の目的、意義なのであって、この点に関する被告らの主張が理由のないことは、既に検討したとおりであると述べている。

（6）裁量権の逸脱・濫用

　そして、本件野球大会へ公費をもって議員を派遣することには何ら合理性がなく、著しく妥当性を欠いており、旅行命令権者の裁量権を逸脱または濫用したものとして違法であり、これを原因とする議員への派遣旅費の支出も違法と判示した。また、職員の随行はあくまで議会の議員派遣決定を前提とするものであって、当該決定に理由がないことは前述のとおりであり、徳島県議会は直接の主催者でないことからも、職員の随行の必要性を基礎付ける事情は見受けられず、本件野球大会への職員の随行は、旅行命令権者の裁量権を逸脱または濫用したものといえ、違法となると判示しした。

（7）過失の有無

　Bは、議員および職員に対する旅費の支出負担行為書および支出命令書の決裁を代決したものであるが、その際、それまでの慣行にとらわれることなく、決裁者として通常要求される程度の注意をもって、その必要性を検討すれば、当該支出が違法なものであることを認識し得たにもかかわらず、これを怠って代決したのであり、過失があったことは明らかであるとして、損害賠償責任が認められた。Aは、議員および職員に対する旅費の支出負担行為書および支出命令書につき、決裁を行った者ではないが、本来の決裁権者であって、代決者に対する指揮監督責任を負うところ、長年にわたって全国野球大会が行われ、これに公費が支出されていたことからすると、代決権者で

あるBが違法な支出を行わないように指導監督すべきであったにもかかわらず、これを怠った過失があることは明らかであるとして、同様に損害賠償責任があるとされた。

　C、Dは、議員の旅費の支出につき、代決権者であるBと意を通じて、前記支出を積極的に推進、加担したのであれば、共同不法行為者として、Bとともに責任を負うべきところ、C、Dが前記支出を積極的に推進、加担したことを認めるに足りる証拠はないので、C、Dは、議員の旅費の支出につき、徳島県に対して損害賠償責任を負わないとされた。しかし、C、Dは、本件野球大会に参加して、旅費を受領しており、これは違法な支出に基づくものであるから、当該受領は法律上の原因を欠くものといわざるを得ず、自己の受領分の旅費について、徳島県に対し返還する責任があるとされた。

3　控訴審判決
(1)　監査請求前置

　控訴審において、Dは、Dに係る監査請求において、Dが違法に公金を支出したことのみを主張し、怠る事実の相手方として不当利得したことについては対象としていなかったから、Dに対する不当利得返還を求める住民訴訟は適法な監査請求を前置していないという主張も追加したが、高松高判平成12・9・28民集57巻1号66頁（以下「原判決」という）は、普通地方公共団体の住民が当該普通地方公共団体の長その他の財務会計職員の財務会計上の行為を違法、不当であるとしてその是正措置を求める監査請求をした場合には、特段の事情が認められない限り、当該監査請求は当該行為が違法、無効であることに基づいて発生する実体法上の請求権を当該普通地方公共団体において行使しないことが違法、不当であるという財産の管理を怠る事実についての監査請求をもその対象として含むものと解するのが相当である（最判昭和62・2・20民集41巻1号122頁）とする。そして、本件監査請求は、Dが徳島県議会事務局総務課課長補佐として、議員および随行職員に対し旅費を支出した行為につき、当該支出行為は、あくまで議員間の親善・慰楽のた

めの催しに出席するためのもので違法であり、徳島県に損害を被らせたとしてその補填を求めたものであることが認められるから、当該監査請求の対象とした行為は、徳島県において、Dに対して違法に支出された旅費等の損害賠償請求または不当利得返還請求をしないことが違法または不当であるという財産の管理を怠る事実についての監査請求を含むものと解され、Dに対する本件訴えを適法な監査請求を経ていないとの理由で不適法であるとする主張は理由がないと判示した。

(2) 旅費の支出の適法性についての一般論

本件旅費の支出の適法性については、原判決も、地方議会は、普通地方公共団体の議決機関として、その機能を適切に果たすために広範な権能を有しているものと解されるから、地方議会が普通地方公共団体の施策を適切に実現するため、他の普通地方公共団体の実情を把握し、意見交換をし、または相互交流等を目的として、議員を他の地方公共団体に派遣することも、議会の権能を適切に果たすために合理的な必要性がある場合には許されるとする。そして、かかる場合における議員の旅行は、費用支出の根拠となる議員の職務のための旅行に当たり、これに要する費用の弁償を受けることができるものと解され、また、議員が職務のため旅行するに際し、その間の事務を取り扱うために地方議会事務局職員が同議員に随行することも職務ないし公務であって、同事務局職員に対して旅費を支出する正当な根拠となり得ると述べている。そして、当該議員派遣決定に合理的な必要性があるか否かの判断は、当該地方議会の合理的な裁量に委ねられているが、派遣の目的、態様等に照らして当該派遣決定等に必要性がある旨の地方議会の判断が著しく妥当性を欠くと認められるときは、裁量権の行使に逸脱または濫用があるものとして違法と解すべきであると判示している。

(3) 議員野球大会への参加のための旅費支出の適法性についての一般論

次いで、当該裁量権の逸脱または濫用があるか否かは、本件野球大会の意義、徳島県議会議員が本件野球大会へ参加することの目的、参加と目的達成との関連性、本件野球大会の実態、参加による具体的な効果等を総合的に勘

案し、本件野球大会への参加が、地方議会の機能を適切に果たすための権限の行使と合理的に関連するかどうかにより判断されるべきであるとする。

　また、県議会事務局職員の随行決定も、その必要性の有無の判断は旅行命令権者（本件では徳島県議会事務局長であるAおよびその代決者であるB）の合理的な裁量に委ねられているが、議員を派遣すべき旨の地方議会の判断が正当であることを前提とするものであって、同判断が著しく妥当性を欠き裁量権の逸脱または濫用と認められる場合には、特段の事情のない限り違法になると解すべきと判示した。

（4）議員個人の娯楽または議員相互間の親睦ないしレクレーション

　以上の一般論を前提として、原判決は、本件野球大会について具体的な検討を行っているが、本件野球大会の内容は、結局のところ、各都道府県議会議員が自ら選手となってトーナメント方式による対抗試合を行い、優勝を競い合うものにほかならず、その性質上、原則として、当該議員個人の娯楽または議員相互間の親睦ないしレクレーションの域を出るものではないというべきであって、それ自体としては、地方議会議員の職務ないし公務とは関わりを持たないことが明らかであるとする。

（5）国体協賛

　控訴人らは、国体は国民が体育やスポーツに関心を持つ絶好の機会であり、その開催地において、国体の競技種目であり、かつ、国民にとって最も身近なスポーツの一つである野球を議員がチームを編成して競うことによって国体を盛り上げ、国民にスポーツを自ら行うことを奨励することは、住民福祉の向上を目的とする地方自治の発展に寄与することになると主張した。これに対し、原判決は、国体は我が国最大のスポーツイベントとして、スポーツの振興、青少年の健全育成や地域の活性化に大きく貢献してきたものであり、全国都道府県議会議員軟式野球大会の発足当初（昭和24年）においては、国民の間に国体を浸透させ、スポーツを奨励するため、地方議会としてこれに協賛するということも有意義な面もあったと考えられるが、今日においては、国体は国民の間に広く浸透しており、スポーツの意義や利点も広く理解され

ていることからすれば、国体協賛という目的の下に地方議会議員が自ら選手となって野球大会を行うこととスポーツ振興との関連性は希薄であるといわざるを得ないとする。

（6）国民のスポーツ精神の高揚

さらに、全国都道府県議会議員軟式野球大会について、一般国民の多くが関心を持っていることを認めるべき証拠もないので、地方議会議員が全国都道府県議会議員軟式野球大会に参加することが国民の「スポーツ精神の高揚」につながるものとはたやすく考え難いと述べている。

（7）公式行事

控訴人らの主張のように、全国都道府県議会議員軟式野球大会が発足以来本件野球大会に至るまで公式行事として扱われ、全国都道府県議長会および開催都道府県議会が主催団体となり、本件野球大会役員に大阪府知事、大阪府議会議長等が就任したなどの事実が認められるが、本件野球大会を含む全国都道府県議会議員軟式野球大会が単に外形上公式行事の体裁をとって開催されてきた実績を有するものであるとしても、それだけで同大会への参加が公務性を有することにはならないと述べられている。

（8）県政上の課題についての意見交換

原判決は、地方議会が普通地方公共団体の施策を適切に実現するため、他の普通地方公共団体の実情を把握し、意見交換をし、または相互交流等を目的として、議員を他の地方公共団体に派遣することも、議会の権能を適切に果たすために合理的な必要性がある場合には許され、本件野球大会の目的の一つに「議員相互の親睦」が掲げられているので、本件野球大会の参加者の日程、行事計画の上で、例えば、各都道府県会議員が相互に県政上の課題について意見交換をし、相互交流を図るために、一堂に会する機会が設けられているとか、その他の機会を通じて現実にもそのような意見交換や相互交流等が行われているのであれば、各地方公共団体間の連携・協力関係の形成という観点で、地方議会の権能を適切に果たすために合理的な必要性があると解する余地もあると指摘している。

しかし、本件野球大会の日程、行事計画の上で、そのような機会が設けられているとは認められず、現実に各地方公共団体間の連携・協力関係の形成に役立つような意見交換や相互交流等が行われたと認めるに足りる証拠はないし、仮に、本件野球大会の目的である「議員相互の親睦」が同一地方議会内の議員（徳島県議会議員）相互間の親睦を含むと解されるとしても、そうであれば、日常の議員活動を通じて実現することが十分に可能であって、わざわざ旅費を費やして野球をする一部の議員だけが参加するような本件野球大会に議員を派遣する必要性はないと述べている。

（9）スポーツ施設に関する見識の向上

毎年開催される国体が、最新の競技施設で行われ、その運営にもその時々のノウハウが結集されており、これらに関する情報収集が各地方公共団体におけるスポーツ振興施策を検討する上で有意義であるということはいえるが、それは各議員が本件野球大会に選手として出場することを通じてしか得られないというものではなく、直ちに本件野球大会の公務性を肯認すべき理由にはならないと判示している。

もっとも、これらの競技施設を選手として実体験することが、スポーツ施設に関する見識をより深め、ひいてはスポーツ関連施策に生かされることになることもまったくないとはいえないが、本件野球大会の前記目的にはかかる目的は掲げられておらず、本件野球大会の内容は、文字どおり各都道府県議会議員が野球の対抗試合を行って優勝を競うというものであり、少なくともそれが主たる目的とされていることは否定できず、本件野球大会での選手体験がスポーツ振興施策に役立つ度合いは極めて低いと指摘している。

そして、現に、本件野球大会の日程・行事予定の上で、選手として野球競技を行うという以上に、競技施設の視察等は公式行事としては予定されていなかったのみならず、本件野球大会に参加した徳島県議会チームが福島県議会チームに敗退した日の翌日である平成9年8月25日に秋季国体の公開競技である高等学校硬式野球の会場として使用される大阪ドームを視察したが、参加議員は26名中8名にすぎず、同チームに参加した議員らの主観的意識の

上でも、同議員らがスポーツ振興施策に役立つ情報収集を主たる目的として本件野球大会に参加したのかは極めて疑問であると述べている。

(10) 裁量権の逸脱・濫用

結局、本件野球大会への徳島県議会議員の参加が、地方議会の機能を適切に果たすための権限の行使と合理的に関連するとは認められず、当該参加の必要性があるとして、徳島県議会議員に対して旅行命令を発した徳島県議会議長の判断は、著しく妥当性を欠き、その裁量権の行使を逸脱し、または濫用したものであって違法というべきであり、当該徳島県議会議長の判断が正当であることを前提として、同議会事務局職員を本件野球大会に随行させるべきものとして、同職員に対して旅行命令を発したBの判断も著しく妥当性を欠き、その裁量権の行使を逸脱し、または濫用したものであって違法であると判示した。

そして、当該旅行命令に基づき、BがAの代決者として行った同議会議員および同議会事務局職員に対する旅費等の支出も違法であり、法律上の原因を欠くとしてする。そして、控訴人らの責任についても、1審判決の判断を支持し、控訴を棄却した。

4 最高裁判決

(1)「当該職員」

本判決は、上告についてはそれが許される事由に該当しないとしたが、職権による検討を行い、Aに対する訴えを却下した。すなわち、地方自治法242条の2第1項4号にいう「当該職員」とは、当該訴訟において適否が問題とされている財務会計上の行為を行う権限を法令上本来的に有するとされている者およびその者から権限の委任を受けるなどして上記権限を有するに至った者をいうところ、徳島県においては、議会に係る旅費の支出負担行為および支出命令は、議会事務局の総務課長が専決するものとされており（徳島県事務決裁規程（昭和42年徳島県訓令第160号。平成9年訓令第13号による改正前のもの。以下「決裁規程」という）12条、別表第3）、法令、訓令

等により、議会事務局長に対し旅費の支出に関する権限が付与されていたとみるべき根拠は存しないので、本件においては、議会事務局長であるAは同法242条の2第1項4号にいう「当該職員」に該当しないから、Aに対する訴えは不適法というほかないとしたのである。

（2）公務性の否定

また、上告受理申立てを受理して、判断を示している。本判決は、国体に協賛してスポーツの振興普及を図るとともに、議員相互の交流により地方自治の発展に役立つ知識経験を得ることを目的として開催される野球大会に議員を派遣することは、議会の権能を適切に果たすために必要のないものであるとまでいうことはできないとする。しかし、原判決は、（ⅰ）本件野球大会の内容は、単に議員が野球の対抗試合を行って優勝を競うというものにすぎず、他の都道府県議会の議員との意見交換や相互交流等の機会は設けられておらず、現に、地方公共団体間の連携・協力関係の形成に役立つような意見交換や相互交流等が行われた事実はなかったこと、（ⅱ）本件野球大会の公式行事として競技施設の視察等は予定されておらず、徳島県議会チームが敗退後に実施した秋季国体の公開競技の会場予定地である大阪ドームの視察に参加した議員は、26人中8人にすぎなかったこと、その他の事実を認定し、これらの事実を総合して、本件野球大会に議員を派遣するために行われた議員に対する旅行命令および議員に随行する議会事務局職員に対して発せられた旅行命令にはいずれも裁量権を逸脱、濫用した違法があるとしたものであり、この原判決の判断は、是認することができるとする。したがって、本件野球大会に参加することが議員としての職務であるということはできないから、本件野球大会に参加した議員は、法律上の原因なくして旅費を利得したものというべきであり、Cの不当利得返還義務を肯定した原判決の判断は、正当として是認することができるとした。

（3）議会の自律的行為の長による是正権限

他方、Bに対する請求は棄却されるべきとしたが、その理由は、以下のようなものであった。本判決は、地方自治法242条の2第1項4号に基づき当

該職員に損害賠償責任を問うことができるのは、先行する原因行為に違法事由がある場合であっても、上記原因行為を前提にしてされた当該職員の行為自体が財務会計法規上の義務に違反する違法なものであるときに限られるとした最判平成4・12・15民集46巻9号2753頁（以下「一日校長事件最高裁判決」という）を引用し、予算執行権を有する普通地方公共団体の長は、議会を指揮監督し、議会の自律的行為を是正する権限を有していないから、議会がした議員の派遣に関する決定については、これが著しく合理性を欠きそのために予算執行の適正確保の見地から看過し得ない瑕疵がある場合でない限り、議会の決定を尊重しその内容に応じた財務会計上の措置をとる義務があり、これを拒むことは許されないと判示した。

そして、本件においては、県議会議長が行った議員に対する旅行命令は違法ではあるが、県議会議長が行った旅行命令が、著しく合理性を欠き、そのために予算執行の適正確保の見地から看過し得ない瑕疵があるとまでいうことはできないから、知事としては、県議会議長が行った旅行命令を前提として、これに伴う所要の財務会計上の措置をとる義務があり、そうすると、決裁規程12条、別表第3に基づき、知事に代わって専決の権限を有するB[(3)]が議員に対する旅費についての支出負担行為および支出命令をしたことが、財務会計法規上の義務に違反してされた違法なものであるということはできないと述べている。

（4）予算執行職員の賠償責任

普通地方公共団体の支出負担行為および支出命令を行う権限を有する職員の損害賠償責任については、故意または重大な過失により法令の規定に違反して当該行為をした場合に限り責任を負うものとされているので（地方自治法243条の2第1項、9項［現14項］）[(4)]、Bが議員および議会事務局職員に

---

(3) 徳島県では、知事の併任吏員として、議会事務局の事務局長、同総務課長および同総務課長補佐の3名が発令され、当該事務吏員は、決裁規程12条において限定列挙された専決事項を補助執行している。宇賀克也・情報公開の理論と実務（有斐閣、2005年）60-61頁参照。

(4) 宇賀・前掲注（2）460頁参照。

支給する旅費の支出負担行為および支出命令をしたことにつき県に損害賠償責任を負うためには、Bに故意または重大な過失があることが確定されなければならないが、原審は、Bに重大な過失があることを確定しないでBの損害賠償責任を肯定したから、同法243条の2の解釈適用を誤るものといわざるを得ないとする。

そして、全国都道府県議会議員軟式野球大会は、昭和24年以降、国体に協賛する趣旨で毎年開催され、昭和62年以降、全部の都道府県議会が参加しており、本件野球大会も、全国都道府県議会議長会および大阪府議会が主催したこと、Bは、専決を任された補助職員として、議会において本件野球大会に議員を派遣することが決定されたことを前提にして上記旅費の支出負担行為および支出命令をしたこと等の事実を総合すれば、Bが前記旅費の支出負担行為および支出命令を行ったことにつき故意または重大な過失があったということはできないとした。

（5）職務命令への服従義務

次いで、Dについては、徳島県議会事務局規程（昭和39年徳島県議会規程第1号。平成13年徳島県議会規程第3号による改正前のもの）の規定によると、議会事務局長は、議会事務局の職員の県外出張に関することについて専決することができ（12条1号）、議会事務局長が不在のときは、議会事務局次長が代決するものとされているところ、議会事務局次長であるBは、代決により、Dを含む議会事務局職員9人に対する旅行命令を発したというのであるから、Dは、職務命令である旅行命令に従って旅行をしたものであると認定している。そして、地方公務員法の規定によれば、地方公共団体の職員は、上司の職務上の命令に忠実に従わなければならないとされており（32条）、上司の職務命令に重大かつ明白な瑕疵がない限り、これに従う義務を負うものと解されるとし、地方公共団体の職員が職務命令である旅行命令に従って旅行をした場合には、職員は、旅行命令に重大かつ明白な瑕疵がない限り、当該旅行に対して旅費の支給を受けることができ、それが不当利得となるものではないと指摘している。

これを本件についてみると、議会事務局職員に対する旅行命令は、議会において本件野球大会に議員を派遣することが決定されたことを受けて、議会事務局職員を議員に随行させ、実行委員会本部との連絡調整、用具の運搬管理、本件野球大会の記録その他の補助業務に当たらせるために発せられたものであるから、前記旅行命令に重大かつ明白な瑕疵があったとはいえないので、これに従って旅行をしたDに支給された旅費は不当利得とはならないとし、Dに対する請求を棄却すべきであると判示した。

5　評　釈
（1）リーディングケース
　県議会議員や市議会議員の野球大会に参加する議員や随行職員の旅費を公費で支給することの適法性を争点とする住民訴訟は全国各地で提起され、本判決前に下級審の裁判例はかなり出されていたし、その中には上訴されず確定したものもあった。下級審の裁判例においては、この点の評価が分かれていたこともあり[5]、最高裁がどのような判断を下すかが大いに注目されていた。本判決は、この問題についての初の最高裁判決である。

（2）国会議員の派遣
　国会議員の派遣については、各議院は、議案その他の審査もしくは国政に関する調査のためにまたは議院において必要と認めた場合に、議員を派遣することができることとされ（国会法103条）、衆議院規則では、議員の派遣について、原則として議院の議決を要すること（255条1項）、議会閉会中は議長が決定すること（同条2項）、委員会において、審査または調査のため、委員を派遣しようとするときは、議長の承認を得なければならないこと（55条）が定められている。
　また、参議院規則では、議員を派遣する場合は、議院の議決でこれを決定するが、特に緊急を要する場合または閉会中は、議長において議員の派遣を決定することができること（180条）、委員会は、議長の承認を得て、審査または調査のため委員を派遣することができること（180条の2第1項）、委員

会が、委員を派遣しようとするときは、派遣の目的、委員の氏名、派遣地、期間および費用を記載した要求書を議長に提出しなければならないこと（同条2項）が定められている。

（3）地方議会議員の派遣
① 地方自治法の規定

他方、地方議会議員の派遣については、「議会は、議案の審査又は当該普通地方公共団体の事務に関する調査のためその他議会において必要があると認めるときは、会議規則の定めるところにより、議員を派遣することができる」（地方自治法100条12項［平成20年法律第69号による改正前のもの］。現13項）と定められているが、地方自治法にこの規定が置かれたのは、平成14年法律第4号による改正の際であり、それ以前は明文の規定はなかった。本

（5） 本件野球大会に参加する議員への旅行命令を適法としたものとして、新潟地判平成11・6・10判例自治208号37頁があるが、東京高判平成12・4・26判例自治208号29頁（小高剛・ひろば53巻10号50頁参照）によって取り消されている（最決平成15・1・24判例集不登載は上告棄却、上告不受理）。秋田地判平成12・4・28判タ1061号170頁（確定）は本件野球大会の目的に合理性を認めたものの、その態様、効果およびこれらと目的との関連性等において著しく合理性、必要性を欠き、参加議員への旅行命令を違法としている。福島地判平成12・9・5判タ1061号155頁（確定）、山形地判平成12・10・31判タ1105号151頁（確定）、札幌地判平成12・11・27判例集不登載（確定）も、本件野球大会に参加する議員への旅行命令を違法としている。本件野球大会応援業務および県大阪事務所における行政指導業務を目的として、県総務部長らが出張した際の旅費の支出の適法性が争われた住民訴訟において、大分地判平成12・4・10判例自治227号13頁は適法としたが、その控訴審の福岡高判平成12・10・26判タ1066号240頁（原田一明・法令解説資料総覧239号110頁）は違法とした。この福岡高裁判決の特色として、地方自治法2条14項（「地方公共団体は、その事務を処理するに当たっては…最少の経費で最大の効果を挙げるようにしなければならない」）、地方財政法4条1項（「地方公共団体の経費は、その目的を達成するための必要且つ最少の限度をこえて、これを支出してはならない」）の規定に照らし、出張旅費の支出行為の必要性の判断に当たっては、当該職務行為にとって当該出張が必要最少限度のものであるかという観点からの検討を行っていることにある。上告審の最判平成17・3・10判時1894号3頁（曽和俊文＝小谷真理・判例自治274号29頁、森稔樹・法令解説資料総覧283号111頁、原田一明・法令解説資料総覧293号110頁、加藤就一・平成17年度主要民判解［別冊判タ1215号］268頁参照）も、議員への旅行命令は違法としている。また、三重県、島根県、高知県では、監査委員が本件野球大会への公費による参加は不適当とする判断を示している。なお、大東市市議会議員の近畿市議会議員選抜親善野球大会への派遣は議会の裁量の範囲内としたものとして、大阪地判平成11・11・10判例集不登載、大阪高判平成12・6・27判例集不登載が、千葉県市議会議員野球大会に随行した館山市職員に対する旅行命令は違法としたものとして、千葉地判平成12・9・20判例自治211号32頁がある。

件訴訟を始め、一連の地方議会議員野球大会旅費訴訟が提起されたのは、この改正前であったので、地方自治法にはその適法性を判断するための明文の規定はなかったのである。

② 判　例

しかし、最判昭和63・3・10判時1270号73頁は、地方議会議員の海外視察の事案において、「普通地方公共団体の議会は、当該普通地方公共団体の議決機関として、その機能を適切に果たすために必要な限度で広範な権能を有し、合理的な必要性があるときはその裁量により議員を海外に派遣することもできる」と判示していた。もとより、裁量権の行使に逸脱または濫用があれば違法となり、実際、最判平成9・9・30判時1620号50頁の事案においては、行政視察をするものとしながら、遊興を主たる内容とし、観光に終始する日程であることを承知の上でなされた旅行の議会による決定は違法と判示された。

（4）違法な旅行命令に基づき派遣された議員に係る旅費の不当利得

本判決は、国体に協賛して全国野球大会に議員を参加させ議員相互の交流を図ることの公的性格を全面的に否定しているわけではない。しかし、原判決の事実認定によれば、本件野球大会においては、他の都道府県議会の議員との意見交換や相互交流等の場は設定されておらず、実際にも、そのような意見交換や相互交流等はなされなかったこと、本件野球大会の公式行事として競技施設の視察等は計画されておらず、秋季国体の公開競技の会場予定地である大阪ドームの視察に参加した議員は、本件野球大会に参加した議員の3分の1にも満たなかったこと等に鑑みると、本件野球大会に議員を派遣するために行われた議員に対する旅行命令および議員に随行する議会事務局職員に対して発せられた旅行命令にはいずれも裁量権の逸脱、濫用があり違法であると判断している。

地方自治法203条3項（平成20年法律第69号による改正前のもの。現2項）は、普通地方公共団体の議会の議員は職務を行うために要する費用の弁償を受けることができると定めているが、旅行命令による派遣であっても、当該

旅行命令が違法である以上、本件野球大会に参加した議員は、法律上の原因なくして旅費を利得したとされ、Y3に対する不当利得返還請求が認容されたのである。

(5) 事例判決

本判決は、原判決認定の事実関係を前提とした事例判決であるから、野球大会の前後に他の地方議会議員との交流の会合が設定されていたり、競技施設の視察が旅行日程に盛り込まれていたりした場合に、旅行命令の適法性についての判断が変化する可能性が全く否定されているわけではない。

(6) 付随的業務

前掲最判平成17・3・10においては、議員野球大会に応援業務で出張する職員が県大阪事務所で訓示する用務があったとしても、それが付随的な目的にすぎない場合には、旅行命令の違法性を否定する根拠とはならないとされている。また、前掲山形地判平成12・10・31の事案においては、本件野球大会に派遣された議員は、同大会中に懇談会にも出席したが、同懇談会は、本件野球大会に付随して行われた行事ではなく、山形県議会が独自に主催・企画したものにすぎず、全4日の本件野球大会の日程に対し、同懇談会は2時間弱のものであることから、本件野球大会への出席が主たる目的であるのに対し、同懇談会への出席は従たる目的にすぎないとされ、議員への旅行命令は違法とされた。

したがって、野球大会への参加に付随して他の業務を行ったのみで、本来の目的である野球大会参加への出張命令が適法になるわけではないというのが裁判例の立場であるといえる。

他方、前掲山形地判平成12・10・31は、山形県議会議員が参加した北海道東北野球大会への派遣の公務性も否定したが、同大会は、意見交換会とともに1泊2日の交流大会として開催されたものであるところ、同判決は、意見交換会の公務性は肯定した。そして、派遣先の行事の一部のものについて公務性が肯定され、一部においてこれが否定される場合、公務性が否定される行事が全日程の大半を占めて当該派遣全体において公務性を否定すべき特段

の事情がない限り、当該派遣自体の適法性には影響がなく、派遣に必要な支出のうち、公務性が肯定される行事への参加に必要な限度を超える支出、換言すると一部の公務性が否定される行事への参加がなければ免れたであろう支出のみが違法の評価を受けると判示している。

(7) 職務命令への服従義務

(ア) 重大明白説

本判決は、議員に随行した議会事務局職員Dに対して発せられた旅行命令も、同様に裁量権の逸脱、濫用により違法と判示した。議員に対する旅行命令が違法である以上、議員に随行する職員の旅行も同様の瑕疵を帯びるといわざるを得ないと解されたのであろう。ところが、本判決は、1審判決、原判決と異なり、Dに対する不当利得返還請求を否定した。その理由は、Dは旅行命令を発した上司（代決を行ったB）の職務命令に重大明白な瑕疵がない限り従わなければならず[6]、Dに対する旅行命令は、議会において本件野球大会に議員を派遣することが決定されたことを受けて、随行職員として派遣するためのものであり、重大明白な瑕疵があったとはいえないから、Dは旅行命令に従わざるを得なかったのであり、法律上の原因なくして旅費を利得したとはいえないと解されたからである。

(イ) 議員と議会事務局職員の差異

本判決が旅行命令を違法としながら重大明白な瑕疵を否定したのは、本件野球大会が、昭和24年以降、国体に協賛する趣旨で毎年開催され、昭和62年には全都道府県議会が参加するようになったという経緯に鑑みれば、Y2の発した旅行命令の瑕疵は重大とまではいい難く、また、少なくとも当時においては、明白とはいえなかったと判断されたのではないかと思われる。職務命令に従って出張した職員は、当該命令に重大明白な瑕疵がない限り、不当利得を得たことにはならないことを示した点にも本判決の意義がある[7]。

---

[6] 職務命令への服従義務が免除される場合については重大明白説以外の説もある。宇賀・前掲注（2）429頁以下参照。

違法な職務命令に従った点では共通するにもかかわらず、議員Cは旅費を不当利得したとされ、事務局職員Dの不当利得が否定されたのは、一見すると矛盾するが、両者の職務命令の性質には差異があると解されたものと推測される。すなわち、議長は、議場の秩序を保持し、議事を整理し、議会の事務を統理し、議会を代表する権限（地方自治法104条）、事務局長、書記長、書記その他の職員の任免権（同法138条5項）、事務局長および書記長に対する指揮監督権（同条7項）を有するが、議員の上司ではないので、議員に対する指揮監督権まで有するわけではなく、Cに対する議長の職務命令は、議会の代表者として議会の意思決定に代替させる趣旨で行われたものであって（議長が議会の事務の統理権に基づき議員を派遣する裁量を有するとしたものとして、大阪地判平成9・7・17判例自治173号51頁参照）、参加の要請ないし承認の趣旨で行われたと解される。

したがって、Cはこれに従う義務は負わないため[8]、法的には、Cは参加を拒否することも可能であったにもかかわらず、任意に参加したことになり、議員としての職務とは認められない以上、不当利得返還義務を負うと解さざるを得なかったのであろう。これに対し、Dの場合、上司の指揮を受けて、議会に関する事務に従事する立場にあり（同項）、BはDの上司であり、Dは一般職の職員として（地方公務員法3条2項・3項）、上司の職務上の命令に忠実に従わなければならないので（同法32条）、Bの発した旅行命令に重大明白な瑕疵が認められない以上、法的義務を履行したDが旅費を不当利得したと解することは法的整合性を欠くと解したものと思われる。

---

(7) 前掲最判平成17・3・10は、本件野球大会の応援等のために出張した職員に対する職務命令に重大明白な瑕疵がなかったとするとともに、知事に指揮監督上の故意過失がなかったことも認定している。また、職務命令に重大明白な瑕疵がなくても、職務命令を受けた職員が当該命令が違法であることを認識していたなどの特段の事情がある場合には、旅費を受領したことが不法行為になる可能性を肯定している。木村・前掲注（1）854頁以下は、出張した職員の主観的側面を不当利得の有無の判断で重視すべきとしている。
(8) 福井・前掲注（1）最高裁判所判例解説民事篇（平成15年度）16頁参照。

（8）「当該職員」

　地方自治法242条の2第1項4号の規定に基づき、損害賠償責任を負う「当該職員」について、最判昭和62・4・10民集41巻3号239頁は、当該訴訟で適法性が争われている財務会計上の行為を行う権限を法令上本来的に有するとされている者およびその者から権限の委任を受けるなどして当該権限を有するに至った者をいうとし、かかる権限を有する地位ないし職にあるとは認められない者を「当該職員」であるとして提起された代位請求住民訴訟は不適法と判示している（本件野球大会に派遣する議員への旅行命令を発した山形県議会議長が「当該職員」に該当しないとしたものとして、前掲山形地判平成12・10・31参照）。

　議会に係る予算を含めて、予算執行権限を法令上本来的に有する者は長であるが（地方自治法149条2号）、長から専決権限を付与された者も「当該職員」に該当する（最判平成3・12・20民集45巻9号1455頁）。当時の徳島県事務決裁規程において、議会に係る旅費の支出負担行為および支出命令の専決権限は、議会事務局の総務課長に付与されており、議会事務局長には付与されていなかったので、本判決は、Aは「当該職員」に該当せず、Aを「当該職員」として提起された訴訟は不適法と判示した。

（9）先行する原因行為の違法事由

①　一日校長事件最高裁判決

　Bは「当該職員」に該当するが、本判決は、地方自治法242条の2第1項4号に基づき当該職員に損害賠償責任を問うことができるのは、先行する原因行為に違法事由がある場合であっても、上記原因行為を前提にしてされた当該職員の行為自体が財務会計法規上の義務に違反する違法なものであるときに限られるという一日校長事件最高裁判決の判例法理を本件にも適用している（これと対照的に、前掲福島地判平成12・9・5は、支出権限を有する職員に財務会計法規上の義務違反が認められるか否かにかかわらず、旅行命令が違法である以上、旅費支出に係る財務会計行為は客観的に違法であり無効と判示している）。

一日校長事件最高裁判決の事案においては、教育委員会の人事権の行使に基づく知事による退職手当の支出決定の適法性が争点となったが、地方教育行政の組織及び運営に関する法律において、地方公共団体の区域内における教育行政については、原則として、地方公共団体の長から独立した教育委員会の固有の権限とし（23条、24条参照）、教育の政治的中立と教育行政の安定の確保を図ることとしていることに照らすと、教育機関の職員の人事に関する処分については、地方公共団体の長には指揮監督権はなく、したがって、当該処分が著しく合理性を欠き、予算執行の適正確保の見地から看過し得ない瑕疵の存する場合でない限り、当該処分を尊重しその内容に応じた財務会計上の措置を講ずる義務があるから、教育委員会による人事権の行使に前記のような瑕疵がない場合には、知事がそれに従い予算執行を行うことは違法とはいえないと判示された。すなわち、そこにおいては、執行機関の多元主義[9]の制度ゆえに、長による行政委員会の固有の権限への介入が認められていないことが論拠とされている。

② 首長制（二元的代表制）

　これに対し、本件の場合には、首長制（二元的代表制）の下で、長は、議会を指揮監督し、議会の自律的行為を是正する権限を有していないことが論拠とされている（なお、議会の議決に基づく公金の支出であるからといって、住民訴訟で争えないわけではないことは、最大判昭和37・3・7民集16巻3号445頁以来、判例法上、確立している）。長の行政委員会に対する関係と長の議会に対する関係は同一ではなく、一方において、長は、行政委員会に対して一定の調整権を有するし[10]、また、議会に対して拒否権、不信任決議を受けたときの解散権等を有する[11]。しかし、長は、教育機関の人事に介入できないのと同様、議会の議員・職員の派遣決定に介入できないので、一日校長事件最高裁判決が示した非財務会計行為の違法性と財務会計行為の違

（9）　宇賀克也・地方自治法概説（第6版）（有斐閣、2015年）267頁参照。
（10）　宇賀・前掲注（2）66頁参照。
（11）　宇賀・前掲注（9）262頁以下、283頁以下参照。

法性の関係に関する判例法理を本件にも適用し得るとされたものと思われる。

③　予算執行の適正確保の見地から看過し得ない瑕疵

本判決に従っても、議会の決定に予算執行の適正確保の見地から看過し得ない瑕疵がある場合には、長は、予算執行をすべきでないことになる。館山市議会議員の参加する千葉県市議会議員野球大会に随行する議会事務局職員に旅費を支給したことが違法であるとして提起された住民訴訟において、前掲千葉地判平成12・9・20は、地方公共団体の長または専決により財務会計行為を行う権限を有する者は、議会の議長の権限行使については基本的にその裁量を尊重しなければならないが、議長のなした処分あるいは命令に予算執行の適正確保の見地から看過し得ない瑕疵の存する場合には、もはや当該処分あるいは命令に応じた財務会計上の措置をとることは許されず、これを阻止すべき義務を負い、かかる義務に違反して公金の支出がなされた場合には、当該公金の支出は違法となるとし、議長の旅行命令には予算執行の適正確保の見地から看過し難い瑕疵が存すると判示している。

この判決も、本判決と同じく、議会事務局職員に対する旅行命令に従った予算執行を長またはその専決を受けた者が拒否し得るのは、当該命令に予算執行の適正確保の見地から看過し難い瑕疵がある場合に限られるとしながら、かかる瑕疵の存否について結論が分かれた一因は、千葉県市議会議員野球大会に参加した館山市議会議員には旅行命令は発せられていなかったことにあると思われる。議員に旅行命令が出されていないのに、議員に随行する職員に旅行命令を出すことは著しく合理性を欠くことを予算執行職員として認識すべきであったということであろう（ただし、前掲千葉地判平成12・9・20は、専決を行った職員に対する長の指揮監督義務違反は否定している。なお、議員の私費による出張への随行職員の公費出張が適法とされた例もある。神戸地判平成13・9・12判例自治228号16頁参照）。

④　先行行為を間接的に是正する可能性がある場合

本判決後、前掲最判平成17・3・10は、本件野球大会の応援および県大阪

事務所における訓示のために知事部局の職員（総務部長、総務部財政課主幹兼総務係長）に旅行命令が出され、総務部財政課主幹兼総務係長が支出命令を専決した事案において、支出命令につき専決を任された総務部財政課主幹等の地位にあった者は、当該旅行命令を是正する権限を有していなかったので、当該旅行命令が著しく合理性を欠き、予算執行の適正確保の見地から看過できない瑕疵が存しない限り、その内容に応じた財務会計上の措置を講ずる義務があり、当該事案においては、かかる瑕疵があったとはいえないから、当該支出命令は違法でないと判示している。この事案においては、旅行命令、支出命令いずれについても、本来の権限を有するのは知事であり、専決権限の所在は異なっていたと推測されるが、支出命令の専決者が旅行命令を是正する権限を有しないとはいえ、支出命令の専決者が旅行命令に疑問を抱けば、それを知事に伝え、知事の指揮監督権の行使により旅行命令を是正することが可能と考えられる。

　したがって、前掲最判平成17・3・10によれば、先行する非財務会計行為を知事の指揮監督権行使を通じて間接的に是正する可能性があっても、財務会計行為の専決者が直接是正する権限を有しない場合には、予算執行の適正確保の見地から看過し得ない瑕疵が存する場合を除き、先行行為に従った財務会計上の措置を講ずる義務があることになり、一日校長事件最高裁判決の法理の適用範囲を大幅に拡張するものといえるように思われる。個人的に責任を問われる立場にある予算執行職員の責任を限定し過度の負担を負わせないようにするという観点からは肯定的に理解することもできるかもしれないが、予算執行職員の責任は故意または重過失がある場合に限られるので、間接的是正が可能な場合にも義務違反を認めるべきという考えもあり得るであろう[12]。

(10) 旅行命令を代決した者と支出負担行為および支出命令を行った者が一致する場合

　本判決は、Bが議員Cの旅行命令に係る支出負担行為および支出命令をしたことが財務会計上の義務に違反してされた違法なものということはでき

ないとしており、Cの旅行命令に係るBの損害賠償責任を否定する結論を導くには、これのみで十分である。他方、Dの旅行命令に係る支出負担行為および支出命令の適法性について、本判決は明示的な判断を示していない。Dに対する旅行命令を代決したのはBであり、支出負担行為および支出命令を行ったのもBであるから、Dの旅行命令に係る支出負担行為および支出命令の適法性を肯定することは困難なようにも思われるが、旅行命令を発したのは議会事務局職員としてであり、支出負担行為および支出命令を行ったのは長の補助職員としてであり、この点をいかに考えるかという問題がある。そのため、Dの旅行命令に係る支出負担行為および支出命令の適法性についての明示的な判断を避けたのかもしれない。しかし、本判決は、Bに故意または重過失が存在しなかったことも認定している。したがって、Dの旅行命令に係る支出負担行為および支出命令の適法性如何にかかわらず、この財務会計行為についてのBの損害賠償責任も否定されることになる。

(11) 予算執行の適正確保の見地から看過し得ない瑕疵の存在と故意・重過失の関係

本件のように、予算執行職員による支出負担行為・支出命令が先行する非財務会計行為に予算執行の適正確保の見地から看過し得ない瑕疵があるときのみ違法とされる場合において、かかる瑕疵が肯定されながら故意または重過失が否定される場合があり得るのかは定かではない。先行行為に単に違法

---

(12) 都市計画事業認可等の違法性の有無は、予算執行職員が当然に判断すべき事柄ではないが、先行行為に重大明白な瑕疵があり無効であることが予算執行職員でも容易に判断し得る場合や先行行為が違法として取り消されている場合には、後行行為である公金支出が違法性を帯びることがあるとするものとして、東京高判平成13・11・20判時1786号46頁参照。議長の旅行命令に予算執行の適正確保の見地から看過し難い瑕疵がない限り、予算執行職員は財務会計行為に責任を負わないとすると、旅行命令を出した議長の損害賠償責任を「怠る事実に係る相手方」として追及することが考えられる。それを認めたのが前掲山形地判平成12・10・31である。これを肯定するものとして、寺田・前掲注（1）108頁、西鳥羽和明「地方議会の議員派遣裁量（下）」自治研究81巻7号76頁参照。これに対し、合議体の決定機関における決定権者の責任は通常の行政組織の場合と同一視できないし、前掲最判昭和62・4・10が財務会計行為の主体の範囲を限定した趣旨からしても、議長が派遣を強要したり、議長自身が派遣された等の事情が存在しない限り、財務会計上の権限を有しない議長への請求を認めるのは困難とする見解もある。木村・前掲注（1）850頁参照。

性があるのみならず、予算執行の適正確保の見地から看過し得ない瑕疵がある場合とは、相当に重大な違法性がある場合といえるから、予算執行職員がそれを看過した場合、過失が認められることが多いと思われるし、重過失が認められることも少なくないのではないかと思われる。実際、前掲秋田地判平成12・4・28は、議員への旅行命令が違法なことから直ちに旅費の支給を違法とした上で、予算執行職員の故意・重過失を否定しているが、そこで故意・重過失を否定する根拠として挙げられた事由は、本判決が予算執行の適正確保の見地から看過し得ない瑕疵を否定する根拠とした事由とほぼ重なり合っているようにみえる[13]。

---

(13) 本件訴訟が契機となり、平成11年に全国都道府県議会議員軟式野球大会は中止されることになったが、平成17年から私費で再開されることになった。地方議会議員の派遣に関する裁量については、西鳥羽和明「地方議会の議員派遣裁量（上）（中）（下）」自治研究81巻2号28頁、81巻3号28頁、81巻7号57頁が類型別に詳細な検討をしている。

第3章

国家賠償

違法性

取消訴訟の排他的管轄

第1節　違法性（更正処分の違法と国家賠償）

1　事案の概要

　本節では、増額更正処分を違法とする取消判決が確定した後に、当該処分の名あて人が提起した国家賠償請求訴訟における違法性について判示した最判平成5・3・11民集47巻4号2863頁[1]（以下「本判決」という）について取り上げる。事案の概要は、以下の通りである。

　Xの昭和46年分ないし昭和48年分の各事業所得につき、奈良税務署長が増額更正処分を行ったが、これに不服なXは、税務署長への異議申立てを行い、一部認容の決定が出された。次いで、Xは国税不服審判所長への審査請求を行い、一部認容の裁決が出された。Xはなお不服があるとして、更正処分取消訴訟を提起したところ、奈良地判昭和57・3・29税務訴訟資料122号733頁は、請求を棄却した。しかし、控訴審の大阪高判昭和58・6・29税務訴訟資料130号878頁は、本件各更正処分の一部は違法であるとして、請求の一部を認容し、この判決は確定した。

　その後、Xは、違法な更正処分がなされるに至ったのは、奈良税務署長が本件各更正処分をするに当たり、Xの帳簿書類を一切調査せず、また、必要最低限度の反面調査もせず、合理的な推計手段を講じなかったからであり、また、本件各更正処分は、奈良税務署長による奈良民主商工会に対する攻撃、弾圧の一環としてなされたものであると主張して、慰謝料、得意先喪失によ

（1）　山田二郎・租税法研究22号183頁、同・ジュリ1050号190頁、小早川光郎「課税処分と国家賠償」藤田宙靖博士東北大学退職記念『行政法の思考様式』（青林書院、2008年）428頁以下、稲葉馨「国家賠償法上の違法性について」法学（東北大学）73巻6号45頁以下、三木義一・民商109巻6号150頁、北村和夫・行政判例百選Ⅱ（第6版）466頁、山本隆司・判例で探究する行政法（有斐閣、2012年）534頁、井上繁規・ジュリ1040号78頁、同・最高裁判所判例解説民事篇（平成5年度）368頁、同・最高裁時の判例1　公法編（ジュリ増刊）189頁、中村和博・訟月40巻2号28頁参照。

る営業損害、弁護士費用、訴訟遂行のための打合せ等の諸経費の賠償を国家賠償法1条1項に基づき請求する訴訟を提起した。

2　1審判決

　1審の奈良地判昭和61・7・30民集47巻4号2962頁は、税務調査に第三者を立ち会わせるか否かは調査担当者の裁量に委ねられており、国税調査官らがX方に調査に訪れたつど、民主商工会事務局員の立会いを拒否したとしても、これを違法視することはできず、また、税務調査の際、立会いをした第三者に税務職員が退去を求めるに当たり、立会いを拒否させる根拠を告知すべき旨を定めた実定法上の根拠はないから、退去を求める根拠を告げなかったことも違法でないとする。そして、民主商工会事務局員の立会いを拒否したにもかかわらず、同事務局員が退去しなかったため、それ以上、X方における調査を進めないで反面調査を行い、その結果に基づいて推計課税を行ったとしても、推計の必要性を欠くとはいえないし、Xに対する民主商工会からの脱退工作に失敗したために懲罰的になした職権濫用による更正処分とはいえないとして、国家賠償請求を棄却した。

3　控訴審判決

　これに対し、Xが控訴したところ、大阪高判平成元・3・28民集47巻4号2976頁（以下「原判決」という）[2]は、昭和48年分において、売上原価、消耗品費、給料賃金の項において売上の2倍の増加に基づき更正処分をしたにもかかわらず、必要経費については申告額をそのまま採用したことによって各費目の過少認定となり、それが所得の過大認定に反映した部分は違法であり、奈良税務署長の過失があったとして、慰謝料ならびに弁護士費用および諸費用の一部の請求を認容した。

　（2）　岩崎政明・判評386（判時1373）号27頁、田中清・平成元年行政関係判例解説168頁、一杉直・訟月35巻9号40頁参照。

4　最高裁判決

（1）職務行為基準説

そこで国が上告したところ、本判決は、原判決を破棄自判した。すなわち、本判決は、税務署長のする所得税の更正は、所得金額を過大に認定していたとしても、そのことから直ちに国家賠償法1条1項にいう違法があったとの評価を受けるものではなく、税務署長が資料を収集し、これに基づき課税要件事実を認定、判断する上において、職務上通常尽くすべき注意義務を尽くすことなく漫然と更正をしたと認め得るような事情がある場合に限り、違法の評価を受けると判示した。

（2）申告納税制度

そして、所得税法は、納税義務者が自ら納付すべき所得税の課税標準および税額を計算し、自己の納税義務の具体的内容を確認した上、その結果を申告して、これを納税するという申告納税制度を採用し、納税義務者に課税標準である所得金額の基礎を正確に申告することを義務付けており（所得税法120条参照）、本件のような事業所得についていえば、納税義務者はその収入金額および必要経費を正確に申告することが義務付けられており、それらの具体的内容は、納税義務者自身の最もよく知るところであることを指摘する。

（3）必要経費に係る資料

しかも、納税義務者において売上原価その他の必要経費に係る資料を整えておくことはさして困難ではなく、資料等によって必要経費を明らかにすることも容易であり、かつ、必要経費は所得算定の上での減算要素であって納税義務者に有利な課税要件事実であることに照らせば、税務署長がその把握した収入金額に基づき更正をしようとする場合、客観的資料等により申告書記載の必要経費の金額を上回る金額を具体的に把握し得るなどの特段の事情がなく、また、納税義務者において税務署長の行う調査に協力せず、資料等によって申告書記載の必要経費が過少であることを明らかにしない以上、申告書記載の金額を採用して必要経費を認定することは何ら違法ではないと判示している。

第1節　違法性（更正処分の違法と国家賠償）

（4）必要経費の過少記載

以上の一般論を本件に当てはめると、Xは、本件係争各年分の所得税の申告をするに当たり、必要経費につき真実より過少の金額を記載して申告書を提出し、さらに、本件各更正に先立ち、税務職員から申告書記載の金額を超える収入の存在が発覚していることを告知されて調査に協力するよう説得され、必要経費の金額について積極的に主張する機会が与えられたにもかかわらず、これをしなかったので、奈良税務署長は、申告書記載通りの必要経費の金額によって、本件各更正に係る所得金額を算定したのであるから、本件各更正における所得金額の過大認定は、専らXにおいて本件係争各年分の申告書に必要経費を過少に記載し、本件各更正に至るまでこれを訂正しようとしなかったことに起因するものということができ、奈良税務署長がその職務上通常尽くすべき注意義務を尽くすことなく漫然と更正をした事情は認められないから、昭和48年分更正も含めて本件各更正に国家賠償法1条1項にいう違法があったということは到底できないと述べている。

5　評　釈

（1）国家賠償法1条1項の違法性

① 　違法性同一説と違法性相対説

国家賠償法1条1項の違法性については、それが取消訴訟における違法と同一であるとする違法性同一説と、両者は異なるとする違法性相対説がある。

② 　違法性相対説

（ア）結果不法説

違法性相対説の中には、結果不法説、相関関係説、職務行為基準説がある。結果不法説は、論理必然的に国家賠償法1条1項の違法性を取消訴訟の違法性より拡大するものとはいえないが、実際には、取消訴訟における違法性は否定されても、重大な被害が生じている場合には、被害者救済の観点から国家賠償法1条1項の違法性を認めることにより、被害者救済を拡張しようとする立場から主張されるのが一般的であるといえる。

(イ) 相関関係説

相関関係説の中にも、そのような立場から主張されるものがある(3)。

(ウ) 職務行為基準説

これに対し、職務行為基準説(4)には被害者救済のために国家賠償法1条1項の違法性を取消訴訟の違法性よりも拡張しようとする意図はなく、同説は、むしろ、取消訴訟において違法であっても、国家賠償請求訴訟において当然に違法とはいえないとして、国家賠償法1条1項の違法性を取消訴訟の違法性よりも狭く解するのが一般的であるといえる。そのため、結果不法説、相関関係説による違法性相対説が国家賠償請求訴訟の原告により主張される傾向があるのに対し、職務行為基準説は被告により主張される傾向があるといえる。職務行為基準説は、職務上尽くすべき注意義務を尽くすことなく漫然と行動した場合に、国家賠償法1条1項の違法性が認められるとするものであるので、行為不法説に位置付けられる。

(エ) 類型を分けて論ずる必要性

このように一口に違法性相対説といっても、その内容も意図もまったく異なるものが含まれているので、違法性相対説について論ずる場合には、これらの類型を分けて論ずる必要がある。

（２）課税処分に係る国家賠償についての過去の裁判例

① 違法性同一説

課税処分については、従前は、課税処分の実体的・手続的要件を欠く場合、国家賠償法1条1項の違法が認められ、故意過失の要件の充足の有無を別途判断する違法性同一説が一般的であった（大阪地判昭和35・12・19訟月7巻2号447頁、高松地判昭和36・4・27訟月7巻6号1220頁、東京地判昭和39・3・11訟月10巻4号620頁、長野地判昭和40・2・16訟月11巻5号734頁、大阪地判昭和40・11・30訟月12巻3号367頁、津地判昭和43・3・21訟月14巻7号

---

(3) 最判昭和53・5・26民集32巻3号689頁についての武田真一郎「国家賠償における違法性と過失について」成蹊法学64号30頁の解説参照。
(4) 宇賀克也「職務行為基準説の検討」行政法研究1号7頁以下参照。

753頁、東京地判昭和50・5・29訟月21巻7号1542頁、福岡地判昭和55・2・28訟月26巻4号606頁等を参照)。

② 違法性相対説
(ア) 減額更正がされた例

他方、昭和60年代になると、課税処分についても、違法性相対説を採っているとみられる裁判例が見受けられる。松山地判昭和60・3・27税務訴訟資料144号924頁(高松高判昭和60・7・31税務訴訟資料146号454頁は、同じ理由で控訴を棄却している)は、「本件処分は、後に本件再更正によって税の減額がなされたところなどから見て、右再更正のときまでは、法の定めるところに比して過大な税額を含むものであった見込みが大きい、とはいうことができる。けれども、この点も、再更正前後の税額の相違の程度、再更正のなされた時期等から見て、何か特別な事情の認められない限り、国家賠償の前提としての違法性を肯定する根拠とはなし得ないものというべきである」と述べており、両者の違法性を別異に解しているようにみえる。他方、同判決は、取消訴訟で原告敗訴判決が確定したとしても、当該処分の中に国家賠償法上違法とされる要素が含まれないということではないとも述べているので、同判決は、国家賠償法上の違法は取消訴訟における違法より広い場合もあれば、狭い場合もあるという考えのようであり、職務行為基準説を採ったものとはいえないと考えられる。

(イ) 申告書が提出されないため決定が行われた例

名古屋地判昭和61・2・26税務訴訟資料150号334頁の事案においては、課税処分の一部を違法として取り消した判決が確定したため、当該取消部分について、原告が故意過失の存在を主張し、被告も職務行為基準説を主張せず、違法性同一説に立ち、当該部分が国家賠償法上違法であることを前提として、故意過失の存在を争っていたところ、同判決は、「税務署長は、納税申告書を提出する義務があると認められる者が当該申告書を提出しなかった場合には、その調査により、また、国税庁又は国税局の職員の調査があつたときはその調査したところに基づき、当該申告書に係る課税標準等及び税額等を決

定する（国税通則法25条、27条）のであつて、右決定は、その時点において根拠となる調査が相当であり、かつ、これに基づく判断に客観的な合理性が認められるかぎり、国家賠償法１条の『違法』な公権力の行使に当らないと解するのが相当である」と判示した（名古屋高判昭和61・11・26税務訴訟資料154号686頁も、同様の理由で控訴を棄却した）。前掲名古屋地判昭和61・2・26は、職務上尽くすべき注意を怠って漫然と処分を行うことが国家賠償法１条１項の違法であるという職務行為基準説の公式を明示しておらず、これが職務行為基準説によるものか否か定かではない。同判決は、「納税申告書を提出する義務があると認められる者が当該申告書を提出しなかつた場合」に射程を限定しているものと思われる。

(ウ) 太平洋テレビ国家賠償請求事件

本判決以前に課税処分について違法性相対説を明確に採ったのが、東京地判昭和62・12・14判時1260号69頁（太平洋テレビ国家賠償請求事件）である。同判決は、「課税処分は、公権力により税負担を課す等国民の財産権に関わるものであるから、課税処分を行う税務職員は、その職務上、その時点においては、課税処分につきその処分要件を充足することが確実と認められる程度の心証を有することを要するものと解するのが相当である。したがって、課税処分の違法性の判断は、これを行う税務職員がその行為時に右の程度の心証につき合理的な根拠、すなわちこれを担保するに足りる資料を有していたか否かにより決すべきものと解するのが相当である」と判示している。

同判決は、課税処分を行うためには、処分要件を充足することが確実と認められる程度の心証を有することが必要としているが、実際には、処分要件を充足しておらず、当該課税処分が取り消されるべきものであったとしても、処分当時、合理的な根拠に基づき、かかる心証を抱いたのであれば、国家賠償法上は違法としないという立場をとっている。これまでは、たとえ、処分要件を充足することが確実と認められる程度の心証を抱いて課税処分をしたとしても、当該課税要件を充足していないことが判明した以上、当該課税処分は国家賠償法上も違法であり、ただ、かかる心証を抱いたことにつき、処

第1節　違法性（更正処分の違法と国家賠償）

分当時において合理的根拠があった場合には過失を否定するのが裁判例の一般的立場であったから、太平洋テレビ国家賠償請求事件1審判決は、注目されるものであった。

（3）権限規範と行為規範

奈良民商事件における本判決は職務行為基準説を採ったものと解されることが少なくない（これに対しては有力な異論がある[5]）。職務行為基準説の理論的根拠について、判例自身により明確に語られることはなかったように思われる。

学説上は、取消訴訟においては行政庁の権限規範が問題になるのに対し、国家賠償請求訴訟においては公務員の行為規範が問題になることが挙げられている[6]。貴重な指摘であるし、確かに、国家賠償法1条1項の立法者意思としては、公務員の不法行為責任を国または公共団体が代位するという代位責任の考え方が有力であったということはいえると思われる。しかし、立法者の間でも、この点についてコンセンサスが形成されていたわけでは必ずしもないし[7]、ドイツの職務責任と異なり、「公務員に代わって（an Stelle des Beamten）」という文言が用いられたわけではないから、文理解釈としても、代位責任以外の解釈の余地がないわけではない。実際、学説[8]においても、裁判例[9]においても、自己責任説を採るものがある。過失の認定についても、組織的過失[10]の認定が一般化しており、代位責任構成は実態

---

(5) 阿部泰隆・行政法解釈学Ⅱ（有斐閣、2009年）499頁参照。山本・前掲注（1）537頁も参照。

(6) 神橋一彦「違法な法令の執行行為に対する国家賠償請求訴訟について―行政救済法における『違法』性に関する予備的考察をかねて」立教法学75号67頁以下、同「行政救済法における違法性」磯辺力＝小早川光郎＝芝池義一編・行政法の新構想Ⅲ（有斐閣、2008年）242頁以下参照。

(7) 田中二郎「戦後立法の一齣―国家賠償法の立案をめぐって」日本の司法と行政（有斐閣、1982年）157頁においては、代位責任であることを明確化する規定を置かず、この点は学説に委ねることとしたと述べられている。国家賠償法案作成過程の議論については、宇賀克也編・国家賠償法〔昭和22年（日本立法資料全集）〕（信山社、2015年）参照。

(8) たとえば、今村成和・国家補償法（有斐閣、1957年）94頁参照。

(9) 東京地判昭和39・6・19下民15巻6号1438頁、東京地判昭和45・1・28下民21巻1＝2号32頁、岡山地津山支判昭和48・4・24判時757号100頁、札幌高判昭和53・5・24高民31巻2号231頁参照。

にそぐわないことが多くなっている(11)。また、職務行為基準説に対しては、国家賠償法1条1項について公務員個人の責任が否定されていると一般に解されている法制の下で個人責任に拘泥しすぎており、国家賠償法は、むしろ組織体ないし全体としての行政の活動の結果被害が生じたととらえ、いかなる場合にそれを国・公共団体の負担とすべきかという観点から要件を構成すべきではないかという疑問も提起されている(12)。代位責任構成が元来フィクションを含んでおり、そのことが様々な解釈論上の問題を生じさせている可能性についてはかねてより主張されており(13)、立法論として、自己責任説をとるべきと思われるが(14)、解釈論としても、代位責任構成の問題点を克服する努力が必要と考えられる(15)。したがって、そもそも、代位責任説を前提として、行政庁の権限規範と公務員の行為規範を国家賠償法の文脈で区別することが妥当なのか自体、検証されるべきと思われる。

また、両者を区別するとしても、すでに指摘されているように、公務員は一般に適法な活動を行う職務義務を負うと解されるので(16)、行政庁の権限規範と公務員の行為規範は通常は一致することになるのではないか、個々の公務員においては例外的に両者が一致しない場合であっても、国家賠償責任を追及する場面においては、両者が一致する公務員の行為を追及すれば、結

---

(10) 詳しくは、武田真一郎「国家賠償における組織的過失について」愛知大学法学部法経論集159号45頁以下参照。

(11) 阿部・前掲注(5)450頁参照。ドイツにおいても、同様の事情にあることについては、宇賀克也・国家責任法の分析(有斐閣、1988年)438頁参照。また、ドイツにおいては、現行法上も、自己責任説に立脚する収用類似の侵害に基づく補償、犠牲類似の侵害に基づく補償が判例法として認められており、ドイツの現行法制が代位責任制度のみでないことについては、宇賀克也「各国の国家補償法の歴史的展開と動向—ドイツ」西村宏一＝幾代通＝園部逸夫編『国家補償法大系1』(日本評論社、1987年)60頁参照。

(12) 高木光「国家賠償における『行為規範』と『行為不法論』―パトカー追跡事故判決再考」石田喜久夫＝西原道雄＝高木多喜男先生還暦記念論文集中巻『損害賠償法の課題と展望』(日本評論社、1990年)159頁参照。

(13) 塩野宏・行政法Ⅱ［第5版補訂版］(有斐閣、2013年)301頁、神橋一彦「『職務行為基準説』に関する理論的考察」立教法学80号38頁以下参照。

(14) 宇賀克也・国家補償法(有斐閣、1997年)24頁参照。

(15) 塩野・前掲注(13)301頁参照。

局、行政庁の権限規範と公務員の行為規範は一致するといえるのではないか⁽¹⁷⁾とも考えられる。このようにみてくると、国家賠償法1条1項が公務員の不法行為について規定しているという前提に立ち、それを根拠として職務行為基準説を導くには、なお説明が必要なように思われる。

(4) 職務行為基準説の実益

さらに、理論的な面を離れて、職務行為基準説を採用することの実益については、判例は何も語っていないように思われる。唯一考えられるのは、違法性同一説の下での過失を含めた行為規範に違反していない場合に違法という評価をしないことにより、公務員を萎縮させず、公務の執行への支障を避けるということであろうか。しかし、この点についても、国家賠償法1条1項における過失を組織的過失ととらえ、公務員個人の責任が求償というかたちで問題になる同条2項とは異質のものであるという理解を浸透させれば、職務行為基準説のように違法性を限定しなくても、大きな弊害は生じないように思われる⁽¹⁸⁾。

---

(16) 西埜章「国家賠償法における違法性の総合的研究」明治大学社会科学研究所紀要49巻2号338頁、同「職務行為基準説の批判的検討」明治大学法科大学院開設記念論文集『暁の鐘ふたたび』(明治大学法科大学院、2005年) 183頁、稲葉・前掲注 (2) 42頁、武田・前掲注 (3) 31頁、宮田三郎・国家責任法 (信山社、2000年) 64頁参照。阿部・前掲注 (5) 500頁も同旨と思われる。

(17) 稲葉・前掲注 (2) 43頁参照。神橋・前掲注 (13) 25頁は、決定プロセスを分節化してそのそれぞれにおいて公務員の職務行為基準を想定し、それを前提に国家賠償法上の違法を論ずることはあり得るとするものの、決定プロセスについて恣意的な分節化や決定段階相互間での責任のキャッチボールがなされるとすれば、それが望ましくないことはいうまでもないと述べており、重要な指摘と思われる。

(18) 当該公務員個人に非があったか否かを明らかにするのが国家賠償法1条1項の目的でないことを訴訟当事者、裁判所が確認していれば、職務行為基準説を採らなくても、職務遂行への支障という弊害は生じないと指摘するものとして、高木・前掲注 (12) 159頁参照。

第2節　取消訴訟の排他的管轄（課税処分と国家賠償）

1　事案の概要

（1）減額更正と還付

本節では、固定資産税および都市計画税（以下、両者を併せて「固定資産税等」という）の課税処分に不服を有する者が、地方税法432条1項本文の規定に基づく審査の申出、同法434条1項の規定に基づく取消訴訟を提起することなく、当該課税処分により被った損害の賠償を求める国家賠償請求を行うことが許されるのかについて、正面から判示した最判平成22・6・3民集64巻4号1010頁[1]（以下「本判決」という）を取り上げる。

Xは倉庫業を営む法人であり、本件倉庫に係る固定資産税等について、名

（1）　阿部泰隆・判例自治339号29頁、碓井光明「違法な課税処分による納付税額の回復方法」金子宏編・租税法の発展（有斐閣、2010年）542頁、山村恒年・判例自治337号103頁、人見剛・速報判例解説（法セ増刊）8号81頁、佐藤竜一・速報判例解説（法セ増刊）8号269頁、村上裕章・判評626（判時2102）号171頁、中川丈久・租税判例百選（第5版）222頁、高木光「公定力と国家賠償請求」水野武夫先生古稀記念論文集『行政と国民の権利』（法律文化社、2011年）3頁、北村和生・民商143巻3号342頁、同「金銭の給付や徴収に関する行政処分と国家賠償請求－最高裁平成22年判決を踏まえて」水野武夫先生古稀記念論文集『行政と国民の権利』（法律文化社、2011年）20頁、岡本博志・北九州大学法政論集38巻4号111頁、山本隆司・判例で探究する行政法（有斐閣、2012年）170頁、櫻井敬子・自治実務セミナー51巻9号4頁、仲野武志・平成22年度重判解（ジュリ臨増1420号）56頁、友岡史仁・法セ55巻12号121頁、田中孝男・行政判例百選Ⅱ（第6版）494頁、前川勤・東北法学37号133頁、渕圭吾・法協130巻1号267頁、岡田幸人・ジュリ1437号80頁、同・曹時64巻9号230頁、同・最高裁判所判例解説民事篇（平成22年度）〔上〕〔1月〜6月分〕354頁、同・最高裁　時の判例〔平成21年〜平成23年〕〔7〕〔ジュリ増刊〕84頁、金子順一・平成22年度主要民判解（別冊判タ32号）116頁、中山代志子・NBL932号10頁、高橋祐介・名古屋大学法政論集247号204頁、氏家裕順・法学志林〔法政大学〕110巻1号175頁、西野敏雄・国士舘法学43号1頁、角井俊文・平成22年行政関係判例解説203頁、柴由花・ジュリ1437号113頁、永石一郎・法の支配161号32頁、佐々木泉顕＝小山裕・判例自治335号4頁、羽根一成・地方自治職員研修43巻11号60頁、市野瀬啓子・税理53巻10号127頁、朝倉洋子・税研JTRI26巻1号68頁、手塚貴大・税法学567号181頁、増田英敏＝渡邉信子・TKC税研情報20巻2号20頁、林仲宣＝高木良昌＝谷口智紀・税65巻12号32頁、林仲宣＝高木良昌・税務弘報58巻11号88頁、佐藤孝一・月刊税務事例43巻2号1頁、秋葉武・旬刊速報税理29巻20号42頁、林仲宣・税務弘報58巻11号88頁、中村雅紀・税理56巻7号214頁参照。

古屋市長の賦課決定に従い納付してきたが、平成18年4月上旬ころ、固定資産税の納税義務者から名古屋市（Y）に対し、倉庫の評価について疑義が提起されたことを契機に、同年5月16日、港区役所区民生活部税務課家屋係の職員が、市内一斉調査の一環として、本件倉庫の赴き確認作業を行った。その結果、本件倉庫について、従前、一般用の倉庫であることを前提に評価されてきたが、冷凍倉庫用の経年減点補正率を適用すべきであったことが判明し、過大に課税が行われてきたことが明らかになった。同年5月26日、名古屋市港区長は、地方税法417条1項の規定に基づき、本件倉庫の平成14年度から平成18年度までの価格を修正し、固定資産課税台帳に登録した上で、同法420条の規定に基づき、本件倉庫の固定資産税等の減額更正をした。同年5月29日、港区長は、Xに対し、前記の修正された価格を固定資産税台帳に登録した旨の通知等を行った。その後、Xは、Yから、平成14年度から平成17年度までの固定資産税等について、既納付の固定資産税等の税額と、減額更正後の固定資産税等の税額との差額の還付を受けた。しかし、Xは、昭和62年度から平成13年度までの間も、減額更正前の税額の固定資産税等を納付していたが、この期間については、更正期間（当時の地方税法17条の5第2項）を経過していることから、減額更正はされず、還付も時効を理由にされなかった（同法18条の3第1項）。

（2）国家賠償請求の直接提起

そこでXは、昭和62年度分から平成13年度分までの固定資産税等の過納金相当額および弁護士費用ならびに遅延損害金の支払を求めて、国家賠償請求訴訟を提起した。納税者が固定資産税の登録価格に不服があるときは、固定資産評価審査委員会に審査の申出をすることができ（地方税法432条1項）、納税者が固定資産評価審査委員会の決定に不服があるときは、その取消訴訟を提起できるが（同法434条1項）、登録価格についての不服は、固定資産評価審査委員会に対する審査の申出およびその決定に対する取消訴訟によってのみ争うことができるとされている（同条2項）。都市計画税の賦課徴収に関する不服申立ておよび訴訟については、固定資産税の例によることとされ

ている（同法702条の8第2項）。しかし、本件国家賠償請求訴訟の提起に至るまで、Xは、本件倉庫の登録価格または本件各課税処分に関して、不服申立てや取消訴訟を提起していなかった。

2 1審判決
（1）不服申立期間の制限、取消訴訟の排他的管轄の趣旨の潜脱

1審の名古屋地判平成20・7・9民集64巻4号1055頁（以下「1審判決」という）[2]は、固定資産税等の過納金相当額を損害とする国家賠償法に基づく損害賠償請求を許容することは、実質的に、課税処分を取り消すことなく過納金の還付を請求することを認めることとなって、課税処分等の不服申立期間を制限した地方税法の趣旨を潜脱することになるばかりか、課税処分の公定力をも実質的に否定することになるとする。Xは、取消訴訟は違法な処分から生じた損害の補塡まで予定しているものではないから、取消訴訟と国家賠償請求訴訟は目的・効果を異にする旨主張したが、1審判決は、行政処分の取消判決は、処分をした行政庁等を拘束するため（行政事件訴訟法33条1項）、当該行政庁は、取消判決の趣旨に適合するような措置をとることになるところ、課税処分の取消しの場合は、当然過納付部分を還付することとなるのであるから、課税処分の違法を理由とし、過納金相当額を損害とする国家賠償法に基づく損害賠償請求は、結局、課税処分の取消訴訟と目的・効果を同一にするというほかないと判示する。

（2）無効の瑕疵がある場合

もっとも、行政処分の無効確認訴訟は、出訴期間の制限なく許容されているので（行政事件訴訟法36条）、行政処分の違法が当該処分を当然無効ならしめるものと認めるべき場合にまで国家賠償請求を否定することは相当でないとし、さらに、登録価格について不服がある場合に当たるため、地方税法434条2項所定の争訟方法の制限が課される場合であっても、価格決定に無

（2）秋葉武・旬刊速報税理29巻20号42頁、林仲宣・税務弘報58巻11号88頁参照。

効とすべき瑕疵がある場合に、価格決定の無効または当該価格を基礎とする課税処分の無効を理由とする争訟は許されないものとすることも妥当でないとする。したがって、固定資産の価格決定またはこれを前提とする固定資産税等の課税処分の違法が、これらの処分を当然無効ならしめるものではない場合には、当該処分が適法に取り消されない限り、同処分の違法を理由とし、過納金相当額を損害とする国家賠償法に基づく損害賠償請求は許されないものと解するのが相当であると判示している。

(3) 無効の瑕疵の否定

以上の前提の下に、1審判決は、本件各課税処分等に無効原因があるかについて検討している。そして、無効の瑕疵の存在を否定したため、本件国家賠償請求は許されないとして、Xの請求を棄却している。

3 控訴審判決

(1) 登録価格についての不服申立方法の制限の潜脱

控訴審の名古屋高判平成21・3・13民集64巻4号1097頁(以下「原判決」という)[3]は、1審判決の判断を肯定して控訴を棄却したが、以下の理由を付加している。

すなわち、地方税法432条2項は、登録価格を早期に確定することにより固定資産税に係る徴税行政の安定と円滑な運営を図るとともに、登録価格の決定には専門的、技術的な面が存することなどから、登録価格については、固定資産評価審査委員会に対する審査の申出および同委員会による審査の決定に対する取消しの訴えという方法によってのみ争うことができるものとして、その不服申立方法を制限しているのであって、Xによる本件国家賠償請求は、実質的にはこの制限をも潜脱するものということができると述べている。

---

(3) 人見剛・判例セレクト2009-2(法教354号別冊付録)12頁、羽根一成・地方自治職員研修42巻7号78頁、秋葉・前掲注(2)42頁、林・前掲注(2)88頁参照。

(2) 徴税行政の安定とその円滑な運営の阻害

そして、登録価格が前記の不服申立方法によって取り消されることもなく、また無効ともいえず、したがって法的には瑕疵なく確定しており、しかも、その後の賦課徴収手続にも違法な点がないにもかかわらず、過納金が生じるとすることは、固定資産税に係る徴税行政を混乱させ、ひいては地方公共団体の財政運営をも不安定にするおそれがあると判示している。そして、当該課税処分の法律上の効果の及ぶ範囲が当該処分の対象者のみであるとしても、一般に、課税処分においては、同種の処分の対象となり、またはなり得る納税者間における公平が求められるから、地方税法等に定められている争訟制限に服さない国家賠償請求を無限定に認めることは、徴税行政の安定とその円滑な運営を阻むものといえるとする。

(3) 過失の有無

このように、原判決は、本件国家賠償請求は許されないと判示したが、念のためとして、本件各課税処分等について、Yに国家賠償法上の過失があるか否かについても検討している。そして、地方税法408条に定める実地調査は、その評価事務上の物理的、時間的な制約等を考慮すれば、必ずしもすべての固定資産について細部まで行う必要があるものではなく、特段の事情のない限り、外観上固定資産の利用状況等を確認し、変化があった場合にこれを認識する程度で足りるものと解すべきところ、本件においてそのような特段の事情があったといえるような事実は窺われないうえ、本件各課税処分等が行われた時点においては、非木造家屋経年減点補正率基準表にいう「冷凍倉庫」の概念自体、一定の裁量的判断を伴う評価的な概念であったと認められるから、本件各課税処分等について国家賠償法上の過失があったことを認めるに足りる証拠はないと判示している。

4 最高裁判決

(1) 国家賠償訴訟の直接提起の是認

最高裁は、上告受理の申立てを受理して、本判決を下した。本判決は、地

方税法において、固定資産評価審査委員会に審査を申し出ることができる事項について不服がある固定資産税等の納税者が、同委員会に対する審査の申出およびその決定に対する取消しの訴えによってのみ争うことができる旨を規定しているのは、固定資産課税台帳に登録された価格自体の修正を求める手続に関してであって（435条1項参照）、当該価格の決定が公務員の職務上の法的義務に違背してされた場合における国家賠償責任を否定する根拠となるものではないと判示している。そして、行政処分が違法であることを理由として国家賠償請求をするについては、あらかじめ当該行政処分について取消し、または無効確認の判決を得なければならないものではないという最判昭和36・4・21民集15巻4号850頁の射程は、当該行政処分が金銭を納付させることを直接の目的としており、その違法を理由とする国家賠償請求を認容したとすれば、結果的に当該行政処分を取り消した場合と同様の経済的効果が得られる場合にも及ぶと判示する。したがって、たとえ固定資産の価格の決定およびこれに基づく固定資産税等の賦課決定に無効事由が認められない場合であっても、公務員が納税者に対する職務上の法的義務に違背して当該固定資産の価格ないし固定資産税等の税額を過大に決定したときは、これによって損害を被った当該納税者は、地方税法432条1項本文の規定に基づく審査の申出および同法434条1項の規定に基づく取消訴訟等の手続を経るまでもなく、国家賠償請求を行い得るものと解すべきであると判示した。

（2）過失の有無

なお、本件倉庫の設計図に「冷蔵室（−30℃）」との記載があることや本件倉庫の外観からもクーリングタワー等の特徴的な設備の存在を容易に確認し得ることが窺われるので、原判決が説示するような理由だけでは、本件倉庫を一般用の倉庫等として評価してその価格を決定したことについてY市長に過失が認められないということもできないと付言している。本判決の理由は簡潔に書かれているが、2名の裁判官が補足意見を付けており、参考になる。

5 宮川光治裁判官の補足意見
（1）国家賠償の機能
　宮川光治裁判官は、行政救済制度として、違法な行政行為の効力を争いその取消し等を求めるものとして行政上の不服申立手続および抗告訴訟があり、違法な公権力の行使の結果生じた損害を填補するものとして国家賠償法1条1項による国家賠償請求があり、両者はその目的・要件・効果を異にしており、別個独立の手段として、あいまって行政救済を完全なものとしていると理解することができると指摘する。また、後者は、憲法17条を淵源とする制度であって歴史的意義を有し、被害者を実効的に救済する機能のみならず制裁的機能および将来の違法行為を抑止する機能を有していることも指摘している。そして、このように公務員の不法行為について国または公共団体が損害賠償責任を負うという憲法上の原則および国家賠償請求が果たすべき機能をも考えると、違法な行政処分により被った損害について国家賠償請求をするに際しては、あらかじめ当該行政処分についての取消し、または無効確認の判決を得なければならないものではないと述べている。

（2）金銭の徴収や給付を目的とする行政処分
　さらに、この理は、金銭の徴収や給付を目的とする行政処分についても同じであって、これらについてのみ、法律関係を早期に安定させる利益を優先させなければならない理由はないとする。原判決は、固定資産税等の賦課決定のような行政処分について、過納金相当額を損害とする国家賠償請求を許容すると、実質的に課税処分の取消訴訟と同一の効果を生じさせることとなって、課税処分等の不服申立方法・期間を制限した趣旨を潜脱することになり、課税処分の公定力をも否定することになる等として、課税処分に無効原因がない場合は、それが適法に取り消されない限り、国家賠償請求をすることは許されないとしたが、宮川裁判官は、効果を同じくするのは課税処分が金銭の徴収を目的とする行政処分であるからにすぎず、課税処分の公定力と整合させるために法律上の根拠なくそのように異なった取扱いをすることは相当でないと思われると述べている。

6　金築誠志裁判官の補足意見
（1）不服申立前置

　金築誠志裁判官は、課税処分のように、行政目的が専ら金銭の徴収に係り、その違法を理由とする取消訴訟と国家賠償請求訴訟の勝訴判決の効果が実質的に変わらない行政処分については、取消しを経ないで課税額を損害とする国家賠償請求を認めると、不服申立前置の意義が失われるおそれがあるばかりでなく、国家賠償請求訴訟を提起することができる間は実質的に取消訴訟を提起することができるのと同様になって、取消訴訟の出訴期間を定めた意味がなくなってしまうのではないかという問題点があることは認めている。このうち不服申立前置との関係については、固定資産の価格評価は法的・経済的・技術的な側面等、専門的判断を要する部分が多く、専門的・中立的機関によって審査するにふさわしい事柄であり、また、大量の同種処分が行われるから、固定資産評価審査委員会の審査に強い効力を与えて、その早期確定を図ることは合理的と考えられ、国家賠償請求訴訟によって同委員会の審査が潜脱されてしまうのは不当であるようにみえるとも述べている。しかし、こうした問題は、取消訴訟に前置される他の不服申立てに係る審査機関にも多かれ少なかれ共通するものであり、同委員会を特に他の不服申立てに係る審査機関と区別するだけの理由はないし、固定資産課税台帳に登録された価格の修正を求める手続限りの不服申立前置であっても制度的意義を失うものではないから、不服申立てを経ない国家賠償請求を否定する十分な理由になるとはいえないとする。特に、賦課課税方式を採用する固定資産税等の場合、申告納税方式と異なり、納税者にとってその税額計算の基礎となる登録価格の評価が過大であるか否かは直ちには判明しない場合も多いと考えられるところ、審査の申出は比較的短期間の間に行わなければならないものとされているため、前記期間の経過後は国家賠償請求訴訟による損害の回復も求め得ないというのでは、納税者にとっていささか酷というべきであり、本件各決定のように、市町村内の他の家屋の登録価格等を参照することができるような手続（地方税法416条1項）が設けられていなかった時期に賦課されたも

のに関してはなおさらであると指摘している。

(2) 取消訴訟の排他的管轄との関係

さらに、取消しを経ないで課税額を損害とする国家賠償請求を認めると、取消訴訟の出訴期間を延長したのと同様の結果になるかどうかは、取消しと国家賠償との間で、認容される要件に実質的な差異があるかどうかの問題であるとし、（ⅰ）国家賠償においては、取消しと異なり故意過失が要求され、また、職務行為基準説によれば違法性の要件にも差異があることになること、（ⅱ）課税処分の取消訴訟においては、原則的に、課税要件を充足する事実を課税主体側で立証する責任があると解すべきであるから、本件固定資産税についても、一般用倉庫として経年減点補正率を適用して評価課税する以上、本件倉庫が冷凍倉庫用のものではなく、一般用のものであることについて、課税主体であるYに立証責任があることになるのに対し、国家賠償請求訴訟においては、違法性を積極的に根拠付ける事実については請求者側に立証責任があるから、本件倉庫が一般用のものではなく、冷凍倉庫用のものであることを請求者であるX側が立証しなければならないと解されるとする。そして、立証責任について、課税処分一般におおむねこうした分配になるとすれば、課税処分から長期間が経過した後に国家賠償請求訴訟が提起されたとしても、課税主体側が立証上困難な立場に置かれるという事態は生じないと思われることも指摘する。

(3) 課税処分の取消しを経ない国家賠償請求の是認

以上から、金築裁判官は、取消しを経ないで課税額を損害とする国家賠償請求を認めたとしても、不服申立前置の意義が失われるものではなく、取消訴訟の出訴期間を定めた意義が没却されてしまうという事態にもならないものと考えると述べている。

7 評釈

(1) 一般論

一般論として、行政処分の違法を理由とする国家賠償請求を行うために、

当該処分の取消訴訟を提起する必要がないことについては異論がない。なぜならば、国家賠償請求訴訟は処分の効力を争うものではないので、取消訴訟の排他的管轄に服さないからである[4]。行政処分が違法であることを理由として国家賠償請求をするについては、あらかじめ当該行政処分について取消し又は無効確認の判決を得なければならないものではないという前掲最判昭和36・4・21に対しても、一般論としては異論のないところである。

（2）賦課徴収された金銭や給付停止等により給付されなかった金銭を損害とする国家賠償

問題は、本件のように、金銭の賦課徴収や金銭の給付停止等に係る処分の違法を理由として、賦課徴収された金銭や給付停止等により給付されなかった金銭を損害とする国家賠償請求訴訟の場合、形式的には処分の効力を否定するものではないが、実質的には、処分の効力を否定することになり、取消訴訟の排他的管轄の趣旨を潜脱することにならないかにある。このような特別の場合に限り、取消訴訟の排他的管轄の潜脱として、取消訴訟により処分を取り消すことなく国家賠償請求訴訟を提起することを否定する説と、前掲最判昭和36・4・21の射程は、かかる場合にも及び、例外を認める必要はないとする国家賠償請求肯定説が対立し、さらに折衷説[5]も唱えられていた。

このように、国家賠償否定説と国家賠償肯定説の対立は、賦課徴収された金銭や給付停止等により給付されなかった金銭を損害とする国家賠償請求訴訟という限られた場合を念頭に置いたものであることを初めに認識しておく必要がある。

（3）慰謝料等の請求

したがって、違法な課税処分により精神的苦痛を受けたとして慰謝料を国家賠償請求するような場合には、それが認容されても、課税処分が取り消されたのと実質的に同じ効果が生ずるわけではないので、処分が取り消されて

---

(4) 宇賀克也・行政法概説Ⅰ（第5版）（有斐閣、2013年）338頁参照。
(5) 宇賀・前掲注（4）340頁参照。

いなくても国家賠償請求が可能なことについても、ほぼ異論のないところと思われる。

　固定資産税等の課税処分が違法であるとして審査請求をしたが、約1年2カ月を経過しても裁決がなされないため、取消訴訟ではなく（納税額相当分、慰謝料、弁護士費用相当額およびこれらに対する遅延損害金を損害とする）国家賠償請求をしたところ、処分庁が当該課税処分を職権で取り消し過誤納金および還付加算金の支払が行われたため、請求額を減額し、慰謝料、弁護士費用相当額およびこれらに対する遅延損害金のみの賠償請求をした事案において、最判平成16・12・17判時1892号14頁 (6) は、「前記事実関係の下において、上告人が本件訴訟を提起することが妨げられる理由はないというべきところ、本件訴訟の提起及び追行があったことによって本件課税処分が取り消され、過誤納金の還付等が行われて支払額の限度で上告人の損害が回復されたというべきであるから、本件訴訟の提起及び追行に係る弁護士費用のうち相当と認められる額の範囲内のものは、本件課税処分と相当因果関係のある損害と解すべきである」と判示した。この事案で問題となった弁護士費用の賠償を認めることは、実質的な過誤納金の還付とは異なるので、取消訴訟の排他的管轄との抵触の問題は生じず、国家賠償否定説の立場からしても、同判決の結論は妥当と思われる (7)。

　なお、同判決が、「前記事実関係の下において、上告人が本件訴訟を提起することが妨げられる理由はない」という部分をいかに解釈するかという問題がある。ここでいう「本件訴訟」とは国家賠償請求訴訟であるが、当該国家賠償請求訴訟が提起されたときは、納税額相当分の賠償も請求しており、むしろそれが賠償請求の中心部分をなしていた（その後、当該課税処分が職権で取り消され、過誤納金および還付加算金の支払が行われたため、過誤納

（6）　乙部哲郎・民商132巻6号254頁、寺洋平・法セ50巻11号117頁、大沼洋一・平成17年度主要民判解（別冊判タ1215号）104頁、増田英敏・判評564（判時1912）号177頁、江原勲・税61巻9号73頁参照。

（7）　碓井・前掲注（3）租税法の発展552頁参照。

金相当額の賠償額部分についての請求を求める必要がなくなったため、請求額が減額されたわけである）。そのため、同判決は国家賠償肯定説を前提としたものと解する立場がある一方[8]、同判決は、直接的には、取消訴訟を提起せずとも国家賠償請求ができる場合があることについてのみ先例性を認められるべきであり、過誤納金の国家賠償請求についてまで射程が及ばないとする解釈も有力で、見解が分かれている。

（4）最判昭和57・2・23民集36巻2号154頁との関係

本判決と最判昭和57・2・23民集36巻2号154頁との関係をどのように考えたらよいであろうか。前掲最判昭和57・2・23は、「不動産の強制競売事件における執行裁判所の処分は、債権者の主張、登記簿の記載その他記録にあらわれた権利関係の外形に依拠して行われるものであり、その結果関係人間の実体的権利関係との不適合が生じうることがありうるが、これについては執行手続の性質上、強制執行法に定める救済手続により是正されることが予定されているものである。したがって、執行裁判所みずからその処分を是正すべき場合等特別の事情がある場合は格別、そうでない場合には権利者が右の手続による救済を求めることを怠つたため損害が発生しても、その賠償を国に対して請求することはできないものと解するのが相当である」と判示している。これは、強制執行法上の救済手続を第1次的権利救済手段、国家賠償請求を第2次的権利救済手段として、第1次的権利手段の行使を懈怠した場合には、第2次的権利救済手段の行使を許さないとするもので、ドイツの「防衛せよ、而して清算せよ（wehre dich und liquidiere）」の法理を限定的にせよ採用したものとして注目された。しかし、著者は、当初から、この判決の考え方を一般化することに対しては消極的立場を採ってきた[9]。すなわち、「ドイツのような明文の規定のないわが国において、被害者にとり不利益な本件判例の趣旨を拡張解釈していくことには慎重でなければならない」[10]、「行政争訟の懈怠の場合にまでこの法理を拡張することは、わ

（8）　岡田・前掲注（3）85頁参照。

が国の国民意識に鑑みても、消極的にならざるをえない」[11]と論じてきた。また、「これは、公定力と国家賠償の問題とまぎらわしいが異なるものである」[12]ことも指摘してきた。

　著者はかつて、金銭の賦課や給付に関する処分について取消訴訟を経ることなく、国家賠償請求を認めることは、取消訴訟の排他的管轄の実質的潜脱にならないかという疑問を提起したが、それは、わが国の実定法が採用している取消訴訟の排他的管轄の趣旨の潜脱のおそれを問題にしたものであって、「防衛せよ、而して清算せよ」の法理とは無関係である。「防衛せよ、而して清算せよ」の法理の考え方を課税処分にまで適用すれば、課税処分が無効な場合にも、無効等確認訴訟、無効を前提とする不当利得返還請求訴訟のような第1次的権利救済手段を行使せずに第2次的権利救済手段としての国家賠償請求を認めるべきでないという結論になるはずであるが、わが国の国家賠償否定説は、課税処分が無効な場合には、直ちに国家賠償請求訴訟を提起できることには異論がないので[13]、「防衛せよ、而して清算せよ」の考え方に立っているわけではないことは明確である。取消訴訟の排他的管轄との抵触のおそれの問題であるからこそ、取消訴訟の排他的管轄が及ばない無効な処分の場合には、行政訴訟による救済を求めることなく、国家賠償請求を行うことは何ら問題とされてこなかったのである。前掲最判昭和57・2・23の法理は、取消訴訟の排他的管轄との抵触を理由とする国家賠償否定説とは似て非なるものであり、本判決で問題となったのは後者の論点であることに留意が必要である。

（9）　宇賀克也「国家賠償法の改革」ジュリ875号19頁以下（国家責任法の分析（有斐閣、1988年）445頁所収）参照。
（10）　宇賀克也・行政判例百選Ⅱ（第3版）289頁参照。
（11）　宇賀克也・国家補償法（有斐閣、1997年）139頁参照。
（12）　宇賀・前掲書注（9）444頁参照。宇賀・前掲注（11）380頁においても、「似てはいるが、全く異なる次元のものである」と述べている。
（13）　宇賀・前掲注（11）380頁参照。

(5) 憲法17条

　宮川補足意見は、憲法17条を援用している。憲法17条は、単なるプログラム規定と解すべきではなく、国家賠償の制限が憲法17条違反として違憲となる場合があると考えられる。確かに、固定資産税のように賦課課税方式が採用されている場合、誤った課税がなされても、納税者がそれを認識することは困難であり、不服申立期間、出訴期間の経過をもって、国家賠償請求も否定することが、私人の救済という面で問題があることは否めない。したがって、賦課課税方式の課税処分について、国家賠償否定説を採る場合、無効の瑕疵を緩やかに認定する必要があると思われる。本件の場合、固定資産の価格の算定において基本的な意味を持つ経年減点補正率の適用を誤ることは、課税要件の根幹に関わる重大な瑕疵ともいい得ると思われるし、また、本件倉庫の設計図に「冷蔵室（−30℃）」との記載があることや本件倉庫の外観からもクーリングタワー等の特徴的な設備の存在を容易に確認し得ることが窺われるというのであるから、瑕疵の明白性の要件を満たしているともいえそうである。

　宮川補足意見は、憲法17条に照らし、法律上の根拠なく国家賠償否定説を採ることは相当でないという趣旨と思われるので[14]、法律による国家賠償請求の制限の可能性を全面的に否定しているわけではなさそうである。最大判平成14・9・11民集56巻7号1439頁は、「公務員の不法行為による国又は公共団体の損害賠償責任を免除し、又は制限する法律の規定が同条に適合するものとして是認されるものであるかどうかは、当該行為の態様、これによって侵害される法的利益の種類及び侵害の程度、免責又は責任制限の範囲及び程度等に応じ、当該規定の目的の正当性並びにその目的達成の手段として免責又は責任制限を認めることの合理性及び必要性を総合的に考慮して判断すべきである」と判示している。金銭の賦課、金銭給付の廃止等に係る処分に

---

[14] 国家賠償否定説が直ちに憲法17条違反にならないことを主張するものとして、碓井・前掲注（3）租税法の発展554−555頁参照。

起因する財産的損害の賠償請求が実質的に当該処分の取消しと同じ機能を果たすことから、取消訴訟の排他的管轄の潜脱とならないように、かかる場合に限定して、行政争訟制度により処分を取り消すことなく国家賠償請求を行うことを禁ずる立法がなされたとしても、当該立法が憲法17条に違反して法令違憲となるとは思われないが、無効の瑕疵を柔軟に認めて救済を図らないと適用違憲となる場合はあり得ると思われる。

(6) 国家賠償制度の機能

宮川補足意見で注目されるのは、国家賠償制度の機能として、被害者救済機能のみならず、制裁的機能および将来の違法行為抑止機能を挙げている点である。行政争訟制度には、制裁的機能、違法行為抑止機能があるのに対し、国家賠償制度は、被害者救済機能のみを有し、両者は、目的・効果を異にするという議論が少なくない中で、国家賠償制度にも、制裁的機能および将来の違法行為抑止機能があることを明言した点は、高く評価すべきと思われる[15]。

(7) 不服申立前置主義との関係

金築補足意見は、固定資産評価委員会への不服申立前置主義との関係については、取消訴訟に前置される他の不服申立てに係る審査機関にも多かれ少なかれ共通するものであり、同委員会を特に他の不服申立てに係る審査機関と区別するだけの理由はないとしている。著者も、過誤納金額の国家賠償請求が取消訴訟の排他的管轄の潜脱にならないかを論じた際、出訴期間と不服申立前置主義との関係での問題を指摘したが、それは、不服申立前置主義が採られている場合の取消訴訟の排他的管轄の意味は、取消訴訟の出訴期間と不服申立前置主義に要約されることから、両者に言及したのであって、不服申立前置主義がそれ自体として、国家賠償を制限する理由とはなり得ないことは明言してきたところである[16]。

---

(15) 宇賀克也「国家責任の機能」高柳信一先生古稀記念『行政法学の現状分析』(勁草書房、1991年) 447頁以下参照。

（8）違法性同一説・違法性相対説の議論との区別の必要性

　金築補足意見には、取消訴訟の排他的管轄潜脱論に対して、取消訴訟と国家賠償請求訴訟の目的・効果の相違を理由として形式的に応対するのではなく、実質的な潜脱にならないことを丁寧に説明しようとする姿勢が窺われる。そして、両者の間には、第1に、国家賠償においては、取消しと異なり故意過失が要求され、また、職務行為基準説によれば違法性の要件にも差異があることになることを指摘している。このうち、職務行為基準説によれば取消訴訟と国家賠償請求訴訟で違法性の要件に差があることは、その通りであるが、既にかなりの評釈で指摘されているように[17]、違法性同一説を採るか、違法性相対説を採るかは、取消訴訟の排他的管轄の潜脱の有無の論点とは、峻別すべきものと思われる。このことは、違法性同一説の代表的論者である阿部泰隆教授が国家賠償肯定説を採り[18]、違法性相対説の代表的論者である遠藤博也教授が、（当初は国家賠償肯定説を唱えていたが、後に）国家賠償否定説に傾いたことからも窺われる[19][20]。

（9）立証責任

　金築補足意見は、さらに、立証責任にも触れている点が注目される。研究者が看過しがちな点についての重要な指摘であり、国家賠償請求における立証責任についての一般論としては、そこで述べられている考え方が判例通説のとるところといえると思われるが、有力な異論もあるところである[21]。

---

(16)　宇賀・前掲注（11）381頁で、一般論として、取消訴訟との関係で不服申立前置主義が採られていても、不服申立てを経ることなく国家賠償請求をなしうる旨、述べている。
(17)　村上・前掲注（3）172頁、北村・前掲注（3）民商143巻3号351頁、中川・前掲注（3）223頁等参照。
(18)　阿部泰隆・政策法務からの提言（日本評論社、1993年）198頁参照。
(19)　遠藤博也・実定行政法（有斐閣、1989年）275頁参照。
(20)　なお、金築補足意見の「取消しが認められても国家賠償は認められない場合があり得るということだけは、間違いなくいい得る」という部分の解釈について、職務行為基準説により、国家賠償請求が認容される場合が制限される場合があり得ることを示唆したものと解する見方もある。柴・前掲注（3）115頁参照。

(10) 本判決の射程

① 金銭を納付させることを直接の目的とする処分一般

最後に、本判決の射程に触れておくこととする。法廷意見の「当該行政処分が金銭を納付させることを直接の目的としており」という表現から、本判決の射程が、賦課課税方式を採る課税処分に限らず、申告納税方式を含めた課税処分一般、さらには、負担金納付命令等も含めて、金銭を納付させることを直接の目的とする処分一般を射程にしていると解し得ると思われる。

② 賦課課税方式を採用する課税処分

金築補足意見においては、特に、賦課課税方式を採用する固定資産税等を念頭に置いた説明もなされており、この部分のみに着目すると、賦課課税方式を採用する課税処分に射程を限定する趣旨のようにもみられるが、金築補足意見を全体としてみると、本判決の射程をそのように限定しようとする趣旨は窺われず、当該部分は、賦課課税方式についての補強的論拠として付加されたにとどまるものとみるべきと思われる。

③ 金銭の徴収や給付を目的とする行政処分

他方、宮川裁判官の補足意見においては、「この理は、金銭の徴収や給付を目的とする行政処分についても同じ」という表現がみられ、金銭の給付を目的とする行政処分も射程に入れている。金銭の給付を目的とする行政処分については法廷意見では明言されていないので検討の必要があるが、法廷意見を読む限り、金銭の給付を目的とする行政処分と金銭の納付を目的とする行政処分とを区別する理由は見出しがたいようにも思われる。

金銭の給付を停止ないし廃止する処分の違法を理由とする国家賠償請求について論じた下級審裁判例は若干存在する。鳥取地判昭和55・3・13判時969号103頁は、無効の瑕疵がなくても、老齢福祉年金の支給停止による経済的損害の回復を目的として、取消訴訟を提起することなく、国家賠償請求することを認めている。他方、大分地判平成21・12・27判例集不登載は、取消

---

(21) 阿部・前掲注（3）32頁参照。

訴訟と国家賠償請求訴訟とがいずれも違法な行政処分に対する救済手段であり、要件および効果を異にするものであることを考慮に入れても、生活保護を受けられなかったことによる生活保護費相当額の損害を認めると、本件保護廃止処分が取り消されることのないまま、処分の効果を否定するのと同じ効果をもたらし、出訴期間、審査請求前置の意義を没却するおそれがあるものということができるとする。これに加えて生活に困窮するすべての国民に対し、その困窮の程度に応じ、必要な保護を行い、その最低限度の生活を保障するとともに、その自立を助長することを目的とする生活保護法の趣旨（1条）等も合わせ考慮すれば、慰謝料として考慮するのであれば格別、過去における要保護状態とは直ちに関係しない状態にある現時点で、本来支給されるはずであった当時の生活保護費相当額を得べかりし利益として損害として請求し得るとするのは相当ではないと判示している。このように、下級審裁判例は、この問題について、必ずしも一様ではないようにみえる。本判決の射程が、金銭給付の停廃止処分にも及ぶかについて、学説も一致していないが、今後、最高裁が、どのような判断を示すかが注目される[22]。

---

(22) 本判決の論点については、すでに掲げたもののほか、小澤道一「課税処分に係る取消争訟制度の排他的管轄と国家賠償請求との関係（上）（下）」判時2061号3頁、2062号13頁、碓井光明「納税者の租税争訟費用の負担—アメリカ合衆国の例と若干の提案」北野弘久教授還暦記念『納税者の権利』（勁草書房、1991年）331頁、同「地方税における課税誤りとその法的救済策」税47巻7号23頁、同「租税法における実体的真実主義優先の動向」山田二郎先生喜寿記念『納税者保護と法の支配』（信山社、2007年）19頁、小早川光郎「課税処分と国家賠償」藤田宙靖博士東北大学退職記念『行政法の思考様式』（青林書院、2008年）421頁、阿部泰隆「時効にかかった固定資産税過納金の返還の根拠」税49巻3号6頁、人見剛「金銭徴収・給付を目的とする行政処分の公定力と国家賠償訴訟」東京都立大学法学会雑誌38巻1号157頁、岩崎政明「課税処分の違法を理由とする国家賠償請求の可能性と範囲」金子宏編『所得課税の研究』（有斐閣、1991年）465頁、首藤重幸「税務訴訟にみる公定力理論の検証と克服」税務弘報59巻6号86頁、占部裕康・租税法の解釈と立法政策Ⅱ（信山社、2002年）805頁、三好充「時効に係る過誤納固定資産税の取扱いについて－八潮市『過納固定資産税相当分国家賠償請求事件』を素材として」久留米大学法学18号35頁、図子善信「地方税における税務上の過誤とその責任問題－国賠法の適用をめぐる法的問題を中心に」税64巻5号13頁、中山代志子「違法な課税処分と国家賠償請求－名古屋高裁平成21年4月23日判決を中心に」自治研究86巻3号116頁等、すぐれた研究が多数蓄積されている。なお、本判決を受けて差戻控訴審の審理が行われたが、平成22年10月20日、訴訟上の和解が成立した。

第4章

公務員法

第4章　公務員法（国家公務員の政治的行為の制限）

1　事案の概要

　本章では、国家公務員の政治活動の自由が争点になった最判平成24・12・7刑集66巻12号1337頁[1]（以下「本判決」という）を取り上げることとする。YはA社会保険事務所に年金審査官として勤務していたが、衆議院議員総選挙に際し、B党を支持する目的で、同党の機関紙および同党を支持する政治目的を有する無署名文書をC区所在の不動産等に配布したため、国家公務員法110条1項19号（平成19年法律第108号による改正前のもの）、102条1項、人事院規則14－7（政治的行為）6項7号、13号（5項3号）（以下、これらを総称して、「本件国家公務員法・人事院規則の諸規定」という）に該当するとして起訴された。本件当時のYの業務は、利用者から年金に関する相

（1）　青柳幸一・明治大学法科大学院論集13号25頁、同・法教388号4頁、棟居快行・レファレンス760号5頁、長谷部恭男・憲法判例百選Ⅰ（第6版）32頁、同・憲法の円環（岩波書店、2013年）248頁、工藤達朗・判例セレクト2013－1（法教401号別冊附録）5頁、松原芳博・平成25年度重判解（ジュリ臨増1466号）161頁、本多滝夫・法の科学45号161頁、宍戸常寿・平成25年度重判解（ジュリ臨増1466号）23頁、晴山一穂・自治総研416号1頁、同・労旬1790号23頁、嘉門優・立命館法学345＝346上巻号282頁、中林暁生・法時85巻5号62頁、市川正人・法時85巻5号67頁、曽根威彦・法時85巻5号73頁、大久保史郎・法時85巻3号1頁、同・法時85巻5号54頁、同・労旬1790号6頁、同・法の科学45号153頁、前田雅英・警察学論集66巻3号167頁、駒村圭吾・高橋和之先生古稀記念『現代立憲主義の諸相』（有斐閣、2013年）419頁、同・法セ58巻3号46頁、川上琢之・日本労働法学会誌122号186頁、中山和久・労旬1791号61頁、蟻川恒正・法セ58巻2号26頁、同・世界840号188頁、同・法教393号84頁、395号90頁、薄井一成・平成25年度重判解（ジュリ臨増1466号）60頁、松宮孝明・法セ58巻4号145頁、木村草太・法時85巻2号74頁、同・憲法の創造力（NHK出版、2013年）203頁、木下智史・新・判例解説Watch（法セ増刊）13号13頁、三宅裕一郎・法セ58巻3号130頁、長岡徹・法と政治（関西学院大学）64巻4号299頁、中富公一・岡山大学法学会雑誌63巻4号162頁、太田航平・中央大学法学新報120巻3＝4号451頁、山岸喜久治・宮城学院女子大学研究論文集117号1頁、岩崎邦生・ジュリ1458号72頁、同・曹時66巻2号497頁、中富公一・法の科学45号157頁、嘉門優・法の科学45号165頁、加藤健次・法と民主主義474号68頁、同・労旬1790号6頁、西片聡哉・国際人権24号134頁、治安判例研究会・月刊治安フォーラム20巻6号22頁、平地秀哉・憲法問題25号20頁、大河内美紀・論究ジュリ13号48頁、山田哲史・帝京法学29巻2号277頁参照。

談を受けて、コンピュータに保管されている当該利用者の年金記録を調査した上、相談に回答し、必要な手続をとるように勧めるというものであったが、業務遂行の要件や手続は法令により詳細に定められていた上、相談業務に対する回答はコンピュータから得られる情報を基礎としており、Ｙには裁量権は全く付与されていなかった。また、Ｙには、年金支給の可否を決定したり、支給される年金額等を変更したりする権限も、人事や監督に関する権限も与えられておらず、保険料徴収手続に関与することもなかった。

2　1審判決

　1審の東京地判平成18・6・29刑集66巻12号1627頁[2]（以下「1審判決」という）は、違法捜査に基づく公訴の提起であること、公訴権の濫用であることを理由とする公訴棄却および違法収集証拠排除についてのＹの主張を退けた。また、本件国家公務員法・人事院規則の諸規定が憲法および自由人権規約等に違反すること、Ｙの行為は保護法益の侵害のおそれがないこと、Ｙの行為が人事院規則14－7（政治的行為）6項7号、13号の「配布」に当たらないこと、Ｙの行為は実質的違法性を欠くことについてのＹの主張も退けた。1審判決は最大判昭和49・11・6刑集28巻9号393頁（以下「猿払事件大法廷判決」という）にほぼ全面的に依拠するものであったといえる。そして、Ｙを罰金10万円に処し、その刑の執行を猶予する判決を下した。

（2）　法律時報編集部編・新たな監視社会と市民的自由の現在（日本評論社、2006年）所収の諸論文および曽根威彦・早稲田法学85巻4号231頁、市川正人「付随的違憲審査制における下級審の役割・考―国公法・社会保険事務所職員事件を素材として」佐藤幸治先生古稀記念論文集下巻『国民主権と法の支配』（成文堂、2008年）357頁、長岡徹「公務員の政治的行為と『合理的関連性の基準』」佐藤幸治先生古稀記念論文集下巻『国民主権と法の支配』（成文堂、2008年）239頁、青井未帆・学習院法務研究6号59頁以下、松本和彦・平成18年度重判解（ジュリ臨増1332号）18頁、平井文三・公務員関係判例研究143号18頁、多田一路・法セ51巻10号115頁、船尾徹・労旬1706号20頁、1707号21頁、1708号48頁、1709号34頁参照。

3 控訴審判決

（1）抽象的危険犯

　Yは、1審判決には、憲法違反、法令適用の誤りおよび訴訟手続の法令違反があるとして控訴し、検察官は刑の執行を猶予したことが量刑不当であるとして控訴した。控訴審の東京高判平成22・3・29判タ1340号105頁[3]（以下「原判決」という）は、本件罰則規定は、その文言や国家公務員法の立法目的および趣旨に照らし、国の行政の中立的運営およびそれに対する国民の信頼の確保を保護法益とする抽象的危険犯と解されるところ、これが憲法上の重要な権利である表現の自由を制約するものであることを考えると、これを単に形式犯として捉えることは相当ではなく、具体的危険まで求めるものではないが、ある程度の危険が想定されることが必要であると解釈すべきであるし、そのような解釈は刑事法の基本原則にも適合すると考えられると指摘している。

（2）裁判官分限法事件大法廷判決との比較

　また、裁判官の政治運動に関する最大決平成10・12・1民集52巻9号1761頁（以下「裁判官分限法事件大法廷判決」という）に照らしても、懲戒処分と刑事処分の違い等はあるものの、一般職国家公務員の政治的行為の禁止に関する罰則規定の解釈に当たり、より慎重な検討が必要であることが要請されるところ、本件配布行為は、裁量の余地のない職務を担当する、地方出先機関の管理職でもない被告人が、休日に、勤務先やその職務とかかわりなく、勤務先の所在地や管轄区域から離れた自己の居住地の周辺で、公務員である

---

[3] 奥平康弘・世界805号48頁、中山和久・労旬1735＝1736号64頁、中島徹・法セ55巻8号46頁、大久保史郎・法時82巻8号1頁、市川正人・速報判例解説（法セ増刊）8号23頁、田中孝男・速報判例解説（法セ増刊）8号49頁、宍戸常寿・国際人権22号101頁、山本龍彦・法セ56巻11号86頁、石埼学・国際人権22号161頁、永田秀樹・平成22年度重判解（ジュリ臨増1420号）21頁、上田健介・近畿大学法科大学院論集7号135頁、中川登志男・専修法研論集48号55頁、嘉門優・法時83巻5号112頁、長岡徹・法と政治61巻4号37頁、同・法の科学42号142頁、曽根威彦・法の科学42号148頁、三宅裕一郎・法セ55巻10号134頁、平地秀哉・判例セレクト2010－1（法教別冊付録365号）10頁、泉澤章・国際人権22号96頁、石井逸郎・法の科学42号154頁、同・法民453号40頁、須藤正樹・法民447号50頁、加藤健次・法民458号52頁参照。

ことを明らかにせず、無言で、他人の居宅や事務所等の郵便受けに政党の機関紙や政治的文書を配布したにとどまるものであり、そのような本件配布行為について、本件罰則規定における前記のような法益を侵害すべき危険性は、抽象的なものを含めて、全く肯認できないと述べている。

(3) 適用違憲

そして、本件配布行為に対し、本件罰則規定を適用することは、国家公務員の政治活動の自由に対する必要やむを得ない限度を超えた制約を加え、これを処罰の対象とするものといわざるを得ず、憲法21条1項および31条に違反するとの判断を免れないとして適用違憲の判断を行い、被告人は無罪であると判示した。

(4) 行政の中立的運営の要請とこれに対する国民の信頼の確保

原判決は、猿払事件大法廷判決を否定したわけではなく、同判決が用いたいわゆる猿払基準に準拠して判断を進めている。しかし、国家公務員による政治的行為の禁止は、行政の中立的運営の要請とこれに対する国民の信頼の確保を目的とするものであるが、本件配布行為のような職務と無関係の政治活動の規制は、国民の信頼の確保に規制の根拠を求めざるを得ず、国家公務員の政治的行為に対する国民の法意識は、猿払事件当時と今日では大きく変化しているとする。そして、現在において、一公務員が政治的活動に出た場合に、直ちに行政の中立的運営に対する信頼を失うようなものとして国民に受け止められるかどうかについては疑問があるとする。

(5) 裁判官の行う政治的行為との比較

また、裁判官は、Yのような裁量権限を有しない公務員に比べ、明らかに政治的色彩を持った事件に対応する機会も多く、その職務執行に当たっては、中立・公正性はより強く要求されるものと解されるところ、裁判官の行う政治的行為の意義について、裁判官分限法事件大法廷判決は、「組織的、計画的又は継続的な政治上の活動を能動的に行う行為」と判示したことは、裁判所法52条の規定文言との相違を考慮しても、一般公務員の政治的行為の禁止に対する罰則規定の解釈に当たって、より慎重な検討を要請することも指摘

している。

4　最高裁判決
（1）職務の遂行の政治的中立性を損なうおそれが実質的に認められるもの

これに対し、検察官が上告した。本判決は、国家公務員法102条1項の文言、趣旨、目的や規制される政治活動の自由の重要性に加え、同項の規定が刑罰法規の構成要件となることを考慮すると、同項にいう「政治的行為」とは、公務員の職務の遂行の政治的中立性を損なうおそれが、観念的なものにとどまらず、現実的に起こり得るものとして実質的に認められるものを指し、同項はそのような行為の類型の具体的な定めを人事院規則に委任したものと解するのが相当であるとする。そして、その委任に基づいて定められた本規則も、このような同項の委任の範囲内において、公務員の職務の遂行の政治的中立性を損なうおそれが実質的に認められる行為の類型を規定したものと解すべきであると述べ、かかる本法の委任の趣旨および本規則の性格に照らし、本件罰則規定に係る本規則6項7号、13号（5項3号）については、それぞれが定める行為類型に文言上該当する行為であって、公務員の職務の遂行の政治的中立性を損なうおそれが実質的に認められるものを当該各号の禁止の対象となる政治的行為と規定したものと述べている。

（2）行政の組織的な運営の性質等

本判決は、このような行為は、それが一公務員のものであっても、行政の組織的な運営の性質等に鑑みると、当該公務員の職務権限の行使ないし指揮命令や指導監督等を通じてその属する行政組織の職務の遂行や組織の運営に影響が及び、行政の中立的運営に影響を及ぼすし、また、こうした影響は、勤務外の行為であっても、事情によってはその政治的傾向が職務内容に現れる蓋然性が高まることなどによって生じ得ると指摘している。

（3）考慮要素

そして、前記のような規制の目的やその対象となる政治的行為の内容等に鑑みると、公務員の職務の遂行の政治的中立性を損なうおそれが実質的に認

められるかどうかは、当該公務員の地位、その職務の内容や権限等、当該公務員がした行為の性質、態様、目的、内容等の諸般の事情を総合して判断するのが相当であり、具体的には、（ⅰ）当該公務員につき、指揮命令や指導監督等を通じて他の職員の職務の遂行に一定の影響を及ぼし得る地位（管理職的地位）の有無、（ⅱ）職務の内容や権限における裁量の有無、（ⅲ）当該行為につき、勤務時間の内外、（ⅳ）国ないし職場の施設の利用の有無、（ⅴ）公務員の地位の利用の有無、（ⅵ）公務員により組織される団体の活動としての性格の有無、（ⅶ）公務員による行為と直接認識され得る態様の有無、（ⅷ）行政の中立的運営と直接相反する目的や内容の有無等が考慮の対象となるものと解されるとする。

（4）罰則規定の合憲性
① 判断基準

本判決は、続いて、本件罰則規定が憲法21条1項、31条に違反するかを検討している。本判決は、この点については、本件罰則規定による政治的行為に対する規制が必要かつ合理的なものとして是認されるかどうかによることになるが、これは、本件罰則規定の目的のために規制が必要とされる程度と、規制される自由の内容および性質、具体的な規制の態様および程度等を較量して決せられるべきとして、最大判昭和58・6・22民集37巻5号793頁（以下「よど号事件新聞記事抹消事件大法廷判決」という）等を先例として引用している。

② 規制の目的

そして、本件罰則規定の目的は、公務員の職務の遂行の政治的中立性を保持することによって行政の中立的運営を確保し、これに対する国民の信頼を維持することにあるところ、これは、議会制民主主義に基づく統治機構の仕組みを定める憲法の要請にかなう国民全体の重要な利益というべきであり、公務員の職務の遂行の政治的中立性を損なうおそれが実質的に認められる政治的行為を禁止することは、国民全体の前記利益の保護のためであって、その規制の目的は合理的であり正当なものといえると指摘する。

③ 規制される自由の内容および性質

　他方、本件罰則規定により禁止されるのは、民主主義社会において重要な意義を有する表現の自由としての政治活動の自由ではあるものの、禁止の対象とされるものは、公務員の職務の遂行の政治的中立性を損なうおそれが実質的に認められる政治的行為に限られ、このようなおそれが認められない政治的行為や本規則が規定する行為類型以外の政治的行為が禁止されるものではないから、その制限は必要やむを得ない限度にとどまり、前記の目的を達成するために必要かつ合理的な範囲のものであり、前記の解釈の下における本件罰則規定は、不明確なものとも、過度に広範な規制であるともいえないと解されると判示している。

④ 具体的な規制の態様および程度

　また、このような禁止行為に対しては、服務規律違反を理由とする懲戒処分のみではなく、刑罰を科すことをも制度として予定されているのは、国民全体の前記利益を損なう影響の重大性等に鑑みて、禁止行為の内容、態様等が懲戒処分等では対応しきれない場合も想定されるためであり、あり得る対応であって、刑罰を含む規制であることをもって直ちに必要かつ合理的なものであることが否定されるものではないとする。

⑤ 総合判断

　そして、以上の諸点に鑑みれば、本件罰則規定は憲法21条1項、31条に違反するものではなく、このように解することができることは、猿払事件大法廷判決等の趣旨に徴して明らかであると述べている。

(5) 罰則規定の構成要件該当性

　本判決は、これに続けて、本件配布行為が本件罰則規定の構成要件に該当するか否かについて、本件配布行為が本規則6項7号、13号（5項3号）が定める行為類型に文言上該当する行為であることは明らかであるとした上で、公務員の職務の遂行の政治的中立性を損なうおそれが実質的に認められるかについて検討している。

　そして、Yは、（ⅰ）社会保険事務所に年金審査官として勤務する事務官

であり、管理職的地位にはなく、(ⅱ) その職務の内容や権限も、来庁した利用者からの年金の受給の可否や年金の請求、年金の見込額等に関する相談を受け、これに対し、コンピュータに保管されている当該利用者の年金に関する記録を調査したうえ、その情報に基づいて回答し、必要な手続をとるよう促すという、裁量の余地のないものであり、(ⅲ) 本件配布行為は、勤務時間外である休日に、(ⅳ) 国ないし職場の施設を利用せずに、(ⅴ) 公務員としての地位を利用することなく行われたものである上、(ⅵ) 公務員により組織される団体の活動としての性格もなく、(ⅶ) 公務員であることを明らかにすることなく、無言で郵便受けに文書を配布したにとどまるものであって、公務員による行為と認識し得る態様でもなかったことを認定している。そして、これらの事情によれば、本件配布行為は、公務員の職務の遂行の政治的中立性を損なうおそれが実質的に認められるものとはいえないので、本件罰則規定の構成要件に該当しないと判示している。

5　千葉勝美裁判官の補足意見
（1）猿払事件大法廷判決
① 一般的理解

次に、本判決を理解するために重要と思われる千葉勝美裁判官による長文の補足意見（以下「千葉補足意見」という）についてみることとする。

千葉補足意見は、本判決と猿払事件大法廷判決との整合性について、以下のように説明している。猿払事件大法廷判決は、特定の政党を支持する政治的目的を有する文書の掲示または配布行為について、本件罰則規定により刑罰を科すことは、たとえその掲示または配布が、非管理職の現業公務員でその職務内容が機械的労務の提供にとどまる者により、勤務時間外に、国の施設を利用することなく、職務を利用せず、またはその公正を害する意図もなく、かつ、労働組合活動の一環として行われた場合であっても憲法に違反しないとしており、本件罰則規定の禁止する「政治的行為」に限定を付さない趣旨と一般に理解されてきた。

② 事例判断

　千葉補足意見は、この点に関して、判決による司法判断は、すべて具体的な事実を前提にしてそれに法を適用して事件を処理するために、さらにはそれに必要な限度で法令解釈を展開するものであり、採用する法理論ないし解釈の全体像を常に示しているとは限らず、前記の政治的行為に関する判示部分も、あくまでも当該事案を前提とするものであると述べている。そして、猿払事件大法廷判決の事案は、当該公務員の所属組織による活動の一環として当該組織の機関決定に基づいて行われ、当該地区において公務員が特定の政党の候補者の当選に向けて積極的に支援する行為であることが外形上一般人にも容易に認識されるものであるから、当該公務員の地位・権限や職務内容、勤務時間の内外を問うまでもなく、実質的にみて「公務員の職務の遂行の中立性を損なうおそれがある行為」であると認められ、このような事案の特殊性を前提にすれば、当該ポスター掲示等の行為が本件罰則規定の禁止する政治的行為に該当することが明らかであるから、前記のような「おそれ」の有無等を特に吟味するまでもなく（「おそれ」は当然認められるとして）政治的行為の該当性を肯定したものとみることができるとする。そして、猿払事件大法廷判決を登載した最高裁判所刑集28巻9号393頁の判決要旨五においても、「本件の文書の掲示又は配布（判文参照）に」本件罰則規定を適用することは憲法21条、31条に違反しない、とまとめられているが、これは、同判決が摘示した具体的な本件文書の掲示または配布行為を対象にしており、当該事案を前提にした事例判断であることが明確にされているとも指摘している。そして、同判決の前記判示は、本件罰則規定自体の抽象的な法令解釈について述べたものではなく、当該事案に対する具体的な当てはめを述べたものであり、本件とは事案が異なる事件についてのものであって、本件罰則規定の法令解釈において本件多数意見と猿払事件大法廷判決の判示とが矛盾・抵触するようなものではないと判示している。

（2）合憲性審査基準

① 近年の最高裁大法廷の判例

（ア）利益較量の判断手法

　千葉補足意見は、次いで、猿払事件大法廷判決の合憲性審査基準の評価についても説明している。同判決による本件罰則規定の合憲性の審査基準については、表現の自由の優越的地位を前提として当該政治的行為によりいかなる弊害が生ずるかを利益較量するという「厳格な合憲性の審査基準」ではなく、より緩やかな「合理的関連性の基準」によったものであると解する説が多いことに触れたうえで、近年の最高裁大法廷の判例においては、基本的人権を規制する規定等の合憲性を審査するに当たっては、多くの場合、それを明示するかどうかは別にして、利益較量の判断手法を採ってきているとする。

（イ）厳格な基準

　その際の判断指標として、事案に応じて一定の厳格な基準（明白かつ現在の危険の原則、不明確ゆえに無効の原則、必要最小限度の原則、LRAの原則、目的・手段における必要かつ合理性の原則など）ないしはその精神を併せ考慮したものがみられると述べている。もっとも、千葉補足意見は、厳格な基準の活用については、アプリオリに、表現の自由の規制措置の合憲性の審査基準としてこれらの全部ないし一部が適用される旨を一般的に宣言するようなことをしないのはもちろん、例えば、LRAの原則などといった講学上の用語をそのまま用いることも少ないこと、これらの厳格な基準のどれを採用するかについては、規制される人権の性質、規制措置の内容および態様等の具体的な事案に応じて、その処理に必要なものを適宜選択して適用するという態度をとっており、さらに、適用された厳格な基準の内容についても、事案に応じて、その内容を変容させ、あるいはその精神を反映させる限度にとどめるなどしており、基準を定立して自らこれに縛られることなく、柔軟に対処していると指摘している。

② 猿払事件大法廷判決の合憲性審査基準の評価

　以上の前提の下で、千葉補足意見は、猿払事件大法廷判決の前記判示は、

当該事案において、公務員組織が党派性を持つに至り、それにより公務員の職務遂行の政治的中立性が損なわれるおそれがあり、これを対象とする本件罰則規定による禁止は、あえて厳格な審査基準を持ち出すまでもなく、その政治的中立性の確保という目的との間に合理的関連性がある以上、必要かつ合理的なものであり合憲であることは明らかであることから、当該事案における当該行為の性質・態様等に即して必要な限度での合憲の理由を説示したにとどめたものと解することができると述べている。

③ 裁判官分限事件大法廷判決の合憲性審査基準の評価

また、裁判官分限事件大法廷判決も、裁判所法52条1号の「積極的に政治運動をすること」の意味を十分に限定解釈した上で合憲性の審査をしており、厳格な基準によりそれを肯定したものというべきであるが、判文上は、その目的と禁止との間に合理的関連性があると説示するにとどめており、これも、それで足りることから同様の説示をしたものであろうとも指摘している。

④ 本判決と猿払事件大法廷判決の合憲性審査基準の一致

千葉補足意見は、以上を踏まえて、本判決の多数意見の判断の枠組み・合憲性審査基準と猿払事件大法廷判決のそれとは、矛盾・抵触するものでないと指摘する。

(3) 合憲限定解釈との相違

① 罰則規定の限定解釈

千葉補足意見は、さらに、本判決の多数意見の解釈と合憲限定解釈の相違についても説明している。すなわち、本件罰則規定をみると、当該規定の文言に該当する国家公務員の政治的行為を文理上は限定することなく禁止する内容となっているものの、本判決多数意見は、ここでいう「政治的行為」とは、当該規定の文言に該当する政治的行為であって、公務員の職務の遂行の政治的中立性を損なうおそれが、現実的に起こり得るものとして実質的に認められるものを指すと限定解釈したと指摘している。そして、これは、合憲限定解釈の手法を採用したものではないことを強調している。

② 合憲限定解釈の手法への否定的評価
（ア）基準の不明確性
　この点を強調する背景には、合憲限定解釈の手法への否定的評価がある。すなわち、規制される政治的行為の範囲が広範であるため、これを合憲性が肯定され得るように限定するとしても、その仕方については、様々な内容のものが考えられるので、司法部としては、どのような限定が適当なのかは基準が明らかでなく判断し難いと述べている。
（イ）立法府の裁量、権限の侵害
　また、可能な複数の限定の中から特定の限定を選び出すこと自体、一種の立法的作用であって、立法府の裁量、権限を侵害する面も生じかねないと指摘している。
（ウ）基本法の体系的な整合性の破綻のおそれ
　次いで、憲法が規定する国家の統治機構を踏まえて、その担い手である公務員の在り方について、一定の方針ないし思想を基に立法府が制定した国家公務員法は基本法であって、全体的に完結した体系として定められており、服務についても全体の奉仕者であることとの関連で、公務員の身分保障の在り方や政治的任用の有無、メリット制の適用等をも総合考慮した上での体系的な立法目的、意図の下に規制が定められているはずであるから、その一部だけを取り出して限定することによる悪影響や体系的な整合性の破綻の有無等について、慎重に検討する姿勢が必要とされるとも指摘されている。そこで、本件においては、司法部が基本法である国家公務員法の規定をいわばオーバールールとして合憲限定解釈するよりも前に、まず対象となっている本件罰則規定について、憲法の趣旨を十分に踏まえた上で立法府の真に意図しているところは何か、規制の目的はどこにあるか、公務員制度の体系的な理念、思想はどのようなものか、憲法の趣旨に沿った国家公務員の服務の在り方をどう考えるのか等々を踏まえて、国家公務員法自体の条文の丁寧な解釈を試みるべきであり、その作業をした上で、具体的な合憲性の有無等の審査に進むべきであるというのである。

そして、本判決の多数意見が、憲法の趣旨を踏まえ、行政の中立的運営を確保し、これに対する国民の信頼を維持するという規定の目的を考慮した上で、慎重な解釈を行い、「公務員の職務遂行の政治的中立性を損なうおそれが実質的に認められる行為」が政治的行為として禁止されていると解釈したのは、このような考え方に基づくものであり、基本法についての司法判断の基本的な姿勢ともいえると述べている。

（4）憲法判断回避の準則との相違

さらに、本判決の多数意見のような解釈方法は、米国連邦最高裁における判例法理となっているブランダイス・ルールのような司法の自己抑制の観点からの憲法判断回避の準則とは異なり、国家公務員法の構造、理念および本件罰則規定の趣旨・目的等を総合考慮したうえで行う通常の法令解釈の手法であることも付言している。

（5）適用違憲の手法についての評価

千葉補足意見は、最後に、原判決がとった適用違憲の手法についてもコメントしている。すなわち、千葉補足意見によれば、本件配布行為は、公務員の職務の遂行の政治的中立性を損なうおそれが実質的に認められない以上、それだけで構成要件該当性が否定されるとし、原判決の適用違憲の判断は、実質的には、本判決の多数意見と同様に、当該公務員の職務の遂行の政治的中立性に与える影響が小さいことを実質的な根拠としていると解され、その苦心は理解できるとする。しかし、表現の自由の規制立法の合憲性審査に際し、このような適用違憲の手法を採用することは、個々の事案や判断主体によって、違憲、合憲の結論が変わり得るものであるため、その規制範囲が曖昧となり、恣意的な適用のおそれも生じかねず、この手法では表現の自由に対する威嚇効果がなお大きく残ることになるので、個々の事案ごとの政治的行為の個別的な評価を超えて、本件罰則規定の一般的な法令解釈を行った上で、その構成要件該当性を否定することが必要であると述べている。

6　須藤正彦裁判官の意見

(1) 公務員の政治的行為と職務の遂行との間の牽連性

　本判決には、須藤正彦裁判官の意見（以下「須藤意見」という）も付されている。須藤意見もまた、多数意見と同様に、国家公務員法102条1項の政治的行為とは、国民の政治的活動の自由が民主主義社会を基礎付ける重要な権利であること、かつ、同項の規定が本件罰則規定の構成要件となることなどに鑑み、公務員の職務の遂行の政治的中立性を損なうおそれが実質的に認められるものを指すと解するのが相当とする。すなわち、まず、公務員の政治的行為とその職務の遂行とは元来次元を異にする性質のものであり、例えば公務員が政党の党員となること自体では無論、公務員の職務の遂行の政治的中立性が損なわれるとはいえないと述べている。そして、公務員の政治的行為によってその職務の遂行の政治的中立性が損なわれるおそれが生ずるのは、公務員の政治的行為と職務の遂行との間に一定の結び付き（牽連性）があるがゆえであり、そのおそれが観念的なものにとどまらず、現実的に起こり得るものとして実質的に認められるものとなるのは、公務員の政治的行為から窺われるその政治的傾向がその職務の遂行に反映する機序あるいはその蓋然性について合理的に説明できる結び付きが認められるからであるとする。

(2) 勤務外の政治的行為

① 政治的傾向が職務の遂行に反映される蓋然性について合理的に説明しうる「結び付き」の否定

　かかる一般論を基礎にして、須藤意見は、勤務外の政治的行為について敷衍し、この「結び付き」についてさらに立ち入って考察すると、問題は、公務員の政治的行為がその行為や付随事情を通じて勤務外で行われたと評価される場合、つまり、勤務時間外で、国ないし職場の施設を利用せず、公務員の地位から離れて行動しているといえるような場合で、公務員が、いわば一私人、一市民として行動しているとみられるような場合は、そこから窺われる公務員の政治的傾向が職務の遂行に反映される機序あるいは蓋然性につい

て合理的に説明できる結び付きは認められないとする。
② 政治的中立性を損なうおそれの抽象性

　須藤意見も、勤務外であるにせよ、公務員が政治的行為を行えば、そのことによってその政治的傾向が顕在化し、それをしないことに比べ、職務の遂行の政治的中立性を損なう潜在的可能性が明らかになるとは一応いえるし、職務の遂行の政治的中立性に対する信頼も損なわれ得ると認めている。しかし、公務員組織における各公務員の自律と自制の下では、公務員の職務権限の行使ないし指揮命令や指導監督等の職務の遂行に当たって、そのような政治的傾向を持ち込むことは通常考えられないし、稀に、公務員が職務の遂行にその政治的傾向を持ち込もうとすることがあり得るとしても、公務員組織においてそれを受け入れるような土壌があるようにも思われないので、公務員の政治的行為が勤務外で行われた場合は、職務の遂行の政治的中立性が損なわれるおそれがあるとしても、そのおそれは甚だ漠としたものであり、観念的かつ抽象的なものにとどまるというのである。

　そして、公務員が勤務外で政治的行為を行った場合は、当該公務員の管理職的地位の有無、職務の内容や権限における裁量の有無等にかかわらず（それらの事情は、公務員の職務の遂行の政治的中立性に対する国民の信頼を損なう等の服務規律違反を理由とする懲戒処分の対象となるか否かの判断にとって重要な考慮要素ではあるものの）、その政治的行為から窺われる政治的傾向がその職務の遂行に反映する機序あるいはその蓋然性について合理的に説明できる結び付きが認められず、公務員の政治的中立性が損なわれるおそれが実質的に生ずるとは認められないと述べている。
③ 多数意見との相違

　このように、須藤意見は、勤務外の政治的行為についても、事情によっては職務の遂行の政治的中立性を損なう実質的おそれが生じ得ることを認める多数意見とは見解を異にするとして、Yを無罪とする結論には賛成するものの、理由を異にするので、意見として、自らの理由付けを説明しているのである。

④ 「勤務外」と「勤務時間外」との相違

このような須藤意見に対しては、本規則4項が、国家公務員法または本規則によって禁止または制限される政治的行為は、「職員が勤務時間外において行う場合においても、適用される」と規定していることを理由として疑問が提起され得る。そこで、須藤意見は、この点についての説明も行っている。すなわち、「勤務外」と「勤務時間外」とは意味を異にし、本規則4項は、勤務時間外でも勤務外とは評価されず、前記の結び付きが認められる場合（例えば、勤務時間外に、国または職場の施設を利用して政治的行為を行うような場合）には、その政治的行為が規制されることを規定したものと解されると付言している。

(3) 現行法による公務員の政治的行為の規制の評価

① 必要やむを得ない限度への限定

須藤意見は、一般職の公務員もまた、憲法上、公務員である前に国民の一人として政治に無縁でなく政治的な信念や意識を持ち得る以上、政治的行為の自由を享受してしかるべきであり、したがって、憲法は、公務員が多元的な価値観ないしは政治思想を有すること、およびその発現として政治的行為をすることを基本的に保障しているというべきであるから、公務員の職務の遂行の政治的中立性を保持することによって行政の中立的運営を確保し、これに対する国民の信頼を維持するという目的を達するための公務員の政治的行為の規制は必要やむを得ない限度に限られるべきであると述べ、現行法による公務員の政治的行為の規制が、必要やむを得ない規制となるか否かが問題であるとして、この点についての自己の見解を披瀝している。

② 刑罰の謙抑性

そして、刑罰は国権の作用による最も峻厳な制裁で公務員の政治的行為の自由の規制の程度の最たるものであって、処罰の対象とすることは極力謙抑的、補充的であるべきことが求められることに鑑みれば、この公務員の政治的行為の禁止違反という犯罪は、行政の中立的運営を保護法益とし、これに対する信頼自体は独立の保護法益とするものではなく、それのみが損なわれ

たにすぎない場合は行政内部での服務規律違反による懲戒処分をもって必要にして十分としてこれに委ねることとしたものと解すべきとする。

③　処罰対象の大幅な限定

そして、公務員の職務の遂行の政治的中立性が損なわれるおそれが実質的に認められるときにその法益侵害の危険が生ずるとの考えの下に、国家公務員法102条1項の政治的行為を前記のものと解することによって、処罰の対象は相当に限定されることになるのみならず、そのおそれが実質的に生ずるとは、公務員の政治的行為から窺われる政治的傾向がその職務の遂行に反映する機序あるいはその蓋然性について合理的に説明できる結び付きが認められる場合を指し、しかも、勤務外の政治的行為にはその結び付きは認められないと解すれば、公務員の職務の遂行の政治的中立性を損なうおそれが実質的に認められる場合は一層限定されることになると述べている。そして、かかる解釈によれば、政党その他の政治的団体の機関紙たる新聞その他の刊行物の配布は、前記の要件および範囲の下で大幅に限定されたもののみが本件罰則規定の構成要件に該当するのであるから、目的を達するための必要やむを得ない規制であると述べている。

(4) 規制対象の明確性

須藤意見も、国家公務員法102条1項の政治的行為についての前記の解釈は、憲法の趣旨の下での本件罰則規定の趣旨、目的に基づく厳格な構成要件解釈であり、通常行われている法解釈にすぎないとするものの、他面では、一つの限定的解釈といえなくもないと認めている。

しかし、第1に、公務員の政治的行為の自由に対する刑罰の制裁による規制は、公務員の重要な基本的人権の大なる制約である以上、それは職務の遂行の政治的中立性を損なうおそれが実質的に認められるものを指すと解するのは当然であり、したがって、規制の対象となるものとそうでないものとを明確に区別できないわけではないとする。

第2に、そのようなおそれが実質的に認められるか否かということは、公務員の政治的行為から窺われる政治的傾向が職務の遂行に反映する機序あ

第4章　公務員法（国家公務員の政治的行為の制限）

いは蓋然性について合理的に説明できる結び付きがあるか否かということを指すのであり、そのような判断は一般の国民からみてさほど困難なことではない上、勤務外の政治的行為はそのような結び付きがないと解されるから、規制の対象となるかどうかの判断を可能ならしめる相当に明確な指標の存在が認められるとする。したがって、一般の国民にとって具体的な場合に規制の対象となるかどうかを判断する基準を本件罰則規定から読み取ることができると述べている。

　以上を踏まえ、須藤意見は、本件罰則規定は、前記の厳格かつ限定的である解釈の限りで、憲法21条、31条に反しないと述べ、かかる限定的解釈により、法令違憲とはならないとする。

(5) 立法的措置を含めた国民的議論の必要性

　もっとも、須藤意見は、（ⅰ）前記のような限定的解釈は、文理を相当に絞り込んだ面があることは否定できないこと、（ⅱ）国家公務員法102条1項および本規則に対しては、規制の対象たる公務員の政治的行為が文理上広範かつ不明確であるがゆえに、当該公務員が文書の配布等の政治的行為を行う時点において刑罰による制裁を受けるか否かを具体的に予測することが困難であるから、犯罪構成要件の明確性による保障機能を損ない、その結果、処罰の対象にならない文書の配布等の政治的行為も処罰の対象になるのではないかとの不安から、必要以上に自己規制するなどいわゆる萎縮的効果が生ずるおそれがあるとの批判があること、（ⅲ）本件罰則規定が、懲戒処分を受けるべきものと犯罪として刑罰を科せられるべきものとを区別することなくその内容についての定めを人事院規則に委任していることは、犯罪の構成要件の規定を委任する部分に関する限り、憲法21条、31条等に違反し無効であるとする見解もあることを指摘する。

　そして、（ⅳ）このような批判の存在、（ⅴ）我が国の長い歴史を経ての国民の政治意識の変化、（ⅵ）公務員の政治的行為の規制について、地方公務員法には刑罰規定はないこと、（ⅶ）欧米諸国でも調査し得る範囲では刑罰規定は見受けられないことに鑑みると、国家公務員法102条1項および本規

則については、さらなる明確化やあるべき規制範囲・制裁手段について立法的措置を含めて広く国民の間で一層の議論が行われてよいと思われると付言している。

（6）犯罪構成要件該当性の否定

須藤意見は、結論として、Yの本件配布行為が政治的傾向を有する行為であることは明らかであるが、勤務時間外である休日に、国ないし職場の施設を利用せず、かつ、公務員としての地位を利用することも、公務員であることを明らかにすることもなく、しかも、無言で郵便受けに文書を配布したにとどまるものであって、Yは、いわば、一私人、一市民として行動しているとみられるから、それは勤務外のものであると評価されるとする。そして、Yの本件配布行為から窺われる政治的傾向がYの職務の遂行に反映する機序あるいは蓋然性について合理的に説明できる結び付きは認めることができず、公務員の職務の遂行の政治的中立性を損なうおそれが実質的に認められるとはいえないので、Yの管理職的地位の有無、その職務の内容や権限における裁量の有無等を検討するまでもなく、Yの本件配布行為は本件罰則規定の構成要件に該当しないというべきであり、Yを無罪とした原判決は、以上で述べた理由からして、結論において相当であると述べている。

7　評　釈

（1）世田谷事件との異同

① 共通点

国家公務員の政治的行為を理由とする刑事事件については、猿払事件大法廷判決に対する学説の強い批判があったためか、久しく起訴事案がなかった。しかし、本判決の事案においては国家公務員の政治的行為を理由とする約30年ぶりの起訴がなされ、大きな社会的関心を呼んだ。また、本件と近接して、厚生労働省の課長補佐による政党機関紙等の配布行為についても起訴がなされた（以下「世田谷事件」という）。世田谷事件については、1審の東京地判平成20・9・19刑集66巻12号1926頁[4]、控訴審の東京高判平成22・

5・13判タ1351号123頁⁽⁵⁾で有罪判決が出されたが、本判決の事案も世田谷事件も、国家公務員が休日に勤務場所と離れた場所で、国の施設を利用せず、組織的活動の一環としてでもなく、公務員を名乗ることもなく、無言で政党機関紙等を配布したという点で共通している。

② 相違点

しかし、原判決は無罪判決を出し、世田谷事件の控訴審判決は有罪判決を出し、東京高裁の判断が分かれた。両事案の相違は、Yが管理職的職員⁽⁶⁾に当たらず、裁量権を有しない職員であったのに対し、世田谷事件の被告人は管理職的職員であり、裁量権を有する点にのみあった。

③ 猿払事件大法廷判決との整合性

そして、猿払事件大法廷判決は、「本件行為のような政治的行為が公務員によつてされる場合には、当該公務員の管理職・非管理職の別、現業・非現業の別、裁量権の範囲の広狭などは、公務員の政治的中立性を維持することにより行政の中立的運営とこれに対する国民の信頼を確保しようとする法の目的を阻害する点に、差異をもたらすものではない」と判示しており、実際、検察官は原判決が猿払事件大法廷判決の判例に違反するとして上告していた。両事件が最高裁に上告されたため、最高裁は猿払事件の判例を変更せず、原判決は憲法の解釈を誤り判例に違反するものとして破棄するか、逆に、

---

(4) 世田谷事件における各審級の判決に対する評釈は、ほとんどがYを被告人とする本件における各審級の判決に対する評釈を併せて行っている。世田谷事件1審判決のみの評釈として、永山茂樹・法セ54巻2号122頁参照。

(5) 世田谷事件控訴審判決のみの評釈として、嘉門優・速報判例解説（法セ増刊）9号147頁参照。

(6) 国家公務員法108条の2第3項ただし書が定める「管理職員等」とは、「重要な行政上の決定を行う職員、重要な行政上の決定に参画する管理的地位にある職員、職員の任免に関して直接の権限を持つ監督的地位にある職員、職員の任免、分限、懲戒若しくは服務、職員の給与その他の勤務条件又は職員団体との関係についての当局の計画及び方針に関する機密の事項に接し、そのためにその職務上の義務と責任とが職員団体の構成員としての誠意と責任とに直接抵触すると認められる監督的地位にある職員その他職員団体との関係において当局の立場に立つて遂行すべき職務を担当する職員」であるため、一般の職員と同一の職員団体の構成員となることができない者を意味する。本判決がいう「管理職的職員」とは、この「管理職員等」におおむね対応するものと考えられる。

判例を変更し、原判決に対する上告を棄却するともに世田谷事件の控訴審判決を破棄するかのいずれを選択するかが注目されていた。ところが、最高裁は両事件を大法廷に回付せず、かつ、口頭弁論も開かないまま、判決言渡しを行う旨を通知したため、判例変更をせずに原判決を維持することがいかにして可能なのかに注目が集まった。

(2) 憲法適合解釈

本判決は、国家公務員法102条1項の政治的行為を、憲法の趣旨を踏まえ、「公務員の職務の遂行の政治的中立性を損なうおそれが、観念的なものにとどまらず、現実的に起こり得るものとして実質的に認められるもの」と限定的に解釈（憲法適合解釈）し、このように限定された意味での政治的行為について定めることが人事院規則に委任され、人事院規則14-7も、かかる限定された意味での政治的行為を定めていると解している。その上で、かかる意味での政治的行為を規制することによる利益と国家公務員の表現の自由が制約されることの不利益を比較衡量し、本件国家公務員法・人事院規則の諸規定による国家公務員の政治的行為の制限は合憲と判示している。

千葉補足意見によれば、本判決の多数意見は合憲限定解釈をしたものではなく、本件国家公務員法・人事院規則の諸規定を憲法適合的に解釈して、本件配布行為の構成要件該当性を否定したものであり、通常の法解釈とされている。確かに、裁判官分限法事件大法廷判決においても、裁判所法52条1号の「積極的に政治運動をすること」の意味について、「組織的、計画的又は継続的な政治上の活動を能動的に行う行為であって、裁判官の独立及び中立・公正を害するおそれがあるもの」と文理よりも限定的に解釈し、このように限定された意味での政治的行為の制限が憲法21条1項に違反するかを判断している。本判決も、国家公務員法102条1項の政治的行為について、文理解釈ではなく、憲法の趣旨を踏まえた限定解釈を行っている。

(3) 合憲限定解釈との優劣

確かに実定法を解釈するに当たり、文理にのみとらわれることなく、憲法の趣旨も踏まえて解釈することは適切であり、かかる憲法適合解釈を合憲限

定解釈と区別することは理論的には可能であろう。裁判官分限法事件大法廷判決も、この手法を採用していた。もっとも、合憲限定解釈は、「規制される政治的行為の範囲が広範であるため、これを合憲性が肯定され得るように限定するとしても、その仕方については、様々な内容のものが考えられるのであり、司法部としては、どのような限定が適当なのかは基準が明らかでなく判断し難いところであり、また、可能な複数の限定の中から特定の限定を選び出すこと自体、一種の立法的作用であって、立法府の裁量、権限を侵害する面も生じかねない」という千葉補足意見の指摘、原判決の採用した適用違憲の手法では、個々の事案や判断主体によって、違憲、合憲の結論が変わり得るものであるため、その規制範囲が曖昧となり、恣意的な適用のおそれも生じかねず、この手法では表現の自由に対する威嚇効果がなお大きく残ることになるという千葉補足意見の指摘が、憲法適合解釈には当てはまらないのかという点については、さらなる説明が望まれるようにも思われる[7]。

　本判決は、公務員の職務の遂行の政治的中立性を損なうおそれが実質的に認められるかどうかは、当該公務員の地位、その職務の内容や権限等、当該公務員がした行為の性質、態様、目的、内容等の諸般の事情を総合して判断するのが相当であるとし、総合判断に当たっての考慮事項も例示（当該公務員につき、指揮命令や指導監督等を通じて他の職員の職務の遂行に一定の影響を及ぼし得る地位（管理職的地位）の有無、職務の内容や権限における裁量の有無、当該行為につき、勤務時間の内外、国ないし職場の施設の利用の有無、公務員の地位の利用の有無、公務員により組織される団体の活動としての性格の有無、公務員による行為と直接認識され得る態様の有無、行政の中立的運営と直接相反する目的や内容の有無）されているが、世田谷事件

---

(7)　長谷部・前掲注（1）憲法判例百選Ⅰ（第6版）33頁は、原判決がとった適用違憲の手法と千葉補足意見にみられる憲法適合解釈の間に、規制範囲の曖昧さや恣意的な適用のおそれに関して径庭があるとは考えにくいと述べている。市川・前掲注（1）法時85巻5号71頁、前田・前掲注（1）173頁も同旨。

(8)　世田谷事件最高裁判決のみの評釈として、渡邉賢・速報判例解説（法セ増刊）13号233頁参照。

の上告審判決である最判平成24・12・7刑集66巻12号1722頁[8]においては、反対意見が付されており、憲法適合解釈によっても、国家公務員法102条1項の政治的行為に該当するか否かについて、最高裁裁判官の間でも見解が分かれ得るからである。

（4）猿払事件大法廷判決との関係

本判決に対しては、猿払事件大法廷判決を形式的には変更しなかったが、実質的には判例変更をしたという見方が少なくない[9]。猿払事件大法廷判決は、国家公務員法102条、人事院規則14-7（政治的行為）は、当該公務員の管理職・非管理職の別、現業・非現業の別、裁量権の範囲の広狭などを問わず、国家公務員の政治的行為を禁止するものと一般に理解されていたので、本判決が、管理職的地位になく、その職務の内容や権限に裁量の余地のない公務員によって、職務とまったく無関係に、公務員により組織される団体の活動としての性格もなく行われたものであり、公務員による行為と認識し得る態様で行われたものでもない行為は本件罰則規定の構成要件に該当しないと判示したことは、猿払事件大法廷判決の実質的修正ともみえるからである。

もっとも、猿払事件大法廷判決は、公務員の政治的中立性を損うおそれのある公務員の政治的行為を禁止することは、それが合理的で必要やむを得ない限度にとどまるものである限り、憲法の許容するところであるといわなければならないと述べているので、国家公務員法102条1項の政治的行為について、「公務員の政治的中立性を損うおそれ」のあるものに限定解釈する趣旨であり、猿払事件で問題になった行為は、「公務員の政治的中立性を損うおそれ」のあるものに当たることが明白であるので、この点について特に説明を加えなかったにすぎないと説明することも不可能とも言い切れず、本判決も、かかる解釈により、判例変更ではないと考えているようである。

（9）　たとえば、工藤・前掲注（1）5頁、木下・前掲注（1）16頁、渡邉・前掲注（8）235頁、大久保・前掲注（1）法時85巻5号61頁、木村・前掲注（1）法時85巻2号82頁参照。

（5）合憲性審査基準

① よど号事件新聞記事抹消事件大法廷判決の引用

　本判決は、本件罰則規定が憲法21条1項、31条に違反するかについて、本件罰則規定による政治的行為に対する規制が必要かつ合理的なものとして是認されるかどうかによることになるが、これは、本件罰則規定の目的のために規制が必要とされる程度と、規制される自由の内容および性質、具体的な規制の態様および程度等を較量して決せられるべきとして、よど号新聞記事抹消事件大法廷判決を先例として引用しており、いわゆる猿払基準を引用していない点も注目される。従前、猿払基準は、「厳格な違憲審査基準」ではなく、より緩やかな「合理的関連性の基準」であり、表現の自由の規制である以上、「厳格な違憲審査基準」を用いるべきであったという批判が少なくなかった。よど号新聞記事抹消事件大法廷判決は、監獄内の規律および秩序の維持のために被拘禁者の新聞紙、図書等の閲読の自由を制限する場合においても、それは、当該目的を達するために真に必要と認められる限度にとどめられるべきものであると判示しており、「厳格な違憲審査基準」をとったと一般に解されている。そうすると、国家公務員の政治的行為の違憲審査の基準も厳格化されたようにもみえる。

② 千葉補足意見における説明

　もっとも、この点についても、千葉補足意見によれば、近年の最高裁大法廷の判例においては、基本的人権を規制する規定等の合憲性を審査するに当たっては、「利益較量」の判断手法を採ることが多く、その際の判断指標として、事案に応じて一定の厳格な基準ないしはその精神を併せ考慮したものがみられるのであり、猿払事件大法廷判決の前記判示は、当該事案については、あえて厳格な審査基準を持ち出すまでもなく合憲であることが明らかであることから、当該事案における当該行為の性質・態様等に即して必要な限度での合憲の理由を説示したにとどめたものと解するべきであり、本判決とは事案を異にするので、政治的行為の規制の合憲性の審査基準を変更したわけではないとされている。

③ 実質的判例変更の可能性

しかし、猿払事件大法廷判決における「公務員の政治的中立性」が「公務員の職務の遂行の政治的中立性」という文言に置き換わっていること、間接的・付随的規制論への言及がないこと、Y以外の他の国家公務員も同様の政治的行為を行うことによる累積的波及的弊害論にも言及がないこと[10]などに照らすと、最高裁は、猿払事件大法廷判決への学説の強い批判を受けて、部分的な修正を行ったようにもみえる。

(6) 世田谷事件最高裁判決との関係

最高裁は、本判決、世田谷事件最高裁判決、猿払事件大法廷判決の間に矛盾がないという立場をとっていることは明らかである。まず、本判決の事案と世田谷事件の事案を比較してみると、国家公務員が休日に勤務場所と離れた場所で、国の施設を利用せず、組織的活動の一環としてでもなく、公務員を名乗ることもなく、無言で政党機関紙等を配布したという点では共通しているものの、前者では、管理職的職員ではなく職務に裁量の余地がなかったのに対し、後者では、管理職的職員であって職務において裁量権を有していた点が異なっており、この点が結論を分ける理由になっている。

(7) 猿払事件大法廷判決との関係

他方、猿払事件大法廷判決の事案においては、非管理職である現業公務員でその職務内容が機械的労務の提供にとどまる者により、勤務時間外に、国の施設を利用することなく、かつ、職務を利用せず、またはその公正を害する意図もなく、労働組合活動の一環として行われた選挙用ポスターの掲示および配布が違法として起訴されており、本判決の事案といかに区別したのかが問題になる。

本判決は、この点について、特定の地区の労働組合協議会事務局長である郵便局職員が、同協議会の決定に従って選挙用ポスターの掲示や配布をした

---

[10] もっとも、本件では、この意味での累積的波及的弊害論に言及する必要がなかったので、あえて言及することはしなかったとも解し得ることにつき、岩崎・前掲注(1)ジュリ1458号76頁参照。

ものであるところ、これは、前記協議会の構成員である職員団体の活動の一環として行われ、公務員により組織される団体の活動としての性格を有するものであり、勤務時間外の行為であっても、その行為の態様からみて当該地区において公務員が特定の政党の候補者を国政選挙において積極的に支援する行為であることが一般人に容易に認識され得るようなものであった点で、本判決の事案とは区別されるとする[11]。職員団体の活動の一環としての行為であることを違法性を否定する方向で考慮する裁判例もあるが(東京高判昭和47・4・5判時665号29頁)、本判決は、職員団体の組織的活動であることの違法性を肯定する要素として斟酌している[12]。

(8) 実質説

以上のように、最高裁は、前記の三つの最高裁判決を矛盾なく説明することが可能であるという立場をとっているが、勤務時間外に、勤務場所と離れた場所で、国の施設を利用せず、公務員を名乗ることもなく行った政治的行為は、一市民としての行為とみざるを得ず、国家公務員も一市民として政治的行為を行うことを憲法上の権利として保障されている。管理職的職員であって職務上の裁量権を有する者であっても、一市民として政治的行為を行ったことと、公務員の職務の遂行の政治的中立性が損なわれることは直結しないと思われる。世田谷事件最高裁判決は、勤務外で政治的行為を行う管理職的職員は、職務の遂行においても、職務における裁量権の行使を通じて、

---

(11) 1審判決へのコメントの中で、猿払事件大法廷判決と本件をこの観点から区別し、猿払事件大法廷判決の射程外として判決を下すべきであったと主張していたものとして、市川・前掲注(2)372頁参照。

(12) 猿払事件大法廷判決も、労働組合(職員団体)としての活動であることを違法性を強める要素として考慮していたが、川田・前掲注(1)194頁は、政治活動は労働組合の正当な目的に含まれる活動であることや、政治活動の場面における労働組合の統制権は、個々の組合員に対する具体的な行為の強制には及ばないと考えられていることについて十分な考慮が払われるべきであり、労働組合(職員団体)としての活動であることを単一の事案類型ととらえて一律に政治的行為の規制を許容する方向で考慮することは適切ではなく、より細分化した類型化の下で規制対象となるべき事案を選別すべきと指摘している。

(13) 曽根・前掲注(2)246頁参照。また、「保護法益の抽象化」「法益保護の早期化」という観点から、この問題を論ずるものとして、曽根・前掲注(2)234頁参照。

行政の中立的運営に影響を及ぼす蓋然性があると考えているようであるが、かかる抽象的危険性を理由として刑罰を科すことに対しては、抽象的危険犯について近年有力な実質説に照らし、問題が指摘されている[13]。

（9）法律による行政の原理

そもそも議院内閣制において府省の主任の大臣は、府省を統括し、職員を統督し、広範な裁量的権限を有しているが[14]、法律による行政の原理に拘束され、行政作用を行うに当たり、裁量的権限に政治的配慮を持ち込むことは一般には許容されない。すなわち、一般的には、行政作用を行うに当たり、政治的配慮を行うことは他事考慮になり、裁量権の逸脱濫用として当該行政作用は違法になる。主任の大臣は特別職の公務員であるが、大臣としての立場を離れて政治家として政治的行為を行うことと、大臣として、法律による行政の原理に従い、公正中立に法律を執行することは両立するという前提に立ち、万一、政治的配慮が他事考慮として行われ、それにより権利利益を侵害された者がいる場合（野党の支持者であることを理由として給付を拒否された場合等）には、裁量権の逸脱濫用として当該処分の取消しを求めたり、国家賠償請求をしたりすることが認められている[15]。

（10）政治的中立性を損なうおそれの実質性

一般職の国家公務員の場合も、政治的行為を行う自由は有しており、政治的団体に加入することも禁止されていないが、行政の中立的運営とそれへの国民の信頼の確保を理由として、政治的行為について一定の制限を受けることはやむを得ないことであるし、公務員が政治的理由で職権を濫用することが許されないことは当然である。もっとも、国家公務員が休日に勤務場所と離れた場所で、国の施設を利用せず、組織的活動の一環としてでもなく、公務員を名乗ることもなく、無言で政党機関紙等を配布したような場合には、公務員の職務の遂行の政治的中立性を損なうおそれが実質的に認められると

---

(14) 宇賀克也・行政法概説Ⅲ（第3版）（有斐閣、2012年）169頁参照。
(15) 経済的目的で輸出管理を認めた輸出貿易管理令に基づき、政治的理由で輸出不承認処分を行ったことが違法としたものとして、東京地判昭和44・7・8行集20巻7号842頁参照。

はいえず、本判決の結論は妥当と考えられる。他方、世田谷事件最高裁判決の事案の場合、管理職的職員で職務上、裁量権を有することのみで、異なる結論に至っているが、須藤裁判官の反対意見で述べられている「被告人の本件配布行為からうかがわれる政治的傾向が被告人の職務の遂行に反映する機序あるいは蓋然性について合理的に説明できる結び付き」の十分な論証はなされていないように思われる[16]。

---

(16) 木村・前掲注（1）法時85巻2号81頁は、勤務外の政治的傾向が職務内容に現れる危険が生ずると認定するためには、私的な政治活動をする者は政治的に偏向した職務を行うという前提を置かざるを得ず、かかる前提には合理性はないと述べている。

事項索引

あ
アクセス・ログ………………………………113

い
慰謝料………………………………………339
位置基準……………………………163, 167, 176
一日校長事件………………………………305, 313
一般競争入札………………………………146
違法性相対説………………………………323, 345
違法性同一説………………………………323, 345
違法性の承継………………………………234
違法の抗弁…………………………………235
インカメラ手続……………………………210

う
宇治市住民基本台帳データ大量漏えい事
　件…………………………………………108

お
公の施設……………………………………264, 266
小田急高架化事件…………………………171

か
戒告処分……………………………………225
開示請求権…………………………………113
回収不能確定時補填型……………………285
格付け………………………………………147
確定訴訟記録………………………………55
確認訴訟……………………………………242
確認の利益…………………………………228, 249
監査請求前置………………………………298
間接強制調査権限…………………………215
間接的・付随的規制論……………………374
管理職的職員………………………………369, 374
関連請求……………………………………185

き
議員野球大会事件…………………………230
期間税………………………………………5, 9, 16
基幹統計調査………………………………195
起訴議決……………………………………116, 131
起訴強制制度………………………………118
起訴独占主義………………………………117
起訴猶予処分………………………………126
既判力………………………………………241, 278
基本4情報…………………………………103, 105
客観的出訴期間……………………………186
競願者訴訟…………………………………157
競業者訴訟…………………………………157
教示…………………………………………183
行政機関の保有する情報の公開に関する
　法律………………………………………34
行政財産……………………………………262, 271
行政手続における特定の個人の識別をす
　るための番号の利用等に関する法律………106
行政手続法…………………………………24
行政の自己拘束……………………………25
競争的随意契約……………………………146
京都府学連事件大法廷判決………………98
規律密度……………………………………175

く
訓令的職務命令……………………………235

け
刑事確定訴訟記録の閲覧…………………50
刑事確定訴訟記録法………………………56
形式秘………………………………………210
刑事参考記録………………………………61
刑事訴訟記録………………………………55
刑事訴訟の排他的管轄……………………121, 128, 132, 246
刑事訴訟法…………………………………55
結果不法説…………………………………323

事項索引

厳格な違憲審査基準……………………111, 373
厳格な合理性の審査基準…………………359
減給処分……………………………………225
権限規範……………………………………327
原告適格……………………………………151, 162
検索キー……………………………………106
原処分主義…………………………141, 181, 183, 189
憲法適合解釈………………………………370
憲法判断回避の準則………………………362
権利対価補償………………………………262
権利濫用……………………………………50

こ

行為規範……………………………………327
公益上の義務的開示………………………44, 48
合憲限定解釈………………………………360, 370
合憲性審査基準……………………………359, 373
抗告訴訟……………………………………135, 246
拘束力………………………………………278
公訴の提起…………………………………117, 129, 131
江沢民国家主席講演会参加者名簿事件…102
公定力………………………………………332, 336
公募…………………………………………138, 143
公務秘密文書………………………………208
合理性の基準………………………………111
合理的関連性の基準………………………359
効力規定……………………………………275
告知要求制限………………………………93
個人情報保護条例…………………………68, 79, 113
個人番号……………………………………106
国家訴追主義………………………………125
国家賠償制度の機能………………………344
個別事情考慮義務…………………………26
個別保護要件………………………………161, 163, 166, 175

さ

在外邦人選挙権制限訴訟…………………242
再審保存記録………………………………57, 60
裁判官分限法事件…………………………352, 370
裁判上保護に値する利益説………………174
裁判を受ける権利…………………………119
債務保証……………………………………272
削除請求……………………………………78

差止訴訟……………………………219, 222, 239, 242
猿払基準……………………………………353, 373
猿払事件……………………………351, 353, 357, 369, 372, 374

し

自己情報決定権……………………………101
自己情報コントロール権…………………95, 100
自己責任……………………………………327
事実…………………………………………83
支出負担行為………………………………316
支出命令……………………………………316
私人訴追主義………………………………125
施設譲渡方式………………………………136, 138
実質説………………………………………375
実質秘………………………………………210
指定管理者…………………………………142
指定管理者方式……………………………136, 138
指定情報処理機関…………………………91, 99
指定統計調査………………………………195
指定弁護士…………………………………116, 118
指名…………………………………………147
指名回避……………………………………149
指名入札……………………………………148
重大損害要件………………………………222, 237
重大明白説…………………………………311
周辺環境調和基準…………………………163, 169
住民基本台帳カード………………………110
住民基本台帳ネットワークシステム……89
住民訴訟……………………………………251, 284
住民票………………………………………90, 105
住民票コード………………………………89, 105
主観的出訴期間……………………………186
ジュース事件………………………………151
首長制………………………………………314
主張立証責任………………………………104
出訴期間……………………………………179, 185, 187
守秘義務……………………………195, 197, 202, 212
使用許可……………………………………261
職務行為基準説……………………………322, 324
職務上知ることのできた秘密……………210
職務上の秘密………………………………210
職務責任……………………………………327
職務命令……………………………221, 234, 306, 311
処分基準……………………………………22, 28

事項索引

処分性 …………………… 136, 143, 147, 220, 229, 234
人格権 …………………………………… 78, 94
信義則 …………………………………… 277, 284
申告納税制度 ………………………………… 322
申告納税方式 ………………………………… 337
審査基準 …………………………………… 31
真正遡及効 ………………………………… 16

す
随意契約 ………………………………… 142, 275

せ
生活環境 …………………………………… 166
セキュリティ ………………………………… 91
世田谷事件 ………………………………… 368, 374
専決 …………………………………… 303, 306
センシティブ情報 ……………………………… 103
選択裁量 …………………………………… 25, 31

そ
相関関係説 ………………………………… 324
遡及適用 ………………………………… 2, 3, 9, 13
遡及立法 …………………………………… 4, 10
組織的過失 ………………………………… 327
訴訟経済 …………………………………… 28
損益通算 ………………………………… 3, 5, 10
損失補償 ………………………………… 280, 287
損失補償契約 ………………………………… 272

た
第3セクター ………………………………… 282
代位責任 …………………………………… 327
代決 …………………………………… 306
他事考慮 ………………………………… 161, 376

ち
抽象的危険犯 ………………………………… 352, 376
調査義務 …………………………………… 74
調査権限 …………………………………… 83
調査票情報 ………………………………… 194, 202

聴聞手続 …………………………………… 28

つ
通告処分 …………………………………… 133
通達 …………………………………… 220, 229

て
停職処分 …………………………………… 225
訂正権限 …………………………………… 71, 80
訂正請求 …………………………………… 68
訂正の措置 …………………………………… 82
適正配置規定 ………………………………… 158, 159
適用違憲 …………………………………… 353, 362
データマッチング ……………………………… 96, 106
撤回 …………………………………… 261
手続的瑕疵 …………………………………… 267

と
当該職員 …………………………………… 303, 313
当事者訴訟 ……………………… 135, 150, 227, 242, 247
特定人基準 …………………………………… 213
特別の犠牲 …………………………………… 260
特許 …………………………………… 165, 175
取消訴訟の排他的管轄 ………………… 234, 332, 338

に
新潟空港事件 ………………………………… 151
二元的代表制 ………………………………… 314

の
納税者 …………………………………… 10

は
派遣 …………………………………… 307
浜松市土地区画整理事業事件 ………………… 234
犯罪被害者等の権利利益の保護を図るための刑事手続に付随する措置に関する法律 …………………………………… 62
反射的不利益 ………………………………… 252

381

事項索引

反射的利益……………………159, 260, 266
反則金納付通告…………………………133

ひ
非訓令的職務命令………………………235
非申請型義務付け訴訟…………………141
秘密保持義務……………………………91
秘密保持条項……………………………36
比例原則…………………………………240

ふ
賦課課税方式………………337, 343, 346
不起訴処分………………………………125
不起訴相当議決…………………………131
符号（リンクコード）…………………106
不告不理の原則…………………………128
不真正遡及効……………………………16
付審判決定………………………………130
付審判請求………………………………129
付審判請求制度…………………………118
付随的損失………………261, 262, 265
普通財産…………………………………261
不服申立前置……………………………337
不服申立前置主義………………………344
部分開示…………………………………65
不変期間…………………………………189
プライバシー…………………51, 65, 99, 101
プライバシー侵害………………………91
ブラインド化……………………………203
ブランダイス・ルール…………………362
不利益処分………………………………21
不履行債務即時補填型…………………285
文書提出命令………………………191, 208

へ
変更情報……………………………103, 105

ほ
妨害排除請求……………………………94
防御権……………………………………100
法人に対する政府の財政援助の制限に関する法律……………………………272
法定外抗告訴訟……………219, 226, 227
法律上の争訟………………………125, 131
法律上の利益……………………………224
法律上保護された利益説…………151, 174
法律による行政の原理…………………376
保護範囲要件……………………………159
補充性要件……………………224, 226, 238
保証…………………………………280, 287
補償金…………………………254, 258, 259
保証契約…………………………………272
補助金……………………253, 258, 261, 266, 267
本人確認情報……………………90, 98, 101
本人確認情報保護委員会…………92, 99
本人通知制度……………………………113

ま
マイナポータル…………………………114
マイナンバー……………………………114
マスターキー……………………………103

み
みなし公務員……………………………119

む
無効の瑕疵………………………………332

め
明白の原則………………………………6, 9
名誉………………………………………52
免職処分…………………………………224

も
目的外使用………………………………265
目的外利用……………………96, 109, 195
目的外利用・提供……………………91, 92
目的の変更………………………………110
目的論的解釈……………………………291
模索的立証………………………………205
もんじゅ事件……………………………151

よ

要件裁量……………………………………25
予算執行職員………………………………305
予測可能性………………………………8, 17
よど号事件新聞記事抹消事件…………355, 373

り

利益較量……………………………359, 373

立証責任……………………………73, 338, 345
立法裁量……………………………………10
理由提示……………………………………21
利用目的の明示の原則……………………111

る

累積的波及的弊害論………………………374

判例索引

〔最高裁判所〕

最大判昭和27・12・24民集 6 巻11号1214頁	125
最大決昭和28・12・22刑集 7 巻13号2595頁	129, 247
最判昭和30・12・26民集 9 巻14号2082頁	249
最大判昭和33・2・17刑集12巻 2 号253頁	64
最判昭和34・8・18民集13巻10号1286頁	158
最判昭和35・7・12民集14巻 9 号1744頁	146
最判昭和36・4・21民集15巻 4 号850頁	335
最判昭和37・1・19民集16巻 1 号57頁	158
最判昭和41・1・13集民82号21頁	131
最大判昭和41・7・20刑集20巻 6 号1217頁	245
最大判昭和43・11・27刑集22巻12号1402頁	260
最判昭和43・12・24民集22巻13号3147頁	232
最判昭和43・12・24民集22巻13号3254頁	157
最大判昭和44・12・24刑集23巻12号1625頁	98, 101
最大判昭和46・1・20民集25巻 1 号 1 頁	146
最判昭和46・6・24民集25巻 4 号574頁	255
最判昭和47・4・20民集26巻 3 号507頁	133
最判昭和47・11・30民集26巻 9 号1746頁	246
最判昭和49・2・5民集28巻 1 号 1 頁	260, 262, 264, 265
最大判昭和49・11・6 刑集28巻 9 号393頁	351
最判昭和52・2・17民集31巻 1 号50頁	189
最決昭和52・8・25刑集31巻 4 号803頁	130
最決昭和52・12・19刑集31巻 7 号1053頁	210
最判昭和53・3・14民集32巻 2 号211頁	151
最判昭和53・5・26民集32巻 3 号689頁	324
最決昭和53・5・31刑集32巻 3 号457頁	210
最大判昭和53・7・12民集32巻 5 号946頁	13, 16
最判昭和56・4・14民集35巻 3 号620頁	101
最判昭和57・2・23民集36巻 2 号154頁	341
最判昭和57・7・15民集36巻 6 号1169頁	133, 248
最大判昭和58・6・22民集37巻 5 号793頁	355
最判昭和59・12・4 集民143号263頁	158
最大判昭和60・3・27民集39巻 2 号247頁	10
最判昭和62・2・20民集41巻 1 号122頁	298
最判昭和62・4・10民集41巻 3 号239頁	313
最判昭和62・5・19民集41巻 4 号687頁	276
最判昭和63・1・21判時1270号67頁	262
最判昭和63・3・10判時1270号73頁	309
最判平成元・2・17民集43巻 2 号56頁	151
最大判平成元・3・8 民集43巻 2 号89頁	64

最判平成元・7・4訟月36巻1号137頁……………………………………………………246
最決平成2・2・16判時1340号145頁……………………………………………………63
最判平成2・2・20判時1380号94頁………………………………………………………126
最判平成3・12・20民集45巻9号1455頁…………………………………………………313
最判平成4・9・22民集46巻6号571頁………………………………………………151, 177
最判平成4・11・26民集46巻8号2658頁…………………………………………………134
最判平成4・12・15民集46巻9号2753頁…………………………………………………305
最判平成5・3・11民集47巻4号2863頁…………………………………………………320
最判平成5・6・25集民169号175頁………………………………………………………159
最判平成6・9・27判時1518号10頁………………………………………………………172
最判平成7・9・5集民176号563頁………………………………………………………101
最判平成7・12・15刑集49巻10号842頁…………………………………………………101
最判平成9・1・28民集51巻1号250頁……………………………………………………151
最判平成9・9・30判時1620号50頁………………………………………………………309
最大決平成10・12・1民集52巻9号1761頁………………………………………………352
最判平成10・12・17民集52巻9号1821頁…………………………………………………172
最判平成12・3・17判時1708号62頁………………………………………………………172
最決平成13・2・23判例集不登載……………………………………………………………170
最判平成13・11・27判時1771号67頁………………………………………………………45
最大判平成14・9・11民集56巻7号1439頁………………………………………………343
最判平成14・9・24判タ1106号72頁………………………………………………………101
最判平成15・1・17民集57巻1号1頁…………………………………………………230, 294
最決平成15・1・24判例集不登載……………………………………………………………308
最判平成15・9・12民集57巻8号973頁……………………………………………………102
最決平成16・2・20集民213号541頁………………………………………………………201
最判平成16・12・17判時1892号14頁………………………………………………………340
最判平成17・3・10判時1894号3頁…………………………………………………………308
最判平成17・7・15民集59巻6号1661頁………………………………………………157, 161
最決平成17・7・22民集59巻6号1888頁……………………………………………………200
最判平成17・9・8集民217号709頁……………………………………………………157, 160
最大判平成17・9・14民集59巻7号2087頁…………………………………………………242
最決平成17・10・14民集59巻8号2265頁…………………………………………………198
最判平成17・10・25集民218号91頁…………………………………………………………157
最大判平成17・12・7民集59巻10号2645頁………………………………………………171
最大判平成18・3・1民集60巻2号587頁……………………………………………………13
最決平成18・3・9判例集不登載……………………………………………………………284
最判平成18・3・10判時1932号71頁…………………………………………………………68
最判平成18・10・26判時1953号122頁……………………………………………………150
最決平成19・9・21金法1830号23頁………………………………………………………284
最判平成19・10・19判時1993号3頁………………………………………………………151
最判平成20・3・6民集62巻3号665頁………………………………………………………97
最決平成20・6・24刑集62巻6号1842頁……………………………………………………60
最大判平成20・9・10民集62巻8号2029頁…………………………………………………234
最決平成21・5・28判例集不登載……………………………………………………………171
最決平成21・9・29刑集63巻7号919頁………………………………………………………60

385

最判平成21・10・15民集63巻8号1711頁	166
最判平成22・2・23判時2076号40頁	259
最判平成22・6・3民集64巻4号1010頁	330
最決平成22・11・25民集64巻8号1951頁	116, 247
最判平成23・6・7民集65巻4号2081頁	21
最判平成23・6・14民集237号21頁	141
最判平成23・9・22民集65巻6号2756頁	2
最判平成23・9・30民集237号519頁	18
最判平成23・10・14裁判集民238号57頁	34
最判平成23・10・27判時2133号3頁	279
最判平成24・1・16判時2147号127頁	225
最決平成24・6・28刑集66巻7号686頁	50
最判平成24・11・20民集66巻11号3521頁	179
最判平成24・12・7刑集66巻12号1337頁	350
最判平成24・12・7刑集66巻12号1722頁	372
最判平成25・1・11判時2177号35頁	248
最決平成25・4・19判時2194号13頁	191
最判平成26・1・28民集68巻1号49頁	158

〔高等裁判所〕

東京高判昭和42・11・21判時509号26頁	131
東京高判昭和47・4・5判時665号29頁	375
札幌高判昭和53・5・24高民31巻2号231頁	327
名古屋高判昭和58・4・27判時1082号24頁	262
大阪高判昭和58・6・29税務訴訟資料130号878頁	320
高松高判昭和60・7・31税務訴訟資料146号454頁	325
名古屋高判昭和61・11・26税務訴訟資料154号686頁	326
東京高判昭和62・2・26行集38巻2=3号163頁	51
東京高判昭和63・3・24判時1268号15頁	79
大阪高判平成元・3・28民集47巻4号2976頁	321
東京高判平成3・7・30判時1413号39頁	265
東京高判平成11・6・1判例集不登載	170
東京高判平成12・4・26判例自治208号29頁	308
大阪高判平成12・6・27判例集不登載	308
高松高判平成12・9・28判時1751号81頁	149
高松高判平成12・9・28民集57巻1号66頁	298
福岡高判平成12・10・26判タ1066号240頁	308
東京高判平成13・6・14判時1757号51頁	31
大阪高判平成13・7・13判タ1101号92頁	72
東京高判平成13・11・20判時1786号46頁	317
大阪高判平成13・12・25判例自治265号11頁	102
東京高判平成14・11・12判例集不登載	170
東京高判平成15・11・27判時1850号41頁	215
福岡高判平成16・2・27判例集不登載	284

広島高岡山支決平成16・4・6判時1874号69頁································200
東京高決平成16・5・6判時1891号56頁·····································215
札幌高判平成16・7・15判例自治265号31頁··································266
福岡高判平成17・7・26判タ1210号120頁····································149
東京高判平成17・9・13判例自治301号52頁··································155
福岡高判平成17・11・30判例自治279号88頁·································256
福岡高判平成18・7・14判タ1253号141頁·····································149
大阪高判平成18・11・30民集62巻3号777頁····································95
名古屋高金沢支判平成18・12・11判時1962号40頁····························107
福岡高判平成19・2・19判タ1255号232頁·····································284
大阪高判平成19・10・19判例集不登載···44
仙台高判平成19・10・31判タ1272号133頁····································149
名古屋高判平成19・11・15判例集不登載·······································38
東京高決平成20・2・19判タ1300号293頁····································200
大阪高判平成20・3・6判時2019号17頁······································165
東京高判平成20・4・17判例集不登載···171
福岡高判平成20・10・21判時2035号20頁······································17
札幌高判平成20・11・13民集65巻4号2138頁··································24
東京高判平成20・12・4民集65巻6号2891頁·····································9
東京高判平成21・3・11訟月56巻2号176頁····································18
名古屋高判平成21・3・13民集64巻4号1097頁································333
東京高判平成21・9・30判例集不登載··44
札幌高判平成21・11・27判例集不登載··138
大阪高判平成22・1・28判例集不登載···285
東京高判平成22・3・29判タ1340号105頁····································352
東京高判平成22・5・13判タ1351号123頁····································368
東京高判平成22・8・30判時2089号28頁·····································273
東京高決平成22・10・22民集64巻8号1970頁·································121
東京高判平成23・1・28判時2113号30頁·····································219
東京高決平成23・5・17判タ1370号239頁····································200
福岡高判平成23・5・24判例自治353号62頁··································267
広島高判平成23・9・14民集66巻11号3545頁·································182
広島高決平成24・11・16判例集不登載··193

〔地方裁判所〕

静岡地判昭和33・11・11行集9巻11号2542頁·································129
大阪地判昭和35・12・19訟月7巻2号447頁···································324
高松地判昭和36・4・27訟月7巻6号1220頁···································324
札幌地判昭和38・2・5行集14巻2号359頁····································131
東京地判昭和39・3・11訟月10巻4号620頁···································324
東京地判昭和39・6・19下民15巻6号1438頁··································327
長野地判昭和40・2・16訟月11巻5号734頁···································324
大阪地判昭和40・11・30訟月12巻3号367頁··································324
横浜地判昭和41・4・6行集17巻4号319頁····································131

387

津地判昭和43・3・21訟月14巻7号753頁⋯⋯⋯⋯⋯⋯⋯⋯⋯⋯⋯⋯⋯⋯⋯⋯⋯⋯324
東京地判昭和44・7・8行集20巻7号842頁⋯⋯⋯⋯⋯⋯⋯⋯⋯⋯⋯⋯⋯⋯⋯⋯376
東京地判昭和45・1・28下民21巻1=2号32頁⋯⋯⋯⋯⋯⋯⋯⋯⋯⋯⋯⋯⋯⋯⋯327
東京地判昭和46・11・8行集22巻11=12号1785頁⋯⋯⋯⋯⋯⋯⋯⋯⋯⋯⋯⋯⋯232
岡山地津山支判昭和48・4・24判時757号100頁⋯⋯⋯⋯⋯⋯⋯⋯⋯⋯⋯⋯⋯⋯327
東京地判昭和50・5・29訟月21巻7号1542頁⋯⋯⋯⋯⋯⋯⋯⋯⋯⋯⋯⋯⋯⋯⋯325
名古屋地判昭和53・4・28判時926号41頁⋯⋯⋯⋯⋯⋯⋯⋯⋯⋯⋯⋯⋯⋯⋯⋯262
横浜地判昭和53・9・27判時920号95頁⋯⋯⋯⋯⋯⋯⋯⋯⋯⋯⋯⋯⋯⋯⋯⋯⋯262
福岡地判昭和55・2・28訟月26巻4号606頁⋯⋯⋯⋯⋯⋯⋯⋯⋯⋯⋯⋯⋯⋯⋯325
鳥取地判昭和55・3・13判時969号103頁⋯⋯⋯⋯⋯⋯⋯⋯⋯⋯⋯⋯⋯⋯⋯⋯346
浦和地判昭和55・12・24判時1009号46頁⋯⋯⋯⋯⋯⋯⋯⋯⋯⋯⋯⋯⋯⋯⋯⋯266
奈良地判昭和57・3・29税務訴訟資料122号733頁⋯⋯⋯⋯⋯⋯⋯⋯⋯⋯⋯⋯⋯320
京都地判昭和59・9・18行集35巻9号1366頁⋯⋯⋯⋯⋯⋯⋯⋯⋯⋯⋯⋯⋯⋯270
東京地判昭和59・10・30判時1137号29頁⋯⋯⋯⋯⋯⋯⋯⋯⋯⋯⋯⋯⋯⋯⋯⋯79
松山地判昭和60・3・27税務訴訟資料144号924頁⋯⋯⋯⋯⋯⋯⋯⋯⋯⋯⋯⋯⋯325
東京地判昭和61・2・26行集37巻1=2号245頁⋯⋯⋯⋯⋯⋯⋯⋯⋯⋯⋯⋯⋯⋯51
名古屋地判昭和61・2・26税務訴訟資料150号334頁⋯⋯⋯⋯⋯⋯⋯⋯⋯⋯⋯325
奈良地判昭和61・7・30民集47巻4号2962頁⋯⋯⋯⋯⋯⋯⋯⋯⋯⋯⋯⋯⋯⋯321
千葉地判昭和62・11・9判時1303号64頁⋯⋯⋯⋯⋯⋯⋯⋯⋯⋯⋯⋯⋯⋯⋯⋯265
東京地判昭和62・12・14判時1260号69頁⋯⋯⋯⋯⋯⋯⋯⋯⋯⋯⋯⋯⋯⋯⋯326
水戸地土浦支判平成元・4・27判タ707号272頁⋯⋯⋯⋯⋯⋯⋯⋯⋯⋯⋯⋯⋯⋯59
東京地判平成元・11・16判タ732号209頁⋯⋯⋯⋯⋯⋯⋯⋯⋯⋯⋯⋯⋯⋯⋯⋯126
静岡地沼津支決平成元・12・7判時1334号239頁⋯⋯⋯⋯⋯⋯⋯⋯⋯⋯⋯⋯⋯66
名古屋地決平成2・6・30判時1452号19頁⋯⋯⋯⋯⋯⋯⋯⋯⋯⋯⋯⋯⋯⋯⋯⋯59
東京地判平成3・8・27判時1425号94頁⋯⋯⋯⋯⋯⋯⋯⋯⋯⋯⋯⋯⋯⋯⋯⋯271
東京地判平成8・2・28判例自治150号33頁⋯⋯⋯⋯⋯⋯⋯⋯⋯⋯⋯⋯⋯⋯⋯270
大阪地判平成9・7・17判例自治173号51頁⋯⋯⋯⋯⋯⋯⋯⋯⋯⋯⋯⋯⋯⋯⋯312
宮崎地都城支判平成10・1・28判時1661号123頁⋯⋯⋯⋯⋯⋯⋯⋯⋯⋯⋯⋯⋯147
東京地判平成10・10・20判時1679号20頁⋯⋯⋯⋯⋯⋯⋯⋯⋯⋯⋯⋯⋯⋯⋯170
浦和地判平成11・3・1判タ1021号136頁⋯⋯⋯⋯⋯⋯⋯⋯⋯⋯⋯⋯⋯⋯⋯⋯79
新潟地判平成11・6・10判例自治208号37頁⋯⋯⋯⋯⋯⋯⋯⋯⋯⋯⋯⋯⋯⋯308
大阪地判平成11・11・10判例集不登載⋯⋯⋯⋯⋯⋯⋯⋯⋯⋯⋯⋯⋯⋯⋯⋯⋯308
徳島地判平成11・11・26判タ1037号141頁⋯⋯⋯⋯⋯⋯⋯⋯⋯⋯⋯⋯⋯⋯⋯295
東京地判平成12・3・22判例自治214号25頁⋯⋯⋯⋯⋯⋯⋯⋯⋯⋯⋯⋯⋯⋯147
大分地判平成12・4・10判例自治227号13頁⋯⋯⋯⋯⋯⋯⋯⋯⋯⋯⋯⋯⋯⋯308
秋田地判平成12・4・28判タ1061号170頁⋯⋯⋯⋯⋯⋯⋯⋯⋯⋯⋯⋯⋯⋯⋯308
福島地判平成12・9・5判タ1061号155頁⋯⋯⋯⋯⋯⋯⋯⋯⋯⋯⋯⋯⋯⋯⋯308
千葉地判平成12・9・20判例自治211号32頁⋯⋯⋯⋯⋯⋯⋯⋯⋯⋯⋯⋯⋯⋯308
山形地判平成12・10・31判タ1105号151頁⋯⋯⋯⋯⋯⋯⋯⋯⋯⋯⋯⋯⋯⋯⋯308
札幌地判平成12・11・27判例集不登載⋯⋯⋯⋯⋯⋯⋯⋯⋯⋯⋯⋯⋯⋯⋯⋯⋯308
京都地判平成12・12・15判例集不登載⋯⋯⋯⋯⋯⋯⋯⋯⋯⋯⋯⋯⋯⋯⋯⋯⋯69
横浜地判平成13・4・18判例自治217号37頁⋯⋯⋯⋯⋯⋯⋯⋯⋯⋯⋯⋯⋯⋯266
大阪地決平成13・5・2判時1771号100頁⋯⋯⋯⋯⋯⋯⋯⋯⋯⋯⋯⋯⋯⋯⋯208
神戸地判平成13・9・12判例自治228号16頁⋯⋯⋯⋯⋯⋯⋯⋯⋯⋯⋯⋯⋯⋯315
旭川地判平成14・1・29判例自治265号37頁⋯⋯⋯⋯⋯⋯⋯⋯⋯⋯⋯⋯⋯⋯266

判例	頁
福岡地判平成14・3・25判例自治233号12頁	284
東京地判平成14・4・25判例集不登載	170
津地判平成14・7・25判タ1145号133頁	149
徳島地判平成14・9・4判例集不登載	149
東京地決平成15・2・14判時1816号166頁	59
横浜地川崎支決平成15・8・14判タ1151号316頁	66
大分地判平成16・1・19判時1874号113頁	271
大阪地判平成16・2・27民集62巻3号760頁	89
徳島地判平成16・5・11判例自治280号17頁	149
東京地判平成16・6・25判タ1203号122頁	79
熊本地判平成16・7・16判例自治279号103頁	252
神戸地判平成16・12・16判例集不登載	271
福岡地小倉支判平成17・1・20判タ1186号148頁	271
東京地判平成17・2・2判例自治301号53頁	151
名古屋地決平成17・3・2判例集不登載	147
金沢地判平成17・5・30判時1934号3頁	105, 106
名古屋地判平成17・5・31判時1934号33頁	108
広島地決平成17・7・25労判901号14頁	215
大阪地判平成18・2・9判時1952号127頁	106
大阪地判平成18・2・22判タ1221号238頁	238
盛岡地判平成18・2・24判例自治295号82頁	30, 31
東京地判平成18・6・29刑集66巻12号1627頁	351
名古屋地決平成18・7・20判例集不登載	171
東京地判平成18・9・21判時1952号44頁	219
名古屋地判平成18・10・5判タ1266号207頁	35
横浜地判平成18・10・26判例集不登載	104
横浜地判平成18・11・15判タ1239号177頁	284
東京地判平18・12・20判例集不登載	171
大阪地判平成19・1・30判例集不登載	44
大阪地判平成19・2・13判タ1253号122頁	31
さいたま地判平成19・2・16判例集不登載	104
大阪地判平成19・3・14判タ1257号79頁	162
東京地判平成19・3・29判例集不登載	171
仙台地判平成19・5・8判時1983号110頁	149
岐阜地判平成19・8・29判例集不登載	148
東京地判平成19・9・28判例集不登載	44
大分地判平成19・12・27判例自治307号50頁	285
福岡地判平成20・1・29判時2003号43頁	17
東京地判平成20・2・14判タ1301号210頁	17
札幌地判平成20・2・29民集65巻4号2118頁	23
那覇地判平成20・3・11判時2056号56頁	31
千葉地判平成20・5・16民集65巻6号2869頁	4
名古屋地判平成20・7・9民集64巻4号1055頁	332
東京地判平成20・9・19刑集66巻12号1926頁	368
大阪地判平成21・5・22判例集不登載	285

旭川地判平成21・6・9判例集不登載……………………………………………137
長野地判平成21・8・7判タ1334号68頁……………………………………273
東京地判平成21・9・10判時2061号55頁……………………………………285
東京地判平成21・9・10判時2061号60頁……………………………………285
岐阜地判平成21・10・28判例集不登載…………………………………………149
大分地判平成21・12・27判例集不登載…………………………………………346
京都地判平成22・3・4判例集不登載……………………………………………131
青森地判平成22・4・16判時2086号102頁……………………………………149
東京地決平成22・10・18民集64巻8号1965頁…………………………………117
大阪地判平成23・1・14判例自治350号19頁……………………………………286
広島地判平成23・2・22民集66巻11号3537頁…………………………………181
横浜地判平成23・10・5判タ1378号100頁……………………………………285
岡山地決平成24・1・10刑集66巻7号704頁……………………………………51

著者紹介

宇賀　克也（Katsuya UGA）
東京大学名誉教授

〔略歴〕
東京大学法学部卒。同大学助手、助教授を経て、1994年より同大学大学院法学政治学研究科教授、同大学法学部教授（2004年より同大学公共政策大学院教授を兼担）。現在、東京大学名誉教授。この間、ハーバードロースクール客員教授等を務める。

〔主要著書〕
<u>情報法全般</u>
『情報公開・個人情報保護』有斐閣（2013年）
『情報法』（共編著）有斐閣（2012年）

<u>行政情報化関係</u>
『完全対応　自治体職員のための番号法解説［実例編］』（監修）第一法規（近刊）
『完全対応　特定個人情報保護評価のための番号法解説』（監修）第一法規（近刊）
『施行令完全対応　自治体職員のための番号法解説［制度編］』（共著）第一法規（2014年）
『施行令完全対応　自治体職員のための番号法解説［実務編］』（共著）第一法規（2014年）
『番号法の逐条解説』有斐閣（2014年）
『マイナンバー（共通番号制度）と自治体クラウド』（共著）地域科学研究会（2012年）
『行政手続オンライン化三法』第一法規（2003年）
『行政サービス・手続の電子化』（編著）地域科学研究会（2002年）

<u>個人情報保護関係</u>
『個人情報保護法の逐条解説』（第4版）有斐閣（2013年）
『個人情報保護の理論と実務』有斐閣（2009年）
『解説個人情報の保護に関する法律』第一法規（2003年）
『個人情報保護の実務』全2巻（編著）（加除式）第一法規
『地理空間情報の活用とプライバシー保護』（共編著）地域科学研究会（2009年）
『災害弱者支援マニュアルとプライバシー保護』（共編著）地域科学研究会（2007年）
『大量閲覧防止の情報セキュリティ』（編著）地域科学研究会（2006年）
『プライバシーの保護とセキュリティ』（編著）地域科学研究会（2004年）

情報公開関係

『新・情報公開法の逐条解説』（第6版）有斐閣（2014年）
『情報公開と公文書管理』有斐閣（2010年）
『情報公開の理論と実務』有斐閣（2005年）
『情報公開法－アメリカの制度と運用』日本評論社（2004年）
『ケースブック情報公開法』有斐閣（2002年）
『情報公開法・情報公開条例』有斐閣（2001年）
『情報公開法の理論』（新版）有斐閣（2000年）
『行政手続・情報公開』弘文堂（1999年）
『情報公開の実務』全3巻（編著）（加除式）第一法規
『諸外国の情報公開法』（編著）行政管理研究センター（2005年）

公文書管理関係

『逐条解説　公文書等の管理に関する法律』（第3版）第一法規（2015年）

行政手続関係

『行政手続三法の解説』（第1次改訂版）学陽書房（2015年）
『行政手続法制定資料（11）～（16）』（共編著）信山社（2013～2014年）
『行政手続と行政情報化』有斐閣（2006年）
『行政手続・情報公開』弘文堂（1999年）
『自治体行政手続の改革』ぎょうせい（1996年）
『行政手続法の理論』東京大学出版会（1995年）
『行政手続と監査制度』（編著）地域科学研究会（1998年）
『明解行政手続の手引』（編著）新日本法規（1996年）
『税務行政手続改革の課題』（監修）第一法規（1996年）

行政争訟関係

『解説　行政不服審査法関連三法』弘文堂（2015年）
『行政不服審査法の逐条解説』有斐閣（2015年）
『Q&A　新しい行政審査法の解説』新日本法規（2014年）
『改正　行政事件訴訟法』（補訂版）青林書院（2006年）

国家補償関係

『国家賠償法制定資料』（編著）信山社（2015年）

『国家補償法』有斐閣（1997年）
『国家責任法の分析』有斐閣（1988年）

地方自治関係
『地方自治法概説』（第6版）有斐閣（2015年）
『環境対策条例の立法と運用』（編著）地域科学研究会（2013年）
『地方分権』（編著）新日本法規（2000年）

政策評価関係
『政策評価の法制度』有斐閣（2002年）

行政法一般
『行政法概説Ⅰ』（第5版）有斐閣（2013年）
『行政法概説Ⅱ』（第5版）有斐閣（2015年）
『行政法概説Ⅲ』（第4版）有斐閣（近刊）
『行政法』有斐閣（2012年）
『ブリッジブック行政法』（第2版）（編著）信山社（2012年）
『対話で学ぶ行政法』（共編著）有斐閣（2003年）
『アメリカ行政法』（第2版）弘文堂（2000年）
『行政法評論』有斐閣（2015年）

法人法関係
『Q&A　新しい社団法人・財団法人制度のポイント』（共著）新日本法規（2006年）
『Q&A　新しい社団・財団法人の設立・運営の要点』（共著）新日本法規（2007年）

―――――――――― サービス・インフォメーション ――――――――――
　　　　　　　　　　　　　　　　　　　　　　　　― 通話無料 ―
①商品に関するご照会・お申込みのご依頼
　　　　　　TEL 0120(203)694／FAX 0120(302)640
②ご住所・ご名義各種変更のご連絡
　　　　　　TEL 0120(203)696／FAX 0120(202)974
③請求・お支払いに関するご照会・ご要望
　　　　　　TEL 0120(203)695／FAX 0120(202)973

●フリーダイヤル(TEL)の受付時間は、土・日・祝を除く
　9:00～17:30です。
●FAXは24時間受け付けておりますので、あわせてご利用ください。

判例で学ぶ行政法

平成27年 8 月 5 日　初版第 1 刷発行
令和元年11月10日　初版第 4 刷発行

著　者　宇　賀　克　也
発行者　田　中　英　弥
発行所　第一法規株式会社
　　　　〒107-8560　東京都港区南青山2-11-17
　　　　ホームページ　https://www.daiichihoki.co.jp/

判例行政法　ISBN978-4-474-05227-7　C1032　(4)